Ludwig von Henk

Die Kriegführung zur See in ihren wichtigsten Epochen

Ludwig von Henk

Die Kriegführung zur See in ihren wichtigsten Epochen

ISBN/EAN: 9783954273409
Erscheinungsjahr: 2013
Erscheinungsort: Bremen, Deutschland

© *maritimepress in Europäischer Hochschulverlag GmbH & Co. KG, Fahrenheitstr. 1, 28359 Bremen. Alle Rechte beim Verlag und bei den jeweiligen Lizenzgebern.*

www.maritimepress.de | office@maritimepress.de

Bei diesem Titel handelt es sich um den Nachdruck eines historischen, lange vergriffenen Buches. Da elektronische Druckvorlagen für diese Titel nicht existieren, musste auf alte Vorlagen zurückgegriffen werden. Hieraus zwangsläufig resultierende Qualitätsverluste bitten wir zu entschuldigen.

Die

Kriegführung zur See

in ihren wichtigsten Epochen

von

L. von Henk,

Vice = Admiral z. D.

Vorwort.

Die Seekriegsgeschichte ist ein bei uns im Allgemeinen wenig be=
kanntes Feld und die sonst so reichhaltige historische Literatur unseres
Volkes bietet speciell hierfür wenig Anknüpfungspunkte.

Ich glaubte daher speciell den jüngeren Kameraden der Marine
einen Dienst zu erweisen, wenn ich unter Benutzung englischer, fran=
zösischer und anderer Quellen wenigstens die wichtigsten Epochen der
Seekriege in unserer Muttersprache zur Darstellung brächte — eine
Geschichte derselben zu schreiben lag mir fern —, wie es ja der Titel
genugsam ausdrückt.

Dies bitte ich den geneigten Leser berücksichtigen zu wollen.

Der Verfasser.

Les faits passés sont bons pour nourrir l'imagination et meubler la mémoire: c'est un répertoire d'idées que le jugement doit épurer.

Frédéric II.

La tactique, les évolutions, la science de l'officier du génie de l'officier d'artillerie peuvent s'apprendre dans des traités; — mais la connaissance de la grande tactique ne s'acquiert que par l'expérience et par l'étude de l'histoire des campagnes de tous les grands capitaines.

Napoléon I.

Faites la guerre offensive comme Alexandre, Annibal, César, Gustave-Adolphe, Turenne, le prince Eugéne, Frédéric; — lisez, relisez l'histoire de leurs 88 campagnes, modélez-vous sur eux, — c'est le seul moyen de devenir grand capitaine et de surprendre le secret de l'art: votre génie ainsi éclairé, vous fera rejeter des maximes opposées à celles de ces grands hommes.

Napoléon I.

Wiſſenſchaftliches Streben und wiſſenſchaftliche Erfahrung bilden den Feldherrn, nicht bloß eigene Erfahrung; — denn welches Menſchen= leben iſt thatenreich genug um ſie in vollem Maaße zu gewähren? — und wer hatte je Uebung in der ſchweren Kunſt des Feldherrn, ehe er zu dieſer erhabenen Stelle gelangte? — ſondern Bereicherung des eigenen Wiſſens durch fremde Erfahrung, durch Kenntniß und Würdigung früherer Nachforſchungen, durch Vergleiche berühmter Kriegsthaten und folgenreicher Ereigniſſe aus der Kriegsgeſchichte.

Erzherzog Karl.

Erster Theil.
Das Alterthum.

Erstes Kapitel.

Einleitung.

Die Kriegführung zur See, die Auswahl und Heranbildung des dazu erforderlichen Materials, die Formation einer Schlachtordnung, der Kampf Bewaffneter gegeneinander auf dem Meere, war dem ganzen Wesen nach so durchaus eigenthümlich, so abweichend von der Kriegführung zu Lande, daß es bei den Völkern des Alterthums einer geraumen Zeit beburfte, ehe eine solche sich Bahn brach, ehe man sich überhaupt entschließen konnte, auch diesem Theile der Wehrkraft eines Landes die nöthige Berücksichtigung zuzuwenden. Selbst zu Anfang des punischen Krieges (264—241 v. Chr.) zu einer Zeit, wo die Römer im Kriegsschiffsbau allerdings weit zurück, und ihnen das Seekriegswesen beinahe völlig fremd war, blickten sie noch mit einer gewissen Geringschätzung auf letzteres herab, da sie ihre bisherigen Erfolge lediglich dem Landheere verdankten. Und doch fällt die Epoche der größten Macht und Berühmtheit der Griechen zur See, ihrer Herrschaft über die eigenen und die Nachbarmeere, ihrer Ueberlegenheit über alle damaligen Küstenvölker schon in den Zeitraum vom Einfall der Perser in Griechenland bis zu Philipp und Alexander von Macedonien, also bereits 200 Jahre früher.

Die Nachrichten über das Seewesen der Alten sind äußerst spärlich. Der heidnische Osten der alten Welt, wo die Geschichte ihren Ursprung nahm, wo die ersten staatlichen Gemeinwesen entstanden,

wo die Künste und Wissenschaften sich zuerst heranbildeten, hinterließ
uns keine unbedingt glaubwürdige Geschichte. Denn was uns von
ihm überliefert wurde, waren Bruchstücke, die eben den Namen kaum
verdienen. Nur das nicht heidnische hebräische Volk erhob sich zu
wahrer Geschichte in seinen sogenannten „historischen Büchern" der
heiligen Schrift des alten Testaments. Diese Bücher enthalten die
ersten glaubhaften Nachrichten über die Schicksale des jüdischen Volkes
und, in Verbindung mit ihnen, der damaligen Völker des alten
Orients — Asiens und Afrika's.

Nach den Juden im Orient erscheint eine historische Ueberlieferung
im 11. bis 9. Jahrhundert v. Chr. zuerst in Europa bei den Griechen.
Dieselbe tritt bei ihnen zwar zunächst in der Form eines epischen Ge-
dichtes — der Iliade des Homer — auf, jedoch hat sie dem Gegen-
stande nach, den es behandelt, sowie wegen der im Epos enthaltenen
Schilderungen vom Kriegswesen, Sitten und Gewohnheiten der
einzelnen Völkerschaften, schon theilweise den Charakter der Kriegs-
geschichte. Denn, wenn man auch die Ereignisse selbst bezweifeln
mag, so müssen jedenfalls die Waffen, Kriegsgeräthe u. s. w. die
Homer beschreibt, zur Zeit der Abfassung der Gesänge bekannt gewesen sein.

Sieben Jahrhunderte später beschrieb Herodot den griechisch-per-
sischen Krieg und unmittelbar nach ihm Thucydides den peloponnesischen. Xenophon setzte den Thucydides fort und verfaßte die Geschichte
des jüngeren Cyrus u. s. w. während sich diesem wieder die griechischen
Geschichtsschreiber Polybios, Diodoros, Dionysios, Plutarch und
andere, sowie später die römischen; Julius Cäsar, Salluft, Titus
Livius, Tacitus, Cornelius Nepos 2c. anschließen, deren Werke alle
den kriegsgeschichtlichen Charakter tragen.

Trotzdem war noch vor etwa einem halben Jahrhundert unsere
Kenntniß vom Seewesen des Alterthums überaus unvollkommen,
Werke von Fachschriftstellern giebt es nicht; die übrigen Historiker
dagegen berühren dieses Gebiet nur gelegentlich, und scheinen andererseits die Abbildungen von Schiffen auf Münzen, Gemmen, Reliefs
2c. mit diesen gelegentlichen Erwähnungen nicht zu stimmen.

Erst den vereinten Forschungen und Darstellungen des „Professor
August Böckh," in seinen Urkunden über das Seewesen des attischen
Staates. Berlin 1840, ferner des Dr. Bernhard Graser, des bedeutendsten
Forschers des antiken Seewesens, in seinem Werke: de veterum re navali

Berlin 1864[1]), und des Dr. Johannes Dümichen, in seiner Zusammen=
stellung der Resultate der 1868 nach Aegypten entsendeten archäologisch=
photographischen Expedition, nebst der sich den obigen Darstellungen
anschließenden Abhandlung des Dr. Graser: über die ägyptischen
Schiffe, unter Zugrundelegung der von Dümichen auf den Wänden
altägyptischer Gräber aufgefundenen Sculpturen, ist es gelungen, uns
genauere Aufschlüsse über das Seewesen der um das östliche Mittel=
meer wohnenden Völker bis etwa 2500 v. Chr. zu geben.

Diese verschiedenen Darstellungen ergänzen sich gegenseitig in
dem Maße, daß es durchaus unschwer ist, sich ein Gesammtbild von
der Entwickelung und successiven Vervollkommnung des Seewesens
der Griechen und Aegypter zu entwerfen.

Den ersten sichern Anhalt in dieser Beziehung gewann man
durch die Auffindung der Attischen Seeurkunden im Piräus 1834,
welche auf großen Marmorplatten eingemeißelt, eine Nachweisung
oder Rechnungslegung der in dem athenischen Flottenarsenale befind=
lichen Inventarien rc. enthielten. Es war Professor Böckh's großes
Verdienst in der 1840 veröffentlichten Ausgabe dieser Seeurkun=
den, die Inschriften selbst fast in allen Stücken richtig ermittelt zu
haben. Den weiteren Forschungen des Dr. Graser ist es dagegen zu
danken, daß wir, hinsichtlich der technischen Fragen: der Schiffs=
Construction, Länge, Breite, Tiefgang, Tonnengehalt und Form ver
schiedener Klassen der athenischen Schiffe, Aufschlüsse finden, aus
denen sich in der Hauptsache richtige Zeichnungen herstellen lassen.
Das große Modell eines Fünfreihen= oder Fünfruderreihenschiffes
(Pentere),[2]) welches das Königliche Museum zu Berlin unter Leitung
des Dr. Graser[3]) hat erbauen lassen, bietet außerdem Gelegenheit,
uns ein solches Fahrzeug zu veranschaulichen.

Die Forschungen und Ermittelungen des Professor Böckh beziehen
sich auf das griechisch=römische Seewesen vom 5. bis 6. Jahrhundert
v. Chr., und sind aus schriftlichen Ueberlieferungen geschöpft, während
die bildlichen Darstellungen auf Münzen, Gemmen, Reliefs und
Fresken, wie Dr. Graser sie in Rom und Neapel zu prüfen Gelegen=

---

[1]) Die Darstellungen des Professor Böckh und des Dr. Graser beziehen sich
hauptsächlich auf das athenische Flottenmaterial zur Zeit des Demosthenes
(340—390 v. Chr.)

[2]) Kriegsschiffe der alten Griechen rc., welche fünf übereinander liegende Reihen
Riemen (Ruder) führten.

[3]) Vergl. Angaben in dem Werke von Dr. Dümichen.

heit hatte, nur schwache Anhaltspunkte bieten, und mit Vorsicht auf= zunehmen sind.

Dagegen verhält es sich mit der frühern Geschichte des antiken Seewesens aus dem 3. und 4. Jahrtausend, aus welcher wir fast gar keine schriftlichen Zeugnisse haben, anders. Ueber diesen Zeit= abschnitt legt uns Dr. Dümichen bildliche Darstellungen in einer Reichhaltigkeit und meist in einer Treue der Ausführung vor, daß sie selbst auf die Dimensionen der Schiffe sichere Schlüsse gestatten, jedenfalls uns aber eine ganz vorzügliche Anschauung über dieselben bieten. Es ist wie Dr. Graser hervorhebt, eine überraschende That= sache, daß in den am besten bekannten Perioden der Entwickelung der antiken Marinen d. i. jener der altägyptischen und der Periode der attischen Seeurkunden, — obwohl sie zeitlich weit über ein Jahr= tausend auseinanderliegen, — sich dennoch eine merkwürdige Gleich= heit der technischen Einrichtungen herausstellt.

Außer den oben bezeichneten Quellen sind die Werke, von Pro= fessor Curtius, Dr. Jäger, des Fürsten Galitzin sowie eine Anzahl französischer und englischer Schriftsteller, wie Jurien de la Gravière, du Sein, James und andere benutzt worden.

Aus den verschiedenen Geschichtswerken geht zur Genüge hervor, daß schon Jahrhunderte hindurch die Schifffahrt dem Handel, der Perlen= fischerei, dem Fischfange u. s. w. wichtige Dienste geleistet hatte, ehe es zu wirklichen Seekämpfen kam.

Denn noch zu Homers Zeiten, im Jahre 1194—1184 v. Chr. dienten die griechischen Kriegsfahrzeuge hauptsächlich als Transport= mittel zur Ueberführung von Streitern und Kriegsmaterial; gekämpft wurde auf dem Meere dagegen nicht.

Thucydides[1]) schreibt hierüber unter Hinweis auf die Iliade: „Homer zählt 1200 Schiffe, und auf den Böotischen 120, auf denen des Philoktets 50 Mann Besatzung; um wie mir scheint, die größte und die kleinste Zahl anzugeben, da er die Stärke der Besatzung bei Aufzählung der übrigen nicht angiebt. Daß auf den Schiffen des Philoktets alles Streiter waren, die zugleich das Ruder (den Riemen) führten, hat er deutlich erklärt, denn er sagt, daß sämmtliche Ruderer Bogenschützen gewesen. Solcher die nicht mitruderten waren, außer den Königen und obersten Befehlshabern, wohl nicht viele; zumal da sie mit allen Rüstungen zum Kriege über das Meer setzen wollten,

---

[1]) Buch I Kap. 10.

und keine bedeckte, sondern nach alter Art gebaute Schiffe hatten, wie Seeräuber sie gebrauchten."

Ein anderer Zweck der Schifffahrt war also der Seeraub, worüber Thucydides[1]) weiter schreibt:

„Denn die alten Hellenen sowohl als die Barbaren, welche die Seeküsten des festen Landes und die Inseln bewohnten, hatten kaum durch die Schifffahrt eine stärkere Gemeinschaft unter einander er= öffnet, so fingen sie auch an Seeräuberei zu treiben. Ihre Anführer bei solchen Unternehmungen waren die Mächtigen im Lande, die dieses Gewerbe sowohl um ihres eigenen Vortheils willen trieben, als um den Schwächeren Lebensmittel zu verschaffen. Sie überfielen die nach Art der Dörfer angelegten Städte, und gewannen auf solche Weise den größten Theil ihres Unterhalts, da diese Lebensart nicht für schimpflich galt, sondern ihnen vielmehr Ehre brachte. Dasselbe zeigen noch heut zu Tage einige Völkerschaften des festen Landes, bei denen es rühmlich ist, ähnliche Unternehmungen geschickt auszu= führen; und ebenso die älteren Dichter[2]), bei denen die Umherschiffenden überall auf gleiche Weise gefragt werden: ob sie auch Seeräuber seien, woraus erhellt, daß die Befragten die Sache ebenso wenig unter ihrer Würde achteten, als diejenigen, denen daran lag, es zu wissen, und ihnen als etwas Schimpfliches vorwarfen 2c." — Nachdem aber Minos König von Kreta seine Macht gegründet hatte, gewann die Schifffahrt der Meere größere Freiheit, da er die Seeräuber von den Inseln vertrieb.

Ueber denselben schreibt Thucydides[3]): „er sei der Aelteste gewesen, von denen die Sage redet, daß er eine Seemacht besaß und über den größten Theil des jetzt sogenannten hellenischen Meeres herrschte, und wie leicht zu vermuthen, soviel er konnte, der See= räuberei steuerte, damit die Abgaben ihm ungehindert zufließen möchten 2c."[4])

---

[1]) Buch I Kap. 5 u. 8.

[2]) Bei Homer fragt (Od. III. 72) Nestor den Telemach: „Reiset ihr um eines Geschäftes (Handels) willen oder frevelhafter Weise, wie die Seeräuber über das Meer, die da umherschweifen, indem sie ihre Köpfe daran setzen, Unheil den Aus= ländischen bringend" 2c.

[3]) Buch I Kap. 4.

[4]) Wie gefährlich das Seeräuberwesen für den Handel 2c. selbst noch im Jahr 67 v. Chr. gewesen ist, geht daraus hervor, daß Pompejus auf 3 Jahre eine unbe= schränkte Vollmacht in dem Kriege gegen die Seeräuber erhielt und es der Aufbietung

Die obigen Angaben lassen uns zwar keineswegs im Zweifel darüber, daß die griechischen= und Nachbarmeere in allen Richtungen von Freibeutern durchfurcht worden sind, allein zu wirklichen Kämpfen auf dem Wasser oder zu Actionen ist es unsers Wissens erst gekommen, nachdem durch die Korinther der eigentliche Kriegs=schiffsbau (etwa 700 v. Chr.) ins Leben gerufen, und Construction und Einrichtung der Kriegsfahrzeuge einen solchen Grad von Voll=kommenheit erreicht hatten, daß mit einiger Sicherheit auf einen Erfolg der Waffen zur See gerechnet werden konnte. Von da ab unterscheidet man erst „Lange Schiffe"[1]) oder „Langschiffe" (Kriegs=schiffe) und „runde Schiffe" (Last= oder Handelsschiffe) und soll, wie Thucydides[2]) ausdrücklich sagt, die älteste, bekannte Seeschlacht etwa 664 v. Chr. geschlagen worden sein, über deren Einzelheiten er aber nichts erwähnt.

Ehe wir jedoch auf die Geschichte des Seekrieges näher eingehen, möchten wir einige Bemerkungen über die Schifffahrt der Alten und deren Entwickelung voranschicken.

Zweites Kapitel.
Die Schifffahrt und das Seewesen der Alten.

Das Seewesen war für die Völker des Alterthums von so hervorragendem Einfluß auf die Entwickelung und Kultur derselben, daß dessen Wichtigkeit sich nicht hoch genug schätzen läßt. Die See bildete von jeher eine der bequemsten Verbindungen zwischen den Küstenvölkern des Weltalls, die den Austausch der Ideen vermittelte und die Menschen einander näher brachte. Die Herrschaft des Meeres aber mußte im Alterthum, wie heute noch, jeder Staat erstreben, der eine dominirende Stellung einnehmen wollte. Es war daher auch nichts natürlicher, als daß die See zur Zeit der Glanzperiode Griechenlands, Roms, Karthago's u. s. w. der hauptsächlichste Schau=platz der wichtigsten Kriege war, auf welchem das Schicksal der Hauptstaaten an den Küsten des Mittelmeeres jener Zeit seine Ent=scheidung gefunden hat.

---

einer bedeutenden Anzahl von Kriegsschiffen bedurfte, um die Unterdrückung dieses Unwesens mit Energie durchführen zu können.

[1]) Nach Plinius soll Jason die ersten langen Schiffe construirt haben.
[2]) Buch I Kap. 13.

Die Schifffahrt ist demnach unstreitig eins der ältesten Gewerbe; denn soweit die historischen Ueberlieferungen bis in die graue Vor= zeit hineinreichen, bringen sie auch Kunde vom Schifffahrtbetriebe. Und will man die Angaben der Bibel in Betracht ziehen, so deutet die Beschreibung von Noahs Arche, — die 300 Ellen[1]) lang, 50 Ellen breit und 30 Ellen tief gewesen sein soll, — auf einen ziemlich hohen Standpunkt der damaligen Schiffbaukunst hin, ob= wohl man glauben möchte, daß dies Schiffsgefäß, welches nach **Mr. Le Pelletiers** Annahmen die Form eines Vierecks (parallélepipède rectangle) gehabt und der Höhe nach in 4 Etagen getheilt gewesen sein soll, nicht zur Fortbewegung, sondern nur als ein schwimmendes Gebäude Verwendung gefunden hat.

Es ist wohl mit ziemlicher Gewißheit anzunehmen, daß die Bewohner der östlichen Küsten des Mittelländischen Meeres, besonders die Phönizier[2]) die ersten Völker der alten Welt gewesen sind, welche namentlich vermöge der geographischen Lage ihrer Ländereien, sowie durch eigene Intelligenz, die Idee zur Ausführung gebracht haben, das Meer für sich nutzbar zu machen, Fahrzeuge für Zwecke des Fischfanges, der Purpurmuscheln= und Perlenfischerei, des Handels ꝛc. herzustellen, mit diesen die ihnen zunächst liegenden Küsten und Inseln aufzusuchen und dann weitergehend, nach Osten durch das Rothe Meer, nach Westen bis über die Säulen des Hercules hinaus, auch mit andern, entfernter wohnenden Küstenvölkern Verkehr und Verbindung anzuknüpfen.

Befremden darf uns der Trieb dieser Küstenvölker des heid= nischen Ostens nach diesem Gewerbe wohl nicht, denn, abgesehen von dem Drange nach Abenteuern und dem materiellen Vortheil, welchen

---

[1]) Ueber die Länge der Elle (Länge des Vorderarms bis zur Spitze des Mittel= fingers) sind die Angaben verschieden. Mr. Le Pelletier de Rouen, Graves, Cumber= land, Newton behaupten, daß die hebräische Elle von Memphis etwa 20¹/₂ pariser Zoll gehabt habe, während Jean Borrel und Kircher die Länge jener Elle ungefähr 18 pariser Zoll annehmen. (cfr. histoire de la Marine de tous les peuples à Mr. du Sein.)

[2]) Aus den von uns benutzten französischen Quellen entnehmen wir, daß, nach Ethicus Hlster, Lydien das Geburtsland der ersten Erfinder von Schiffen gewesen sei, dagegen behauptet Hesiod, daß die ersten Schiffe auf der Insel Aegina construirt worden; Thucydides sagt dies von den Korinthern. Tibull und Pomponius Mela schreiben Thyrus, Dionysius Punicus dagegen den Aegyptern die erste Idee, Schiffe mit Segeln auszurüsten bei; die Griechen dem Daedalus, Plinius dem Icarus, Savérien der Isis, um den Osiris aufzusuchen u. s. w.

dasselbe gewährte, gab es wohl kaum andere Gewässer, welche ein=
ladender zu solchen Unternehmungen und Expeditionen waren, als
gerade die Küsten des östlichen Mittelmeer=Beckens. Das Meer ist
dort, im Gegensatze zu dem unwirthlichen Binnenmeere des Nordens,
das ganze Jahr dem Verkehr geöffnet. Seine Gefahren sind ver=
ringert durch die große Zahl Inseln und sichere Meeresbuchten,
welche der Seefahrer der alten Zeit mit seinem offenen, roh zu=
sammengezimmerten Fahrzeuge aufzusuchen gezwungen war, sobald
stürmisches Wetter ihn überraschte oder die Winde ihm ungünstig
waren. Die Klarheit der Luft ließ ihn aber bei Tage viele Meilen
weit die Ziele seiner nächsten Fahrten erkennen und zeigte ihm bei
Nacht, den größten Theil des Jahres, einen wolkenlosen Himmel.
Ist es doch nur die kurze Winterfrist, während welcher Wind und
Wetter in den dortigen Gegenden unbeständig sind und ihre rauhe
Seite nach außen kehren; mit dem Eintritt der guten Jahreszeit
folgen die Winde im ganzen Aegäischen Meere einer festen Regel, und
machen die Schiffahrt leicht und weniger mühevoll. Wenn auch
die erweckenden Berührungen des Morgenlandes mit Griechenland
nicht alle zur See erfolgten, so waren es doch die ersten Verbindungen
zwischen den Küstenvölkern Kleinasiens und Aegyptens, welche durch
die Phönizier angeknüpft wurden.

Denn bei ihren Ausflügen nach Norden und Westen sind die=
selben zunächst wohl auf die südlichsten Inseln des Aegäischen Meeres
gestoßen, bis sie nach und nach die griechischen und italischen Küsten
erreichten und zwischen 1500 und 500 v. Chr. schon an allen Küsten
des Mittelmeeres und sogar darüber hinaus Ansiedelungen[1] und
Niederlassungen besaßen.

Ueberall fanden sie reichen Absatz für die eigenen und die den
Nachbarländern entnommenen Produkte, Färbereien und sonstigen
Erzeugnisse, ermangelten aber auch nicht, ihr Augenmerk auf die be=
waldeten Höhen der ihnen zunächst liegenden Küsten zu richten, um
Ersatz für das in ihrer Heimat nach und nach knapp werdende Holz
zum Schiffbau zu finden, indem sie gleichzeitig die auf den Inseln
u. s. w. aufgefundenen Metall=, Kupfer= und Eisenminen für ihre
Zwecke auszubeuten suchten. Denn ein weltkundiges Volk wie die
Phönizier verfehlten nicht, an einen Industriezweig andere anzuknüpfen

---

[1] Karthago (Tunis) 846 v. Chr. durch Dido, Massilia (Marseille) circa
600 v. Chr. durch die Phokäer gegründet 2c.

und mit einer späteren Niederlassung verschiedene Zwecke zu ver=
binden.

Ueber einen solchen Verkehr der Phönizier mit den Hellenen
schreibt Herodot[1]): „Die Phöniken waren vom Rothen Meere, wie
es genannt wird, herabgezogen an das diesseitige Meer und hatten
sich niedergelassen in dem Lande, darin sie auch jetzt noch wohnen,
und allsogleich auf weite Seefahrten sich gelegt, und indem sie ägyp=
tische und assyrische Waaren in die Länder überführten, waren sie
unter andern auch nach Argos gekommen. Argos nämlich war der
Zeit nach in allen Stücken der vornehmste Staat im Lande der
Hellenen. Dort angelangt, fingen die Phöniken an, ihre Waaren
feil zu stellen. Darauf am fünften oder sechsten Tage, da sie schon
fast Alles verkauft hatten, stieg eine große Schaar Frauen zu ihnen
hinab an den Strand, unter ihnen auch Jo, des Inachos Tochter,
des Königs, traten herzu an den Spiegel des Schiffs und kauften
von den Waaren was das Herz begehrte" 2c. —

Bei ihren Fahrten begnügten sich die Phönizier aber nicht allein
damit, der Küste zu folgen, sondern sie waren auch darauf bedacht,
durch das Befahren der hohen See ihre Reisen abzukürzen.

Als Begründer der Hochseeschifffahrt ist nach den Traditionen
daher wohl ein phönizischer Königssohn anzusehen, der auf seinem
Fünfzigruderer[2]) von der Nilmündung geradeswegs zum Inachos
gelangt sein soll. Ebenso ist es wahrscheinlich, daß die Phönizier
die ersten gewesen sind, welche den unscheinbaren Nordstern (Polar=
stern) als den sichersten Führer ihrer nächtlichen Fahrten sich nutzbar
gemacht haben.[3])

Doch blieben die Hellenen, was Schifffahrt, Handel und Schiff=
bau betrifft, nicht lange hinter den Phöniziern zurück; vielmehr
folgten sie ihnen auf ihren Reisen und drängten sich in die Kreise
anderer Völker, bis sie sehr bald ihre Wegweiser und Pfadfinder
überflügelt hatten. Herodot[4]) schreibt: „die Hellenen landeten in

---

[1]) Buch I Kap. 1.

[2]) Ein mit 50 Riemen (Ruder) — 25 auf jeder Seite — ausgerüstetes Kriegsschiff.

[3]) Plinius sagt, daß König Erythra (Sohn des Perseus und der Andromeda)
zuerst das Rothe Meer befahren, Typhis (Lootse des Schiffes Argo) das Steuerruder
(Steuerriemen) erfunden hat, daß die Kopten sich zuerst der Riemen (Ruder) bedienten, die Tyrrhener den Anker erfunden und angewendet haben. Pausanias dagegen schreibt die Erfindung des Ankers dem Midas, Sohn des Gordius zu u. s. w.

[4]) Buch I Kap. 2.

Folge des Raubes der Jo bei der Stadt Thrus in Phönizien und entführten von dort des Königs Tochter Europa. Darauf aber machten sich die Hellenen eines neuen Frevels dadurch schuldig, daß sie mit einem Langschiff hinauffuhren ins Kolcherland, nach Aea am Phasisfluß, wo sie erst die sonstige Absicht ihres Unternehmens ausrichteten und darauf des Königs Tochter Medeia mit sich von dannen führten u. s. w."

Und kein Wunder, denn auch hier lagen ähnliche Verhältnisse vor, von drei Seiten vom Meere eingeschlossen, war Griechenland gleichsam nur eine große Meeresinsel. Außer den Bewohnern der mehr innern Landstriche, mußte sich mehr oder weniger jeder Grieche namentlich auf den Inseln den Beschäftigungen mit dem Meere, auf dem er aufgewachsen, zuwenden und war von Kindheit an Seemann. Ganz zu Anfang und in der Heroenzeit bestand bei den Griechen die Schifffahrt wohl hauptsächlich in Seeräuberei und das ganze Seewesen war in der Kindheit. Sobald sich aber Volksregierungen bildeten, wendete man dem Handel und seinem Schutze, sowie der Vervollkommnung der Schifffahrt eine größere Aufmerksamkeit zu.

Von den Phokäern sagt Herodot[1]) mit Bezug auf ihren Schifffahrtsbetrieb: „Diese Phokäer haben zuerst unter den Hellenen weite Seefahrten unternommen, und sie sind es, die das abriatische Meer, Thyrrhenien, Iberien und Tartessos entdeckt haben. Sie fuhren aber nicht auf Rundschiffen, sondern auf Fünfzigruderern u. s. w."

Ebenso hielt Aegypten mit Bezug auf die Schifffahrt und das Seewesen gleichen Schritt mit den Nachbarländern; auch dort wurde von Fürsten und Bewohnern denselben die nöthige Aufmerksamkeit zugewendet. Denn Herodot[2]) berichtet vom Könige Sesostris (Sesostris-Dynastie zwischen 1500 und 1200 v. Chr.) von Aegypten, daß nach Aussage der Priester dieser der erste gewesen wäre, der mit Langschiffen hinausfuhr aus dem arabischen Busen und sich alle Völker am Rothen Meer unterthänig machte, bis er zuletzt in ein Meer kam, das nicht mehr schiffbar war ob der Untiefen u. s. w."

Und weiter sagt Herodot über die Umschiffung Libyens: „der ägyptische König Nekos, (617—601 v. Chr.) seitdem er abgelassen den Kanal zu graben vom Nil in den arabischen Busen, sandte von hier phönikische Männer aus auf Schiffen, und gebot ihnen, den

---

[1]) Buch I Kap. 163.
[2]) Buch II Kap. 102.

Rückweg durch die Säulen des Heracles zu nehmen, und so lange
zu fahren, bis sie ins Nordmeer und also nach Aegypten gelangten.
Und die Phöniken fuhren aus vom Rothen Meere hinein ins Südmeer
und durchschifften dasselbe, und wenn der Sommer zu Ende ging,
richteten sie ihre Schiffe zur Küste, und wo sie dann in Libyen landeten,
da bestellten sie das Land u. s. w. —

Also fuhren sie zwei Jahre lang und erst im dritten bogen sie
um die Säulen des Heracles und kamen nach Aegypten. Und sie
erzählten, sie hätten, da sie Libyen umfuhren, die Sonne zur Rechten
gehabt. Dies mag ihnen ein Anderer glauben, ich glaub es nicht.
So ward dieser Erdtheil zum ersten Male erforscht; zum andern
Male aber von den Karchedoniern, wie sie behaupteten u. s. w."

Drittes Kapitel.
Der Schiffbau der Phönizier, Babylonier und Aegypter.

Die Anfänge der Schifffahrt waren wohl überall gleichen Ur=
sprungs; der Baumstamm, den man auf dem Wasser schwimmen sah,
gab den Uferbewohnern den ersten Impuls dazu. Nach und nach
wurden dann zwei und mehr Baumstämme an einander gefügt,
dieselben ausgehöhlt, größere Fahrzeuge durch Zusammensetzen von
Holzstücken hergestellt und auf diese Weise der Schiffbau ins Leben
gerufen.

Die Bauart und Beschaffenheit der phönizischen Schiffe und der
der angrenzenden Länder scheinen, nach den uns überkommenen Nach=
richten, bis etwa 2000 v. Chr. noch sehr unvollkommen, ähnlich
unsern Weichsel= Oder= und Elbfahrzeugen gewesen zu sein. Dagegen
muß die Bauart derselben um das Jahr 1000 v. Chr. schon eine
größere Vollkommenheit erreicht haben, um die nach den geschichtlichen
Traditionen von ihnen unternommenen Seereisen über die Säulen
des Heracles hinaus bis an die stürmischen Gestade des Atlantischen
Oceans und weiter nördlich zu erklären.

Herodot[1]) beschreibt die Flußschiffe der Babylonier wie folgt:
„Die Schiffe, welche ihren Strom hinab bis Babylon fahren, sind
ganz und gar von Leder und dabei kreisrund. Nämlich oben in
Armenien, oberhalb Assyriens, macht man die Schiffsrippen aus

---

[1]) Buch I Kap. 194.

Weiden und umspannt sie auswärts mit einer Decke von Häuten welche gleichsam den Boden des Schiffes darstellen, ohne daß es hinten breiter oder vorn schmäler gebildet wird, sondern die Form ist rundlich wie ein Schild. — — Gelenkt wird das Schiff mit zwei Steuerrudern und von zwei Männern, die darin aufrecht stehen, von denen der eine sein Ruder einwärts, während der andere das seine nach außen stößt. Diese Schiffe sind theils überaus groß, theils auch kleiner, die größten tragen wohl 5000 Talente. In jedem Schiffe ist ein lebendiger Esel, in den größeren mehrere. Denn wenn sie in Babylon angelangt sind und ihre Ladung verkauft haben, so lassen sie ohne Verzug das Schiffsgestell zu Kauf bieten, packen die Häute auf die Esel und wandern heim. Denn den Fluß wieder hinauf zu fahren ist ganz unmöglich wegen seiner starken Strömung und eben dies ist auch die Ursache, daß sie die Schiffe nicht aus Balken, sondern aus Häuten herrichten 2c."

Ueber die ägyptischen Lastschiffe (Baris) und deren Bestimmung spricht sich Herodot[1]) folgendermaßen aus: „Ihre Lastschiffe bauen sie aus dem Holze eines Dornbaumes, der an Gestalt dem kyrenäischen Lotos sehr ähnlich ist, und dessen Harz als Gummi dient. Aus diesem Baume schneiden sie Bretter, etwa zwei Ellen lang, schichten sie aufeinander wie man Dachziegeln legt, und befestigen die Lagen durch dicht eingetriebene lange Pflöcke, welche durch all die Bretter hindurchgehen. So setzen sie das Floß zusammen. Ueber die äußern Seiten der Bretter legen sie Querriegel. Spanten hat so ein Schiff nicht. Inwendig werden die Fugen gehörig mit Byblos ausgestopft. Das Schiff hat nur ein Steuer, das bis durch den untersten Boden hindurchgeht. Der Segelbaum ist von Dorn, die Segel aus Byblos.

Stromauf können diese Schiffe nicht fahren, außer bei scharfem Winde; man schleppt sie vom Ufer aus hinauf. Für die Fahrt stromabwärts dient eine Hürde von Tamariskenholz, mit Schilfge=flecht überzogen und ein Stein von etwa zwei Talenten im Gewicht, mit einem durchgebohrten Loch. Die Hürde läßt man an einem Tau vor dem Schiffe treiben, den Stein aber an einem andern Tau hinter dem Schiffe nachschleppen. Dann fährt die Hürde durch die Wucht des Stromes rasch zu Thal und zieht die Baris nach — so heißen nämlich diese Fahrzeuge, — der Stein aber, der hinterwärts in der Tiefe nachschleppt, giebt der Fahrt die Richte. Solcher

---

[1]) Buch II Kap. 41. 60. 96 übers. von Heinrich Stein 1875.

Schiffe giebt es eine große Menge, und tragen manche eine Last von tausend Talenten u. s. w."

Die zuverlässigsten Nachrichten über das Seewesen und den Schiffbau der alten Aegypter aus den Jahren 2500—1300 v. Chr. verdanken wir, wie wir schon oben (S. 3) bemerkt, den vereinten Darstellungen des Dr. Dümichen und Dr. Graser. Es würde jedoch zu weit führen, auf die Einzelheiten obiger Darstellungen hier ein= zugehen. Indem wir daher auf dieselben verweisen, genügt es für unsere Zwecke, nur einige wesentliche Momente aus diesen hervorzu= heben, umsomehr, als sie zum großen Theil mit den obigen von Herodot uns gegebenen Aufschlüssen übereinstimmen.

Die ägyptischen Lastschiffe (Flußschiffe) etwa 2500 v. Chr. waren langgestreckt, flachgehend und niedrig über Wasser. Die Vorder= und Hintertheile, mit ihren theils geraden theils gekrümmten Steven, welche in schräger Richtung bis etwa 60 Grad und darüber vom Wasserspiegel aufstiegen, waren schärfer gehalten.

Das zu den größern Schiffen verwendete Material: Kiel, Steven, Rippen, Außenhaut u. s. w. bestand aus Mimosenholz. Die kurzen, horizontal liegenden Bretter, welche die Außenhaut bildeten, waren wie Jalousien (klinkerartig oder klinkerweise) überein= ander greifend, befestigt; die Fugen mit Theilen der Papyrosstaude ausgestopft. Die oberen Enden der beiden Steven verbanden Taue mit einander, die mittelst einer Winde steif angezogen wurden, um dem Längsverbande mehr Halt zu geben. Zu demselben Zwecke diente der von Steven zu Steven auf dem oberen Ende der beiden Seiten befestigte Schandeckel, während die querliegenden Balken, die Seiten der Schiffe zusammenhielten. Diese Fahrzeuge vermochten Lasten bis zu 5000 Centner zu tragen und waren mit Bedachungen versehen, die von Stützen getragen wurden.

Die kleineren Fahrzeuge bestanden dagegen aus Theilen der Papyrosstaude, die geflochten und mit harzähnlichen Substanzen be= strichen wurden; Kiel, Steven und Rippen derselben waren aus Holz.

Die Fortbewegung dieser Fahrzeuge geschah je nach ihrer Größe, die kleinen durch Ruder (Riemen) allein, die größeren durch Riemen und Segel (einen Mast und ein Segel an einer Raa). Die Riemen, deren sie je nach der Größe des Fahrzeuges 4—9 auf jeder Seite hatten, waren in der Bordwand, (Schandeckel, Dollbord,) wo sie ihren Drehpunkt hatten, an Tauringen befestigt, und bildeten nur eine Reihe; die Riemenblätter hatten eine, den Lanzetten ähnliche

Form. Die Ruderer (Rudermannschaft) saßen meistens anf Ruderbänken, das Gesicht dem Hinterschiffe zugekehrt. Steuerruder, wie
in neuerer Zeit, kannte man nicht; das Steuern der Schiffe wurde
durch einen oder mehrere Steuerriemen am Heck oder zu beiden
Seiten des Hecks bewirkt. Der Mast bestand aus zwei aufrecht
nebeneinander gestellten, nach oben convergirenden Spieren, die eine
gemeinschaftliche Spitze (den Top) bildeten. Die Masten waren
meistens zum Niederlegen eingerichtet und wurden, wenn aufgerichtet,
in dieser Stellung durch Stagen und Wanten gehalten. Die Taue
aus Flachs (Hanf?) waren ähnlich wie jetzt gefertigt. Die Segel,
deren Seiten mit Linken versehen, waren viereckig und bestanden aus
Bast. Sie wurden an horizontale Segelstangen (Raaen) befestigt,
mittelst Flaschenzügen (Taljen) aufgehißt und durch Brassen, Halsen
und Schoten der Windrichtung entsprechend gestellt. Mit Ankern
waren die Flußschiffe zu jener Zeit nicht ausgerüstet; statt derselben
dienten größere mit Löchern versehenen Steine, durch welche Taue
gezogen wurden.

Diese Schiffstypen sowie die übrigen Einrichtungen der alten
ägyptischen Fahrzeuge von der frühesten uns bekannten Zeit bis etwa
2100 v. Chr. haben sich hinsichtlich der Form und Einrichtung un-
verändert erhalten und in dieser langen Zeit keinen wesentlichen
Fortschritt aufzuweisen.

Erst in den letzten Decennien des dritten Jahrtausend v. Chr.
machten sich verschiedene Erfindungen und Verbesserungen bemerkbar.
Zu diesen gehörte die Einführung des doppelten Steuerruders, (eines
auf jeder Seite des Hinterschiffes) über Deck verbunden, durch eine
Ruderpinne gehandhabt, und gleichzeitig nach derselben Richtung
wirkend.

Der Ruderschaft führte durch eine über dem Wasser liegende
Oeffnung des Hinterschiffs und bewegte sich dort in einem Taukranz
oder einer Taulaschung, durch welche er mit einem Ruderpfosten verbunden war. Ebenso erschienen um diese Zeit wesentliche Verbesserungen in der Takelage, sowie zur bessern Ausnutzung und
Bedienung der Segel, wie z. B. die Gordinge, Geitaue, Topentaue
u. s. w. So sagt z. B. Herodot Buch II: „Die Ringe und Taue
der Segel bindet man anderwärts auswendig an, bei den Aegyptern
inwendig.“

Ferner erhielten die Schiffe einen Ausbau vorn und hinten
(Back und Schanze), ähnlich den Seeschiffen des Rothen Meeres und

wurde dadurch gewissermaßen eine neue Epoche des ägyptischen Schiff=
baus begründet.

Die uns von Dr. Dümichen über die Seeschiffe der Aegypter
aus dem 17. Jahrhundert gelieferten Abbildungen sind so deutlich,
daß, wie Dr. Graser sagt: sie als bildliche Zeugnisse würdig den
attischen Seeurkunden als schriftlichen Documenten an die Seite ge=
stellt werden können.   Sie überragen alle andern Darstellungen aus
dem gesammten Alterthum mit Ausnahme vielleicht des Tortonia=
reliefs, welches ein römisches oder ein römisch=alexandrinisches Handels=
schiff darstellt.

Die Abbildungen jener ägyptischen Seeschiffe beziehen sich, nach
den Inschriften zu schließen, auf eine Expedition, welche die Königin
Ramaka Hascheptu, Gemahlin des Thutmosis und später regierende
Königin, im 17. Jahrhundert von der ägyptischen nach der arabischen
Küste des Rothen Meeres ausführen ließ.

Die Form dieser Schiffe unterscheidet sich wenig von den
bisherigen; nur haben dieselben ein festes Deck und außerdem vorn
und hinten einen Aufbau aus Latten mit durchbrochenen Wänden,
(Back und Schanze) deren erhöhte Lage einen Ueberblick über das
ganze Deck und die See gestattet.   In der Schiffswand zeigen sich
eine Anzahl Pforten, die augenscheinlich Licht in das Innere des
Schiffes führen sollen und die auf Einrichtungen von Kammern und
Cabinen schließen lassen.

Die beiden Steuerruder sind, den Seeverhältnissen entsprechend,
stärker construirt.   Die Zahl der Riemen beträgt 15 auf jeder Seite.
Ueber dem Schandeckel ist eine Planke als Dollbord aufgesetzt, an
welcher die Stroppen der Riemen befestigt sind.   Der Mast besteht
aus einem Stück, dessen Top mit einem Mastkorbe (Mars) zur Auf=
nahme des Ausgucks und der Bogenschützen, versehen ist.   Das Segel
ist niedriger aber breiter als das der Flußschiffe.   Die Raa ist aus
zwei Stücken zusammengelascht, um sie haltbarer und elastischer zu
machen u. s. w.

Die letzten in dem Werke von Dr. Dümichen enthaltenen Schiffs=
darstellungen gehören dem 16. bis 14. Jahrhundert v. Chr. an, jedoch
zeigen sich keine wesentlichen Veränderungen gegen das siebenzehnte
Jahrhundert.

Ebensowenig scheint bis zur Zeit des trojanischen Krieges das
Seewesen der Alten nennenswerthe Fortschritte gemacht zu haben,
da die Darstellungen von Homer über die griechischen Schiffe denen

der aegyptischen entsprechen. — (Die Schiffe beider Völker hatten nur einen Mast, eine Reihe Ruderer und die größten faßten 120 Mann.)

Als Schlußbemerkung über den Schiffbau und die Fortschritte im Seewesen der Hellenen, der asiatischen Griechen u. s. w. im 7. Jahrhundert wollen wir noch Thucydides hören und uns dann dem Kriegsschiffsbau und dem Kriegsschiffswesen zuwenden.

Thucydides sagt:[1] „Die Hellenen begannen Flotten zu bauen und sich mehr mit der See zu beschäftigen. Und zuerst sollen die Korinther ihrem Schiffswesen eine neue Gestalt gegeben haben, die der jetzigen am nächsten kam; auch sollen zu Korinth die ersten Trieren[2] in Hellas erbaut worden sein. Ebenso ist es gewiß, daß Aminokles, ein Korinther Schiffsbaumeister, den Samiern vier Trieren gebaut hat. Die erste Seeschlacht, von der wir Nachricht haben, fiel zwischen den Korinthern und Korcyräern vor, und auch von dieser, bis zu Ende des peloponnesischen Krieges verflossen ungefähr 260 Jahre. — Später unterhielten auch die Jonier zur Zeit des ersten Königs der Perser, Cyrus und seines Sohnes Kambyses, große Flotten, und spielten eine Zeit lang, während des Krieges gegen den Cyrus, den Herrn im jonischen Meere. Ebenso unterhielt auch Polykrates, der zu Kambyses Zeiten Tyrann von Samos war, eine starke Seemacht, unterwarf sich nebst anderen Inseln, Rhenea. — Die Phokäer überwanden, als sie Massilia gründeten, die Karchedonier in einer Seeschlacht.

„Dies waren vor allen die mächtigsten Flotten. Aber auch diese, obgleich sie so viele Menschenalter nach dem Troischen Kriege erbaut wurden, zählten noch wenige Trieren und bestanden meist, gleich denen der früheren Zeit, aus Fünfzigruderern und langen Fahrzeugen. — Erst kurz vor dem Medischen Kriege und dem Tode des Darius, hatten die Tyrannen von Sicilien und die Korcyräer Trieren in bedeutender Zahl.

„Denn dies waren die letzten erwähnenswerthen Seemächte, welche vor dem Heereszuge des Xerxes bestanden. Weit später erst beredete Themistokles die Athener, in ihrem Kriege mit den Aegineten, da er auch einem Angriff der Barbaren entgegensah, die Schiffe zu bauen, mit denen sie sich in der Folge schlugen; und auch selbst diese waren noch nicht mit einem vollkommenen Verdeck versehen.

---

[1] Buch I. Kap. 13. 14. 15.
[2] Kriegsschiffe mit drei Reihen Ruderer über einander.

„Solche Bewandtniß hatte es mit dem älteren sowohl als dem späteren Hellenischen Seewesen. Indeß gelangten diejenigen Staaten, die ihm oblagen, zu einer bedeutenden Macht, sowohl durch den großen Handelserwerb, als durch die Ausbreitung ihrer Herrschaft über andere. Denn es griffen solche, zumal die kein hinreichendes Gebiet hatten, mit ihren Flotten die Inseln an und unterwarfen sie sich" — 2c.

Viertes Kapitel.

Entwickelung des Kriegsschiffswesens bis zur Geburt Christi.

Durch das Vordringen der Völker jener großen despotischen Reiche Asiens wurden auch die Küstenbewohner des östlichen Mittel=meeres mit in diese Fluchtwanderungen hineingedrängt und mußten sich weiter im Westen, statt der verlorenen Heimat, eine andere suchen. Das Mittelmeer und die angrenzenden Gewässer wurden be=lebter, Handel und Verkehr breitete sich nach allen Richtungen hin aus, und Morgenländer und Griechen traten mit Staaten in Ver=bindung, welche außerhalb des Kreises der damaligen Kultur stehend, kein Gesetz anerkannten, als das der Gewalt. Es bedurfte daher einer bewaffneten Macht zur See, um die Handelswege frei zu halten; die Nothwendigkeit eines wirksamen Schutzes auf dem Meere, sei es gegen Ueberfälle und Seeraub, sei es zum Schutze der Ko=lonien und Ansiedelungen, 2c. trat somit in den Vordergrund.

So erzählt Herodot[1]) von dem aegyptischen Könige Nekos (617—601 v. Chr.): „daß derselbe, nachdem er von dem Kanalbau ins Rothe Meer abgelassen, — den Dareios der Perserkönig weiter führte, — seinen Sinn auf Kriegszüge wendete und Trieren bauen ließ, theils am nördlichen Meere, theils im arabischen Meerbusen am Rothen Meere, von denen die Bauplätze noch zu sehen sind u. s. w., und daß[2]) „zur Zeit da Kambyses nach Aegypten zog, auch die Lacedämonier einen Heereszug nach Samos gegen Polykrates, (re=giert von 535—522 v. Chr.), unternahmen, welcher 100 Fünfzig=ruderer und 1000 Bogenschützen hielt 2c."

Zwar reichten die bis zu jenem Zeitabschnitt als Kriegsschiffe bezeichneten Fahrzeuge als Transportmittel für Fußvolk und

---

[1]) Buch II. Kap. 158 u. 159.
[2]) Buch III. Kap. 39.

Kriegsmaterial aus, jedoch genügten sie, als eine Entscheidung durch Kampf gegen einander auf dem Meere herbeigeführt werden sollte, nicht mehr. Es mußten auf denselben in erster Linie zweckmäßige Einrichtungen zur Unterbringung und gefechtsmäßiger Aufstellung der Bewaffneten und deren Armatur geschaffen, gleichzeitig aber auch, da die Waffen der Bogenschützen und Speerschleuderer nicht mehr den gehegten Erwartungen und Anforderungen entsprachen, auf andere Zerstörungsmittel der feindlichen Streitkräfte überhaupt Bedacht genommen werden, und so kam man darauf, das Schiff selbst, indem es mit einem Sporn versehen wurde, als Angriffswaffe zu verwenden. Herodot[1]) sagt: „die vereinigten Thyrrhener und Karchedonier kämpften mit je 60 Schiffen gegen 60 Schiffe der Phokäer im sardonischen Meere zur See und gewannen die letzteren über ihre Gegner zwar den Sieg, aber einen kademischen, wie man zu sagen pflegt. Denn 40 Schiffe gingen zu Grunde, die übrigen 20 aber verloren ihre Stachel und waren zum Kampfe nicht mehr tüchtig rc."

Bei Verwendung des Schiffes selbst als Angriffswaffe bedurfte dasselbe aber einer möglichst großen Geschwindigkeit und Gewandtheit im Manövriren. Die Benutzung der Segel im Handgemenge war ausgeschlossen, daher statt derselben möglichst viel Ruderer zu installiren. Die Schwerfälligkeit des Baues mußte aber, wenn man dem Gegner gewachsen sein und die physischen Kräfte der Ruderer schonen wollte, durch Intelligenz der Schiffbauer beseitigt werden.

Zur bessern Veranschaulichung der Formen und Einrichtungen eines Kriegsschiffes jener Periode lassen wir die Beschreibung und nebenstehend die Skizze eines Fünfreihenschiffes (Pentere) nach den Darstellungen des Dr. Graser[2]) folgen.

Die griechischen Penteren[3]) hatten eine Länge von circa 168 Fuß, eine Breite von 26 Fuß, einen Tiefgang von 13—14 Fuß und einen Raumgehalt von circa 550 Tons (à 2000 Pfund.), (etwa eine gleiche Größe wie die kleinen Segel-Korvetten der Neuzeit), mit einer Besatzung von 47 Offizieren und Matrosen, 310 Ruderern und

---

[1]) Buch I. Kap. 166.

[2]) Siehe Seite 4.

[3]) Bei den Römern zählten die Quinqueremes 300 Ruderer und 120 Soldaten, während die Dreireihenschiffe (Triremes), welche bezüglich ihrer Bauart und inneren Einrichtungen den Fünfreihenschiffen ähnlich waren, bei ihnen circa 150 Fuß Länge 232 Tons Raumgehalt, 120—170 Ruderer und 20 Matrosen hatten.

18 Soldaten.[*]) — Die äußeren Formen dieser Pentere machen ebenso
wie die der Trieren, nach den uns zur Verfügung stehenden Zeichnungen,
einen durchaus gefälligen Eindruck, sowohl hinsichtlich ihrer Bauart,
besonders aber in Betreff ihrer schönen Wasserlinien, welches beides
auf einen ziemlich hohen Standpunkt des Schiffbau's der damaligen
Zeit schließen läßt. Es scheinen sowohl bei der Construction als
auch bei der Bauausführung im Allgemeinen dieselben Prinzipien, wie
bei den hölzernen Kriegsschiffen der Neuzeit beobachtet worden zu sein.

Bug und Heck sind dichter mit Rippen (Spanten) besetzt, als
die Mitte des Schiffes. Am Bug, über oder unter der Wasserlinie,
ist ein aus Balken gezimmerter Ausbau (Widder, Sporn), mit Metall
oder Erz bekleidet, angebracht, dazu bestimmt, die feindlichen Schiffe
beim Anrennen leck zu stoßen und zum Sinken zu bringen, (eine
Einrichtung, welche auch bei den Panzerschiffen der Neuzeit, wenn
auch in anderer Form, zur Anwendung gekommen ist). Der

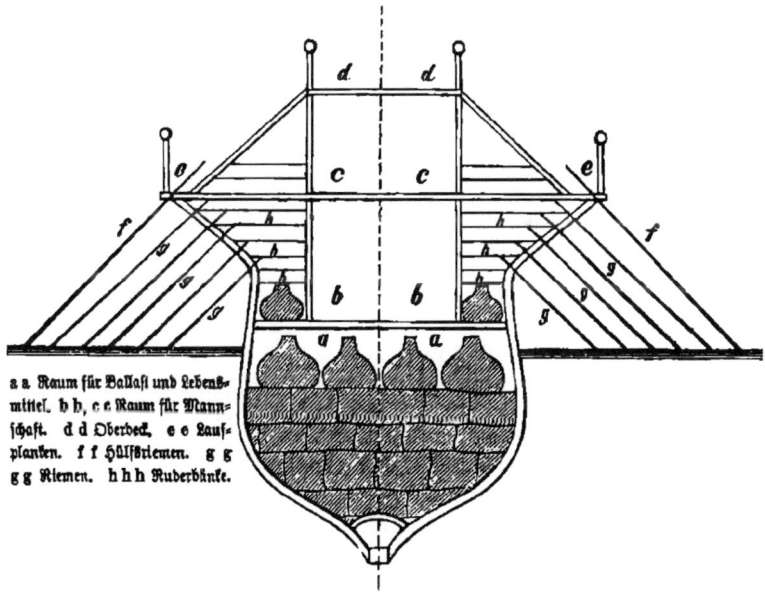

a a Raum für Ballast und Lebensmittel. b b, c c Raum für Mannschaft. d d Oberdeck. e e Laufplanken. f f Hülfsriemen. g g
g g Riemen. h h h Ruderbänke.

---

[*]) Ueber die Zahl der Besatzungen sind die Ansichten der Historiker jedoch getheilt. — Auf den Trieren, welche die Hauptmacht der griechischen Flotte aus-
machten, betrug die Anzahl der Rudermannschaften 150—160 und darüber; auf den
kleineren Kriegsfahrzeugen mit nur einer Reihe Riemen, 50—60. Außer den
Ruderern befand sich auf jedem Kriegsschiffe bisweilen noch eine größere oder
kleinere Zahl Schwerbewaffneter (Hopliten), bei den Trieren etwa 40, mitunter mehr
pro Schiff.

Widder oder Schnabel scheint jedoch nicht immer ein integrirender Theil des Schiffes gewesen zu sein: beim ungestümen und ungeschickten Angriff brach er häufig ab, ohne das Schiff zu gefährden, oder er konnte leicht entfernt werden. So sagt Xenophon Buch VI. Kap. 6: Jphikrates nahm die Schiffsschnäbel von den Galeeren ab und ließ sie in den Hafen von Korchra bringen ꝛc."

Die Schiffsseiten der Penteren bildeten vom Kiel aus nach oben die Form einer Lyra oder eines Schwanenhalses und zwar in der Weise, daß sie (zur bessern Anbringung der Riemen) oberhalb der Wasserlinie nach auswärts geneigt waren. Der Höhe nach waren diese Schiffe durch feste Decks in drei Etagen getheilt; der unterste Raum diente zur Aufnahme des Ballastes und anderer Vorräthe, während die beiden übrigen zur Unterbringung und zum Aufenthalte der Mannschaft bestimmt waren. Die zwei oberen Decks bildeten der Länge nach wiederum drei, durch gitterartige Wände begrenzte Abtheilungen, von denen die äußeren zur Aufnahme der Ruderbänke und ihrer Gerüste dienten, wohin die Rudermannschaft durch die gitterartigen Spaliere gelangte.

Die einzelnen Reihen der Ruderer dagegen waren nicht durch feste Decks von einander geschieden, vielmehr derartige Einrichtungen getroffen, daß die Köpfe der in unterer Reihe sitzenden Mannschaften sich zwischen den gespreizten Beinen der über ihnen Sitzenden be= wegten. Die verticale Entfernung der einzelnen Reihen der Ruderer von einander betrug etwa 2 Fuß, während die unterste Ruderreihe etwa 3—4 Fuß über der Wasserlinie lag. Das obere Deck war der Länge nach gleichfalls durch Geländer in drei Abtheilungen getheilt: die mittlere Plattform und die sogenannten Laufplanken zu beiden Seiten, welche letzteren zur Communication zwischen Bug und Heck dienten. Von den Laufplanken aus konnten noch Hülfsriemen an= gebracht werden, welche bis zu 30 Fuß lang, die übrigen bedeutend überragten. Lag der Schwerpunkt der Riemen zu weit außerhalb der Ruderpforte (Rojepforte), so wurden dieselben innenbords ent= sprechend mit Blei u. s. w. beschwert, um den Ruderern die Hand= habung der Riemen zu erleichtern. Die Leute der obersten Ruder= reihen (Thranites) hatten übrigens den schwersten Dienst und wurden hierzu daher vorzugsweise starke und tüchtige Leute ausgesucht. Die Mannschaft der mittleren Ruderreihen hießen Zygites, die der untersten Thalamites. Der vordere und hintere Theil der Penteren war erhöht und bildete Plattformen (Back, Schanze), zu denen

Treppen führten. In den Seitenwänden befanden sich je nach der Anzahl der Riemen, welche die Penteren führten, die entsprechenden Einschnitte oder Oeffnungen, Ruderpforten (Rojepforten), welche mit Metallstreifen eingefaßt und zur Verhinderung des Eindringens von Wasser bei bewegter See, von außen mit einem Lederschlauch benagelt waren. Wurden beim Segeln die Riemen eingenommen, so dienten diese Lederschläuche gleichzeitig zum Verschluß der Rojepforten.

Ein Steuerruder, das mit seiner vorderen Seite am Hintersteven mittelst Fingerlingen und Oesen hängt und mit der sogenannten Ruderpinne bewegt wird, wie es im Mittelalter und der Neuzeit auf Kriegs= und Handelsschiffen gebräuchlich, kannten die Alten nicht; vielmehr wurden die Kriegsschiffe der Griechen, Perser, Karthager und Römer noch durch zwei große, zu beiden Seiten am Hinterschiffe angebrachte Steuerriemen, welche in ihrer Form und Wirkung eine gewisse Aehnlichkeit mit dem sogenannten Balance=Ruder einiger Panzerschiffe der Neuzeit hatten, gelenkt. Die oberen Enden der Steuerriemen waren auf der hintern Plattform (Schanze, Campagne) in einem sogenannten Steuerhäuschen vereinigt, von wo aus das Schiff gelenkt wurde.

Ueber die Anzahl Riemen welche eine Pentere führte, sowie über deren Dimensionen und wieviel Mann zur Bedienung eines solchen gehörten, darüber sagen uns weder Thukydides noch Xenophon etwas Näheres und weichen ebenso die Ansichten der bezüglichen Schriftsteller der Neuzeit hierin von einander ab. Gleichen ab= weichenden Ansichten begegnet man bei der Placirung der Ruderer d. h., ob sie reihenweise von vorne bis hinten durchlaufend stationirt, oder ob die Rojepforten zu je 10 oder 20 abtheilungsweise in ver= schiedener Höhe über dem Wasserspiegel angebracht waren u. s. w.

Um dem geneigten Leser aber einen Gesammteindruck über das Seekriegswesen der damaligen Zeit zu verschaffen, wollen wir das, was bei den Griechen vom Anfang der Perserkriege bis zum Tode Alexanders des Großen in dieser Richtung gebräuchlich war, aufzählen, um hiernach einen Maßstab für die gleichen Einrichtungen der anderen Völker des Mittelmeeres zu haben, da sich bei denselben auf diesem Ge= biete bis Christi Geburt keinerlei Abweichungen bemerklich gemacht haben.

Das Seewesen bei den Griechen war selbst zur Blüthezeit Hellas', im Vergleich mit dem heutigen Standpunkt desselben, im Allgemeinen dürftig. Trotz ihrer Gewandtheit in der Küstenschifffahrt und auf kleinen Schiffen, vermochten sich dieselben eigentlich nie zu weiteren

Fahrten auf offenem Meere aufzuschwingen, und ist in der Con=
struction ihrer Schiffe, die zum größten Theil noch offene Fahrzeuge
waren, hierfür wohl der Hauptgrund zu suchen. Diese waren, wie
im Alterthum alle, Ruder= und Segelschiffe zugleich. Bei den Kriegs=
schiffen lag die eigentliche bewegende Kraft (besonders während des
Kampfes) in den Riemen. Deshalb die Construction der Kriegs=
schiffe der Art, daß sie durch Anbringung möglichst vieler Riemen
leicht und schnell zu manövriren waren. Ihre Formen daher leichter
und schlanker als die der Handelsschiffe, sie hatten nur einen geringen
Tiefgang und solche Einrichtungen, um 1, 2, 3 und mehrere Reihen
Ruderer etagenweise über einander zu placiren.

Sie konnten eng zusammenschließen und brauchten selbst
schmale Passagen nicht zu fürchten, ihre Manövrirfähigkeit gestattete
ihnen auch, in den engsten Abständen von einander, selbst auf nur
engem Raum, leicht, bequem und mit Erfolg zu kämpfen. In
Schlachtordnung lagen sie gewöhnlich dicht neben und hinter einander.
Ihre Hauptwaffe lag im Bug des Schiffes, in einem dort angebrachten,
starken, zugespitzten, kupfernen oder eisernen Schnabel oder Sporn. (cfr.
S. 19) Das erfolgreichste Manöver im Gefecht war daher, mit dem
Sporn gegen die Mitte des feindlichen Schiffes zu fahren und das=
selbe durch einen gut geführten Stoß zum Sinken zu bringen. Ge=
lang der Stoß nicht, so suchte man wenigstens schräg in die Seite
des feindlichen Schiffes zu kommen, um die Riemen desselben zu
zerbrechen oder sie zu beschädigen. Gelang dies, so war der Feind
wenigstens so lange in seiner Manövrirfähigkeit gehemmt, bis die
beschädigten oder zerbrochenen Riemen wieder durch neue ersetzt waren
und die hierzu erforderliche Zeit gestattete dem Angreifer unter Um=
ständen einen zweiten und entscheidenden Stoß zu führen.')

Die Takelage der Kriegsschiffe der Griechen (Römer und Kar=
thager) unterscheidet sich von der gegenwärtigen im Mittelmeere ge=
bräuchlichen im Allgemeinen nur wenig und fand dieselbe nur bei
längeren Fahrten und günstigen Winden Verwendung, unmittelbar
vor dem Gefecht wurden, wenn die Schiffe nicht vorher schon von
allem Entbehrlichen erleichtert waren, die Segel eingezogen oder auch

---

¹) Daß bei einer so bedeutenden Anzahl Ruderer und bei so complicirten Ein=
richtungen, die Handhabung der Riemen, sowie das schnelle Aus= und Einlegen der=
selben, besonders für ungeübte, nicht seegewöhnte Mannschaften ein schwieriges Ex=
ercitium war und einer längern Uebung bedurfte, wenn es im Gefecht den An=
forderungen entsprechen sollte, wird selbst für einen Laien einleuchtend sein.

Masten und Segel niedergelegt, um unabhängig von Wind und Strömung den Verhältnissen entsprechend leicht und schnell manövriren zu können. Die Takelage, selbst wenn dieselbe auch schon aus voll getakelten mit Raaen versehenen Masten bestand, war doch den dortigen Witterungsverhältnissen entsprechend eingerichtet, um die Segel bei den häufig vorkommenden plötzlichen Windstößen schnell fortnehmen und unschädlich machen zu können.

Diese Einrichtungen führten dahin, 1. daß die Kriegsschiffe im Großen und Ganzen zwar den an sie gestellten Anforderungen entsprachen, ihre Solidität und Widerstandsfähigkeit, sowie ihre See-eigenschaften aber nichts weniger als glänzend waren; — 2. daß auf den Kriegsschiffen nur äußerst wenig Raum für Lebensmittel, Wasser und andere nothwendige Schiffsvorräthe u. s. w. vorhanden war, der Bedarf vielmehr bei großen Entfernungen auf Last- oder Transportschiffen nachgeführt werden mußte; — 3. daß die Kriegsschiffe größtentheils während der Nacht ankern oder anlegen und die Besatzungen ausschiffen') mußten, um Mahlzeiten zu bereiten oder auszuruhen, Verhältnisse, deren Nachtheile und Schwächen sich im Kriege bemerkbar machten; — 4. daß bei all diesen Anforderungen die Construction der Kriegsschiffe nicht der Art sein konnte, um den Unbilden des Meeres unter allen Umständen gewachsen zu sein; — 5, daß die Seeschlachten des Alterthums in der Nähe der Küsten geschlagen werden mußten.

Aus alledem erhellt, wie leicht und bequem die Actionen der Griechen zur See sein konnten, wenn sie mit denen zu Lande verbunden waren. Wurden Landtruppen mit den Schiffen transportirt, so nahmen sie im Falle eines feindlichen Angriffs zur See an dem Seegefechte den thätigsten Antheil. Sowie die Nothwendigkeit aber vorlag, setzte die Flotte sie ans Ufer und ging, für den Fall, daß eine Landschlacht beabsichtigt war, in der Nähe vor Anker, gleichsam als Zufluchtsort im Falle einer Niederlage. Stand dagegen ein Angriff zur See nahe dem Ufer bevor, so waren die Truppen für event. Fälle zur Stelle. Mit einem Worte: die beiderseitigen Truppen unterstützten sich und wirkten zusammen, sei es mit Hülfe der Wurfgeschosse oder durch persönliches Eingreifen. Endlich im Falle der Einschließung und Belagerung von Seestädten, schiffte die Flotte ihre

---

¹) Aehnlich war es auch mit den ersten Ruder-Kanonenbooten der königl. preußischen Marine; auch bei denen wurde die Mannschaft mit Ausnahme der Wache Nachts am Lande einquartiert.

Truppen aus, blockirte die Stadt von der Seeseite, wie die Truppen dieselbe von der Landseite cernirten, schritt zur Belagerung und beide operirten gemeinschaftlich, wie in den Gefechten nahe am Ufer.

Viele Beispiele in der Geschichte von denen wir einige folgen lassen, bestätigen die obigen Gesichtspunkte und bezeugen, daß zu verschiedenen Malen und aus verschiedenen Veranlassungen sogar ganze Flotten auf's Land geschleppt worden sind.[1])

[1]) Im Jahre 479 v. Chr. ließen z. B. die Perser beim Vorgebirge Mykale eine große Anzahl ihrer Kriegsschiffe zur Befestigung ihres Lagers daselbst auf's Land ziehen. Als sie aber die Schlacht verloren und die Griechen sich des Lagers bemächtigten, wurden die Schiffe ein Raub der Flammen.

Aehnlich erging es dem Karthagischen Feldherrn Hamilkar bei seiner Landung auf Sicilien (480 v. Chr.), wo er in Ermanglung eines Hafens die größte Anzahl seiner Schiffe bei Himera auf's Land ziehen ließ. Als er aber die Schlacht verlor, wurden auch seine Schiffe vom Feinde verbrannt.

In einem andern Falle (212 v. Chr.) ließ Hannibal die tarentinischen Schiffe, welche im innersten Winkel der Hafenbucht lagen, an's Land heben, auf Rollen setzen, durch die Stadt vom Hafen nach dem Meere führen und sie dort wieder in's Wasser bringen, um sie gegen den Feind (die Römer) zu verwenden.

Thukydides Buch VIII Kap. 7 sagt, daß im 20. Jahre des peloponnesischen Krieges, Kriegsschiffe von Korinth über den Isthmus nach dem athenischen Meere transportirt worden sind.

Im Jahre 255 v. Chr. wurde die römische Flotte, als sie im Sommer jenes Jahres von ihrem am hermäischen Vorgebirge (afrikanische Küste) gegen die Karthager erfochtenen Siege nach Sicilien zurückkehrte und trotz der Warnungen der griechischen Steuerleute dennoch der hafenlosen sicilischen Südküste zusteuerte, bei Camorina von einem Sturme erfaßt, so daß von 300 Schiffen nur 80 gerettet wurden.

Ein ähnliches Schicksal ereilte die römische Flotte im Jahre 253 v. Chr., wo gleichfalls 150 ihrer Schiffe bis auf die letzte Planke ihren Untergang im Sturme fanden, so daß in einem Zeitraum von 4 Jahren (256—253) die Römer im Ganzen an 700 Schiffe mit der ganzen darauf befindlichen Besatzung eingebüßt hatten.

Die letzten beiden Unglücksfälle dürften aber zweifelsohne zu der Ansicht berechtigen, daß die Befehlshaber jener Flotten wenig mit den See- und Witterungs-verhältnissen vertraut gewesen und es denselben überhaupt an der nöthigen Kenntniß des Seewesens sowohl, als auch der Leistungsfähigkeit der ihnen unterstellten Schiffe auf bewegtem Meere, gefehlt haben muß. Denn diese letzten Beispiele zeigen zur Genüge, daß die seemännische Unerfahrenheit der Führer ein fast größerer Feind der römischen Flotte war, als die karthagischen Schiffe selbst, da der Verlust, den die Römer durch die feindlichen Schiffe erlitten haben, hiergegen verschwindend klein ist.

Mit welcher bewunderungswürdigen Energie man sich an den Gestaden des Mittelmeeres auf den Kriegsschiffbau warf, und welche Anstrengungen man machte, um sich in kürzester Frist Flotten zu schaffen, ist aus den Angaben der verschiedenen Geschichtsforscher, so auch Thukydides ersichtlich, aus denen wir die folgenden Angaben entnommen haben:

Im Jahre 491 v. Chr, heißt es, hatten die Perser ihre Rüstungen gegen

Mit der Entwickelung der mathematischen und mechanischen Wissenschaften nach dem Tode Alexanders des Großen ging die des Schiffbaues Hand in Hand. Der Mittelpunkt für die Pflege dieser Wissenschaften war Alexandrien, dort gab es und von dort gingen immer eine Menge ausgezeichneter Mathematiker, Mechaniker, Maschinen-, Schiffs-, Geschütz- und Festungserbauer u. s. w. hervor.

So wurden unter der Regierung Ptolomäus IV., Philopator (222—205 v. Chr.) Kriegsschiffe von ganz enormen Dimensionen gebaut. Er schuf eine bedeutende Seemacht für Aegypten, welche theils im Mittelmeere, theils im Rothen Meere stationirt war. Sie zählte ein Vierzigreihenschiff[1]), 2 Dreißig-, 1 Zwanzig-, 4 Vierzehn-, 2 Zwölf-,

Hellas dermaßen betrieben, daß sich 600 Trieren an der kilikischen Küste sammelten und große Transportschiffe bereit waren, Fußvolk und Reiterei aufzunehmen und zwar in einer Gesammtstärke von 100,000 Mann Fußtruppen und 10,000 Reitern, um mit diesem Heere den Krieg nach Griechenland zu übertragen. (Wie weit diese Angaben über die Heeresstärke der wirklichen Zahl entsprechen, darüber weichen die Angaben der einzelnen Schriftsteller allerdings von einander ab, so daß eine feste Ueberlieferung nicht vorhanden gewesen zu sein scheint.)

Im Jahre 481 v. Chr. soll nach einem Berichte des Ktesias Xerxes ein Heer von 800,000 Mann Fußvolk mit einer Reiterei von 80,000 Pferden bei Kritella in Kappadocien gesammelt haben und zur Aufnahme dieser Heeresmassen die erforderliche Anzahl Schiffe bereit gewesen sein, so daß über 1200 Trieren und mit den Transportschiffen und kleineren Fahrzeugen eine Menge von 3—4000 Segeln zusammen kam, welche bei Kyme und Phokaia sich vereinigte. Jede Triere hatte 150 Ruderer und außer der eigenen Bemannung zur größeren Sicherheit noch ein Kommando von Persern.

Beim Ausbruch des ersten punischen Krieges sollen die Römer, unter Modellnahme eines gestrandeten karthagischen Schiffes, 120 Quinqueremes (Fünfreihenschiffe), mit denen C. Duilius 260 v. Chr. bei Mylae über die Karthager den ersten Seesieg erfocht, in 60 Tagen erbaut haben. — Und, um einen Begriff von der damaligen Größe der Flotten zu haben, sei hier erwähnt, daß in dem mit dem Jahre 241 v. Chr. endenden 24jährigen Kampfe zwischen Rom und Karthago — (nach Angabe von Polybios) —, die Römer 700, die Karthager 500 große Kriegsschiffe verloren haben.

Als Beispiel, wie hoch in den Jahren 493—491 v. Chr. sich der Preis eines griechischen Kriegsschiffes beziffert, sei hier bemerkt, daß die Staatskasse in Athen für den Rumpf eines solchen ein Talent (etwa 4800 Mark) zahlte.

[1]) Dasselbe hatte nach Plutarch eine Länge von 240 griechischen Ellen((420 pariser Fuß), eine Breite von 38 Ellen, eine Höhe vorne und hinten von 48 und 53 Ellen und einen Tiefgang von 14 Ellen. Mit vier Steuerriemen (Ruder) wurde es gelenkt, hatte am Bug 6 Widder von verschiedenen Längen und betrug die Länge der Riemen der Thraniten 38 Ellen. Die Besatzung bestand aus 400 Matrosen und 4000 Ruderern. Die Formen dieses Schiffes sollen symmetrisch und schön gewesen sein, für den See- und Kriegsgebrauch war dasselbe jedoch untauglich. (Das englische Panzerschiff „Warrior" hat eine Länge von 420 F., eine Breite von 51 F. englisch, jedoch hat es etwas größeren Tiefgang.

14 Elf=, 30 Neun=, 37 Sieben=, 5 Sechs= und 17 Fünfreihenschiffe; außerdem eine große Zahl Vier= und Dreireihenschiffe, neben vielen kleineren Fahrzeugen. Ptolomäus ließ ferner ein Nilschiff von außerordentlichen Dimensionen bauen und mit besonderer Pracht ausstatten; es hatte weder die Form eines Handels= noch diejenige eines Kriegsschiffes, sondern war nur eine Art schwimmenden Palais. Die schönste Zierde des antiken Schiffbaues soll im Jahre 264 v. Chr. das nach einer Construction des Archimedes zur Zeit Hiero II. erbaute Schiff „Alexandria", mit einer Tragfähigkeit von 4200 Tons, einer Besatzung von 1000 Mann und einer Betakelung ähnlich der der Kriegsschiffe der Neuzeit gewesen sein (ein Schiff, welches die Klasse der englischen Linienschiffe „Duke of Wellington" in seinen Dimensionen repräsentirt). Sein Boden war zum Schutze gegen den Bohrwurm und Anwuchs mit einem Beschlage von Bleiplatten versehen.

Nach der Zerstörung Karthago's (146 v. Chr.) blieb das Seekriegswesen im ganzen Mittelmeere, wo es bis zu dieser Zeit überhaupt nur einen so hohen Grad von Bedeutung erreicht hatte, ziemlich auf derselben Stufe stehen. Der Grund hierfür war, daß, nachdem die Römer[1]) die Herrschaft über das Mittelmeer erreicht hatten, es an Gegnern fehlte, die ihnen zur See die Spitze bieten konnten. (Bei der Verfolgung der Seeräuber kam es nicht zu eigentlichen Schlachten, da sich nur wenig Piratenschiffe mit den römischen Kriegsfahrzeugen messen konnten.)

Wie stolz wir nun auch auf die Fortschritte des Seewesens der neuesten Zeit sein können; wie sehr wir auch geneigt sein mögen, mit einer gewissen Geringschätzung auf das der Alten herabzusehen, so werden wir dennoch an der Hand der Forschungen und Entdeckungen der neuesten Zeit, bei objektiver Beurtheilung desselben nicht umhin können, den Leistungen im Alterthum eine gewisse Hochachtung zu zollen.

Denn mit Ausnahme der Dienstbarmachung des Dampfes zur Fortbewegung der Schiffe, welche in dem Seewesen der Neuzeit einen so gewaltigen Umschwung hervorgebracht hat, der Vervollkommnung der Schutz= und Handwaffen, der Spiegelinstrumente, des Compasses und andere,

---

[1]) Eine Zeit hindurch sollen noch bei den Römern auf künstlich hergestellten Bassins Gefechtsübungen mit Schiffen, die durch Sklaven und Kriegsgefangene bemannt waren, gegen einander stattgefunden haben; und unter Domitian ein solches Bassin in elliptischer Form von 1300 F. Länge und 200 F. Breite, in welchem etwa 30 Triremes manövriren konnten, hergestellt worden sein.

hat unsere Schifffahrt verhältnißmäßig nur wenig aufzuweisen, was nicht auch schon die seefahrenden Völker an den Küsten des Mittelmeeres vor 2000 Jahren theils gekannt, theils, wenn auch in unvollkommener Form angewandt hätten. Ja! wir möchten fragen, wie befremdend es auch klingen mag: ob die Marinen der Zukunft, sofern das Fortschreiten der Wissenschaft in so raschem Tempo weiter geht, sich nicht über kurz oder lang der Marine der Alten wieder nähern werden? Denn haben wir nicht schon den Sporn, mit welchen die Hellenen bei Salamis kämpften, wieder eingeführt? Ist es dabei nicht gleichgiltig, ob derselbe durch Riemen oder Dampf in die Seiten des Gegners getrieben wird? Oder haben unsere Panzerkolosse im Verhältniß nicht etwa ähnlichen Raummangel wie die Schiffe der Alten: letztere für Lebensmittel und Vorräthe der Besatzungen, erstere für Aufnahme größerer Mengen Kohlen? u. s. w.

Es bedarf aber wohl kaum einer außergewöhnlichen Divinationsgabe, um vorherzusehen, daß neben den Panzerkolossen der Neuzeit auch noch verhältnißmäßig kleine Schiffe ihren Platz finden werden. Mögen die Ocean-Kreuzer, die Panzer-Kolosse das Meer beherrschen, die Seewege schützen; über kurz oder lang werden dennoch Flottillen von kleinen Schiffen an den Küsten operiren und dem Feinde durch plötzliches, unerwartetes Hervorbrechen und durch ihre Masse beim Auftreten gefährlich werden.

Wir müssen daher auf unserer Hut sein, uns auf das vorzubereiten, was uns bevorsteht, damit wir lernen, womit wir uns gegenwärtig zu beschäftigen, oder was wir als untauglich oder unvortheilhaft außer Acht zu lassen haben.

Fünftes Kapitel.

Actionen zur See.

Wir haben schon (S. 16 u. 18) der ersten Seeschlachten im Alterthum gedacht, wie uns solche von Herodot[1]) und Thukydides[2]) geschildert wurden. Ueber das von erstgenanntem Geschichtschreiber erwähnte Seetreffen bei Kynos 536 v. Chr. zwischen Phokäern und den vereinten Tyrrhenern und Karchedoniern wird ausdrücklich gesagt,

---

[1]) Buch I Kap. 166.
[2]) Buch I Kap. 13. 14 und 15.

daß sie sich des Sporns zum Angriff bedienten. Es ist daher wohl anzunehmen, daß im 6. Jahrhundert v. Chr. der Sporn im Allge=meinen als Waffe der Kriegsschiffe zur Anwendung gelangt sei und zu dieser Zeit sowohl Griechen, als auch Karthager und Etrusker sich bereits desselben bedient haben, ebenso die Perser mit dieser Kampfesweise nicht unbekannt waren.

Ueber die bei den Actionen selbst beobachtete Taktik geben die bezüglichen Ueberlieferungen jedoch keinerlei Aufschluß.

Ebenso wenig erhalten wir durch die alten Historiker über die sogenannten großen Handelsfehden der Griechen unter sich und mit anderen am Mittelmeere u. s. w. liegenden Staaten vom trojanischen bis zu den Perserkriegen nennenswerthe Details.

Schlacht bei Lade 494 v. Chr. Einen Seekampf von größerem Umfange und Bedeutung bietet die Schlacht bei Lade 494 v. Chr., obgleich uns auch von dieser nur wenige Details überliefert worden sind. Um Milet zogen sich die Streitkräfte Vorderasiens zusammen; die persischen Heerhaufen wälzten sich von Sardes und Aeolis in das Mäander=Thal, und gleichzeitig drängte sich, was in Aegypten und Phönizien an Seemacht vorhanden war, immer dichter um die Mündung des Maiandros zusammen, beute= und rachegierig lauernd auf den Fall der großen Handelsstadt „Milet".

Als die Jonier von dem Anzuge dieser Land= und Seemacht wider Milet vernahmen, rafften alle Städte, welche treu geblieben waren, ihre letzten Kräfte zusammen, um die Stadt von der Seeseite frei zu halten, um ihr Hauptbollwerk zu retten.

In dem breiten Meerbusen von Milet, lag der Stadt gegenüber eine kleine Insel „Lade" genannt, welche zum Sammelplatz der ver=schiedenen Flottenabtheilungen ausgewählt wurde.

Herodot[1]) schreibt über diese jonisch=äolische Flotte: „Also rüsteten die Jonier ihre Schiffe und kamen herzu, und mit ihnen zugleich die Aeoler von Lesbos. Sie ordneten sich aber wie folgt: Auf dem östlichsten Flügel standen die Milesier mit 80 Schiffen, ihnen zunächst die Prieneer mit 12 und die Myesier mit 3 Schiffen, neben den Myesiern die Teïer mit 17 Schiffen und neben den Teïern die Chier mit 100 Schiffen; hiernach die Erythräer und Phokäer, jene mit 8, diese mit 3 Schiffen; auf die Phokäer folgten die Lesbier mit 70

---

[1]) Buch VI Kap. 8—10. deutsch von Heinr. Stein.

und als die letzten auf dem linken Flügel die Samier mit 60 Schiffen. Und die ganze Zahl all dieser Schiffe betrug 353.

Als nun auch die Schiffe der Barbaren, an Zahl zusammen 600, herankamen, und die persischen Heerführer die Zahl der jonischen Schiffe erfuhren, da erschraken sie und fürchteten, es möchte ihnen unmöglich sein, denselben obzusiegen 2c. — Darauf beriefen sie die Fürsten der Joner, die vom Milesier Aristagoras ihrer Herrschaft waren beraubt worden und sich zu den Persern geflüchtet hatten, soviel ihrer dazumal mit vor Milet standen, und suchten sie durch Einschüchterung und Versprechung zum Abfall zu bewegen. Aber die Joner alle, an welche diese Botschaft gelangte, blieben hartnäckig und wollten von solcher Untreue nichts wissen 2c." — Es war ein bunt gemischtes Seevolk diese verschiedenen Flotten-Abtheilungen; alle auf dem Meere zu Hause, zu einzelnen Unternehmungen trefflich geeignet, allein ohne Zusammenhang, ohne Disciplin und Schule. Am empfindlichsten aber war der Mangel einer einheitlichen allgemein verständlichen Taktik und der eines energischen Oberbefehlshabers: Doch zu letzterem fand sich der rechte Mann im rechten Augenblick, Dionysios von Phokäa. Dieser wußte, gleich nach der Ankunft der Perser durch seine patriotischen Reden, durch seine Warnungen und gleichzeitig durch sein Vertrauen auf das Gelingen des Kampfes, sofern nur die Götter demselben nicht abhold seien, die Joner zu bestimmen, daß sie sich seiner Führung anvertrauten. Er ließ daher, wie Herodot[1]) sagt: „die Schiffe alle Tage in langer Reihe eins hinter dem andern auffahren, dann übte er die Ruderer zwischen den Schiffen durchzufahren, wobei die Besatzung in Schild und Wehr sich aufstellen mußte, und war dies geschehen, so hielt er die Schiffe den übrigen Tag auf See vor Anker, also daß die Joner den ganzen Tag über reichlich zu thun hatten. Sieben Tage lang hielten sie es aus; aber am achten, da sie solcher Mühen bisher ungewohnt und von den Entbehrungen und der Sonnengluth schon ganz erschöpft waren, erlahmte ihr Eifer und sie versagten ihrem Führer den Gehorsam 2c." — Wider welchen Gott haben wir denn gesündigt? so klagten diese leichtsinnigen Seeleute, schlugen sich auf der Insel Zelte auf, hielten sich drinnen im Schatten und niemand hatte mehr Lust auf die Schiffe zu gehen und zu üben.

Diese Zwistigkeiten blieben den feindlichen Befehlshabern nicht

---

[1]) Buch IV Kap. 12 u. 14.

verborgen und sie bemühten sich daher, den einzelnen Contingenten für den Fall ihrer Heimkehr günstige Bedingungen anzubieten. Der Erisapfel gerieth ins Rollen und die letzte Widerstandskraft der Joner wurde gebrochen.

Die Uebungen hörten auf und der Tag des Verderbens rückte heran. Denn durch Uneinigkeit unter einander sowohl, als durch Versprechungen des Feindes hatte sich die Zahl der Schiffe am Tage der Schlacht bis auf zwei Drittheile verringert. „Als daher die Flotte der Phöniken heranfuhr, sagt Herodot, und die Joner in langer Reihe, ein Schiff hinter dem anderen, ihnen entgegenfuhren, beide Theile auf einander stießen und der Kampf anhub, da weiß ich nicht zu sagen, welche von den Jonern sich feige oder wacker hielten" ꝛc. Was half da der Muth, die Thatkraft, das Talent des Befehlshabers? Was half der heldenmüthige Kampf derer, die Stand hielten, wiederholt die Schlachtlinie des Feindes durchbrachen und viele feindliche Schiffe versenkten? Mit dem Verrath der Samier, mit dem Entweichen der Lesbier am Schlachttage war trotz der über= menschlichen Anstrengungen der Chier mit diesem Kampfe die Sache Joniens besiegelt und, wie die Geschichte lehrt, die letzte jonische Flotte, theils schon vor, theils nach der Schlacht von Lade in alle Winde zerstreut, so daß Milet den Barbaren in die Hände fiel. Dionysios aber, der kühne Seeheld, hatte sich zu seinen drei Schiffen noch drei hinzuerobert und zog mit seinem Geschwader in das west= liche Meer, um hier als griechischer Freibeuter gegen Carthager und Thyrrhener zu kämpfen.

Die Vorgänge in Hellas bis zur Schlacht von Salamis. Der Brand von Milet war auch für Athen, das jenes unterstützt hatte, ein drohendes Wahrzeichen. Der Haß der Perser gegen die Hellenen war durch den jonischen Aufstand zur höchsten Erbitterung gestiegen. Das Schicksal Milets drohte jetzt auch dem eigentlichen Griechenland, dessen Nachbarn die Perser geworden waren. Die persischen Streitkräfte wurden inzwischen ansehnlich vermehrt und Mardonios, (492 v. Chr.) der inzwischen des Königs Darios Tochter geehelicht hatte, der Oberbefehl über die kleinasiatische Land= und Seemacht übertragen. Vom Hellesponte aus durch Thracien und Macedonien wollten die Perser mit dem Heere gegen Westen vor= bringen, um die Athener und Eretrier für ihre Theilnahme an dem jonischen Aufstande zu bestrafen, während die Flotte an der Hellenischen Küste dem Heere folgen sollte. Die Athener besaßen bis dahin nur eine unbedeutende Flotte, denn im Jahre 491 v. Chr. mußten sie, um die Aegineten zu bekriegen, sich an die Korinther wenden und mietheten von diesen 20 Schiffe, so daß diese und ihre eigenen, zusammen 70 betrugen[1]).

Dies Mal schützten die Winterstürme und das Vorgebirge Athos noch einmal die unvorbereiteten westlichen Hellenen. Denn als Mardonios dort, wo Megabazos vor 18 Jahren aufgehört hatte, die Landeroberung fortsetzen wollte und zu dem Zwecke seine Flotte um das Athosgebirge herumschickte, erlitt dieselbe einen furchtbaren Schiffbruch, bei welchem 300 Fahrzeuge und 20,000 Perser ihren Tod fanden.

Doch schon im nächsten Jahre erschien die doppelte Zahl feindlicher Schiffe (600)[2]) mit einem neuen, verstärkten Heere, um in Attika zu landen, sei es auch nur, um bei Marathon (490 v. Chr.) eine totale Niederlage zu erleiden. Als aber die Perser sich auf ihre Schiffe flüchten wollten, fielen sieben der letzteren in die Hände der Athener; mit den übrigen suchten die Barbaren wieder das Weite.[3])

Nach der Schlacht von Marathon war es Themistokles, der im Geiste vorhersah, daß die Perser, wenngleich momentan besiegt, ihr Vorhaben, die westlichen Hellenen zu züchtigen, so leicht nicht aufgeben, vielmehr Griechenland über kurz oder lang mit überlegenen Kräften zu Wasser und zu Lande gleichzeitig angreifen würden. „Baut Trieren, ungesäumt, und ehe es zu spät wird," ruft er daher den Athenern zu, „bemannt sie und übt die Besatzungen im Seedienste, um den Feind auf dem Meere zu bekämpfen, wo die Barbaren nur beschränkte Massen in den Kampf führen, ihre Kerntruppen nur wenig zur Geltung kommen können und ihre Ueberzahl den seegeübten Hellenen gegenüber am wenigsten sich fühlbar machen wird."

In einer starken Flotte, einer Flotte von Trieren, groß genug, um die ganze Bürgerschaft Athens aufzunehmen, in einer Flotte, um Athen zur See unüberwindlich zu machen, erblickte Themistokles das wirksamste Mittel zur Abwehr dieser so drohenden Gefahr einer abermaligen persischen Invasion. Sein Rath wurde befolgt. Man appellirte an den Patriotismus der Athener und der übrigen Hellenen; es wurden eine große Anzahl Kriegsschiffe auf Kosten der reichen

---

[1]) Herodot Buch VI Kap. 89.
[2]) Herodot Buch VI Kap. 95.
[3]) Herodot Buch VI Kap. 115.
[4]) Buch VII Kap. 184 u. 185.

Bürger Athens hergestellt, von der Regierung bemannt und ausgerüstet und hierzu die Einkünfte der Silberbergwerke von Laurion, die sonst an die Bürger zur Vertheilung gelangten, verwendet.

Als sich 10 Jahre später unter dem jungen Perserkönig Xerxes abermals mächtige Heeressäulen von Vorderasien nach Europa heran= wälzten, wie sie weder vor noch nach ihm die Welt gesehen, — (Herodot[1]) giebt allerdings wohl übertrieben die Stärke des von Asien heranziehenden Landheeres auf 1,700,000 Mann, die Reiterei auf 80,000 an; dazu die arabischen Kameelreiter und die libyschen Wagenkämpfer mit 20,000 Mann; hierzu stoßen noch in Europa 300,000 Hellenen, so daß das persische Heer in Allem 2,641,610 streitbare Männer zählte —), da begleiteten 1200 Trieren und 3000 Fahrzeuge mit 30—50 Ruderern, lange Pferdeschiffe und Barken mit einer Besatzung von 517,610 Mann, den von obigem Historiker in seiner Gesammtzahl auf 5,283,220 Mann angegebnen gewaltigen Zug.

Die erste Brücke über den Hellespont bei Abydos, über welche das asiatische Heer nach Europa marschiren sollte, wurde vom Sturm zerstört, weshalb Xerxes in seinem Uebermuthe befahl, den Hellespont mit 300 Geißelhieben zu züchtigen und ein Paar Fußketten ins Meer zu versenken.

Darauf erfolgte der zweite Brückenschlag und zwar in doppelter Reihe. Zu der ersten Brücke wurden 360, zu der zweiten 350 Fünfzig= ruderer und Trieren verwendet.

Auch dieses Mal forderte der Boreas seine Opfer. Denn als die Flotte der Barbaren bis Cap Sepias gekommen war, wo sie während der Nacht ankerte, und zwar der Art, daß die ersten Reihen der Fahrzeuge aufs Land gezogen, während die übrigen in nächster Nähe der Küste untergebracht wurden, brach am folgenden Morgen in aller Frühe, bei heiterem Himmel, ein so heftiger Nordsturm los, daß im Laufe von 2—3 Tagen 400 asiatische Schiffe vollständig zertrümmert oder arg beschädigt wurden.

Schlacht bei Artemisium (480 v. Chr.). Die Verluste der Per= serflotte bei Cap Sepias blieben den Griechen nicht unbekannt; die bei ihnen eingetretene Niedergeschlagenheit wurde dadurch theilweise beseitigt und ihr Muth von Neuem gehoben, als 15 persische Schiffe, die vom Sturm verschlagen worden, ihnen ohne Schwertstreich in die Hände fielen.

[1] Buch VII Kap. 186.

Die vereinigte athenisch-peloponnesische Flotte 271 Schiffe an der Zahl, von denen Athen 127 gestellt hatte, fuhr unter dem Oberbefehl des Spartiaten Eurybiades nach Artemisium den Persern entgegen, um einen Vorstoß zu wagen, den Thermopylen-Paß zu flankiren und mit dem dort aufgestellten Heere zu cooperiren.

Die Perserflotte schickte sich nach Ausbesserung der Havarien, welche ihre noch kriegstüchtigen Schiffe erlitten hatten, gleichfalls an, den von den Griechen besetzten Durchgang zwischen Euböa und dem Festlande zu erzwingen. Ein Geschwader von 200 der auserlesensten Schiffe wurde in den Euripus beordert, die Griechen zu umgehen und in den Rücken zu fassen, während ein anderes mit dreifacher Uebermacht in der Front angreifen sollte.

Die Wachsamkeit der Griechen vereitelte jedoch nicht allein diesen Plan, sondern diese gingen sogar, trotz der ihnen überlegenen Anzahl feindlicher Schiffe, zum Angriff auf die Flotte der Barbaren über. An drei verschiedenen Tagen wurde gekämpft. Als am ersten Tage die Perser versuchten, das griechische Geschwader zu umfassen, verstand Eurybiades seine Schiffe zuerst in Kreisstellung (mit den Schnäbeln nach außen) so geschickt zu concentriren und dann im günstigen Moment mit denselben auf den Feind loszugehen, daß 30 Fahrzeuge von den Griechen erbeutet wurden. Durch die Art des Angriffs gerieth aber die persische Flotte in Verwirrung und beide Gegner zogen sich mit Einbruch der Nacht in ihre früheren Stellungen zurück. Die zur Umgehung entsandten 200 persischen Schiffe wurden in der darauf folgenden Nacht durch einen losbrechenden Sturm vollständig vernichtet, während die Griechen 15 attische Trieren Verstärkung erhielten. Auch an den beiden folgenden Tagen wurde gekämpft. Am dritten Tage gegen Mittag gingen die Perser abermals zum Angriff vor und versuchten mit ihrer Uebermacht die griechische Flotte zu umfassen und zu erdrücken. Die Abwehr war ebenso geschickt, wie der Angriff stürmisch war. Von beiden Seiten wurde auf das hartnäckigste gekämpft; die Verluste waren groß, doch als die Nacht die Streitenden trennte, blieb der Sieg unentschieden. Die Griechen zogen sich nach Salamis zurück; die Perser ankerten auf der Rhede von Phaleron. Dieser dreitägige Kampf bei Artemisium, wenn er auch nicht als eine große oder entscheidende Seeschlacht bezeichnet werden kann, hatte für die Griechen doch den Vortheil, daß sie im ernsten Kampfe bei überlegener Zahl von feindlichen Schiffen, taktische Evolutionen ausgeführt und die combinirte griechische Flotte ihre Bluttaufe bestanden hatte, obschon die persische, da sie nach allen Verlusten noch immer 800—1000 Segel zählte, nichts weniger als besiegt anzusehen war.

Schlacht bei Salamis 480 v. Chr. (20. September) (October?) Der Kampf von Thermopylä war zu Gunsten der Perser geschlagen; das Grab der tapfern Spartaner, welche ihr Leben so heldenmüthig geopfert, zu einem unvergänglichen Denkmal griechischer Bürgertugend geworden, das den übrigen Hellenen sowohl zum Vorbild dienen, als sie auch anfeuern mußte, das Blut ihrer im Kampfe gefallenen Brüder zu rächen und blutige Genugthuung zu fordern. Die Gelegenheit, ihre Tapferkeit und ihren Opfermuth zu bekunden, ließ nicht lange auf sich warten, die Bucht von Salamis sollte der nächste Kampfplatz der griechischen Flotte, welche bei Artemision gekämpft hatte, werden. Die Felseninsel dieses Namens bildet ein Binnenmeer, zu welchem zwei Eingänge führen und welches für die an Zahl viel geringere griechische Flotte sich insofern besser als das offene Meer zum Kampfplatz eignete, als dort ein Umfassen derselben durch die an Zahl bedeutend überlegene persische Flotte ausgeschlossen war. 378 Trieren[1]) der verbündeten griechischen Seestreitkräfte standen mehr als der doppelten Zahl der bei Phaleron versammelten persischen Schiffe gegenüber. Alles kam auf die Beschlüsse an, welche in den beiden Hauptquartieren gefaßt wurden.

Am Strande der phalerischen Bucht hielt Xerxes Kriegsrath. Stolz auf seine Macht stellte der Großkönig den Plan zum Angriff zur See zur Berathung. Alle kannten des Königs unbedingtes Siegesbewußtsein. Keiner wagte von der Seeschlacht abzurathen. Nur Artemisia, die kluge Fürstin von Halicarnassus, sprach sich offen gegen einen Seekampf aus, und schlug vor, das Heer zu Lande nach dem Isthmus marschiren und einen Theil desselben dahin übersetzen zu lassen. Sie war der festen Ueberzeugung, daß die feindliche Flotte durch Uneinigkeit, Neid und Sonderinteressen ihrer Führer, sich in kurzer Frist ohnehin auflösen würde. Allein Xerxes glaubte nicht an einen wirklichen Kampf mit der griechischen Flotte, sondern nur an ihre gänzliche Vernichtung; er beschloß daher, — zu seinem Unglück — den Angriff zur See.

Im Lager der Griechen erhob die Hydra der Zwietracht bereits drohend ihr Haupt. Trotz aller Anstrengungen und Mahnungen des Themistokles zur Einigkeit und zum raschen Handeln, zauderte Eury-

---

[1]) Herodot Buch VIII Kap. 48.

biades, der Oberbefehlshaber der Flotte, noch immer, sich seinem Vor=
schlage, Salamis zum Kampfplatze zu wählen, anzuschließen. Der
peloponnesische Krieg warf seine Schatten voraus. Schon war der
Moment nahe, wo die Verbündeten auseinander zu gehen drohten.
Da ließ Eurybiades noch einmal die Oberbefehlshaber zu sich be=
scheiden. Noch einmal versuchte Themistokles in mildester und ein=
dringendster Rede seine Ansicht vorzutragen, seine Gründe für eine
sofortige Seeschlacht bei Salamis auseinander zu setzen. Allein die
Korinther stimmten mit gleicher Schärfe gegen ihn und ging es so
weit, daß ihn Adeimantes, der korinthische Oberbefehlshaber, in
seiner Erregung höhnisch einen heimatlosen Mann, einen Mann
ohne Stadt und Land nannte, worauf ihm Themistokles, unter Hin=
weis auf die 200 attischen Trieren, mit Würde erwiderte: „Hier ist
Athen auch ohne Stadt und Land und doch mächtiger als ihr Alle!"

Die feste Haltung des Themistokles verfehlte zwar ihre Wirkung
auf die unentschlossenen, durch Parteileidenschaften verwirrten Ge=
müther der Griechen nicht, allein sie reichte nicht aus, um sie zum
schnellen gemeinsamen Handeln zu entflammen. Um aber durch diese
Unentschlossenheit seinen Plan nicht scheitern zu sehen, sein Vaterland
vor gänzlicher Vernichtung zu schützen, griff Themistokles zur List:
schickte einen zuverlässigen Boten zu Xerxes mit der Anzeige, daß ein
Theil der bei Salamis versammelten griechischen Schiffe Partei für
ihn genommen hätten, an der Abfahrt aber durch die übrigen ver=
hindert würden; — ein Angriff auf die griechische Flotte wäre daher
rathsam. Die List gelang: Xerxes gab seiner Flotte sofort Befehl,
beide Eingänge von Salamis zu forciren, in der Meinung, auf diese
Weise leichten Kaufs mit den Griechen fertig zu werden.

Als aber die versammelten griechischen Führer von dieser Be=
wegung der persischen Flotte Kenntniß erhielten, blieb ihnen nur der
Kampf übrig, da ein Entweichen nicht mehr möglich war. Zu ihren
Schiffen zurückgekehrt, wurden die übrigen Stunden der Nacht eilends
dazu benutzt, dieselben zum Kampfe zu ordnen.

Genaue Details über Einleitung und die einzelnen Momente der
Schlacht liegen uns nicht vor. Es ist aber wohl anzunehmen, daß vom
persischen Oberbefehlshaber keine bestimmten Dispositionen getroffen
worden sind; die persische Flotte vielmehr beim Angriff in der damals
üblichen Schlachtordnung (Halbmondform) hinter einander reihenweise
Aufstellung nahm und en masse das Defilee mit großem Ungestüm
zu forciren suchte. Es liegt ferner die Vermuthung nahe, daß den

persischen Schiffen, welche beim Passiren der engen gewundenen Ein=
gänge (Defilee's) keilförmig zusammengedrängt wurden, durch das
Nachstürmen der hinteren Reihen derangirt, theilweise die Riemen zer=
brochen sind, oder sie selbst angerannt wurden, und schon beim Beginn
der Schlacht in Unordnung und Verwirrung geriethen. Jeder Führer,
auf die Unüberwindlichkeit dieser enormen Flotte fußend, glaubte
unter den Augen seines Großkönigs sich wild in den Kampf stürzen
zu müssen, um zugleich mit den Lorbeeren sich auch die Anerkennung
seines höchsten Kriegsherrn zu erwerben. Selbst Artemisia verschmähte
es nicht, das von ihr den Persern zugeführte Geschwader in den
Kampf zu führen, und erblickt die Welt das erste wunderbare
Schauspiel, daß eine Frau im Kampf auf dem Meere ein Kommando
führt. Sie manövrirt meisterhaft, verrichtet Wunder von Tapferkeit,
und Niemand vermag den von den Griechen auf ihren Kopf gesetzten
Preis zu verdienen.[1]

Den Griechen gestattete die Küstenbildung des Gefechtsterrains
die Aufstellung mehrerer Treffen nebst einer Reserve, so daß sie den
debouchirenden Feind in Front und Flanke zugleich angreifen konnten.
Anordnungen, bei welchen sich das Talent des Themistokles glänzend
bewährte. Ihr Prinzip war, sich thunlichst zu zweien auf je ein feind=
liches Schiff zu stürzen, dasselbe kampfunfähig zu machen oder zum
Sinken zu bringen; eine Enterung dagegen, obgleich sie nach der Zahl
von Bewaffneten, welche sie an Bord hatten, eine solche nicht zu
fürchten brauchten, erst in zweiter Linie ins Auge zu fassen.

Die persische Flotte setzte sich bis zur Insel Psytalie, in der
Mitte des östlichen Einganges gelegen, in Linie in Bewegung, dieselbe
wurde hier aber unterbrochen. Den linken Flügel kommandirte Aria=
bignes, Bruder des Xerxes, und zwar vom größten Schiffe der Barbaren=
flotte aus. Die Action begann bald mit gleicher Heftigkeit auf beiden
Seiten; der Angriff soll nach Herodot[2] von den Griechen ausgegangen
sein. Zwei kühne Schiffsführer stürzten sich gegen das Schiff des
Ariabignes und zogen auf diese Weise auch die übrigen Fahrzeuge
mit in den Kampf. Ariabignes, in der Absicht, die kleineren griechischen
Schiffe zu entern, exponirte sich derartig, daß er verwundet wurde,
über Bord fiel und ertrank. Dies wirkte entmuthigend auf die Perser,
während die Tapferkeit der Griechen dadurch angestachelt wurde.

---

[1] Herodot Buch VIII Kap. 87 u. 88.
[2] Buch VIII Kap. 84.

Zwar wichen die Hellenen anfangs gegen Salamis zurück, aber in voller Ordnung, den Sporn dem Feinde zugekehrt; wußten dann aber, vom Winde begünstigt, mit solcher Geschicklichkeit und Schnellkraft gegen die feindlichen Schiffe wieder vorzugehen, daß die unbeholfenen, theils auch ungeschickt geführten Perserschiffe oft schon beim ersten Stoß zum Sinken gebracht wurden und viele Barbaren umkamen, während die des Schwimmens kundigen Griechen sich selbst im Melee retten konnten.

Die vordersten Reihen der Perser, welche beim Forciren der der engen Passage noch eine Schwenkung zu machen hatten, wurden immer fester eingekeilt, so daß ihnen die freie Bewegung im Melée verloren ging und die beschädigten Schiffe, den noch intakten an der Betheiligung am Kampfe hinderlich waren. Trotz der entstandenen Verwirrung verfolgten die Perser den Angriff mit aller Energie, so daß die Griechen oft hart bedrängt wurden, und es sogar der Ermunterungen und des Anspornens von Themistokles Seite bedurft haben soll, weil ein Theil der Peloponnesier Miene machte, sich vom Kampfplatz zurückzuziehen. Mit gleicher Tapferkeit, mit gleicher Erbitterung wurde bis zum Abend auf beiden Seiten gekämpft, allein die Siegesgöttin war den Persern nicht hold. Weder vermochten die, nach dem westlichen Eingange von Salamis detachirten persischen Schiffe die griechischen Streitkräfte zu durchbrechen und so die feindliche Flotte im Rücken zu fassen, noch gelang es ihnen, die am östlichen Eingange aufgestellten Geschwader der Hellenen zum Weichen zu bringen. Eine oberste Leitung der persischen Flotte war bald nicht mehr bemerkbar, und die einzelnen Schiffe begannen, als auch die Witterung ungünstiger wurde und der Seegang zunahm, in fast vollständiger Auflösung nach Phaleron zu entweichen. Da verlegten ihnen denn im Sunde die Aegineten den Weg und verbrachten wie Herodot[1]) sagt, bewunderungswerthe Thaten, denn was den Athenern entkam, fiel den Aegineten in die Hände. Gegen den ausbrechenden Sturm fanden die griechischen Schiffe im Hafen von Piräus Schutz.

Mit starrem Auge sah Xerxes vom Lande aus auf die Schlacht, die Seinen wichen, das Prestige seiner Waffen war dahin, die Schlacht verloren.

So entbrannte die erste große Seeschlacht, welche mit großen Lettern in den Annalen der Geschichte verzeichnet steht; sie begann

---

[1]) Buch VIII Kap. 91.

Seitens der Perser regellos, ohne taktische Dispositionen, ein wüstes Durcheinander, Schiff gegen Schiff, Mann gegen Mann. Den Sieg errangen aber die Hellenen. Sie haben denselben in erster Linie der außerordentlichen Thatkraft und Umsicht des Themistokles und seiner geschickten Auswahl des Kampfplatzes zu danken, während andererseits auch ihre Geschicklichkeit in der Handhabung der Schiffe, ihre Tapferkeit, Ausdauer und gute Ordnung volle Anerkennung verdient. Herodot[1]) sagt hierüber: „Weil die Hellenen in guter Ordnung kämpften, jegliche an ihrer Stelle, die Barbaren aber an einander gerathen waren und nichts mit Bedacht und Einsicht thaten, so mußte es kommen wie es kam 2c. —"

Die Verluste waren auf beiden Seiten nicht unbedeutend, etwa 200 Schiffe mit circa 40,000 Mann büßten die Perser, und 40 Schiffe mit circa 7000 Mann die Griechen ein. —

Die Macht der Perser war aber durch diese Schlacht weder zur See noch zu Lande gebrochen; — das Heer hatte ja keine Niederlage erlitten und die Flotte zählte noch immer 7—800 Segel. — Die Griechen mußten also auf eine Erneuerung des Kampfes gefaßt sein. Aber sie hatten keinen Gegner, welchen die erlittene Niederlage zu verdoppelter Anstrengung anfeuerte; vielmehr war es die persönliche Feigheit des Großkönigs, welche ihren Sieg vollständig machte. Die Schlacht bei Salamis war daher entscheidend für den ganzen Feldzug. Die Niederlage der persischen Flotte beraubte das Barbarenheer der Mitwirkung seiner Schiffe und zwang Xerxes zur Rückkehr nach Asien.

Hatten aber die Mißerfolge bei Salamis Furcht und Schrecken im Hauptquartier des Perserkönigs hervorgerufen, so verursachten die Schlachten bei Platäa und dem Vorgebirge Mykale (479 v. Chr.,) die größte Unordnung und Muthlosigkeit im Heere der Barbaren, so daß sowohl Heer wie Flotte, auf ihrem Rückzuge in traurigem Zustande am Hellespont anlangten.

Als sich nämlich im Jahre 479 v. Chr. das griechische Heer in Marsch setzte, um die bei Platäa stehenden Perser zu bekämpfen, ging auch im September dieses Jahres die bis dahin bei Delos liegende griechische Flotte (250 Trieren) unter Segel. Bei Annäherung des griechischen Geschwaders, zogen sich die bis dahin bei Samos stationirten persischen Seestreitkräfte nach dem Vorgebirge

---

[1]) Buch VIII Kap. 86.

Mykale an der jonischen Küste zurück, wo 60,000 Perser in einem Lager standen. Die Schiffe wurden daselbst ans Land gezogen und ein Ringwall aus denselben gebildet.

Die Griechen, durch den Rückzug der persischen Flotte ermuthigt, folgten derselben, landeten am Tage der Schlacht bei Platäa Abends unweit des persischen Lagers, wo sie alle auf den Schiffen befind= lichen Landtruppen und eine große Anzahl von Ruderern ausschifften. Unter Führung des Xantippus, Befehlshaber der athenischen Schiffe, und des Spartaners Leotychides, gingen die vereinten griechischen Flottenmannschaften muthig gegen das persische Lager vor und er= stürmten nach heldenmüthigem Angriffe dasselbe, indem sie viele tausende der asiatischen Truppen niedermachten und nach erfochtenem Siege die persischen Schiffe verbrannten.

Ob die griechische Flotte bei kräftiger, einheitlicher Leitung, bei weniger Parteilichkeit, Neid und Eifersucht, aber einer mehr ener= gischen Verfolgung des fliehenden, theilweise demoralisirten Feindes, die Siege von Salamis und Mykale nicht besser ausnützen konnte und mußte, das wollen wir dahingestellt sein lassen. Herodot[1]) äußert sich hierüber: „Die Flotte des Xerxes lag, soweit sie noch übrig war, nachdem sie den König mit seinem Heere nach Abydos übergesetzt hatte, den Winter über bei Kyme und sammelte sich im Frühjahr 478 v. Chr. wieder bei Samos, wo auch ein Theil der Schiffe gewintert hatten. — Weil sie aber so hart geschlagen war, so wagte sie sich nicht weiter nach Westen, zumal sie keiner dazu drängte, sondern blieb bei Samos liegen und bewachte Jonien, daß es sich nicht empörte. Die Zahl der Schiffe mit den Jonischen waren 300. Sie erwarteten aber auch gar nicht, daß die Hellenen nach Jonien kommen würden, sondern meinten, sie würden sich be= gnügen ihr eigenes Land zu beschützen, und das schlossen sie daraus, weil jene sie nicht verfolgt hätten, auf der Flucht von Salamis, sondern gern ihrer los geworden wären.“ Und von der griechischen Flotte sagt Herodot[2]): „daß die Hellenen wieder rührig wurden als das Frühjahr (478 v. Chr.) kam und 110 Segel stark gingen sie nach Aegina 2c.“

Der Geschichtsschreiber scheint aber weit davon entfernt zu sein, die Zeit der Perserkriege ausschließlich als eine Zeit des Glanzes,

---

[1]) Buch VIII Kap. 130.
[2]) Buch VIII Kap. 131.

den Ruhm der Hellenen als einen völlig ungetrübten auch für die
Flotte nicht anzuerkennen, denn wie er sich ausdrückt: hielt Bestechung
die Flotte bei Artemisium zusammen, gezwungen hielten die Schiffe
bei Salamis Stand und bei Platäa war es nur eine Kette zufälliger
Umstände, wodurch dem in sich gelockertem Heere noch ein entscheiden=
der Sieg zu Theil wurde. Wie dem aber auch sein möge, so wird
selbst durch diesen Ausspruch Herodot's das große Verdienst des
Themistokles um die Seemacht Athens nicht geschmälert werden.
Seiner Beredtsamkeit, seiner Energie und Thatkraft hat die attische
Flotte in erster Reihe ihr Entstehen, ihre Leistungsfähigkeit und
Größe zu danken, die sie zum Siege von Salamis führte und zur
ersten Flotte der damaligen bekannten Welt erhob. Er war es, der
den ganzen Feldzug geplant, der alle Maßregeln zur Leistung des
Widerstandes, der die Auswahl des Gefechtsfeldes von Salamis ge=
troffen hatte, so daß er jedenfalls als eine der bedeutendsten Persön=
lichkeiten auf dem Gebiete des Seekriegswesens im Alterthum ange=
sehen werden muß. Themistokles, berühmt als Staatsmann, Feld=
herr und Gründer der attischen Marine, ward 471 v. Chr. verbannt,
floh, zum Tode verurtheilt, zu den Persern nach Kleinasien, wo er
in der Verbannung starb (461 v. Chr.).

Durch die Siege von Salamis, Platäa und Mykale ermuthigt,
gingen die Griechen nunmehr angriffsweise, sowohl auf dem Meere,
auf den Inseln als auch an den Küsten Kleinasiens in der Absicht
vor, ihre Stammesgenossen von der persischen Herrschaft zu befreien.

Dieser Krieg gegen die Barbaren, welcher zum größten Theile
aus Expeditionen zur See bestand, dauerte mit Unterbrechungen etwa
30 Jahre (478—449 v. Chr.) und endete zu Gunsten der Griechen
und speziell der Athener. So gelang es Xantippus, der die athenisch=
jonische Flotte befehligte, schon bis zum Jahre 478 v. Chr. die
griechischen Städte des Hellesponts von den Persern zu säubern.

Und schon 470 v. Chr. nahm Pausanius einen Theil von
Cypern und Byzanz in Besitz.

Im Jahre 469 v. Chr. ging Cimon mit der vereinigten
griechisch=jonischen Flotte nach Karien, wo er einen Theil der Städte
dieser Provinz von den darin stehenden persischen Garnisonen säuberte
und die sich an der südlichen Küste Kleinasiens wieder gesammelten
Land= und Seetruppen zerstreute.

Auch in Cypern erhoben sich von Neuem die persisch gesinnten
Dynasten; eine persische Flotte war wieder kampfbereit, die sich im

Flusse Eurymedon, mit einem entsprechenden Landheere, zum Schutze der persischen Besitzungen in Pamphylien sammelte.

Seeschlacht am Eurymedon 466 v. Chr. Cimon beschloß diesem Treiben ein Ende zu machen und zwar den Hauptschlag gegen die Perser zur See zu führen. Er nahm daher den bedeutendsten Theil seines Landheeres auf die Flotte und ging mit 200 Schiffen nach dem Eurymedon unter Segel.

Die Perserflotte, an Zahl bedeutend stärker, ging Cimon zwar ins offene Meer entgegen, suchte jedoch trotz ihrer Uebermacht dem Kampfe auszuweichen und sich in die Mündung des Eurymedon zurückzuziehen. Aber Cimon ereilte und zwang sie zum Kampfe auf offenem Meere, in welchem die Perser vollständig geschlagen und in den Fluß zurück gedrängt wurden. Die persische Flotten-mannschaft sammt den Truppen flohen in das Lager des an den Ufern aufgestellten Landheeres, wurden aber von Cimon verfolgt und Heer und Flottenmannschaft nach langem blutigem Kampfe aufs Haupt geschlagen; 200 Trieren wurden von den Griechen er-beutet. Nähere Details über die Schlacht selbst sind uns nicht bekannt.

Darauf eilte Cimon mit seinen besten Trieren nach Cypern, vernichtete dort einen Theil des phönizischen Geschwaders, das unterwegs war, um sich mit der persischen Flotte zu vereinigen, und erbeutete alle andern Schiffe, die sich nicht durch die Flucht retteten. Diese drei entscheidenden Schläge vernichteten abermals die Seemacht der Perser und machten die Griechen zu Herrn des Aegäischen Meeres und dessen Küsten.

War auf diese Weise der gemeinsame Feind auch bezwungen, so ruhten die Waffen dennoch nicht, denn von Neuem fing die Hybra der Zwietracht an, unter den griechischen Stämmen ihr Haupt zu erheben.

457 v. Chr. kam es zwischen peloponnesischen und athenischen Schiffen bei der Insel Kekryphaleia zwischen Aegina und der Küste von Epidaurus zu einem Gefechte. Die Aegineten wurden besiegt und zogen sich zurück. Unmittelbar vor der Insel erfolgte ein zweiter Zusammenstoß; 70 Schiffe fielen den Athenern in die Hände, Aegina wurde eingeschlossen und mußte sich nach neunmonatlicher Cernirung unter Leokrates, dem Glücke der Athener beugen. Nähere Details über das Treffen selbst sowie die Cernirung und Ein-nahme der Insel werden nicht angegeben.

Im Jahre 450 v. Chr. finden wir wiederum 140 athenische

Schiffe unter Cimon zu einem Angriffe auf Cypern unterwegs, und 60 Trieren und Fünfzigruderer nach der Nilmündung entsendet, um den Aufstand des Inarus gegen die Perser zu unterstützen. Die attischen Schiffe drangen bis Memphis vor, bemeisterten sich des Flusses und zweier Theile der Stadt und belagerten den dritten Leukon-Teichos (weiße Mauer) genannt, in welchen die Perser und Meder sich zurückgezogen hatten. Im 5. Kriegsjahre jedoch griff Megabyzos die Athener und Aegypter auf der Nilinsel Prosopitis an, schloß sie ein und vernichtete sie fast völlig.

Im Jahre 449 v. Chr., nachdem Cimon eine große Zahl Städte auf Cypern unterworfen hatte, schlug er auf der Höhe der Stadt Salamis, nahe der Küste Cyperns, eine von den Persern neu ausgerüstete phönikisch-kilikische Flotte, nahm ihnen 100 Trieren fort, landete darauf mit seiner Flottenmannschaft und schlug das unter Megabazos auf Cypern aufgestellte persische Heer aufs Haupt. Hiernach erlosch der Krieg von selbst und wurde nicht wieder erneuert, da die Perser durch den fünfmaligen Verlust von Armee und Flotte so erschöpft waren, daß sie denselben nicht weiter fortsetzen konnten.

Sechstes Kapitel.

Das Zeitalter des Perikles 445—429 v. Chr.

„Baut Trieren!" — so hatte Themistokles den Athenern zugerufen, und seine Worte verhallten nicht ins Leere, sie wurden zur That. Die attische Flotte war es, welche den Siegeslauf des persischen Eroberers bei Salamis hemmte; sie bildete den Kern der Streitkräfte, welche die Barbaren nach Asien zurückdrängten und die Küsten und Inseln des Aegäischen Meeres vom Joch der Perser befreiten.

Auch bei Perikles fanden die von Themistokles wachgerufenen Ideen und Pläne vollen Anklang. Er setzte nicht allein den Bau der langen Mauern fort, um Athen zur Seestadt zu machen, sondern legte das größte Gewicht darauf, daß die gewonnene Macht gewahrt werde.

Attika und die Inseln sollten so gut wie ein Staat, ein Land sein; er nahm für Athen eine Art Territorialherrschaft des Inselmeeres in Anspruch; fremden Kriegsschiffen wurde hier kein freier Durchgang gestattet. Deshalb stand das Meer fortwährend unter genauster Aufsicht. Eine Flotte von 60 Trieren kreuzte beständig im Aegäischen Meere um Wache zu halten; sie diente zugleich als ein Uebungsgeschwader, welches durch zeitweises Wechseln von Schiffen und Mannschaften, die ganze Flottenmacht Athens seetüchtig erhielt. Im Schiffbau wurden neue Erfindungen gemacht; neue Trieren wurden gebaut, die alten ausgebessert. Während unter den Schiffen, welche bei Salamis kämpften noch eine bedeutende Zahl ohne Deck waren, und Themistokles seine ganze Aufmerksamkeit darauf richtete, schlanke und leicht bewegliche Schiffe herzustellen, wurden zu Perikles Zeit die Trieren voller, breiter und geräumiger gebaut, um für Schwerbewaffnete mehr Platz zu gewinnen, für deren schnelle Concentrirung an den verschiedenen Orten auf dem Oberdeck zweck= mäßige Einrichtungen zu schaffen. Perikles erfand, — wie einige Historiker behaupten, — zum Entern feindlicher Schiffe die eisernen Hände. Auf 400 Schiffe waren die Kriegshäfen Athens berechnet. 300 Trieren mußten stets in Bereitschaft sein um ein Heer von 60,000 Mann aufnehmen und übers Meer führen zu können. Die Bürger, welche verpflichtet waren, die einzelnen Trieren zu führen (Trierarchen) und in Stand zu halten, waren im Voraus bestimmt; das Mobilmachen der Flotte ging rasch von Statten. Unter der Mannschaft waren viele Schutzgenossen, Freigelassene und Unfreie.

Man sieht aus dem Obigen, welche große Sorgfalt Perikles der Schlagfertigkeit der attischen Flotte zuwandte. Denn wie Themi= stokles den Perserkrieg, so sah Perikles den Krieg mit Sparta als unvermeidlich vor sich.

Der Kriegszug gegen Samos 444—440 v. Chr. Die Insel Samos war nach Unterwerfung von Thasos und Aegina unter allen Bundesinseln diejenige, welche am meisten Anspruch auf Selbständig= keit machte. Ihre Flotte war im besten Zustande, sie war eine Zeitlang die erste Seemacht im Archipelagus gewesen, und besaß einen stattlichen Kriegshafen. Ihre Krieger hatten unter allen Joniern die meiste Hülfe zur Befreiung der asiatischen Küsten von den Barbaren geleistet; sie waren deshalb auch von Athen mit größter Rücksicht behandelt worden.

Die Veranlassung zu Differenzen mit Athen, welche zu offenen Feindseligkeiten führten, war der Besitz von Priene, zwischen dem milesischen Gebiete und dem festländischen Besitze der Samier gelegen.

Die athenische Regierung verlangte, daß die Streitsache mit Milet ihrer Entscheidung anheimgestellt werden solle, und als die samische Regierung dies verweigerte, ging Perikles unverweilt mit 40 Schiffen in See, besetzte ohne erheblichen Widerstand Samos, führte daselbst eine demokratische Regierung ein und brach die Macht der Aristokratie, indem er gleichzeitig eine Anzahl Männer aus den ersten Familien als Geißeln nach Lemnos fortführte.

Die Adelsfamilien wandten sich, ob dieser Vergewaltigung, nach Byzanz und Sardes um Beistand, indem sie offen ihren Abfall von Athen erklärten.

Diese Wendung der Dinge mußte in Athen Besorgniß erregen, denn es war der Anfang einer Empörung der Bundesgenossen. Unzufriedenheit war ja überhaupt nichts Seltenes unter ihnen, und von Sparta und den Persern wurde die Flamme des Aufruhrs geschürt. Es konnte daher nur die größte Entschlossenheit das Ansehn Athens retten. Im Frühjahr 441 v. Chr. erschien Perikles mit 60 Schiffen vor Samos, schickte 16 zur Beobachtung der phönizischen Flotte ins Karische Meer nach Chios und Lesbos, und schlug mit den übrigen Schiffen, die 70 Segel starke samische Flotte im offenen Meere. Als er darauf mit den erhaltenen Verstärkungen die Stadt Samos von der Land und Seeseite cernirt hatte, erschien plötzlich eine phönizische Flotte. Perikles eilte derselben mit allen entbehrlichen Schiffen entgegen, griff sie an, wurde aber geworfen und mußte sich auf Athen zurückziehen. Die zurückbleibenden Schiffe waren gleichfalls außer Stande, die Blockade aufrecht zu erhalten, und so gelang es den Samiern unter Melissos, den Cernirungsring zu brechen und sich mit Waffen und Lebensmitteln zu versehen. Perikles kehrte bald darauf mit Verstärkungen zurück, schlug mit 90 neu ausgerüsteten Trieren den Melissos, schloß die Stadt von Neuem ein und zwang dieselbe nach neunmonatlicher Belagerung, zur Uebergabe. Die Samier mußten ihre Trieren ausliefern, Geißeln stellen und die Kriegskosten bezahlen; ihre Mauern wurden geschleift.

Gefecht bei Actium 435/434 v. Chr. Im Herbst 435 oder Frühjahr 434 v. Chr. fand nach Thukydides[1]) ein Seetreffen zwischen kerkyräischen und korinthischen Schiffen Statt.

Korinth hatte in Folge ausgebrochener Streitigkeiten 75 Trieren und 2000 Hopliten an den Küsten hinauf nach Epidamnus geschickt.

---

[1]) Buch I Kap. 29.

Beim Einlaufen in das Ambrakische Meer bei Actium, welches die
Kerkyräer als die Grenze ihres Territoriums betrachteten, forderten
dieselben vom korinthischen Seebefehlshaber die sofortige Räumung
ihrer Gewässer. Als dies aber von den Korinthern verweigert wurde,
bemannten die Kerkyräer ihre kriegsbereiten Schiffe, 80 an der Zahl
— denn 40 belagerten Epidamnus, — gingen in See, griffen die
korinthische Flotte an, schlugen sie und nahmen 15 feindliche Schiffe.
In Folge dieses Sieges beherrschten die Kerkyräer das ganze Ionische
Meer.

Siebentes Kapitel.

Der peloponnesische Krieg 431—404 v. Chr.

Ursache des Krieges. Die Perser mit ihrem gefürchteten Heere
waren aus Griechenland sowie von den Inseln des Aegäischen Meeres
vertrieben, ihre stolze Flotte von 1200 Segeln größtentheils vernichtet.
Griechenland war mächtig zu Lande und zur See. Da loderte von
Neuem die Fackel des Krieges in Hellas selbst auf. Der gegenseitige
Haß der beiden größten Staaten, Athen und Sparta wuchs besonders
seit der Zeit, wo ersteres nach der Herrschaft[1]) über ganz Griechen=
land zu streben begann.

Die Athener besaßen zwar keine große Armee, wohl aber eine
starke, kriegstüchtige Flotte. Das athenische Heer zählte nicht mehr
als 32,000 Mann, von denen die Hälfte zum Schutze von Athen,
für dessen Häfen und die Städte in Attika bestimmt war. Die
Flotte zählte 400 Segel, so daß die athenische Republik vom Jahre
479 bis 413 v. Chr. — (abgesehen von der unglücklichen Expedition
der Athener gegen Sicilien,) — an Macht und Geschicklichkeit wohl
die erste Seemacht der ganzen Welt war.

Ihre Verbündeten waren: alle Inseln des Aegäischen Meeres
(Thera und Melos ausgenommen), alle griechischen Ansiedelungen in
Thracien, Macedonien, dem Hellespont und Kleinasien, außerdem die
Provinzen Thessalien und Akarnanien, die Städte Platäa und Nau=
paktus und die Inseln Karkyra, Zakynthus, Chios, Samos und
Lesbos.

------

[1]) Unter Perikles.

Die Athener besaßen einen vollen Schatz und herrschten mit fast unbeschränkter Macht über diese Bundesgenossen. Ihre Verbündeten gehorchten ihnen aber ungern, und waren stets bereit zu Abfall und Empörung gegen sie.

Sparta und dessen Verbündete auf dem Festlande, namentlich Corinth und Theben, bemühten sich den ehrgeizigen Absichten der Athener mit allen Kräften entgegenzuwirken; eine ihrer Hauptstützen bildete die aristokratische Partei in ganz Griechenland.

Die Spartaner waren schwach zur See, besaßen aber eine kräftige Landmacht. Ihre Verbündeten waren: der ganze Peloponnes, (Argos und Achaja ausgenommen), Böotien, Phocis, Lokris, die Städte Megara, Ambracia und Anaktorium, die Insel Leukadia u. s. w. Sie Alle zusammen bildeten den peloponnesischen Bund, an dessen Spitze Sparta stand. Sparta galt bei den Bundesgenossen als der Erretter Griechenlands von der Vergewaltigung Athens und war von denselben gern gesehen. Die finanzielle Kraft des Landes war nur gering, der Peloponnes war arm und wenig produktiv. Abgaben wurden von den Bundesgenossen an Sparta nicht gezahlt.

Diesen beiderseitigen Verhältnissen entsprechend waren auch die Pläne der Gegner bezüglich den von ihnen zu befolgenden Taktik.

Während Sparta den Krieg nach Attika hinüberzuführen gedachte und nicht daran zweifelte, die Athener in einer Landschlacht zu besiegen, rieth Perikles den Athenern, auf dem Meere offensiv vorzugehen, und Schiffe, Küsten und Ansiedelungen des Feindes anzugreifen, zu verwüsten oder zu unterwerfen.

Sparta mußte sich daher bald entschließen, seine Kräfte zur See zu vermehren und zu vervollkommen, wenn es mit Erfolg gegen die Athener kämpfen wollte. Denn fast alle kriegerischen Ereignisse, besonders in der zweiten Hälfte des peloponnesischen Krieges, waren Seetreffen und der ganze Krieg überhaupt ward zur See entschieden. In Folge dessen spielten die griechischen Flotten in allen Kriegen der Griechen untereinander die erste Rolle und nahmen den bedeutendsten Antheil daran.

Die Veranlassung zum offenen Bruch zwischen Athen und Sparta, welche ganz Griechenland in den Krieg verwickelte, war die Einmischung Athens in den Streit zwischen Korinth und Kerkyra über Epidamnus. Der Krieg begann mit dem eigenmächtigen plötzlichen Ueberfall von Plataä durch die Thebaner.

Seetreffen und Gefechte während des peloponnesischen Krieges.

Schlacht bei den Syboten Inseln 432 v. Chr. Die Korinther hatten nach dem unglücklichen Seetreffen bei Actium 434 v. Chr. zwei Jahre hindurch zur Fortsetzung des Krieges gegen die Kerkyräer Vorbereitungen getroffen und den Kriegsschiffsbau eifrig betrieben. Mit 150 wohlgerüsteten Trieren segelten sie unter Führung des Cenoklides im Frühjahr 432 v. Chr. nach Norden, — (Die Eleer hatten zu dieser Flotte 10 Schiffe, die Megarer 12, die Leukadier 10, die Ambraciaten 27 und die Anaktorier 1 gegeben), — landeten am Vorgebirge Chimerium, wo sich ihnen Hülfstruppen von den Bewohnern des Festlandes anschlossen und schlugen dort ein Lager auf, während die Schiffe an der Küste ankerten.

Sobald die Kerkyräer das Herannahen der Flotte erfuhren, bemannten sie 110 Schiffe unter Miciades, und nahmen ihre Aufstellung bei einer der Sybota Inseln, während ihre Landmacht nebst 1000 Hopliten[1]) von Zakynth, die ihnen zu Hülfe geeilt waren, am Vorgebirge Leuchmen concentrirt war.

Nachdem die Korinther für drei Tage Lebensmittel an Bord genommen und sich völlig zur Schlacht gerüstet hatten, verließen sie ihren Ankerplatz in der Nacht, um den Feind aufzusuchen. Aber auch der Gegner war nicht unthätig geblieben, denn bei Anbruch des Tages sahen sie schon die feindlichen Segel auf sich zukommen. Beide trafen sofort Einleitungen zum Gefecht, und kam es im Sunde zwischen den Inseln und dem Festlande zur Action. Die Flotte der Kerkyräer war in drei Treffen getheilt. Auf dem rechten Flügel standen die Athener, während sie selbst den linken Flügel einnahmen. Auf korinthischer Seite bildeten die kleineren Kontingente der Bundesgenossen das Mitteltreffen, die Megareer und Ambrakioten den rechten Flügel, während sie selbst mit ihren neunzig wohlgeübten Trieren den linken Flügel einnahmen, wo ihnen die Kerkyräer, und außer diesen zehn attische Schiffe gegenüberstanden, welche letztere anfangs neutral blieben, und nur eine unmittelbare Gefährdung der Insel abzuwenden hatten.

Sobald das Zeichen zum Kampf gegeben war, erfolgte der

---

[1]) Anmerk. Die Hopliten hatten von dem breiten Schilde, welchen sie führten, ihre Benennung erhalten. Sie trugen außerdem eine schwere Rüstung, und ihre Waffe zum Angriff war eine langer Spieß; sie werden daher auch als „Schwerbewaffnete" bezeichnet.

Angriff auf der ganzen Linie zugleich. Es stellte sich jedoch beim Handgemeinwerden bald heraus, daß die Westgriechen die Vortheile, welche in der großen Beweglichkeit der Trieren lag, und wodurch es möglich war, fast ohne Verlust an Streitern die feindlichen Schiffe kampfunfähig zu machen, für sich nicht nutzbar zu machen verstanden. Statt die Linie zu durchbrechen, schnell zu wenden und mit dem Sporn in die Seiten des Gegners zu fahren beobachteten sie noch ganz die alte kunstlose Art des Kampfes Mann gegen Mann. Thukydides[1]) sagt hierüber: „Auf beiden Flotten waren die Verdecke mit Hopliten, Bogenschützen nnd Lanzenschleuderern bedeckt, indem die Schiffe nach alter Weise mit geringer Kenntniß ausgerüstet waren. Man schlug sich mit großer Hartnäckigkeit, aber nicht mit gleicher Geschicklichkeit. Das Gefecht glich einem Land=treffen, weil die Schiffe, sobald einmal das Gefecht begonnen hatte, einander nicht leicht wieder los ließen; theils wegen des obwaltenden Gedränges und der Menge der Fahrzeuge, theils weil man die Hoffnung des Sieges vorzüglich auf die Hopliten baute, die sich auf den Verdecken schlugen, während die Schiffe stille lagen. Durch=brechungen der Linie fanden nicht statt, sondern man focht mehr mit Feuer und Körperkraft als mit Kunst. Ueberall herrschte während dieser Schlacht großer Tumult und Unordnung rc."

Nach langem, heftigem Ringen wurde der rechte Flügel der Korinther geworfen, welches bald in Flucht ausartete. Zwanzig kerkyräische Schiffe entfernten sich vollständig vom Kampfplatze, indem sie den zerstreut fliehenden Feind bis zum feindlichen Lager verfolgten, dort die Mannschaften landeten, die leeren Zelte verbrannten und das vorräthige Geld raubten. Günstiger gestaltete sich das Gefecht für die Korinther dagegen auf dem linken Flügel, wo sie selbst kämpften und inzwischen so entscheidende Erfolge errangen, daß es den attischen Schiffen nicht länger möglich war, unthätig zu bleiben. Diese griffen zwar auch in das Gefecht ein, mußten sich aber mit den Kerkyräern, vor der Uebermacht weichend, an die Küste der Insel zurückziehen. Die Korinther, nachdem die Feinde in die Flucht ge=schlagen waren, führten nicht, wie es sonst Gebrauch war, die durch Anrennen kampfunfähig gemachten feindlichen Schiffe mit sich fort, sondern begnügten sich damit, die auf den Schiffstrümmern befind=lichen Krieger und Ruderer theils zu tödten, theils zu Gefangenen

---

[1]) Buch I Kap. 49.

zu machen. Eine auffallende Erscheinung und bezeichnend für das geringe Verständniß des Wesens des Seekrieges, namentlich aber für die fehlerhaften Dispositionen und der in der kerkyräischen Flotte herrschenden Zuchtlosigkeit, bleibt die gänzliche Entfernung der zwanzig Schiffe während des Gefechts, welches nicht allein für die Entscheidung der Schlacht, sondern auch für diese Abtheilung der kerkyräischen Flotte leicht hätte verderblich werden können.

Mittlerweile sammelten sich die auseinander gesprengten kerky= räischen und attischen Schiffe wieder, um nochmals zum Angriff überzugehen. Zur Action kam es jedoch weder an diesem noch am andern Tage, vielmehr wandten die Korinther, als sie plötzlich ein attisches Hülfsgeschwader von zwanzig Schiffen auf den Kampfplatz zusteuern sahen, ihre Schiffe und zogen sich, da es inzwischen dunkel geworden war, nach dem Hafen von Sybota zurück. Die Kerkyräer, welche die Annäherung der ihnen zu Hülfe eilenden attischen Trieren nicht rechtzeitig bemerkten, wußten sich Anfangs den plötzlichen Rückzug der Korinther nicht zu erklären, ließen aber von der Verfolgung ab, aus Furcht, dieselben möchten einen nächtlichen Ueberfall ihres Lagers vorbereiten. Beide Theile schrieben sich den Sieg des Tages zu, die Korinther, weil sie siebzig feindliche Schiffe versenkt und tausend Gefangene gemacht, die Kerkyräer dagegen, weil sie dreißig korinthische Schiffe zerstört und die ersteren eine ihnen abermals angebotene Schlacht nicht angenommen hatten.

Während der Jahre 431 und 430 v. Chr. verheerten athenische Geschwader die Küsten und Städte der Gegner, und selbst Perikles ließ sich trotz der in Epidaurus und Argolis herrschenden Seuche nicht abhalten, dasselbe zu verwüsten. (Er starb 429 v. Chr. als Opfer der Seuche).

Im Herbst 430 v. Chr. gingen 20 athenische Trieren unter Phormio's Führung nach Korinth und sperrten den Meerbusen ab, während eine peloponnesische Flotte andererseits die Insel Zakynthus verheerte, ohne daß es dabei zu Seegefechten kam.

Gefecht bei Rhium vor der Straße von Naupactus 429 v. Chr. Diese Action hat für uns besonders deshalb Interesse, weil die Korinther in derselben die Kreisform als Schlachtordnung, — wie die Athener bei Artemisium, — wählten, und wo der athenische Flottenführer Phormio mit 20 Schiffen, 47 korinthische und siky= onische mit solcher Geschicklichkeit und Energie angriff, daß er ohne eigenen Verlust, die mehr als doppelte Zahl der feindlichen Schiffe

in Verwirrung brachte, 12 Trieren nahm und eine Menge von Ge=
fangenen fortführte. Thukydides[1]) sagt darüber folgendes: „Die
Korinther und ihre Bundesgenossen schifften gen Akarnanien keines=
wegs zu einer Seeschlacht gerüstet, eher Landtruppen vergleichbar.
Auch glaubten sie nicht, daß die Athener mit zwanzig Schiffen ein
Treffen gegen ihre siebenundvierzig wagen würden. Als die Pelo=
ponneser sich dennoch mitten auf der Ueberfahrt zum Treffen ge=
zwungen sahen, hatten sie, die Vordertheile ihrer Schiffe auswärts,
die Hintertheile einwärts gekehrt, dieselben in den größtmöglichsten
Cirkel gestellt, ohne zum Durchbrechen der Linie Raum zu geben.

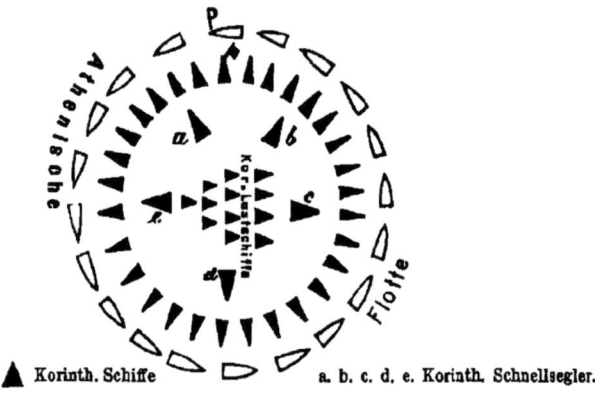

▲ Korinth. Schiffe   a. b. c. d. e. Korinth. Schnellsegler.

Die kleinen sie begleitenden Fahrzeuge nahmen sie in die Mitte und
außerdem fünf ihrer besten Segler, welche, wenn die Feinde
angriffen, schnell durchbrechen und an der bedrohten Stelle Hülfe
bringen sollten. Die Athener auf eine Linie gestellt (hintereinander)
ruderten im Kreise um sie her und drängten sie, indem sie beständig
hart an sie hinan fuhren und Miene zum Angriff machten, auf einen
immer engern Raum zusammen. Phormio aber hatte ihnen geboten,
nicht ohne Befehl von ihm anzugreifen; denn er hielt sich überzeugt,
daß sie ihre Stellung nicht wie ein Heer auf dem Lande behaupten,
sondern daß die Schiffe an einander gerathen und die kleinen Fahr=
zeuge große Unordnung verursachen würden. Käme dann noch der
sich gewöhnlich gegen Morgen aus dem Meerbusen erhebende Wind
hinzu, in dessen Erwartung er noch umherschiffte, so würden sie sich
keinen Augenblick halten können 2c." Jener Zeitpunkt würde der
günstigste zum Angriff und dieser da seine Schiffe die besseren Segler

1) Buch II Kap. 83 und 84.

waren sobald er wollte, in seiner Gewalt sein. Als sich der Wind nun erhob und die Schiffe schon auf einen kleinen Raum zusammengedrängt waren, der Wind also und die feindlichen Schiffe zu gleicher Zeit ihnen zusetzten, so geriethen sie in Verwirrung. Ein Schiff stieß auf das andere; man suchte sie mit den Ruderstangen unter Geschrei auseinander zu halten und über dem Aufruf zur Achtsamkeit und dem wechselseitigen Schelten konnten weder Botschaften noch Befehle vernommen werden. Und da die unerfahrenen Leute nicht vermögend waren in der wogenden See das Ruder zu führen, so machten sie dem Steuermann das Schiff noch unlenkbarer. In diesem Augenblicke gab Phormio das Zeichen; die Athener griffen an, bohrten zuerst das Schiff eines Befehlshabers und dann alle übrigen in den Grund gegen die sie sich wandten. Sie bewirkten, daß keiner wegen der obwaltenden Unordnung auf seine Vertheidigung Bedacht nahm, sondern alle nach Patra flohen. Die Athener verfolgten sie, eroberten 12 Schiffe, tödteten den größten Theil der Mannschaft auf denselben und segelten dann nach Molykreium ꝛc." —

Die Peloponnesier hatten die Kreisformation zu ihrer Schlachtordnung gewählt; während es für sie vortheilhafter gewesen wäre, mit der ihnen zu Gebote stehenden Uebermacht, die kleine Abtheilung des Gegners zu umfassen und je zwei Schiffe auf ein feindliches zum Angriff vorzuschicken.

Phormio ließ seine Schiffe hintereinander rudern, so daß sie einen Ring um das feindliche Knäul bildeten, indem er von Zeit zu Zeit einen Scheinangriff auf dasselbe machte und auf diese Weise den Kreis enger zu ziehen, die feindlichen Schiffe immer mehr zusammen zu drängen sich bemühte. Diese Formation hätte, wenn die Korinther Energie und Ueberblick genug besaßen und im günstigen Moment hervorgebrochen wären, auch für ihn leicht verderblich werden können. Er ging dagegen wohl von der Ansicht aus, daß der Sporn des Hintermannes, den Vordermann decken würde. Mit den lokalen Witterungsverhältnissen bekannt, wartete Phormio in einer gut gewählten Position den geeigneten Moment ab, ließ von seinen Schiffen zugleich eine Wendung nach Backbord machen und stürzte sich auf das zusammengedrängte in Unordnung gerathene Geschwader des Feindes, bekämpfte die einzelnen Schiffe desselben mit solcher Geschicklichkeit und Umsicht, daß er die Korinther, unter Zurücklassung einer Anzahl Schiffe total in die Flucht jagte.

Der von den Peloponnesiern begangene Fehler lag in erster

Linie darin, daß sie mit wenig ausgebildeten Mannschaften und un=
erfahrenen Führern eine Expedition mit Truppenschiffen unternahmen,
ohne denselben die nöthige Anzahl Begleitschiffe beizugeben.

Es bleibt stets ein gewagtes Unternehmen Truppenschiffe zu
entsenden und Landungen an feindlichen Küsten ausführen zu wollen,
so lange die feindliche Flotte nicht vorher besiegt oder unschädlich
gemacht ist, oder das Meer von der eigenen beherrscht wird.

Dies war wohl der glänzendste Sieg, welcher Athen in diesem
Kriege bisher zu Theil geworden. Phormio sollte sich desselben
jedoch nicht lange erfreuen, denn die Gegner brachten in kurzer Zeit
eine neue Flotte zusammen.

Mit größeren materiellen Verlusten zwar, jedoch immer noch
vom Glück begünstigt, kämpfte Phormio mit gleicher Kühnheit kurze
Zeit darauf abermals mit seinen 20 Trieren bei Rhium gegen
77 peloponnesische Schiffe unter Kremus und Brasidas, von denen
die Historiker uns besonders den letzteren als einen kühnen, tüchtigen
und umsichtigen Feldherrn bezeichnen, welcher Phormio in jeder Be=
ziehung als ebenbürtig zur Seite gestellt werden konnte.

Von den korinthischen Flottenbefehlshabern waren die bei
Rhium begangenen Mißgriffe nicht unbeachtet geblieben, die ihnen
dort gewordene Lection hatte ihre Früchte getragen. Nicht die
Uebermacht war es, auf welche sie bauen oder trotzen wollten oder
konnten, sondern sie fanden heraus, daß Ausbildung der Mannschaft,
Uebung und Gewandtheit im Manövriren und eine geschickte und
vorsichtige Führung besonders bei nicht seegeübtem Personal zur Be=
kämpfung und Bezwingung des Gegners nothwendig sei. Ihnen
lag andererseits daran, eine Action auf offener See zu vermeiden,
vielmehr den Feind im engen Fahrwasser, in der Nähe der Küste zu
bekämpfen, wo er seine Ueberlegenheit im Manövriren seiner Schiffe
nicht in vollem Maße ausnutzen konnte. Phormio dagegen hatte
nur auf offener See Aussicht auf Erfolg, und spricht sich diese seine
Ansicht in der folgenden, vor dem Treffen an seine Mannschaft ge=
richteten Ansprache[1]) aus: „Aus eigener Wahl werde ich die Schlacht
nicht in dem Meerbusen liefern, noch mich mit der Flotte hinein=
ziehen, da ich einsehe, daß ein enger Raum für eine kleine Anzahl
gut segelnder und gut bedienter Schiffe gegen eine große ungeübte
Flotte nicht günstig ist. Denn hat man den Feind nicht von Ferne

---

[1]) Thukydides Buch II Kap. 89.

im Auge, so kann man schwerlich auf die erforderliche Weise zum
Angriff segeln, noch sich zur rechten Zeit zurückziehen, wenn man in
die Enge kommt. Weder Durchbrechungen der feindlichen Linie noch
Wendungen, welches die Vortheile schnellsegelnder Schiffe sind, finden
statt. Man würde sich genöthigt sehen, das Seetreffen in eine
Schlacht zu verwandeln, wie sie auf dem festen Lande gefochten
wird, und da gewährt die größere Zahl der Schiffe auch die größere
Stärke. Ihr aber haltet euch wohlgeordnet bei euren Schiffen und
achtet genau auf die gegebenen Befehle. Während der Schlacht
selbst beobachtet Ordnung und Stillschweigen vor allen Dingen." rc.

Phormio forderte die korinthischen Flottenführer wiederholt zum
Kampfe auf offener See heraus, doch wurde ein solcher von ihnen
nicht angenommen; vielmehr scheint es die Absicht derselben gewesen
zu sein, die Athener zu ermüden, ihre Wachsamkeit einzuschläfern
und sie dann zu überlisten. Dies gelang dem Brasidas allerdings
in gewisser Beziehung, indem er Phormio in eine Falle zu locken
suchte, welche für dessen Schiffe leicht hätte verhängnißvoll werden
können. Die korinthische Flotte in vier Treffen getheilt, suchte durch
einen Scheinangriff auf das ungeschützte Naupactus die athenischen
Schiffe zur Vertheidigung ihrer Verbündeten in die engen Gewässer
zu nöthigen.

Phormio, sobald er das Vorhaben des Feindes erkannte, folgte
demselben mit seinen, in Kiellinie rangirten Schiffen. Brasidas,
sobald die Athener seine Flotte eingeholt hatten, stürzte sich mit
seiner Uebermacht auf die dünne Linie des Feindes, durchbrach sie
und brachte die einzelnen Führer in Verwirrung, so daß drei attische
Schiffe aufs Land getrieben und zerstört, während andere von
Phormio's Abtheilung getrennt wurden. Ein Theil der abge=
schnittenen Trieren wurde jedoch durch den Muth messenischer Land=
truppen, die den Athenern gefolgt waren, dadurch gerettet, daß sie
trotz der schweren Rüstung in das Wasser stiegen, die Schiffe er=
kletterten und sie vertheidigten[1]). Phormio mit den elf vordersten
Schiffen suchte, verfolgt von zwanzig ungeordnet fahrenden Schiffen
des Gegners, die Rhede von Naupactus zu erreichen. Ein harter Wett=
kampf im Rudern beginnt, um Vorsprung zu gewinnen und zuerst
zur Stadt zu gelangen. Phormio, von seinen Verfolgern hart ge=
drängt, benutzt ein auf der Rhede von Naupactus liegendes Handels=

---

[1]) Thukydides Buch II Kap. 91 und 92.

schiff als Deckung und weiß das ihm zunächst folgende feindliche
Schiff mit seinem Sporn so geschickt zu treffen, daß es sofort zum
Sinken gebracht wird, während andere durch ungeschickte Führung
auf Untiefen gerathen und sitzen bleiben. Alsbald ändert sich die
Scene. Die durch diesen Verlust in Bestürzung gerathene feindliche
Flottenabtheilung läßt in der Verfolgung nach und giebt Phormio
Zeit, wieder zum Angriff überzugehen. Es gelingt ihm durch seine
Ueberlegenheit im Manövriren, den Gegner in ein für ihn so glückliches
Gefecht zu verwickeln und die Schwäche und Unentschlossenheit desselben so zu seinem Vortheil auszubeuten, daß er nicht nur die
ganze feindliche Abtheilung in die Flucht schlägt, sondern auch
seine genommenen Schiffe zurückerobert, mehrere der feindlichen er=
beutet und die ganze peloponnesische Flotte zwingt, sich in den
Hafen Panormus zurückzuziehen. Die Athener blieben Sieger
und Phormio kehrte auf seine Station zurück, die er vor wie nach
behauptete.

Bald darauf kam das verspätete athenische Geschwader aus Kreta
an, und hiermit blieb trotz aller Anstrengungen der Peloponnesier,
der korinthische Golf sicherer als je zuvor in der Herrschaft der
Athener.

Eines kühnen Handstreichs, ausgeführt von peloponnesischen
Flottenmannschaften unter Knemos und Brasidas, wollen wir noch
kurz gedenken. Im Spätherbste 429 v. Chr. wanderten die Mann=
schaften von 40 Schiffen mit ihren Riemen und Ruderbänken von
Korinth über die Landenge, zogen in aller Eile eine Anzahl Schiffe
aus den Schiffshäusern von Nisäa, bemannten sie und steuerten gerades=
wegs nach Salamis; dort überwältigten sie drei Trieren, welche
Wache hielten und nahmen dieselben, nachdem sie überall geplündert
und die Athener in Schrecken gesetzt hatten, bei ihrer Rückkehr mit sich.

Im Jahre 428 v. Chr. wurde eine Erhebung der Bewohner
von Lesbos und der Uebertritt derselben zum peloponnesischen Bunde
durch das schnelle Eingreifen einer athenischen Flotte, da die von
Sparta erwarteten Verstärkungen ausblieben, schnell unterdrückt
Die Mauern von Mitylene und der übrigen Städte wurden ge=
schleift, die Schiffe in die athenische Flotte eingestellt und ein Theil
der Bewohner fortgeführt.

Im Herbst desselben Jahres sahen die Spartaner abermals zu
ihrem großen Schrecken 100 attische Trieren am Isthmus erscheinen
und eine zweite Flotte Athens die lakonischen Küsten brandschatzen.

Dagegen lief im Dezember desselben Jahres die erste peloponnesische Flotte von 42 Segeln in das Aegäische Meer, welches Athen bis dahin als seine Domaine angesehen hatte.

Im Jahre 426 v. Chr. zog eine athenische Flottenabtheilung von 30 Trieren mit den entsprechenden Truppen an Bord, unter Demosthenes, gegen die kriegerischen Bergvölker Aetoliens. Dieser Feldzug, wie geschickt er auch angelegt war, verlief unglücklich für Athen. Demosthenes wußte diese Scharte jedoch schon im Jahre 425 v. Chr. durch die Besitzergreifung und Befestigung des Hafens von Phylos (das heutige Navarin) wieder auszuwetzen. Den mit 40 Trieren und den nöthigen Truppen nach Sicilien entsendeten Befehlshabern Eurymedon und Sophokles als Rathgeber beigegeben, war ihm von den Machthabern Athens gleichzeitig die Vollmacht ertheilt worden, nach seinem Ermessen die Flotte zu einem Angriff auf die peloponnesischen Küsten zu verwenden, während sie um dieselben herumsteuerte. Auf der Fahrt um die Südspitze des Peloponnes ward den Führern der athenischen Flotte die Kunde, daß 60 peloponnesische Trieren bereits in Kerkyra eingetroffen seien. Eurymedon und Sophokles beabsichtigten daher, unverweilt dahin zu fahren. Demosthenes dagegen forderte, daß vor der Weiterreise, Phylos, eine zerstörte und unbewohnte Stadt am messenischen Ufer 10 Meilen von Sparta, zuvor besetzt und befestigt werde. Diese seine Forderung motivirte er unter Hinweis auf den durch die Insel Sphakteria, lang, schmal, mit dichtem Wald bewachsen, und mit steilen felsigen Ufern gebildeten geräumigen Hafen und auf die von Natur schon starke örtliche Lage des Platzes. Zur Wiederherstellung der Befestigungen gewähre aber der Reichthum an Holz und Steinen die Mittel. Außerdem sei die Stadt an der spartanischen Grenze, Sparta so nahe gelegen, daß sie als Stützpunkt für die Operationen Athens von außerordentlicher Wichtigkeit sein müßte. Durch stürmische Witterung im Hafen von Phylos zurückgehalten, wußte Demosthenes seinen Plan so zu fördern, daß die Befestigungen des Hafens in 6 Tagen bereits zur Ausführung gebracht waren als Eurymedon und Sophokles mit 35 Schiffen ihre Fahrt nach Kerkyra fortsetzten. Demosthenes dagegen blieb mit 5 Trieren in Phylos zurück.

Die Besetzung und Befestigung von Phylos war zwar ohne jegliche Störung Seitens der Spartaner vor sich gegangen, jedoch durften die Machthaber in Sparta die Besitznahme dieses Hafens durch die Athener nicht ohne Gegenmaßregeln hinnehmen. Es wurden daher nicht allein spartanische Truppen, sondern auch die peloponnesische Flotte von Kerkyra zur Vertreibung der Athener nach Pylos dirigirt. Beide Expeditionen glückten, denn auch die Flotte traf einige Zeit nach der Ankunft der Landtruppen in Pylos ein. Die Insel Sphakteria wurde von den Schiffen mit Hopliten besetzt und lag es außerdem in der Absicht der Peloponnesier, die beiden schmalen Einfahrten des Hafens durch Verankerung von Fahrzeugen in denselben zu sperren; jedoch blieb dieser letzte Plan unausgeführt. Das Heer schloß Pylos von der Landseite ein, und sollte der Angriff gegen den nur schwach befestigten, mit einer nur geringen Zahl von Streitern vertheidigten Platz von allen Seiten zugleich erfolgen.

Aber Demosthenes war beim Herannahen der Spartaner ebenfalls nicht unthätig geblieben. Zwei der zurückbehaltenen Schiffe hatte er vor Ankunft der feindlichen Flotte nach Zakynthos gesandt, um die athenischen Befehlshaber daselbst von der drohenden Gefahr für Pylos zu unterrichten und Hülfe zu fordern. Die übrigen drei Schiffe ließ er aufs Land ziehen, sie mit einem Wall umgeben, bewaffnete ihre Ruderer und verstärkte seine Schaar durch 40 messenische Hopliten. Die übrigen Bewaffneten vertheilte er in den Befestigungen und übernahm selbst die Vertheidigung des Landungsplatzes, wo er vorzugsweise den Angriff der peloponnesischen Flotte erwartete.

Schlacht bei Pylos 425 v. Chr. Bald nach Ankunft der unter Brasidias Befehl stehenden 43 peloponnesischen Trieren erfolgte der Angriff zu Wasser und zu Lande gleichzeitig und wurde an zwei Tagen mit außerordentlicher Tapferkeit auf beiden Seiten gekämpft, bis sich, da es den Angreifern nicht gelang, ihre Gegner aus den Befestigungen zu vertreiben, der Sieg auf Seite der Athener neigte. Inzwischen näherten sich 50 athenische Trieren dem Hafen. Die peloponnesische Flotte ging den feindlichen Schiffen nicht aufs Meer entgegen, sondern erwartete den Angriff derselben im Hafen. Es kam dort zu einem heftigen Kampfe, welcher mit der Niederlage und Einschließung der peloponnesischen Flotte im Hafen von Pylos und der engen Cernirung der auf der Insel Sphakteria befindlichen spartanischen Hopliten endete.

In Folge dieser Niederlage, und nachdem auch obige Insel nach 72tägiger Belagerung von den Athenern besetzt worden war, ließ Sparta in Athen um Unterhandlungen bitten. 292 Hopliten. darunter 120 Spartaner, streckten, von den Gegnern in Front und

Rücken zugleich angegriffen, die Waffen und wurden nach Athen ge=
führt. 60 peloponnesische Trieren fielen den Athenern in die Hände.
Diese Erfolge des Demosthenes waren seit dem Tode des Perikles,
wohl das wichtigste Ereigniß dieses Abschnitts des peloponnesischen
Krieges.

Nachdem die Athener aber während der nächsten beiden Jahre
bei Delium und Amphipolis Niederlagen erlitten hatten und Sparta
sowohl als Athen theilweise erschöpft war, kam zwischen beiden krieg=
führenden Städten, Anfang des Jahres 421 v. Chr., ein Separat=
friede, der sogenannte Friede des Nicias auf 50 Jahre zu Stande.

So gingen 6 Jahre nach Abschluß dieses Friedens dahin, als
plötzlich durch die Einmischung Athens in die Angelegenheiten Siciliens,
der Krieg zwischen Athen und Sparta von Neuem aufloderte.

Achtes Kapitel.
Der Kriegszug Athens gegen Sicilien.

Aehnlich wie Griechenland, so bot auch Sicilien ein Bild des
Parteitreibens, des Haders und der Feindseligkeiten; dort wie hier
bekämpften sich die einzelnen Städte untereinander. Die mächtigste
derselben war Syrakus, welche ähnlich wie Athen, nach der Ober=
herrschaft strebte. Unter denen, welche den Vergewaltigungen der
Syrakusaner am meisten Widerstand entgegensetzen konnten, war
Leontini und Egesta (Segesta). Letzteres schickte Abgesandte nach
Athen und ließ um Hülfstruppen bitten. Die Abgesandten fanden
dort je nach den Parteistellungen der einzelnen Kreise getheilte Auf=
nahme. Die Freunde des Friedens und namentlich Nikias bemühten
sich angelegentlich, den Athenern von einer Einmischung in die An=
gelegenheiten Siciliens abzurathen. Sie wiesen darauf hin, daß,
abgesehen von der Nutzlosigkeit und der Gefahr einer solchen Ex=
pedition, dieselbe die eigenen Streitkräfte besonders in den griechischen
Meeren schwächte, wo doch in dieser Seeherrschaft die Hauptmacht
Athens und die Hauptbedingungen ihrer Erfolge liege. Trotzdem
gewann die Kriegspartei die Oberhand. Es wurde beschlossen, ein
starkes Heer und Flotte unter Führung von Nikias, Alkibiades und
Lamachus mit dem Auftrage nach Sicilien zu senden, Egesta Hülfe

und Schutz zu gewähren, sowie überhaupt alle die Maßregeln zu er=
greifen, welche für den athenischen Staat vortheilhaft wären.

Mitte Sommer 415 v. Chr. liefen 100 attische Trieren
(60 Schnellruderer und 40 mit Truppen besetzte Schiffe) unter all=
gemeinem Volksjubel, in pomphafter Weise aus dem Hafen von
Piräeus, um 1500 athenische Bürger und Krieger nach Sicilien
überzuführen. In Kerkyra stießen zu diesem Geschwader 34 Trieren,
2 Fünfzigruderer und 130 Lastschiffe der Bundesgenossen, so daß sie
mit 134 Trieren und kleineren Kriegsfahrzeugen und 130 Lastschiffen,
ein Heer von circa 36,000 Mann incl. circa 25,000 Flottenmann=
schaften nach Sicilien übersetzten.

Die Flotte war in drei Abtheilungen oder Geschwader getheilt,
jede derselben von einem der drei Führer befehligt. Eclaireurs
wurden vorausgeschickt und als Sammelplatz Rhegium in Calabrien
bestimmt.

So fuhr man nach Sicilien. Vor der Stadt Rhegium wurde
ein gemeinschaftliches Lager bezogen, um von hier aus, nach kurzer
Rast, den Krieg zu beginnen.

Die Syrakusaner besaßen ein wohlgeordnetes Heer, waren da=
gegen den Athenern zur See durchaus nicht gewachsen. Sie erfuhren,
während sie Egesta belagerten, die Entsendung einer attischen Streit=
macht nach Sicilien, fingen aber erst an ihre Vertheidigungsarbeiten
zu beginnen, als die athenische Flotte bereits bei Rhegium einge=
troffen war.

Im Lager von Rhegium, bei Berathung und Feststellung des
Operationsplans versuchte Niklas noch einmal seine Mitfeldherrn zu
bestimmen, die ganze Unternehmung auf das geringste Maß zu be=
schränken und schlug vor, sobald man nur einigermaßen die gestellte
Aufgabe gelöst habe, nach Griechenland zurückzukehren. Dieser Vor=
schlag fand aber bei denselben den lebhaftesten Widerstand. Lama=
chus verlangte eine rasche, kräftige Unternehmung gegen Syrakus,
da die dort herrschende Verwirrung unzweifelhaft zur baldigen Ueber=
gabe der Stadt führen müsse. Alkibiades pflichtete zwar diesem
letzten Plane bei, allein sein Hauptziel war darauf gerichtet, die
Operationen auf Sicilien in die Länge zu ziehen und sich auf
der Insel Anhang zu verschaffen. Er formulirte daher seine Ansicht
dahin: zur Cernirung von Syrakus zwar zu schreiten, gleichzeitig aber
mit den übrigen Städten der Insel in Unterhandlungen zu treten,

dieselben für Athen zu gewinnen und so gewissermaßen als eine sicilische Macht gegen Syrakus vorzugehen.

Die Ansicht des Alkibiades brach sich schließlich Bahn. Nach getroffenen Vereinbarungen wurde Naxos bald ohne Schwierigkeiten besetzt und Katana in einen Haupthafen und Standort für Flotte und Heer umgewandelt.

Alsbald wurde Alkibiades aber nach Athen zurückberufen. Seine Abberufung erzeugte Mißstimmung unter den Truppen, weil er das belebende Element, das kecke Selbstbewußtsein das ihn erfüllte, auch seinen Untergebenen einzuflößen verstand.

Nikias und Lamachus sich selbst überlassen, beschlossen nunmehr, zunächst Egesta zu entsetzen und sich dann mit allen Kräften gegen Syrakus zu wenden. Die Langsamkeit und Unentschlossenheit des ersteren war aber Schuld daran, daß dieser Entschluß nicht zur Ausführung kam.

Mittlerweile waren auch die Syrakusaner nicht unthätig geblieben; sie schickten sich an, mit aller Energie die Vertheidigungswerke der Stadt in Stand zu setzen.

Nikias hatte in Athen um Verstärkungen, Geld und Kriegsmaterial gebeten. Diese trafen im Frühjahr 414 v. Chr. im Lager der Athener auf Sicilien ein und alsbald brach die attische Flotte nach Syrakus auf. Nach Erstürmung der dominirenden Stellung von Epipolä wurde die Stadt von der Landseite cernirt, die beiden Hafeneingänge bei Plemmyrium sowohl als der kleine trogilische Hafen durch die Flotte eng blockirt, und die Zufuhr von allen Seiten abgeschnitten.

Viele Städte Siciliens und sogar Italiens begannen für die Athener Partei zu nehmen und sie mit Lebensmitteln zu versorgen. Selbst in Syrakus entstand Unzufriedenheit und Streit; es verbreitete sich dort alsbald Schrecken und Verzagtheit, so daß die dortigen Machthaber sogar mit Nikias Unterhandlungen anknüpften, und schon auf dem Punkte waren, sich zu ergeben.

Da gab plötzlich die Ankunft einer peloponnesischen Hülfsflotte nebst Heer, den Dingen eine andere Wendung. Gylippus, der spartanische Heerführer landete mit Schwerbewaffneten auf Sicilien, nahm den Athenern das nur schwach besetzte Epipolä wieder fort, drängte sie aus ihren Verschanzungen und verhinderte sie an der Einnahme der Stadt. Die Verhandlungen mit Nikias wurden abgebrochen; unter Leitung des Spartaners aus dem Landvolke Flottenmannschaften herangebildet und gleichzeitig Schiffe gebaut, so daß schon im Sommer 413 v. Chr., mit der aus Korinth eingetroffenen Flottenabtheilung, 90 Schiffe in Syrakus bereit waren die Athener zur See zu bekämpfen.

Den engen Raumverhältnissen des voraussichtlichen Kampf-platzes im Hafen Rechnung tragend, hatten sie die Vordertheile ihrer Schiffe verkürzt, aber verstärkt, und sie an Stelle des einfachen Schnabels oder Sporns mit 6 Ellen langen Schrägebalken[1]), welche sich vor dem Vorsteven zu einer Spitze vereinigten, versehen.

Mit dem so wesentlich verstärkten Bug ihrer Schiffe hofften sie die schwachen und hohlen Vordertheile ihrer Gegner zu zerstören; andererseits aber zweifelten sie, daß die Athener ihre bessere Manö-vrirfähigkeit auf so beschränktem Raum, wie ihn der Hafen von Syrakus bot, voll und ganz würden ausnutzen können. Ein ver-zweifelter Kampf stand bevor, der auf beiden Seiten mit gleicher Erbitterung geführt werden sollte.

Am ersten Tage brachen aus den beiden Häfen 80 syrakusanische und peloponnesische Schiffe hervor, um sich zu einem gemeinsamen Angriff auf die attischen Blockadeschiffe und das Schiffslager bei Plemmyrium zu vereinigen. Gleichzeitig wurden unter Gylippus Befehl Truppen in großen Bogen um das befestigte Schiffslager der Athener gesandt, und zum Angriff auf dasselbe im gegebenen Moment bereit gehalten.

Auch die Athener machten sich zum Kampfe bereit, um dem Angriffe der syrakusanischen Schiffe zu begegnen und kam es am Eingange des großen Hafens zum Kampfe. Der Angriff der Syrakuser war so stürmisch, daß die athenische Flotte geworfen wurde und sich zurückzog. Sie ging jedoch, als sie sich auf wenig geschickte Weise von den Syrakusanern verfolgt sah, wieder zum Angriff über und schlug ihre Verfolger in die Flucht, wobei drei Schiffe erbeutet und elf zum Sinken gebracht wurden. Der Verlust der Athener betrug nur drei Schiffe. Während aber die Besatzung der das Lager schützenden Forts an den Strand geeilt war, um Zuschauer des Seegefechts zu sein, erstürmte Gylippus die Forts und erbeutete außer einigen Schiffen ansehnliche Vorräthe an Lebensmittel und Kriegsmaterial.

---

[1]) Thukydides Buch VII Kap. 36 u. s. w.

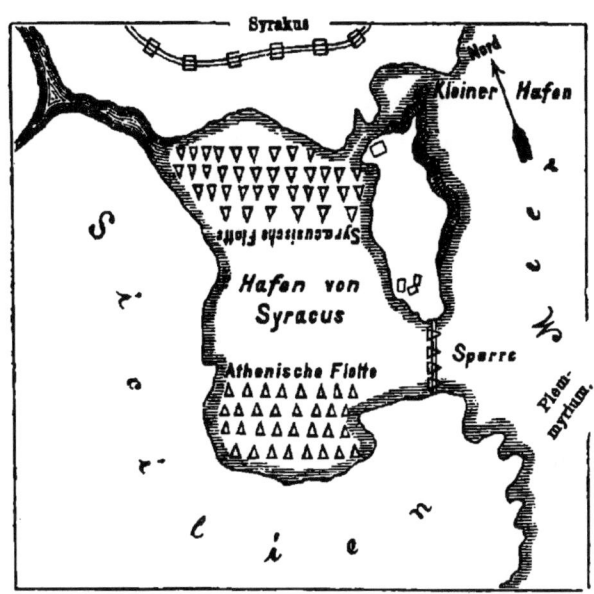

Die attischen Schiffe mußten trotz ihres Sieges in den inneren Hafen zurückkehren, und Fort nebst Schiffslager in den Händen der Syrakusaner lassen. Die letzteren hatten somit von diesem Treffen größeren Gewinn als Nachtheil, denn der Verlust an Schiffen wurde bei Weitem durch die Wegnahme der Vorräthe und Besetzung beider Ufer der etwa 1000 Ellen breiten Hafeneinfahrt aufgewogen. Sie hatten somit freien Verkehr nach außen, konnten nicht allein ihre Vorräthe ergänzen, sondern auch den Athenern die Zufuhr, wenn nicht gänzlich abschneiden, so doch außerordentlich erschweren. Die Lage der Athener war somit eine äußerst bedenkliche geworden; denn abgesehen von den im Lager ausgebrochenen Krankheiten und dem Verlust der Vorräthe, fing die lange Unthätigkeit an, einen nach= theiligen Einfluß auf Heer und Schiffsmannschaften auszuüben. Um daher den militärischen Geist wieder zu beleben, unternahm man einen Angriff auf das Schiffslager der Syrakusaner, doch ohne Erfolg, denn letztere hatten die das Lager schützende Pallisadenreihe durch schräg vorstehende zugespitzte Pfähle verstärkt, so daß die angreifen= den Schiffe des Gegners leckgestoßen wurden. Ein Angriff der syrakusanischen Schiffe auf das atenische Schiffslager blieb, trotz= dem auf beiden Seiten mit größter Hartnäckigkeit und unter An= wendung von Wurf= und Schleudergeschossen gekämpft wurde

ebenfalls ohne nennenswerthen Erfolg, da auch Niklas die Pfahl-
reihe seines Schiffslagers durch versenkte Lastschiffe verstärken ließ.

Kurz darauf langten die von Athen unter Demosthenes und
Eurymedon entsendeten 73 Trieren mit Truppen und Vorräthen
vor Syrakus an, und liefen, unbehelligt von der feindlichen Flotte
in den großen Hafen ein.

Demosthenes erkannte bald, daß rasch und entschieden gehandelt
werden müsse. Als aber ein nächtlicher Angriff auf Epipolä von
den Syrakusanern abgeschlagen war, gelangten die athenischen Feldherrn zu der Ansicht, daß die vollständige Wiederherstellung einer
wirksamen Belagerung der Stadt mit den zur Zeit disponibeln
Streitmitteln nicht ausführbar sei. Demosthenes forderte daher ungesäumt die Rückkehr mit Heer und Flotte nach Athen, und als
die Syrakusaner Anstalt trafen, die Hafenmündung zu sperren, wurde
von den Athenern der Abzug auf den 27. August Nachts festgesetzt.
Allein Aberglaube und Entmuthigung, veranlaßt durch eine Mond-
finsterniß war die Ursache, daß der günstige Moment für die Ausführung dieses Planes ungenützt verstrich und Heer und Flotte der
vollständigen Vernichtung Preis gegeben wurden.

Die Syrakusaner ihrerseits beschlossen, die Athener am 28. August
zu Lande und zu Wasser gleichzeitig anzugreifen und die Griechen
von der Insel zu vertreiben.

Es kam zur Schlacht, die Athener, an Schiffszahl dem Gegner
überlegen (86 gegen 76 Trieren), wurden dennoch geschlagen, weil
durch ein unrichtiges Manöver die Schiffe ihres rechten Flügels ab-
gedrängt, theils auf den Strand, theils auf Untiefen geriethen.[1])
Ihr Verlust betrug 18 Schiffe, der der Syrakuser dagegen war
gering. Was aber am schwerwiegendsten für die Athener sein
mußte, war die zum ersten Male von einem schwächern Feinde erlittene Niederlage.

„Es naht der verhängnißvolle Tag der Entscheidung." Die
Syrakusaner, ermuthigt durch die Erfolge der letzten Tage, sannen
nunmehr auf eine vollständige Vernichtung ihrer Feinde. Die Hafen-

---

[1]) Die Syrakusaner versuchten durch einige mit Harz gefüllte Lastschiffe, welche
sie in die Nähe der gestrandeten feindlichen Trieren brachten und dort anzündeten,
die letzteren zu zerstören, — jedoch ohne Erfolg. Hier tritt zum ersten Male in
der Kriegführung zur See der sogenannte „Brander," welcher erst zu einer
viel späteren Zeit in größerem Umfange, jedoch im Allgemeinen ohne großen Erfolg,
angewendet wurde, auf.

einfahrt wurde durch Lastschiffe gesperrt, welche nebeneinander ver=
ankert, durch Ketten und übergelegte Planken seitwärts mit einander
verbunden und mit Kriegern besetzt waren.   Nur eine kleine Oeffnung,
welche gleichfalls durch Ketten gesperrt war, blieb scheinbar; diese,
sowie die ganze Sperre wurde durch die in der nördlichen Bucht des
großen Hafens liegende Flotte bewacht

Die Hafensperre¹) war in sachgemäßer Weise in drei Tagen
von den Syrakusanern hergestellt, und giebt Zeugniß von der Er=
findungsgabe und Intelligenz derselben.

Die Athener, deren Flotte auf diese Weise von der See abge=
drängt war, litten, da gleichzeitig feindliche Reiterei dem Heere das
Fouragiren abschnitt, Mangel an Lebensmittel und geriethen hierdurch
in eine äußerst mißliche Lage.   Es blieb ihnen daher nur übrig,
sich zu einem letzten verzweifelten Versuch aufzuraffen und den Aus=
gang des Hafens zu forciren.

Ende August wurden daher alle Schiffe der Athener, schlechte und
gute, 110 an der Zahl, bemannt, dieselben so gut als angängig
im Bug mit Planken gegen die Stoßbalken der feindlichen Schiffe
gesichert und mit eisernen Haken zum wirksamen Angriffe durch
Entern versehen.   Ein harter Kampf stand ihnen bevor, zu wel=
chem die Befehlshaber beider Parteien ihr Kriegsvolk zu ermuthigen
suchten.   Lassen wir hier einen Theil der Ansprache des athenischen
Feldherrn Nikias, soweit derselbe auf das Eingreifen der Schiffe in
den bevorstehenden Kampf Bezug hat, folgen:²) „Eine Menge Bogen=
und Speerschützen und viele andere sollen diesmal eingeschifft werden,
die wir nicht brauchten, wo wir uns auf offenem Meere schlugen;
weil sie durch die Belastung der Schiffe der Gewandtheit schadeten;
die aber nun, wo man uns zwingt, uns auf den Schiffen, wie am
Lande zu schlagen, von Nutzen sein werden.   Auch haben wir gegen
die Bauart der feindlichen Schiffe Gegenanstalten zu treffen gesucht,
zumal gegen die dicken Rennbäume, die uns vorzüglich schadeten;
nämlich eiserne Handklammern, welche das einmal angerannte Schiff
hindern werden, sich wieder zurückzuziehen, wenn die Schiffsmann=
schaft den Dienst so verrichtet, wie er dazu nöthig ist.   Denn wir
sind gezwungen, auf unsern Schiffen wie auf dem Lande zu fechten,

---

¹) Dies ist die erste, welche in der Geschichte auftritt, ein Vertheidigungs=
mittel, welches besonders in neuester Zeit, wenn auch in anderer Form, schon eine
Rolle gespielt hat oder vielleicht noch spielen wird.
²) Thucydides Buch VII Kap. 62 und 63.

und daher achte ich es für nützlich, daß Ihr weder selbst zurück=
weicht, noch den andern solches zu thun gestattet.

„Dessen eingedenk, müßt Ihr den Kampf nach allen Euren
Kräften bestehen und Euch nicht an das Ufer zurückwerfen lassen,
sondern, sobald ein Schiff sich dem andern genähert hat, Euch vor=
nehmen, nicht eher abzulassen, bis Ihr die Hopliten von dem feind=
lichen Verdecke herabgestürzt habt. Hierzu ermahne ich die Hopliten
nicht minder als die Schiffsleute; da der Kampf auf dem Verdeck
mehr die Sache jener ist." 2c. 2c.

Mit Entschlossenheit gingen die Athener unter Nikias und
Demosthenes in Schlachtlinie gegen die Sperre vor und überwältigen
im ersten Anlauf die hier postirte Abtheilung feindlicher Schiffe,
indem sie gleichzeitig versuchten die die Oeffnung sperrenden Ketten
zu sprengen, — doch vergebens. Denn durch die Wurfgeschosse und
Pfeile der auf der Schiffsbrücke postirten Landtruppen vom schnellen
Wegräumen und Durchbrechen der Hindernisse abgehalten, stürzten
sich von allen Seiten syrakusanische] Schiffe auf die zusammen=
gedrängte athenische Flotte, und die Schlacht wurde allgemein.
Auf beiden Seiten wetteiferten Befehlshaber, Schiffsmannschaften und
Landsoldaten mit einander an Tapferkeit und Ausdauer, indem sich
beide Gegner, — 200 Fahrzeuge, — den Kampfplatz streitig zu
machen suchten. Sobald die Schiffe einander nahe kamen oder nahe
gebracht wurden, ging es ans Entern, oder Wurfspieße, Pfeile und
Steine wurden in großer Zahl gegen einander geschleudert. Es war
ein buntes Durcheinander, in welchem den athenischen Führern der
Ueberblick nothgedrungen verloren gehen mußte, eine Leitung nicht
mehr möglich war. Statt einer geordneten Schlacht war überall
Verwirrung, Geschrei und kopfloses Ringen. Das Vorhaben der
Athener, im ersten kräftigen Anlauf die Sperre mit ihren Schiffen
wegzuräumen, mußte bald als nutzlos aufgegeben werden, und
als die Kräfte nachließen, sahen sie ihre Flotte, statt auf
offenem Meere, wieder in den innern Hafen zurückgedrängt. Der
Kampf endigte mit einer noch größeren Niederlage wie je zubor;
sie verloren 60 Schiffe und etwa 8 bis 10,000 Mann. Diese
Niederlage wirkte außerdem äußerst entmuthigend auf das Schiffsvolk,
so daß dasselbe, als am 1. September noch ein zweiter Durchbruch
versucht werden sollte, den Gehorsam verweigerte. Die Schiffe, so=
weit sie nicht den Syrakusanern bereits in die Hände gefallen
waren, wurden verbrannt, während Heer und Flottenmannschaft ihre

Rettung in einem Marsche durch die Insel suchte, — um gänzlich vernichtet zu werden.

Forscht man nach den Ursachen dieses unglücklichen Ausganges, so findet man diese wohl in erster Reihe in dem Mangel an Entschlossenheit, Energie und der richtigen Erkenntniß des Wesens des Krieges, in der obersten Leitung, — (an deren Spitze nicht Einer, sondern drei mit gleichen Machtbefugnissen versehene Führer standen.) Denn, statt mit den gelandeten Truppen und den überlegenen vollständig leistungsfähigen Streitkräften das unvorbereitete Syrakus sofort zu cerniren und den Versuch zu machen, dasselbe mit einem Handstreich zu nehmen, zögerte man und ließ den Belagerten Zeit sich zu rüsten, Verbündete heranzuziehen und sich sogar eine Flotte zu schaffen, während Heer und Flotte der Athener, durch lange mit Strapazen und Mangel an Verpflegung verbundene Unthätigkeit, ihre Leistungsfähigkeit successive einbüßte.

So endete der von den Athenern mit so großem Aplomb in Scene gesetzte Kriegszug nach Sicilien. Er kostete ihnen eine Flotte, vernichtete ihre Herrschaft zur See, erschöpfte ihren reichen Schatz fast total, und gab ihrer Größe einen harten Stoß, von dem sie sich trotz aller Anstrengungen nie mehr ganz zu erholen vermochten und der ihren gänzlichen Fall vorbereitete und beschleunigte.

Ungeachtet der in Sicilien erlittenen Niederlage entwickelten die Athener, aufgestachelt durch die drohende Gefahr, dennoch soviel Standhaftigkeit, Muth und Thätigkeit, daß der Sieg sich bald wieder auf die Seite derselben zu neigen begann. Im Jahre 412—411 v. Chr. war das athenische Flottenmaterial bereits wieder auf gleiche Höhe mit dem ihrer Feinde gebracht und gelang es ihnen sogar theilweise die Herrschaft zur See wieder zu erlangen. Durch die glücklichen Kriegszüge im Sommer 411 v. Chr. und den folgenden Jahren an den Küsten Kleinasiens, den benachbarten Inseln, dem Hellespont u. s. w. wurde das Vertrauen der Athener zu ihren Leistungen von Neuem belebt, die Hoffnung auf ihre Flotte wieder aufgerichtet.

Im Jahre 412 v. Chr. schon landeten sie bei Milet und schlugen die von dort ihnen entgegenrückenden peloponnesischen und asiatischen Truppen.

Zwar wurden im Jahre 411 v. Chr. 36 attische Trieren bei Euböa von peloponnesischen Schiffen geschlagen, allein gleichzeitig auch ein peloponnesisches Geschwader von 40 Dreiruderern durch einen Sturm zersprengt.

Schlacht bei Abydos. Im selben Jahre wurde Alkibiades, aus der Verbannung zurückberufen und zum Oberbefehlshaber der bewaffneten Macht des athenischen Staates gemacht. Noch einmal war während der nächsten 4 Jahre das Glück dem Alkibiades und unter seiner Führung, der athenischen Flotte günstig. Denn als im Herbst desselben Jahres (411 v. Chr.) bei Abydos, im südlichen Theile des Hellespont, 71 attische Trieren gegen 90 peloponnesische Schiffe im Kampf waren und sich schon das Glück auf Seite der letzteren neigte, da erschien Alkibiades im entscheidenden Moment mit 18 Trieren, stürzte sich unverweilt auf den Gegner und gab der Schlacht sofort eine günstige Wendung.

Die Peloponnesier wurden ans Land getrieben, aus der Seeschlacht wurde eine Uferschlacht und die sämmtlichen Schiffe derselben wären genommen worden, wenn nicht Pharnabazos mit seiner ganzen Mannschaft den Athenern Widerstand geleistet hätte. Mit dreißig feindlichen Schiffen mußten sich sie begnügen und mit diesen und den zurückeroberten eigenen Schiffen nach Sestos zurückkehren.

Schlacht bei Cyzicus in der Propontis. Im Februar des nächsten Jahres (410 v. Chr.) finden wir Alkibiades mit achtundsechzig Segeln den Hellespont durchfahrend bei der Insel Prokonnesos im Marmormeere landen. Nachdem er seine Flotte getheilt hatte, ging er an einem regnigten Wintermorgen mit vierzig Schiffen gegen den Hafen von Kyzikos vor, wo er die peloponnesische Flotte in voller Zahl mit Uebungen beschäftigt fand. Durch einen Scheinrückzug veranlaßte er den Feind, sich soweit vom Hafen zu entfernen, daß die attische Nachhut Zeit gewann, die Peloponnesier im Rücken zu fassen. Von allen Seiten bedrängt und vom Hafen abgeschnitten, floh Mindaros mit seiner Flotte nachher Küste, landet dort seine Mannschaften und entspann sich, von den Athenern verfolgt, eine heiße Landschlacht, welche zum vollständigen Siege des Alkibiades führte, und er mit achtunddreißig eroberten Schiffen nach Prokonnesos zurückkehrte. Durch die Einnahme von Byzanz im Jahre 408 v. Chr., legte Alkibiades den Schlußstein zu seinen Siegen und zog er mit 114 erbeuteten Schiffen im Triumph in den Hafen von Piraeus ein.

Diese Siege gaben den Athenern wieder ein erhebliches Uebergewicht über die Peloponnesier, welche durch den Verlust ihrer Flotte in eine höchst prekäre Lage versetzt wurden.

Mit dem Jahre 407 nahm der Krieg jedoch wieder eine für Sparta durchaus günstige Wendung. Die Wahl des Lysander zum Oberbefehlshaber der peloponnesischen Flotte und die mit dem jungen Cyrus, Statthalter von Kleinasien, angeknüpfte Bundesgenossenschaft waren zwei glückliche Momente für Sparta.

Den Athenern konnten die ihnen hierdurch erwachsenden Gefahren nicht unbekannt bleiben und rasche und entscheidende Maßregeln mußten ergriffen werden.

Seeschlacht bei Notion. Alkibiades segelte daher im Frühjahr 407 v. Chr. mit 100 Trieren nach dem Vorgebirge Notion, nahe bei Ephesus, wo Lysander mit 90 Schiffen lag. Bei seiner Ankunft übergab Alkibiades den Befehl über die Flotte an Antiochus, während er sich zum Thrasybulus ans Land begab, um mit demselben weitere Maßregeln zu verabreden. Beim Verlassen des Geschwaders hatte er die gemessensten Befehle gegeben, sich während seiner Abwesenheit mit der feindlichen Flotte in keinen allgemeinen Kampf einzulassen. Seine Befehle wurden jedoch nicht befolgt; eine Provocation des Feindes führte zum Kampfe und endete mit dem Verlust von 15 Schiffen, der Niederlage und der Flucht der athenischen Flotte nach Samos.

Alkibiades mußte in die Verbannung gehen, Konon trat an seine Stelle; aber auch Lysander wurde durch Kallikratides im Kommando über die peloponnesische Flotte ersetzt. Konons erste Unternehmung war nicht glücklich, denn er wurde von Kallikratides auf einer Fahrt bei Lesbos vorüber überrumpelt, geschlagen und der Rest seiner Schiffe im Hafen von Mytilene eingeschlossen. Als diese Nachricht nach Athen gelangte, wurden in 30 Tagen 110 Trieren ausgerüstet und in See geschickt. In Samos stießen noch 50 Trieren zu diesem Geschwader, so daß 160 Schiffe und 20,000 Mann zur Befreiung des Konon nach Lesbos aufbrachen. Bei der Annäherung dieser Flotte ließ Kallikratides 50 Trieren zur Einschließung von Mytilene und Konon zurück und ging mit 120 Schiffen der attischen Flotte in Linie entgegen.

Seeschlacht bei den Arginusen nahe bei Lesbos. Bei den arginusischen oder Felseninseln, dem lesbischen Vorgebirge gegenüber, kam es zur Schlacht. Die attische Flotte formirte sich so, daß das Mitteltreffen westlich von den Inseln war, während die Flügel sich rechts und

5*

links in doppelter Reihe dem Festlande zu anschlossen, um den feindlichen Schiffen die Durchfahrt zu verlegen. Die peloponnesische Flotte ging in zwei Treffen zum Angriff gegen die beiden feindlichen Flügel vor, Kallikratides, an der Spitze des rechten Flügels, griff das Schiff des Perikles mit großer Heftigkeit an, stürzte aber beim ersten Anprall über Bord. Die Leitung der Flotte verlor hierdurch ihre Sicherheit, der rechte Flügel gerieth in Unordnung und als kurz darauf auch der linke Flügel ins Weichen kam, konnten sich von 120 der peloponnesischen Schiffe nur 43 aus dem furchtbaren Kampfgetümmel retten. Mit einem Verlust von 10,000 Mann flüchteten sich die Trümmer der spartanischen Flotte nach Chios.

Diese Niederlage brachte die peloponnesische Flotte momentan in eine sehr üble Lage. Doch mit Lysanders Wiederübernahme des Oberbefehls, und nachdem mit persischem Gelde die beschädigten peloponnesischen Schiffe wieder ausgebessert und soviel neue hinzukamen, daß die Flotte der athenischen gewachsen war, neigte sich auch die Schicksalswage wieder zu Gunsten Spartas.

Seeschlacht bei Aegospotamos. Bei Aegos=Potamos, Lampsakus gegenüber, trafen 108 attische Trieren abermals mit der peloponne=sischen Flotte zusammen. Die Athener schienen jedoch einen Angriff vermeiden zu wollen und zogen sich zurück. Auch Lysander folgte dem Beispiele des Gegners. Vier Tage wurden diese Scheinangriffe von beiden Seiten wiederholt, und während vier Tage zogen sich die Gegner immer wieder in ihre Sicherheitsstellungen zurück. Endlich riß Lysander die Geduld, denn als er am 5. Tage (De=cember 406 v. Chr.) den Feind durch einen abermaligen Schein=rückzug sicher gemacht zu haben glaubte, ging er bei Aegos=Potamos gegen die attische Flotte in Schlachtordnung vor, traf dieselbe, als der größte Theil der Mannschaft ans Land gegangen war zum Kampf unvorbereitet, überrumpelte sie, schlug sie und erbeutete 170 Trieren.

Darauf wurde 405 v. Chr. Athen zu Lande cernirt und von 150 peloponnesischen Trieren unter Lysander blockirt. Ende April 404 v. Chr. endete der 27 jährige peloponnesische Krieg mit der Ver=nichtung der attischen Flotte und der vollen Demüthigung Athens.

Neuntes Kapitel.

Krieg Sparta's mit den Persern und den übrigen Bundesgenossen.
(394—387 v. Chr.)

Schlacht am Vorgebirge Cnidus 394 v. Chr. Von den verschiedenen Actionen im Laufe dieses Krieges ist nur die Schlacht am Vorgebirge Cnidus von Bedeutung, in welcher der, nach der Niederlage bei Aegos-Potamos nach Cypern geflüchtete Athener Konon als Unterfeldherr unter Pharnabazos, die Seemacht der Spartaner vernichten und 50 Schiffe erbeuten half. Mit 100 (nach Diodor nur mit 90) Segeln trafen die Perser mit der etwa gleich starken Flotte der Spartaner beim Vorgebirge Cnidus zusammen. Es wurde von beiden Gegnern die Schlachtordnung formirt, in welcher Pharnabazos die phönizischen Galeeren kommandirte, während Konon mit den griechischen Schiffen in der ersten Schlachtlinie kämpfte. Der Angriff geschah von beiden Seiten mit gleicher Heftigkeit, jedoch entschied sich das Kriegsglück bei diesem ersten Anprall für die Spartaner unter Pisander, so daß die Perserflotte sich nach der Küste zurückziehen mußte. Pisander, im Eifer der Verfolgung, übersah, daß ihm nur wenig Schiffe folgen konnten, so daß Konon alsbald wieder zum Angriff überging, die getheilte spartanische Flotte, nachdem ihr Befehlshaber getödtet war, in die Flucht schlug und 50 feindliche Trieren erbeutete.

Die während der Kriege zwischen Sparta und Theben 2c. (378—362 v. Chr.) vorgekommenen Seegefechte, in welchen sich besonders die athenischen Heerführer Chabrias, Timotheus und Iphikrates auszeichneten, sind nur von untergeordneter Bedeutung. Im Jahre 376 v. Chr. schlug Chabrias die spartanische Flotte unter Pollis bei Naxos und erbeutete, trotzdem sein linker Flügel Anfangs zum Weichen gebracht wurde, dennoch 24 Schiffe. Ein Jahr später (375 v. Chr.) schlug Timotheus mit 60 Trieren bei Kerkyra eine aus 55 Schiffen bestehende spartanische Flotte unter Nikolochus. Jedoch haben wir keine genauen Details, weder über diese noch über die bis 358 v. Chr. stattgehabten Seegefechte und sind dieselben daher für uns weniger von Bedeutung.

Zehntes Kapitel.

Thätigkeit der macedonischen Flotte unter Alexander dem Großen (336—324 v. Chr.) und dessen Nachfolger.

Wir haben hier zunächst eine abermalige Einnahme Milets durch Alexander den Großen im Jahre 333 v. Chr. zu registriren. Er verfügte zu Anfang der Belagerung über 160 Schiffe, welche bei Lade ankerten, während eine persische Flotte von 400 Schiffen einige Meilen nördlich hievon beim Vorgebirge Micale zur Hülfeleistung von Milet lag. Durch einen im Geheimen vorbereiteten Angriff mit Heer und Flotte zugleich, gelang es ihm, die Stadt zu überrumpeln und seine kleine Flotte im Hafen von Milet in Sicherheit zu bringen, ehe die persische Flotte zur Unterstützung der von ihm belagerten Stadt herbeikommen konnte, worauf sich die persische Flotte unverrichteter Sache nach Samos zurückzog.

Im Jahre 332 v. Chr. eroberte Alexander mit Hülfe der Flotte Thrus, nachdem die Belagerten ihm zuvor die Brücke, welche er vom Festlande zur Inselstadt erbauen ließ, mit den sämmtlichen Belagerungsmaschinen, angesichts seiner Schiffe, durch Brander zerstört hatten.

Unter Demetrius, dem Nachfolger Alexanders des Großen, wurde im Jahre 305 v. Chr. die Stadt Rhodus — (auf der Insel gleichen Namens) belagert. Mit 200 Kriegsschiffen aller Größen, welche 170 Truppenschiffe, auf welchen mehr als 40,000 Mann eingeschifft waren, im Schlepptau hatten und 900 Transportfahrzeugen mit Lebensmitteln und Kriegsmaterial, setzte er vom Festlande nach der Insel über, indem er in Schlachtlinie vorging und die Transportflotte sich unmittelbar den Truppenschiffen anschloß. Unweit der Stadt debarquirte er die Truppen und cernirte Rhodus sowohl zu Lande als zu Wasser. Die Bewohner setzten der Belagerung die größte Energie entgegen, so daß während eines ganzen Jahres Belagerer sowohl als Belagerte sich in ihren Unternehmungen die Waage hielten, worauf sich Demetrius zum Abschluß eines Friedens bequemte und dann mit 300 Trieren nach dem belagerten Athen ging, in den Hafen drang und die Stadt von der durch Cassander geleiteten Belagerung befreite.

Elftes Kapitel.

Kriege der Karthager.

Ueber die Kriege, welche von den Karthagern in den ersten vier Jahrhunderten ihres Bestehens auf den Inseln und an den Küsten des westlichen Theiles des Mittelländischen Meeres geführt wurden, (878—480 v. Chr.) sind uns, soweit die Flotte dabei thätig war, keine Details zugekommen. Nur soviel wissen wir, daß sie die von ihnen erzielten Erfolge, sowie den Ruhm dieser Kriege und Eroberungen, vorzugsweise Mago I. und seinem berühmten Geschlechte zu danken haben.

Vom Jahre 480 v. Chr. an war das Bestreben Karthagos unausgesetzt auf die Eroberung Siciliens gerichtet und drehten sich die mehr oder weniger blutigen Kriege mit den Sicilianern stets um den Besitz dieser Insel.

Im Jahre 480 v. Chr. versuchten die Karthager unter Abschluß eines Bündnisses mit Xerxes I., welcher Griechenland in Schach halten sollte, zum ersten Male Sicilien zu unterwerfen. Eine mächtige Flotte und ein starkes Heer — (nach zweifelhaften Angaben griechischer und römischer Historiker: 300,000 Mann auf 2000 Kriegs und 3000 Transportschiffen) — unter Oberbefehl Hamilkar I. wurde nach Panormus (Palermo) entsendet. Hamilkar landete seine Truppen ohne Hinderniß bei Panormus, belagerte Himera und ließ in südlich und westlicher Richtung von letztgenanntem Orte zwei befestigte Lager aufschlagen. Außerhalb des westlichen, für die Seetruppen bestimmten Lagers wurde, aus Mangel eines sichern Hafens, der größte Theil seiner Schiffe aufs Land geschleppt.

Theron, Beherrscher von Agrigent, im Bündniß mit seinem Schwiegersohn Gelon, Tyrannen von Syrakus, entsetzte nach einiger Zeit Himera, vernichtete am 6. Juli 480 v. Chr. das karthagische Heer und verbrannte die aufs Land gezogenen Schiffe des Feindes. Im Jahre 407 v. Chr. wurde Hasdrubal III. abermals mit einem Heere von etwa 200,000 Mann und 2000 Transportschiffen nach Sicilien entsandt. Derselbe schloß im Jahre 404 v. Chr. mit Dionysius I., Tyrann von Syrakus, einen Frieden ab, durch welchen Karthago außer den früheren Besitzungen in Sicilien aufs Neue die Gebiete von Selinus, Himera, Agrigent und einigen anderen Städten erhielt.

Doch im Jahre 397 v. Chr. erklärte Dionysius, in der Absicht die Karthager ganz aus Sicilien zu verdrängen, ihnen wiederum den Krieg, indem er fast alle mit Karthago verbündeten Städte auf der Insel unterwarf. Abermals segelten im Jahre 396 v. Chr. (nach Timäus) 100,000 Mann karthagische Truppen, zu denen nach der Landung auf Sicilien noch 30,000 Mann Hülfstruppen stießen, unter Imilkons Befehl, auf 28 Kriegs- und 1000 Transportschiffen nach Sicilien hinüber.[1]) Die syrakusische Flotte griff während des Landens bei Panormus die karthagischen Schiffe an und zerstörte 50 derselben, wobei 5000 Mann umkamen. Dessen ungeachtet wurde die Landung ausgeführt und unterwarf Imilkon einen großen Theil der Städte Siciliens.

Seetreffen von Katana. Der Versuch des Dionysius mit 180 Schiffen und 30,000 Mann längs der Küste gegen Imilkon vorzugehen führte bei Katana zu einem Seetreffen, in welchem er von den Karthagern geschlagen wurde und 100 Schiffe mit 20,000 Mann verlor. Diese Niederlage hatte die Einschließung von Syrakus durch die Karthager zur Folge.

Nach einiger Zeit erhielt Dionysius jedoch Verstärkungen aus Griechenland und Italien, und gelang es seiner Entschlossenheit, die befestigten feindlichen Lager, sowie einen Theil der karthagischen Flotte im Hafen von Syrakus zu nehmen, einen andern Theil zu vernichten.

Im Jahre 342 v. Chr. lief der karthagische Feldherr Mago mit 150 Schiffen wiederum in den Hafen von Syrakus ein, landete dort seine Truppen, setzte sich mit einem Theil seines Heeres in den Besitz einiger Werke des von Timoleon besetzten Syrakus, während ein anderer Theil gegen Katana rückte. Abermals erschienen Hülfstruppen von Korinth; Timoleon machte einen Ausfall, das karthagische Belagerungsheer wurde zurückgetrieben und Mago bald darauf gezwungen, von Sicilien abzuziehen (431 v. Chr.). Zwar versuchten die Karthager ihre Angriffe auf Sicilien zu erneuern, jedoch mit wenig Erfolg, so daß es im Jahre 338 v. Chr. unter günstigen Bedingungen für die griechischen Städte auf der Insel zum Frieden kam.

---

[1]) Ephorus giebt die Zahl der Transportschiffe auf mehr als 600, die der Kriegsschiffe auf 400 an.

Zwölftes Kapitel.

Der erste punische Krieg (264—241 v. Chr.).

Das allmälige Anwachsen der Macht Roms war von den Kar=
thagern schon lange mit scheelen Augen angesehen worden. Glaubte
man sich in Karthago selbst auch nicht von römischen Heeren bedroht,
da es den Römern an einer Flotte fehlte, so waren es doch ihre Be=
sitzungen auf Sicilien, um welche die Karthager besorgt waren.[1]
Andererseits glaubte Rom mit einer gewissen Berechtigung Ansprüche
auf eine, seinen Küsten so nahe liegende Insel erheben zu müssen.

Und so geschah es, daß die inneren Wirren Siciliens den Römern
Anlaß zur Einmischung gaben, wodurch sie zum ersten Male mit den
Karthagern in Konflikt geriethen. — Hieraus entspann sich der erste
punische Krieg der 23 Jahre währte.

Bei Betrachtung der beiderseitigen Streitkräfte, finden wir, daß
es den Karthagern nicht schwer fiel, in kürzester Frist eine imposante
Flotte aufzustellen. Die Römer dagegen waren im Kriegsschiffbau
ungeübt. Polybius[2] schreibt: „Da die Römer sahen, daß der Krieg
ihnen Zeit gab, so fingen sie an, die ersten Schiffe zu bauen, nämlich
100 Quinqueremes und 20 Triremes. Allein es kostete ihnen viele
Mühe, weil ihre Schiffbauer Fünfreihenschiffe, dergleichen man sich
in Italien gar nicht bediente, zu bauen nicht verstanden. Denn sie
hatten wenig von den dazu gehörigen Materialien, oder vielmehr
gar keine, noch jemals daran gedacht, das Meer zu befahren ꝛc." —
Die von den Römern nach einem gestrandeten karthagischen Fünfreihen=
schiffe gebauten Kriegsfahrzeuge fielen daher höchst plump und un=
geschickt aus und standen denen der Karthager bedeutend nach. Auch
ihr Schiffsvolk war wenig ausgebildet, und so kamen sie auf den
Gedanken, ihre Legionen, mit denen sie stets Großes geleistet hatten
und die durch Körperkraft und moralischen Halt den Karthagern
überlegen waren, heranzuziehen und den Kampf auf den Schiffen
zum Handgemenge zu bringen. Polybius sagt über die Ausbildung
des römischen Schiffsvolks:[3] „Indessen diejenigen, denen es aufge=

---

[1] Polybius Buch I Kap. 20 erwähnt nur in dem Kriege gegen Tarent und
Pyrrhus ein Mal, daß der römische Senat 282 v. Chr. 10 Schiffe unter Cornelius
dorthin schickte.

[2] Buch I Kap. 20.

[3] Buch I Kap. 21.

tragen war, mit dem Bau der Schiffe beschäftigt waren, brachten
andere die Leute zum Rudern zusammen und übten sie darinnen auf
dem festen Lande auf folgende Art: man ließ sie in der Ordnung,
wie auf den Ruderbänken, auf die Erde (Gerüste) sich hinsetzen und
stellte mitten unter sie denjenigen, der den Takt geben sollte. Alle
mußten mit an sich gezogenen Armen (Händen) zu gleicher Zeit
zurückfallen und dann wieder den Riemen vorwärts drücken, und sich
gewöhnen, auf den Befehl desjenigen, der den Takt gab, anzufangen
und aufzuhören. Nach diesen Vorbereitungen zogen sie die Schiffe,
sobald sie fertig waren, ins Meer, übten sich dann auf dem Meere 2c."
Und fährt dann Buch I Kap. 22 fort: Da aber die Schiffe in ihrer
Einrichtung dürftig und zum leichten Bewegen ungeschickt waren, so
gab ihnen Jemand eine Maschine an zum Kampfe, welche später
Rabe (Corvus) genannt wurde 2c.[1])"

Dagegen beruhte die Ueberlegenheit der Karthager auf der
größeren Geschwindigkeit der Schiffe, ihrer Gewandtheit im Manö=
vriren, sowie einer außerordentlich guten Ausbildung ihrer Ruderer
und des Schiffsvolks.

Im Jahre 260 v. Chr. erhielt der Konsul Duilius den Ober=
befehl über die römische Armee in Sicilien, der Konsul Scipio den
Befehl über die neue Flotte. Letzterer wollte sich auf seiner Fahrt
nach Messena mit 17 Schiffen zunächst in den Besitz der Stadt
Lipara setzen, wurde hierbei aber in Folge Verraths der Bewohner,
von karthagischen Schiffen eingeschlossen und gefangen genommen.
Duilius übernahm deshalb den Oberbefehl über die aus 103 Fünf=
und Dreireihenschiffen bestehende römische Flotte und stieß beim Um=
segeln eines Vorgebirges auf die karthagische.

Mit gewisser Verachtung und Schadenfreude sahen die Karthager
die unbeholfenen römischen Schiffe in der sichern Voraussetzung her=
ankommen, schon eine bereite Beute vor sich zu haben. Hannibal,

---

[1]) Die römischen Quinqueremes, welche bei Mylae sich gegen die Karthager
schlugen, hatten nach Polybios am Vordertheil bewegliche, mit Geländern versehene
Brücken von etwa 36 Fuß Länge und 4 Fuß Breite, welche an einem aufrechtstehen=
den runden Balken hängend, durch Taue sowohl gehoben und niedergelassen, als auch
nach vorn und den Seiten gewendet werden konnten. Diese Brücken waren an ihrem
äußern Ende mit starken eisernen Haken versehen und wurden bei Annäherung eines
feindlichen Schiffes auf das Deck desselben geworfen. Die Haken schlugen ein, die
beiden Schiffe wurden aneinander gehalten und auf diese Weise den römischen Sol=
daten der Weg zur Enterung gebahnt, das Gefecht Schiff gegen Schiff in einen
Kampf Mann gegen Mann verwandelt.

ihr Oberbefehlshaber fuhr ihnen, ohne die Formation der Schlacht=
ordnung abzuwarten, auf einem Siebenreihenschiff, das einst den
König Pyrrhus getragen hatte, und den Karthagern in die Hände
gefallen war, in sorgloser, tollkühner Weise mit 30 Schiffen ent=
gegen, während das Gros von 100 Schiffen folgte.   Beim Zu=
sammenstoß der beiden Flotten ließen die Römer, sobald sie nahe
genug herangekommen waren, die auf S. 74 beschriebenen hochaufge=
richteten Enterbrücken (corvi) auf die feindlichen Schiffe fallen, und
ehe die Karthager sich besinnen konnten, drangen die stärkeren und
gewandteren römischen Krieger, unter dem Schutz des Schildes, mit
dem Schwerte in der Hand, zu je zweien über die Brücken auf sie
ein, hieben nieder was ihnen in den Weg kam, und was nicht im
Kampf fiel, wurde zu Gefangenen gemacht.   Die 30 vordersten
Schiffe, das des Hannibal einbegriffen, wurden in kurzer Zeit von
den Römern genommen und Letzterer entkam nur noch durch einen
kühnen Sprung in ein Boot.   Wiederholt versuchten die Karthager,
auf die geschicktere Handhabung ihrer Schiffe vertrauend, mit dem
Gros der Flotte einen neuen Angriff, jedoch mit demselben Erfolge,
bis sie, nachdem 14 ihrer Schiffe versenkt und 31 genommen waren,
den Kampf aufgaben und sich zurückzogen.

So hatten die Römer, mit ihrer jungen ungeübten Flottenmann=
schaft, über die gut geschulte Seemacht Karthagos den ersten Seesieg
erfochten.   Die bis dahin gefürchtete Flotte der Karthager war beim
ersten Zusammenstoß mit einem verachteten Feinde, der sich in un=
glaublich kurzer Frist eine Seemacht geschaffen hatte, besiegt.   Dieser
Erfolg und die Bedeutung der Schlacht ist jedoch keineswegs in der
von den Römern beobachteten Taktik, sondern lediglich in der den
Karthagern vollständig neuen Kampfesweise, sowie im moralischen
Uebergewicht der gegnerischen Landtruppen im Handgemenge zu suchen.

Im Jahre 258 v. Chr. setzte der römische Feldherr Sulpicius
mit einer Flottenabtheilung nach der Nordküste Afrika's über, schlug
den gegen ihn ausgesandten karthagischen Feldherrn Hannibal, und
erbeutete einen Theil seiner Schiffe.

Es konnte nicht fehlen, daß diese Erfolge in Rom Enthu=
siasmus und Vertrauen auf die neu gegründete Seemacht hervor=
riefen.   Der römische Senat faßte in Folge dessen den Entschluß, die
Flotte entsprechend zu vermehren, die Karthager nicht allein auf ihrem
Elemente, dem Meere, zu bekriegen, sondern den Krieg nach Afrika
hinüberzuführen und die Hauptstadt des Gegners selbst anzugreifen.

Der Plan gelangte bald zur Ausführung. Im Jahre 257 v. Chr. waren schon 330 Schiffe verschiedener Größe hergestellt, und 140,000 Schiffsmannschaften[1]) und Legionäre[2]) bereit, nach Afrika überzusetzen; zu Feldherrn wurden die Konsuln Manlius und Atilius Regulus ernannt.

Nachdem sich letzterer vorher bei Thndaris, unweit der liparischen Inseln mit einer karthagischen Flottenabtheilung gemessen hatte, und auf beiden Seiten etwa 10 Schiffe versenkt oder kampfunfähig gemacht worden waren, setzten 256 v. Chr. beide Konsuln vereint ihren Weg nach der Küste Afrika's fort. Sie passirten Messena, steuerten um das südliche Vorgebirge von Sicilien (Pachynum) und fuhren dann westlich längs der Küste bis Agrigent.

An der Südküste Siciliens, bei Eknomus, trafen sie auf die karthagische Flotte, die ihnen weder an Stärke noch an Kriegstüchtigkeit nachstand, denn den Karthagern waren die Rüstungen ihrer Gegner nicht unbekannt geblieben.

Mit 350 Schiffen fuhren sie unter Hamilkar und Hanno von Lilybäum nach Heraklea, um dort die Bewegungen der römischen Flotte zu beobachten; Hamilkar hatte den Oberbefehl. Ein großer, entscheidender Kampf stand bevor, gleich schwerwiegend für beide Parteien, und seit dem Perferkriege wohl die ungeheuerste Seerüstung im Laufe der Geschichte des Alterthums: an 700 Schiffe und etwa 300,000 Streiter standen sich in der Entfernung von wenigen Seemeilen gegenüber. Zwischen Heraklea und dem Berge Eknomus, ungefähr in der Mitte der Südküste Siciliens, sollte der Zusammenstoß erfolgen.

Seeschlacht bei Eknomus 256 v. Chr. Die Römer hatten ihre Flotte nach Zahl und Ordnung der Legionen in 3 Treffen oder Geschwader eingetheilt, und zwar so, daß die erste Legion sich auf

---

[1]) Nach Polyb. I Buch Kap. 26 waren auf jedem Schiffe 300 Ruderer und 120 Soldaten.

[2]) Wir finden in den uns zu Gebote stehenden geschichtlichen Angaben die Legionen Roms 4200 Mann Fußvolk und 300 Reiter stark. Die ersteren zerfielen zu Cato's Zeiten in 1200 Hastati, 1200 Principes, 600 Triarii und 1200 Velites. Die drei ersteren Abtheilungen hatten volle Rüstung, Stahlhelm, beschlagenen Lanzschild, kurzes doppelschneidiges Schwert; dazu die Hastati und Principes die Wurflanze; die Triarii welche die Kerntruppen bildeten, die lange Stoßlanze. Die Veltites waren mit Lederkappe, leichtem Rundschild, kurzem Schwert und sechs bis sieben leichten Wurfspießen ausgerüstet.

dem erften Treffen befand 2c., alle brei zufammen aber die Form eines Dreiecks bildeten¹)

Die Spitze diefes Dreiecks, fowie der Cours den die einzelnen Schiffe steuerten war etwa nach Weft, fast parallel der sicilianischen Südküste gerichtet. Die beiden erften Treffen, mit je einem Sechs= reihenschiffe unter Kommando eines der Consuln an der Tête, waren ftaffelförmig formirt. Das dritte Treffen bildete die Grundlinie des Dreiecks, Schiff neben Schiff, mit den Transport= und Pferde= schiffen im Schlepptau, die Flügel sich unmittelbar an die hinterften Schiffe der beiden erften Geschwader anlehnend, und gleichfalls einen westlichen Cours steuernd. Parallel mit diefem, unmittelbar hinter den Transportschiffen, ebenfalls Schiff neben Schiff die Schnäbel dem dritten Treffen zugekehrt, befand sich das, aus den stärkften und leiftungsfähigften Schiffen beftehende Referve=Geschwader (Triarii); in erster Reihe wohl zum Schutz der Transportflotte beftimmt.

Polybius²) fagt über diefe Formation: „Die auf diefe Art ge= bildete Schlachtordnung ftellte alfo im Ganzen einen Keil vor, deffen Spitze hohl, die Basis aber fehr stark war. Ueberhaupt war die ganze Schlachtordnung zum Angriff und zu Unternehmungen gegen den Feind fehr geschickt, und zu trennen fehr schwer 2c."

Diefer Aufftellung entsprechend hatten die karthagischen Feld= herrn gleichfalls ihre Dispositionen getroffen, und formirten unter einem stumpfen Winkel, in östlicher Richtung dem Feinde entgegen= steuernd, die nur aus einer Linie beftehende Schlachtordnung. Poly= bius³) fagt über diefelbe: „Drei Theile ihrer Schiffe ftellten die kar= thagischen Feldherrn, den rechten Flügel, ein Schiff hoch, alle mit den Vordertheilen gegen den Feind gerichtet, weit in das Meer hinaus, um die Römer einzuschließen. Den vierten Theil aber von der Flotte, der den ganzen linken Flügel ausmachte, und gegen das

---

¹) Bei den Römern gab es der Aufftellungen in der Schlacht übrigens ver=
schiedene: „die im Allgemeinen übliche Gefechtsformation beftand aus einer oder
mehreren enggeschloffenen Reihen in Linie oder Halbmondform event. mit vorge=
zogenen Flügeln, den Bug der Schiffe dem Feinde zugekehrt, die großen Schiffe in
der erften, die kleineren in der zweiten Reihe; oder in einer eingebogenen Linie,
wo die größten und beften Schiffe auf den Flanken lagen; oder in einer gebogenen
Linie, welche die stärkften Schiffe in der Spitze des Bogens oder vorn hatte; oder
in Zangenform gegen einen Keil; oder in Keilform gegen eine Zangenform des
Feindes.
²) Buch I Kap. 26.
³) Buch I Kap. 27.

feste Land gerichtet war, brachen sie so, daß er die Gestalt einer Scheere hatte."

Den rechten Flügel der Karthager führte Hanno, der die Schlacht bei Agrigent verlor, und hatte die Quinqueremes bei sich, die durch ihre Geschwindigkeit den Feind am besten überflügeln konnten. Auf dem linken stand Hamilkar, der das Seetreffen bei Tyndaris geliefert hatte.

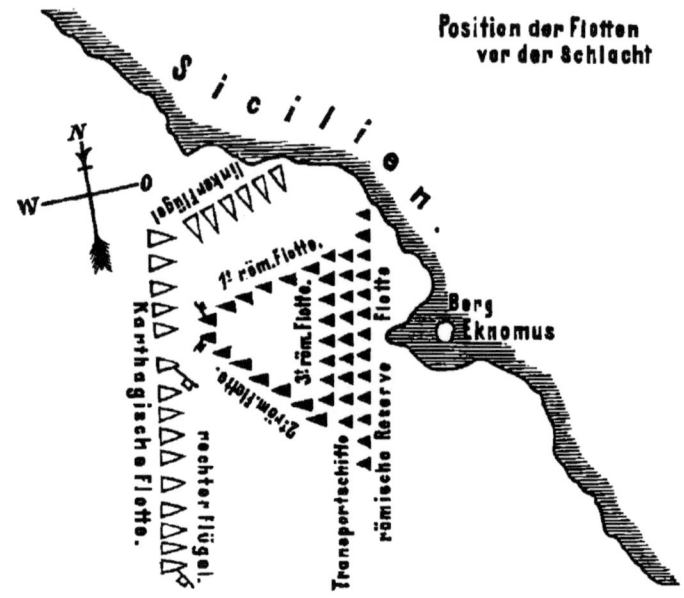

Position der Flotten vor der Schlacht

Im Centrum der karthagischen Schlachtlinie, begann der Kampf: die staffelförmig formirten beiden ersten römischen Treffen gingen zum Angriff vor und durchbrachen mit ihrer gemeinschaftlichen Tête die Mitte der feindlichen Linie. Hamilkar auf diesen Vorstoß gefaßt, ließ seine Schiffe anfangs langsam zurückweichen, und als die Römer zur Verfolgung nachrückten, sich anscheinend zur Flucht wenden. Sobald aber sein Plan: die Zerreißung der römischen Schlachtordnung, und Trennung der ersten beiden Treffen vom dritten erreicht war, gab er seinen zurückgehenden Schiffen Befehl, zu wenden und wieder zum Angriff überzugehen, während die beiden Flügel auf das dritte römische Treffen und die Triarier lossteuerten.

Polybius[1]) sagt hierüber: „Im Centrum erhob sich ein heftiger

---

[1]) Buch I Kap. 27.

Kampf. Die Karthager hatten den Vortheil, daß sie durch ihre Ge=
schwindigkeit und schnelleres Manövriren die Römer überflügeln, leicht
und schnell zum Stoß übergehen und ebenso geschwinde sich zurück=
ziehen konnten. Dennoch hatten die Römer nicht geringe Hoffnung
zu einem glücklichen Ausgange des Treffens, theils weil der Stoß
ihres Angriffes so heftig zu sein pflegte, theils, weil sie durch die
Raben die feindlichen Schiffe an sich fesselten, besonders aber,
weil ihre beiden Feldherrn an der Spitze, und sie unter ihren Augen
kämpften. Dies war die Gestalt des Treffens auf dieser Seite." —

Der linke karthagische Flügel griff das dritte römische Treffen
an, welches die Transportschiffe loswarf und das Gefecht aufnahm,
während sich Hanno mit dem rechten Flügel auf die Schiffe des
Reserve=Geschwaders warf und die Triarier in die Enge trieb. So
entstanden drei gesonderte Treffen, die in räumlicher Beziehung weit
von einander getrennt waren. Der Sieg gehörte also dem, der an
einer Stelle den Feind so rechtzeitig zu schlagen und zu vernichten
vermochte, daß er mit den freigewordenen Schiffen auf der andern
Stelle in den Kampf eingreifen konnte. Die erste Entscheidung er=
folgte im Centrum, wo der Kampf begonnen hatte. Die karthagischen
Schiffe, an Zahl schwächer und in einfacher Linie rangirt, wurden
bald von den Römern überwältigt; ihre Rückwärtsbewegung, anfangs
ein geplantes Scheinmanöver, artete zu wirklicher Flucht aus.
Manlius nahm die kampfunfähig gewordenen feindlichen Schiffe ins
Schlepptau, während Regulus sich mit den Schiffen der zweiten
Flotte, die noch unbeschädigt waren, beeilte, zunächst dem schwer be=
drängten Reserve=Geschwader Hilfe zu bringen. Er fand, auf dem
Kampfplatz angelangt, den Hanno im vollen Siegen: aber er griff
noch rechtzeitig in das Gefecht ein, und ermuthigte durch seine
Gegenwart die noch nicht vollständig überwältigten Triarier dermaßen,
daß sie wieder zur Offensive übergingen, während er die Schiffe des
Hanno im Rücken fassend, diesen zwang, vom Kampf abzulassen und
das Weite zu suchen.

Um diese Zeit hatte Manlius die genommenen feindlichen Fahr=
zeuge, sowie die eigenen Transportschiffe in Sicherheit gebracht und eilte
nun mit seinem Collegen der dritten Flotte, die vom linken Flügel
der Karthager ans Ufer gedrängt und eingeschlossen war, zu Hilfe.
Diese wäre aber offenbar schon vor dem Eingreifen der Consuln
verloren gewesen, wenn nicht die Karthager die Enterbrücken der
römischen Schiffe gefürchtet und sich deshalb gescheut hätten, ihnen

zu nahe zu kommen. Manlius und Regulus griffen vereint die Karthager so geschickt an, daß es nur wenigen ihrer Schiffe gelang dicht unter die Küste zu laufen und zu entkommen. Nun war es nicht mehr schwierig, auch diesem Theile der karthagischen Flotte den Sieg vollends zu entreißen. Er war schwer errungen, aber vollständig, denn die Karthager räumten ohne Weiteres das Feld. 24 von den römischen Schiffen waren zwar gesunken, aber kein einziges vom Feinde mit der Mannschaft genommen. Dagegen wurden 50 karthagische Schiffe versenkt, 64 erbeutet, mehr als 30,000 Mann kamen im Ganzen um.

Das Kriegsglück hatte sich auch dies Mal für die Römer entschieden. Die von ihnen getroffenen Dispositionen lassen erkennen, daß sie von Männern entworfen waren, welche zwar ein theoretisches Verständniß vom Wesen des Krieges und den Grundzügen des Gefechtes hatten, jedoch mit den Verhältnissen auf dem Meere nicht vertraut waren.

Bei Aufstellung des Schlachtplanes scheint zum ersten Male die taktische Erwägung in den Vordergrund getreten zu sein, welche bei den früheren Seeschlachten theils gar nicht, theils nur in höchst untergeordneter Weise berücksichtigt worden war. Die Schlachtordnung selbst hat manche Vorzüge, und ist anscheinend für die Offensive von Vortheil; sie bildet eine compakte Masse der langen dünnen Schlachtliene der Karthager gegenüber, und macht ein besseres Zusammenwirken der Schiffe zulässig. Der Keil mußte beim Angriff die Linie des Gegners leicht durchbrechen, das Centrum desselben spalten und in Unordnung bringen; während beim eventuellen Angriff der Karthager auf die Flanken (1 und 3 Treffen der Römer) der Sporn des Hintermannes den Vordermann deckte. Die Sicherung der Transportflotte in der Aufstellung war mit Umsicht vorgesehen; die Aufstellung einer Reserve für diesen Fall wohl gerechtfertigt. —

Dennoch war die von den Römern gewählte Schlachtordnung eine eigenthümliche, höchst complicirte, welche nicht allein eine einheitliche Führung außerordentlich erschwerte, wenn nicht ganz illusorisch machte, sondern auch geschultes Personal und Gewandtheit im Manövriren erforderte.

Eine Staffelform mit einer so bedeutenden Zahl von Schiffen (60—70) herzustellen und zu erhalten ist schwierig und nur bei ruhiger See und gutem Wetter möglich; ein Beweis, daß dem mit der Aufstellung des Schlachtplanes Beauftragten, die Seeverhältnisse unbekannt gewesen zu sein scheinen. Das Ganze aber war durch die Mitführung der Transportflotte in der freien Bewegung gehemmt, ließ eine kräftige Offensive nicht zu. Es ist geradezu ein Fehler, eine so bedeutende Zahl Truppenschiffe durch die Flotte mitschleppen zu lassen und Landungstruppen über See zu führen, ehe die feindliche Flotte geschlagen und die Herrschaft des Meeres erlangt ist.

Die errungenen Erfolge sind daher nicht der von den Römern gewählten Schlachtordnung zuzuschreiben, welche weder vorher noch nachher im Seekriege Anwendung gefunden hat[1]), denn sie mußte ja bald nach dem Beginn der Schlacht aufgegeben werden. Die Entscheidung lag vielmehr in der militärischen Ueberlegenheit der Consuln; in dem richtigen und rechtzeitigen Eingreifen derselben da, wo Hülfe nöthig war; während die Karthager einer sicheren Leitung entbehrten und durch die früheren Mißerfolge demoralisirt waren.

Nach der Schlacht kehrten beide Flotten auf ihre Operationsbasis zurück, worauf die Römer die eroberten Schiffe in wehrhaften Stand setzten, sie mit eigener Ausrüstung nebst Mannschaft versahen, und mit denselben nach Afrika hinübersegelten.

Hanno machte Friedensvorschläge, um die Sieger von der beabsichtigten Landung in Afrika abzuhalten; die römischen Heerführer gingen aber nicht darauf ein, sondern fuhren hinüber, debarquirten ihre Truppen in der Nähe der Stadt Clupea oder Aspis, zogen ihre Schiffe auf's Land, und umgaben letztere mit einem verschanzten Lager. Mit ihrer gesammten Heeresmacht rückten sie dann gegen Clupea vor und nahmen es. Manlius wurde hierauf mit dem größten Theil des Heeres und der Flotte nach Sicilien beordert, während Regulus in Afrika festen Fuß fassen und gegen Karthago operiren sollte.

Anfangs in seinen Operationen glücklich, veranlaßte Letzterer die Karthager zu Friedensunterhandlungen, die aber von Rom verworfen wurden. Nach mehrjährigen Kämpfen, in welchen die Wage des Glücks nach beiden Seiten schwankte, ermannten sich die Karthager von Neuem und schlugen die Römer bei Tunes (256 v. Chr.) auf's Haupt.

Nach dieser Niederlage ließ der römische Senat unverweilt eine

---

[1]) Es sei denn, daß man die in neuester Zeit hin und wieder auftauchende Idee der Keilform im Kleinen so bezeichnen will.

neue Flotte von 350 Segeln ausrüsten und dieselbe schon im nächsten Jahre nach Afrika übersetzen, wo sie im Sommer 255 v. Chr. beim hermäischen Vorgebirge, über die ihr gegenübergestellte karthagische Flotte, einen vollständigen Sieg erfocht und 114 Schiffe erbeutete. Dennoch wurde der Muth der Karthager nicht gebrochen, vielmehr rafften sie sich abermals zu einer größern Kraftanstrengung auf und schickten unter Hasdrubal ein neues Heer mit einer Flotte von 200 Segeln nach Sicilien.

Der wiederholte Verlust der römischen Flotte durch Seeverluste aller Art nöthigte andererseits zwar den Senat auf die Fortsetzung des Krieges in Afrika, nicht aber auf den Krieg zur See überhaupt und auf Sicilien zu verzichten. Es wurden vielmehr in der unglaublich kurzen Zeit von 3 Monaten 220 Schiffe hergestellt. Mit diesen und dem Rest der aus dem letzten Schiffbruch geretteten, 300 an der Zahl, setzten die Consuln des Jahres 254 v. Chr. A. Atilius und Cornelius Scipio nach Sicilien in der Absicht über, den Karthagern ihren Hauptwaffenplatz an der Nordküste, Panormus, zu entreißen. Dies Unternehmen glückte und die Stadt mußte sich ergeben.

Als aber die römische Flotte 253 v. Chr., gegen den bessern Rath der Seeleute, verwegenen Muthes auf dem kürzesten Wege nach Rom zurückkehrte, wurde sie abermals von einem heftigen Sturm gefaßt, bei welchem 150 Schiffe verloren gingen oder zertrümmert wurden und etwa 60,000 Mann umkamen (Polybius Buch I Cap. 39).

Rom, durch so schwere Verluste an Kriegsmaterial geschädigt, und nicht annähernd so reich als Karthago, beschloß nun, seine Flotte auf 66 Schiffe, die lediglich zum Schutz der italischen Küsten und zur Aufrechthaltung der Verbindung mit den Armeen auf Sicilien dienen sollten, zu beschränken. Als aber die Karthager in Folge des Verlustes von Panormus, (251 v. Chr.) fast aus allen Städten der Insel vertrieben waren, und nur Trepana, Eryx und Lilybäum noch in ihrer Gewalt blieben, mußte sich der römische Senat, da mit dem Landkriege auf Sicilien allein der Kampf gegen Karthago nie vollständig zu Ende geführt werden konnte, trotz der geschwächten Finanzen, dennoch zur Ausrüstung einer neuen Flotte entschließen.

Im Jahre 250 v. Chr. schon trafen die Consuln Atilius Regulus und Manlius mit 200 Schiffen und den erforderlichen Belagerungsmaschinen (Balken mit eisernen Widderköpfen, Sturmböcken,

Schüttschildkröten, zum Zuschütten der Gräben 2c.) vor Lilybäum, der wichtigsten und stärksten der karthagischen Städte auf Sicilien ein und cernirten sie von allen Seiten. Die Stadt wurde von Himilko vertheidigt. Karthago sandte den Belagerten Schiffe, Truppen und Kriegsmaterial, und gelang es Hannibal, Hamilkars Sohn, die Blockade Angesichts der römischen Flotte, unter Benutzung frischer, günstiger Winde, mit vollen Segeln und aller Kraft der Ruderer, die Mannschaft auf Deck zum Kampfe bereit, mehrere Male zu durch= brechen und 10,000 Mann Hülfstruppen und Vorräthe in Lilybäum zu landen. Erst nach glücklicher Ausführung mehrerer dieser kühnen Unternehmungen, und nachdem die Römer durch theilweises Sperren der Einfahrt dem Hannibal seine Aufgabe außerordentlich erschwert hatten, gelang es ihnen, die Blockadebrecher abzufangen. Eine voll= kommene Belagerung der Stadt vermochten sie aber trotzdem nicht aufrecht zu erhalten.

Im Jahre 249 v. Chr. wurde der Consul Appius Claudius Pulcher mit einer Flotte nebst Heer zur Wegnahme von Drepana nach Sicilien geschickt. Dort angekommen, beabsichtigte er zunächst die unter Adherbal bei Drepana stationirte karthagische Flotte durch einen nächtlichen Ueberfall zu nehmen oder zu zerstören. Er ging zu diesem Zwecke mit seinen Schiffen gegen Mitternacht unter Segel, um mit Tagesanbruch dort einzutreffen, erreichte aber sein Ziel zu spät, so daß seine Schiffe beim Ansegeln schon von Adherbal be= merkt wurden. Dieser, auf einen derartigen Angriff zwar ebenso= wenig vorbereitet, hatte jedoch die Pflichten der Wachsamkeit nicht verabsäumt, so daß er noch rechtzeitig seine Gegenmaßregeln treffen konnte. Rasch sammelte er sein Seevolk und ließ die Schiffe be= mannen. Um wenige Minuten waren die Römer zu spät eingetroffen, denn, während sie auf der einen Seite in den Hafen fuhren, ruderte Adherbals Flotte auf der entgegengesetzten, durch eine Insel gegen den Anblick des Feindes gedeckt, in die offene See hinaus und traf Vorbereitungen zur Schlacht.

Von den römischen Schiffen hatten einige bereits den Hafen erreicht, andere waren noch in der Mündung, noch andere in See. Als Claudius Pulcher die Dispositionen seines Gegners sah, gab er seinen Schiffen Befehl, sich zu sammeln und die Schlachtlinie zu formiren, doch geschah dies unter Zeitverlust und in größter Un= ordnung. Endlich kam es zum Handgemenge. Polybius[1]) sagt

---

[1]) Buch I Cap. 51.

hierüber: „Anfangs war das Treffen etwas zweifelhaft, weil beide
Theile ihre besten Fußvölker auf den Schiffen hattten. Allein die
Karthager gewannen bald die Oberhand, weil sie in dem ganzen
Gefechte viel Vortheil hatten, denn sie konnten, theils wegen des
Baues ihrer Schiffe, theils wegen der bessern Beschaffenheit ihrer
Ruder (Riemen) geschwinder fahren, und dann nutzte ihnen der Stand
ihrer Flotte sehr viel, weil ihre Schlachtordnung nach der Meerseite
hin gerichtet war. Denn wurde ihnen vom Feinde zugesetzt, so konnten
sie durch ihre Geschwindigkeit in die offene See zurückweichen. War
ein feindliches Schiff soweit gefolgt, so umringten sie es, oder fielen
es von der Seite an; indessen die römischen Schiffe theils zu schwer
waren, theils mit zu schlechten Rudern (Riemen) besetzt, als daß sie
sich schnell hätten umdrehen können und daher durch die beständigen
Anfälle der Feinde versenkt wurden. — Die Römer hingegen waren
in all diesen Verhältnissen im Nachtheil. Denn die verfolgten Schiffe
konnten sich nicht rückwärts retten, weil sie an der Küste fochten, so
oft daher eins ihrer Schiffe vom Feinde zurückgedrängt wurde, so
gerieth es auf Untiefen oder scheiterte am Lande. Durch die feind=
liche Flotte hindurch schiffen und die im Gefechte verwickelten Schiffe
von hinten anfallen, — auch dieses konnten sie nicht, theils wegen
der Schwere ihrer Schiffe, theils wegen der Unerfahrenheit der
Ruderer. Da nun der römische Consul einen Theil der Schiffe auf
Untiefen sitzen, den andern gescheitert sah, gab er den Befehl zum
Rückzuge und zur Flucht. Dreißig römische Schiffe retteten sich; die
übrigen 93 mit ihrer Mannschaft geriethen in die Gewalt der Kar=
thager 2c." 20,000 Mann waren theils getödtet, theils gefangen
genommen. Auffallend ist, daß die Enterbrücken der Römer bei
dieser Action nicht mehr erwähnt werden.

Nach diesem Siege schickte Adherbal eine Abtheilung seiner
Schiffe unter Karthalo nach Lilybäum, wo er die zur Blockade zu=
rückgelassenen römischen Schiffe zerstörte, dann an der Küste Siciliens
einen bedeutenden römischen Transport mit Lebensmitteln und Kriegs=
bedarf für die Belagerer von Lilybäum auffing, und etwa achthundert
Transport= und Begleitschiffe zu Grunde richtete, denn was nicht in
die Hände der Karthager fiel, wurde durch einen Sturm vernichtet.
Es giebt dies wiederum einen Beweis dafür, daß die Römer den
Seekrieg noch nicht verstanden, mit dem Seewesen wenig oder gar
nicht vertraut waren, wenn sie auch den Karthagern in offener See=
schlacht einzelne Siege abzugewinnen vermochten. Man verzichtete

daher in Rom zunächst auf die Herrschaft zur See und den See=
kampf und unterließ es, die Flotte wieder herzustellen.

Auch die Karthager fühlten sich erschöpft, indeß empfanden sie
den Kriegszustand weniger schwer, weil ihre Flotte jetzt, wo die
römische von so vielem Unglück heimgesucht worden, stark genug war,
ihren Handel zu schützen.

Durch das tapfere Vorgehen des karthagischen Feldherrn
Hamilkar Barkas auf Sicilien besorgt gemacht, brach sich in Rom
allmälig wieder die Erkenntniß Bahn, daß eine letzte mächtige An=
strengung unumgänglich nothwendig sei, um den verderblichen Krieg
endlich zum Abschluß zu bringen. Was der erschöpfte Staat nicht
vermochte, vollbrachte der Patriotismus der Einzelnen. Der Blockade=
brecher Hannibals, welcher einst die Belagerer und die Belagerten
von Lilybäum mit Erstaunen und Freude erfüllt hatte, diente als
Modell, und bald wurde nach diesem Muster eine Flotte von 200
neuen Kriegsschiffen fertig gestellt und ausgerüstet. Anfang des
Sommers 242 v. Chr. ging dieselbe unter dem Consul C. Lutatius
Catulus in See, erschien in den Gewässern von Drepana und Lily=
bäum und schloß deren Häfen von neuem.

Auch die Karthager hatten ihre Flotte wieder kriegsbereit gemacht
und schickten sie unter Hanno der römischen Flotte entgegen, mit der
Weisung, Hamilkar Barkas, Hannibals Sohn, mit den erlesensten
seiner Mannschaft an Bord zu nehmen und erst den Kampf wider
die römische Flotte zu beginnen, nachdem vorher die Lebensmittel
ans Land geschafft waren. Der 10. März 241 v. Chr. wird ge=
nannt, wo Lutatius, der von seiner bei einem Angriff vor Drepana
erhaltenen Wunde noch nicht geheilt war, bei Aegusa, (der größten
der ägatischen Inseln nordwestlich von Lilybäum), Stellung nahm
und den Hanno zur Schlacht zwang, ohne daß die Karthager vorher
ihre Schiffe erleichtern konnten. Der Vortheil größerer Manövrir=
fähigkeit der Schiffe und größerer Gewandheit der Mannschaft war
dies Mal auf Seite der Römer, denn Catulus hatte keine Gelegen=
heit verabsäumt, seine Flotte manövriren und nach jeder Richtung
hin ausbilden zu lassen.

Die Karthager, von der gewaltigen Anstrengung ihrer Gegner
und deren Rüstungen überrascht, hatten nur eilig zusammengeraffte,
wenig ausgebildete Mannschaft zur Verfügung, und ist es zweifelhaft,
ob sie schon während der Action die in Aussicht genommenen Kern=
truppen an Bord genommen hatten.

Polybios[1] sagt hierüber: „Lutatius aber bekam Nachricht von der Ankunft des Hanno, sah seine Absicht voraus, nahm daher vom Landheere die besten Soldaten auf die Schiffe und segelte nach Aegusa, die Lilybäum gegenüber liegt, ab. — Bei Anbruch des nächsten Tages, als es schon hell war, sah er, daß der Wind den Feinden günstig, ihm aber schwer sein würde, gegen den Wind zu segeln, weil das Meer sehr hoch ging, und war daher Anfangs un=schlüssig, was er jetzt thun sollte. Allein er überlegte, er würde, wenn er jetzt den Hanno angriffe, nur mit ihm und seinem Schiffs=volke allein und noch dazu mit den sehr beschwerten feindlichen Schiffen zu fechten haben. Erwartete er hingegen das Ende des Sturmes und ließe durch seine Unentschlossenheit die Flotte mit den Landvölkern sich vereinigen, so würde er alsdann mit leichter und schneller zu bewegenden Schiffen, mit den besten Soldaten aus dem Landheere und hauptsächlich — mit dem muthigen Hamilkar zu fechten haben. — Als er nun die feindliche Flotte in vollen Segeln herankommen sah, fuhr er schnell aus dem Hafen, stellte, weil die starken und ausgeruhten Ruderer sich leicht durch die Wellen hindurch arbeiteten, seine Flotte in eine Linie, und dem Feinde in den Weg.

Da nun die Karthager die Durchfahrt versperrt sahen, zogen sie die Segel ein und fingen an mit den Römern sich zu schlagen. Hier aber waren die Umstände von beiden Seiten anders, als im Seetreffen von Drepana, daher konnte auch der Ausgang nicht anders, als verschieden sein. Denn die Römer hatten indessen die Schiffbaukunst gelernt, sie hatten ihre Schiffe mit nichts, als mit dem, was zum Seetreffen nothwendig war, beschwert, und die starken, wohlgeübten Ruderer waren ihnen hier brauchbar. Endlich hatten sie die Schiffe mit einer solchen Auswahl von Landsoldaten besetzt, die gewohnt waren, nicht zu weichen. Bei den Karthagern fand sich von all diesen Umständen das Gegentheil 2c. — „denn die Karthager waren indessen in ihrem Schiffswesen nachlässig geworden, weil sie nicht glaubten, daß ihnen die Römer das Meer jemals wieder streitig machen würden und verachteten sie daher. Daher ergriff die kar=thagische Flotte, die in so vielen Stücken den Nachtheil hatte, gleich nach dem ersten Angriff die Flucht. 50 ihrer Schiffe wurden ver=senkt und 70 mit der Mannschaft gefangen genommen; der Rest er=griff die Flucht 2c."

---

[1] Buch I Kap. 60—61.

Dieser Sieg führte zum Frieden, und Sicilien wurde römische Provinz. So endete der erste 23 Jahre während Krieg zwischen Rom und Karthago, in welchem ersteres seinen Gegner auf dem ihm fremden und einst der Herrschaft desselben (Karthagos) unterworfenen Elemente, dem Meere, überwunden hatte.

Während der nächsten Kriege Roms gegen Karthago und andere Völker (241—218 v. Chr.) war die römische Flotte zwar zum Transport von Truppen, oder zu Cooperationen mit der Armee, an den verschiedenen Küsten des Mittelmeeres thätig, jedoch weist die Geschichte keine Seetreffen von Bedeutung auf. Während des zweiten punischen Krieges (218—201 v. Chr.) treten römische und karthagische Flotten in den folgenden größeren und kleineren Actionen auf:

Im Jahre 214 v. Chr., als nach dem Tode Hierons, Syracus wieder von Rom abfiel und sich Hannibal zuwandte, beschloß man in Rom die Flotte auf 150 Quinqueremes zu bringen, von denen 100 neu waren. Ein Theil derselben wurde nach Sicilien entsendet, wo auf Befehl des römischen Feldherrn Marcellus 60 Schiffe zur Blockrung von Syracus Verwendung fanden. Die Belagerung dieser Stadt war schwierig: 200 Jahre vor dieser Zeit hatten die Operationen der Athener vor den Mauern dieser Festung ein klägliches Ende genommen, und zu der natürlichen Gunst der Lage und Stärke ihrer Werke gesellte sich dies Mal das Genie eines großen Mechanikers und Astronomen, der sein Talent und seine Wissenschaft den Vertheidigern zur Verfügung stellte. Die Schiffe erhielten den Auftrag, zunächst durch ihre Bogenschützen den Umgang der Mauer zu säubern, und dann mit ihren schweren Wurfmaschinen gegen die Mauer selbst vorzugehen. Marcellus ließ außerdem eine Art Floß (Sambuca) aus 8 zusammengelaschten Schiffen herstellen, auf denen ein hölzerner, die Stadtmauern überragender Thurm aufgeführt war. Als die Schiffe sich aber mit den hohen Sturmleitern den Mauern näherten, wurden sie von den Belagerten durch schwere Steine, Eisen oder Bleimassen 2c. theils arg beschädigt, theils zerstört.

Nach Plutarchs Angaben warf Archimedes mit seinen Maschinen und Geschützen gewaltig große und schwere Steine mit solcher Genauigkeit, daß jedes Mal das Ziel getroffen wurde, und zugleich schleuderte er solche Menge von Geschossen, daß er auf bedeutende Entfernungen die Belagerungsarbeiten der Römer zerstörte, und die Thätigkeit der Schiffe unmöglich machte. Gegen die Schiffe soll er von den Stadtmauern Maschinen mit Widerhaken, die wie eine eiserne Hand ge-

staltet waren, verwendet haben. Diese Hände packten das Schiff am
Heck oder am Bug, hoben es empor und ließen es dann wieder ins
Wasser fallen, oder zerschellten es an den felsigen Ufern. Zonaras
erzählt sogar, daß Archimedes vermittelst Brennspiegel eine Ent=
zündung der römischen Flotte verursacht habe. Wie viel von diesem
wahr oder übertrieben ist, vermögen wir nicht zu verbürgen. Die
Einschließung der Stadt dauerte bis 212 v. Chr., während dessen
die Belagerer einen harten Stand hatten, aber wenig Fortschritte
machten, denn die karthagische Flotte führte den Belagerten hin und
wieder Lebensmittel und Kriegsmaterial zu und leistete wichtige
Dienste, während die römische im Wachdienst bisweilen nachlässig
gewesen sein mag.

Kurz vor Einnahme von Syrakus durch die Römer kam es noch
zu einem Seetreffen beim Vorgebirge Pachynum (Passaro), zwischen 130
karthagischen Kriegsschiffen (zur Deckung der Transportflotte bestimmt)
und einem römischen Geschwader, in welchem die ersteren geschlagen
wurden, während die Transportschiffe sich nach Tarent flüchteten.
Die Belagerung und Einnahme von Syrakus im Jahre 212 v. Chr.
durch Marcellus, war daher für Rom in diesem Jahre das wich=
tigste Ereigniß.

Im Jahre 207 v. Chr. hatte sich Valerius Laevinus mit der
Flotte an die Küste von Afrika begeben, die Umgegend von Utica
verwüstet, eine karthagische Flotte von 70 Schiffen, die nach Sicilien
steuerte, angegriffen und besiegt, 17 Schiffe genommen und 4 in den
Grund gebohrt.

In Griechenland hatte Sulpicius nach Vereinigung seiner Flotte
mit der des Königs Attalus von Pergamum, mit diesem gemein=
schaftlich Unternehmungen gegen die Besitzungen Philipps von Mace=
donien ausgeführt und war dann für den Winter nach Aegina (im
athenischen Meerbusen) zurückgekehrt. Weitere Details über diese
Unternehmung sind uns jedoch nicht überliefert.

Im Jahre 204 v. Chr. schiffte Scipio mit 40,000 Mann Fuß=
volk und 2700 Reitern auf 400 Transportschiffen unter Bedeckung
von 40 Kriegsschiffen nach Afrika über. Die Begleitschiffe bildeten
zwei Geschwader, von denen Scipio den rechten Flügel kommandirte.
Die Ueberfahrt ging glücklich von Statten; er landete an einem westlich
von Karthago gelegenen Vorgebirge, schiffte unbehelligt seine Legionen
aus und ließ die Schiffe auf der Rhede von Utica ankern. Als es

ihm jedoch nicht gelang, die Stadt vor Winter zu nehmen, zog er die Schiffe auf's Land und umgab sie mit einem starken Lagerwalle.

Im Jahre 203 v. Chr. beabsichtigten die Karthager die von Scipio belagerte Stadt Utica zu entsetzen. Eine starke Flotte griff die viel schwächere Zahl der Schiffe des Scipio an, während das Heer gegen die Belagerer vorging. Letzterer nahm jedoch die Seeschlacht nicht an, sondern zog seine Flotte in den innern Hafen zurück, ließ sie mit einer vierfachen Reihe von Lastschiffen umgeben, die nebeneinander verankert, mit Ketten seitwärts befestigt und darauf querüber mit Balken und Planken verbunden wurden, auf welchen auserlesene Truppen, besonders Bogenschützen zur Abwehr aufgestellt waren.

Der Angriff der karthagischen Flotte erfolgte mit großer Heftigkeit, jedoch war die Vertheidigung der Römer dem Angriffe überlegen, so daß die Karthager abziehen und sich mit einigen Transportschiffen, die sie aus der ersten Barrikadenreihe herausgeholt hatten, begnügen mußten. Nach der Niederlage der Karthager bei Zama 202 v. Chr. baten dieselben um Frieden.

Der zweite punische Krieg endete mit der Demüthigung Karthago's, denn sie durften nach den stipulirten Bedingungen keinen Krieg mehr führen ohne Erlaubniß des römischen Senats, und mußten alle ihre Kriegsschiffe bis auf 10 ausliefern.

Während der macedonischen Kriege (200—197) und (171—168), sowie während des dritten punischen Krieges (150—146 v. Chr.) wurde die römische Flotte hauptsächlich zum Transportdienste und zu Cooperationen mit der Armee verwendet.

Der dritte punische Krieg endete mit der vollständigen Zerstörung Karthagos.

Wir wollen hier noch eines Seetreffens unweit Teos zwischen den beiden Vorgebirgen Myonnese und Coryce im Jahre 190 v. Chr. Erwähnung thun, in welchem sich ein syrisches Geschwader von 89 Schiffen und ein combinirtes römisch-rhodisches von 80 Schiffen gegenüberstanden.

Die combinirte Flotte lag bei Teos vor Anker, und war die Mannschaft ans Land geschickt, um Lebensmittel und Wasser an Bord zu holen, als das syrische Geschwader gemeldet wurde. Die Mannschaft schiffte sich auf das gegebene Signal ein, es wurde Anker gelichtet und dem Feinde in zwei Abtheilungen entgegengerudert.

Die syrische Flotte fuhr, einen nordwestlichen Cours steuernd, in

zwei Linien nebeneinander. Sobald aber die römische Flotte, in Schlacht=
linie rangirt, nahe genug herankam, machten beide Linien der
syrischen Schiffe zugleich eine Wendung um 90° nach rechts (nach
St. B.) und formirten auf diese Weise äußerst schnell die einfache
Schlachtlinie. Man ging alsbald zum Angriff über. Auf beiden
Seiten wurde mit gleicher Bravour gekämpft, bis das syrische
Centrum durchbrochen und bald darauf auch der linke Flügel total
geschlagen war. Ein großer Theil der syrischen Schiffe wurde theils
versenkt, theils genommen, während der rechte Flügel sein Heil in
der Flucht suchte.

Mit der Erlangung der Seeherrschaft über das Mittelmeer durch
die Römer tritt die Wichtigkeit anderer Flotten von geringerer Be=
deutung in den Hintergrund, und überliefert uns die Geschichte in
den folgenden Kriegen keine Schlachten oder Gefechte zur See von
Bedeutung.

Dreizehntes Kapitel.
Kriege der Römer bis zur Zeit der Bürgerkriege
133—30 v. Chr.

Die von den Römern während dieser Zeit geführten Kriege
spielten sich theils in Gegenden ab, welche durch das Meer weit von
Italien getrennt waren, theils auf dem Meere selbst, und da somit
die Operationen zu Lande mit denen zur See Hand in Hand gehen
mußten, so gewannen die letzteren hierdurch sehr an Bedeutung und
erwuchs daraus für die Römer die Nothwendigkeit, starke, stehende
Flotten zu unterhalten. Dies waren die Ursachen, daß in dieser Zeit
die maritimen Kräfte bei ihnen eine hohe Stufe der Entwickelung
und Vollkommenheit erreichten, so daß Rom als ein zu Lande wie
zur See gleich mächtiger Staat dasteht. Der Stand der römischen
Seestreitkräfte während der Bürgerkriege verdient daher auch eine
besondere Beachtung.

Die römischen Kriegsschiffe zerfielen in 1) Schlachtschiffe, nach
Zahl der Ruderreihen über einander: Biremes, Triremes, Quinque=
remes, Hexeres, Octeres 2c.; am meisten gebräuchlich waren die Tri=
remes und Quinqueremes; 2) leichte Avisoschiffe, mit einer oder

zwei Ruderreihen, welche größtentheils zu Recognoscirung ꝛc. be=
stimmt waren; 3) kleinere Fahrzeuge und 4) Transportschiffe.

Die Schlachtschiffe waren auch zu dieser Zeit noch mit einem
Sporn versehen; die Seiten derselben durch Schilde, Beschläge oder
dicke Balken gegen einen Stoß der feindlichen Schiffsschnäbel ge=
schützt. Auf den Oberdecks der größeren und großen Schiffe waren
Kriegs= und Wurfmaschinen, zwei= und dreistöckige Thürme an=
gebracht, aus welchen die dort aufgestellten Bogenschützen die Decks
der Gegner mit ihren Pfeilen und Geschossen bestrichen und die
Enterungen der eigenen Schiffe erschwerten. Unter den Kriegs=
maschinen befanden sich Enterhaken verschiedenster Construction und
Gestalt; ferner Fallbrücken, Brandgeschütze und Maschinen, welche
brennende Gegenstände und Substanzen warfen; Maschinen zum
Hochheben und Versenken der feindlichen Schiffe, zur Zerstörung der
Stadtmauern u. s. w. Auch besaßen die Römer besondere Brander
oder Branderschiffe.

Die Kriegshäfen waren entweder natürliche oder künstliche. Die
letzteren bestanden aus halbkreisförmigen Dämmen mit zwei sich
weit ins Meer hinaus erstreckenden Molen. Der Eingang, an dem
sich oft Signalthürme befanden, war mit Ketten geschlossen. — Nach
der Seeseite hin waren die Häfen durch Wände aus dicken Balken,
in einer oder mehreren Reihen, vor welchen geschlossene Reihen
alter Schiffe lagen, nach der Landseite durch Erd=, Holz= oder
Steinwälle mit Gräben, Thürmen und Thoren geschützt. Inner=
halb des Hafens waren mehrere Abtheilungen, die durch steinerne
Wände von einander getrennt waren und Werften, Magazine und
Arsenale enthielten.

Die römische Flotte, wie wohl sie auch organisirt war, spielte
bis etwa zum Jahre 87 v. Chr. keine hervorragende Rolle. Erst in
den gegen Mithridates unternommenen Kriegszügen waren 4—500
wohl ausgerüstete römische Kriegsschiffe thätig, und trugen wesentlich
zur Bezwingung des Königs von Pontus bei.

Ihre nächste Aufgabe war die Unterdrückung des Seeraubes in
den Jahren 78—67 v. Chr. Der Landstrich aus dem das See=
räuberwesen herstammte, war das westliche oder gebirgige Cilicien
(oder Isaurien) in Kleinasien. Der Anfang der Seeräuberei dieser
Periode fällt in die Zeiten der innern Unruhen und Bürgerkriege,
welche das syrische Königreich der Seleuciden im dritten und zweiten
Jahrhundert v. Chr. zerrissen. Anfangs betrieben die Seeräuber

ihr Unwesen größtentheils an den syrischen und benachbarten Küsten; jedoch gewann der Seeraub nach und nach an Ausdehnung, besonders durch die Zerstörung Karthago's und Korinths, sowie später durch das Vernichten der Flotte des Mithridates (85 v. Chr.). Die Seeräuber beschränkten sich seit dieser Zeit nicht mehr auf den östlichen Theil des Mittelmeeres allein, sondern setzten auch die Bewohner an den Küsten Siciliens und Italiens durch ihre Landungen in Angst und Schrecken, und wagten sich sogar bis in die Nähe von Rom. Sie besaßen ganze Flotten und Heere, sowie Städte, Häfen, Arsenale; sie hatten ihre eigenen Heerführer, tüchtige im Kriegswesen zur See und am Lande geschickte, wohlerfahrene Männer, welche bereits über 1000 große, gut gebaute, ausgerüstete und bemannte Schiffe verfügten.[1]

Zum ersten Male geriethen die Römer in den Jahren 87—86 v. Chr. mit ihnen aneinander. Im ersten Jahre wurde sogar der Proconsul Servilius mit Heer und Flotte gegen sie ausgeschickt. Er besiegte sie zur See, obschon unter großen eigenen Verlusten.

Bis zum Jahre 68 v. Chr. hatten die Römer keinerlei entscheidende Maßregeln gegen die Seeräuber ergriffen und nichts von Belang gegen dieselben unternommen, so daß sie ungestraft und mit unglaublicher Frechheit überall Räubereien, Plünderungen und Grausamkeiten ausübten, und Rom selbst die Zufuhren abschnitten.

Dieser Uebermuth und eine solche Herausforderung mußte die Römer in Harnisch bringen. Im Jahre 67 v. Chr. wurde schließlich denn auch eine Flotte von 500 Segeln mit der entsprechenden Zahl Truppen gegen die Seeräuber in See geschickt und Pompejus mit so umumschränkter Machtbefugniß ausgestattet, daß es ihm, Dank seiner energischen Verfolgung, in kurzer Zeit gelang, wenn auch nicht alle Seeräuber zu vertilgen, so doch diesem Unwesen nach Möglichkeit zu steuern. Schon nach drei Monaten eroberte er Koracesium, den Hauptheerd der Seeräuber mit allen Magazinen ꝛc. und zerstörte die ihm sich entgegenstellende Flotte.

Von taktischem Werthe sind diese Kämpfe jedoch nicht, und nur in sofern von einigem Interesse, als sie den ersten Guerillakrieg auf dem Meere vorführen.

[1] Ueberraschen darf uns dies zwar nicht, denn es giebt wohl kaum ein Meer, dessen Küstenbildung dieses Handwerk so sehr begünstigt, als gerade das Mittelmeer und der griechische Archipel, und glauben wir nicht fehl zu greifen, wenn wir behaupten, daß, wenn auch vereinzelt, doch bis in die neueste Zeit noch Fälle von Seeraub in den östlichen Gegenden des Mittelmeeres vorgekommen sind.

Vierzehntes Kapitel.

Feldzüge Cäsars in Gallien und gegen Pompejus.
(58—45 v. Chr.)

Die an den westlichen Küsten Galliens, in der Nähe des heutigen Brest wohnenden Veneter besaßen ziemlich große und starke Schiffe aus Eichenholz, den Verhältnissen des Oceans entsprechend gebaut; im Uebrigen waren dieselben hochbordig, mit erhöhtem Bug und Heck, ausschließlich auf die Segel angewiesen, und hatten nur wenig Riemen zur Nachhülfe bei Windstillen. Die Segel waren aus Häuten oder weichem Leder gefertigt.

Der Schwerpunkt der Macht dieses streitbaren Volkes lag zum größten Theil auf dem Meere, und beschloß Cäsar dieselben auch dort anzugreifen. Schiffe besaß er zwar keine, ließ aber solche theils an der Mündung der Loire herstellen und hierzu Schiffbauer aus Italien kommen, theils mußten ihm die mit den Römern in Frieden lebenden gallischen Stämme eine Anzahl liefern. Er ließ ferner Mannschaften im untern Gallien ausheben, sie für den Schiffsdienst einüben, und ernannte Decimus Brutus zum Befehlshaber dieser Flotte. Die Schiffe waren Ruderschiffe, wie solche im Mittelmeere Verwendung fanden, leicht gebaut, und durch ihre große Zahl Ruderer ungleich beweglicher und manövrirfähiger als die der Veneter. Sie standen aber denen der letzteren in sofern nach, als ihre Führer mit den starken wechselnden Stromverhältnissen nicht vertraut und daher unsicher im Manövriren waren. Der Sporn blieb gegen die starken Schiffe der Veneter ohne Wirkung, während eine Enterung derselben durch ihre hohen Vorder= und Hintertheile erschwert wurde.

Sobald die Flotte bereit war, ließ Cäsar die Veneter zu Lande und zur See gleichzeitig angreifen. Die Zahl der venetischen Schiffe betrug 220, die der Römer ist zwar nicht bekannt, jedoch wohl anzunehmen, daß sie größer als die der Gegner war. Ueber die Gefechtsformation haben wir keine Details, glauben aber, daß die der Römer die Linienaufstellung oder eine sichelförmige gewesen ist. Beim Beginn der Schlacht war die See glatt, der Wind leicht und wurde es während des Gefechtes ganz windstill, ein Umstand, der für die Römer in sofern von außerordentlichem Vortheil war, als die größere Schnelligkeit und Manövrirfähigkeit ihrer Schiffe durch die Riemen voll zur Geltung kam.

Die Römer fuhren beim Angriff mit großer Geschwindigkeit durch die Reihen der venetischen Schiffe, zerschnitten im Vorüberrudern mittelst Sicheln, die auf lange Stangen gesteckt und mit Leinen versehen waren, die feindlichen Segel oder deren Fallen, Brassen und Schoten, so daß sie unbrauchbar wurden oder herunterfielen und die Schiffe, dadurch ihres Fortbewegungsmechanismus beraubt, von der Gezeitenströmung fast ohne Lenkbarkeit fortgetrieben wurden. Sobald ein solches Manöver gelungen war, stürzten sich zwei bis drei römische Schiffe auf ein feindliches, griffen es von beiden Seiten zugleich an und schritten zur Enterung, bei welcher die Veneter den besser bewaffneten und an Zahl stärkeren und gewandteren Römern unterlagen.

Der den ganzen Tag dauernde Kampf endete mit der gänzlichen Niederlage und dem völligen Verlust der Flotte der Veneter, die hierdurch entmuthigt, sich unterwarfen.[1]

In diesem Gefecht, wo Ruderschiffe gegen Segelschiffe zum ersten Male in Action kamen, richtete sich der Angriff der Römer naturgemäß zunächst gegen den Motor, das Segelwerk der feindlichen Schiffe. Sobald derselbe aber zerstört, die Schiffe nicht mehr manövrirfähig und kaum noch lenkbar waren, suchten sie dieselben einzeln mit Uebermacht anzugreifen, zu entern und zu schlagen.

Anders dagegen würde sich der Ausgang der Schlacht gestaltet haben, wenn, statt der Windstille, eine frische Brise durchgekommen, das Meer unruhiger geworden wäre. Dann dürften die als seegewohnt geschilderten Veneter, bei nur einigermaßen geschickter Führung ihrer Schiffe, den größten Theil der römischen Flotte übergerannt und so arg zugerichtet haben, daß fast keine Seele derselben lebendig davon gekommen wäre.

In den größeren Actionen zwischen Segelschiffen gegen einander, finden wir übrigens, in viel späterer Zeit, das gleiche Bestreben vorherrschend: die Manövrirfähigkeit des Gegners durch Zerstören seiner Masten und des Segelwerks mittelst Ketten- und Paßkugeln zu schmälern und dann zum Einzelkampf zu schreiten; ein Bestreben, welches für die Taktik der Segelschiffe speciell bezeichnend ist.

Während des dritten römischen Bürgerkrieges (49—45 v. Chr.), so berichtet uns die Geschichte, setzte Cäsar zu Anfang desselben mit einem bedeutenden Heere von Brundisium nach Griechenland über,

---

[1] Caesar de bello gallico III. 13.

und landete dort zwischen den Klippen des Vorgebirges Chimerium, ohne von der, unter Bibulus, bei der Insel Corcyra liegenden, 110 Schiffe starken pompejanischen Flotte, belästigt worden zu sein. Die Seestreitkräfte des Pompejus betrugen zu dieser Zeit etwa 500 Schiffe und waren denen des Cäsar bedeutend überlegen; die beiderseitigen Flotten scheinen jedoch in ihrer eigentlichen Sphäre nicht voll zur Geltung gekommen zu sein, da uns die Historiker während dieser Zeit keine Actionen zur See von Bedeutung verzeichnet haben.

Mitte August des Jahres 48 v. Chr. fuhr Cäsar mit 5000 Mann und 10 Kriegsschiffen, behufs Regelung der Thronfolge in Aegypten, nach Alexandrien, und lief dort in den neuen Hafen ein.

Die Parteien der ägyptischen Thronprätendenten griffen jedoch zu den Waffen und kam es zu kriegerischen Operationen zu Lande sowohl, wie zu Wasser.

Die Aegypter, unter Achillas Führung, versuchten zunächst die Verbindung Cäsars mit dem Meere abzuschneiden und ihn in Alexandrien einzuschließen. Mit 70 Schiffen gingen sie gegen beide Hafenmündungen vor, um dieselben eng zu blockiren. Es gelang Cäsar jedoch, wenn auch erst nach hartem Kampfe, die feindlichen Linien zu durchbrechen, die ägyptische Flottenabtheilung in die Nilmündung zurückzudrängen, zu schlagen und zu verbrennen. Sodann besetzte er die vor dem neuen Hafen liegende Insel Pharos, und sorgte auf diese Weise für eine gesicherte Verbindung mit dem Meere, indem er gleichzeitig Kriegsschiffe und Truppen von Rhodus, Creta, Syrien 2c. heranzog. Erst nach dem Eintreffen dieser Verstärkungen waren die unter Ganymedes Führung in den Nilmündungen liegenden ägyptischen Kriegsschiffe: 22 Vierreihen, 5 Fünfreihen und eine Anzahl kleinerer Schiffe, von erfahrenen und geschulten Seeleuten bemannt, kampfbereit. Cäsars Flotte bestand aus 34 Segeln, unter denen sich nur 5 Fünfreihen- und 10 Vierreihenschiffe befanden, während die übrigen 19 nur von geringer Größe waren. Trotzdem lief er aus, und formirte, die Aegypter zum Kampfe herausfordernd, vor dem alten Hafen die Schlachtordnung. Diese ließen nicht auf sich warten, sondern trafen ebenfalls Vorbereitungen zum Kampfe. Die Geschwader waren durch ein vor der Einfahrt des alten Hafens liegendes Felsenriff von einander getrennt. Der Angriff konnte daher erst erfolgen, nachdem die eine oder die andere der, durch das Felsenriff führenden Passagen, von den Schiffen des Angreifers forcirt war, wobei letztere aber Gefahr liefen, beim Debouchiren, einzeln von der Uebermacht des Gegners niedergerannt zu werden. Der Anführer der Rhodier erbot sich mit seinen 4 Schiffen einen Vorstoß durch die mittlere Durchfahrt zu unternehmen, und führte denselben so kühn und geschickt aus, daß er den übrigen Schiffen dadurch den Weg bahnte. Cäsar folgte ihm unverweilt mit dem Gros der Flotte, griff die Aegypter auf der ganzen Linie an und errang, trotz numerischer Ueberlegenheit und geschickter Führung derselben, nach hartnäckigem Kampfe, dennoch einen voll= ständigen Sieg über sie. Was nicht an Schiffen von ihm zerstört oder genommen wurde, flüchtete in den Hafen unter den Schutz der dort auf den Dächern der Häuser aufgestellten Bogenschützen.

Fünfzehntes Kapitel.

Kriege Roms vom Tode Cäsars bis zum Augustus (44—30 v. Chr.)

Zur Zeit der Diktatoren in Rom, wollte man die durch Pompejus in Kleinasien und Griechenland sich angeeignete Macht brechen. Einen Anlaß dazu bot die Nichterfüllung der von ihm versprochenen Unterdrückung der wieder Ueberhand nehmenden See= räuberei im Aegäischen Meere. In Folge der daraus zwischen Octavian und Pompejus entstandenen Mißstimmung rüstete letzterer seine zahlreiche Flotte zum Kriege, schloß sogar mit der Seeräubern einen geheimen Vertrag, dahinlautend, daß sie alle Schiffe, welche Lebens= mittel nach Rom führten, wegnehmen sollten. Octavian, der dies erfahren hatte, bediente sich dieser Nachricht, um Pompejus in der Meinung des Volkes herabzusetzen. Nachdem es zwischen den Flotten Octavians und Pompejus bei Messena und Cumae zu Feindselig= keiten gekommen und die erstere geschlagen war, beide aber von einem Sturm gelitten hatten, beschloß Octavian (37 v. Chr.) eine neue Flotte auszurüsten, um gegen Pompejus den „Meerkönig", wie er genannt war, vorzugehen und dessen Macht und Einfluß zu ver= nichten. Allein Mangel an Geld und eine Hungersnoth in Rom verzögerte die Herstellung und Ausrüstung dieser Flotte bis zum Jahre 36 v. Chr.

Octavian selbst, weder mit Feldherrntalent begabt, noch mit dem Seewesen vertraut, rief seinen Freund und Jugendgefährten Agrippa aus Gallien zurück, um denselben mit der Organisation und Ausrüstung dieser Expedition zu beauftragen. Agrippa, obgleich nicht von vornehmer Geburt, schwang sich durch sein hervorragendes Talent schnell empor. Ausgezeichnet im Kriege sowohl als im Frieden, machte er sich als Feldherr, Rathgeber und Freund des Triumvirn um diesen sowohl als um den römischen Staat verdient, so daß er von Dio Cassius als „der beste Mann seines Zeitalters" und neuerdings von einem französischen Schriftsteller „als der einzige Römer, der Genie für den Seekrieg besessen hat," genannt wird.

Agrippa richtete neben dem Bau und der Ausrüstung der Flotte zunächst sein Augenmerk auf die Herstellung eines geeigneten Kriegshafens an der italischen Küste und schuf, einem längst gefühlten Bedürfniß abhelfend, einen solchen bei Cumae, in der Bucht von Neapel, „Pontus Julius" genannt, wo die Schiffe ausgerüstet wurden. Dieselben waren hochbordig und mit Thürmen besetzt, daher auch voller und plumper, als die leichten und besser manövrirfähigen seines Gegners Pompejus. Ein hölzerner, sogenannter Gürtelpanzer war außenbords angebracht, um sie gegen einen Spornangriff zu sichern. Mit dem Bau der Flotte[1]), Hand in Hand, wurde die Ausbildung des Seevolks und der Ruderer betrieben, so daß er schon im Frühjahr 36 v. Chr. mit seinen Schiffen nach den Liparischen Inseln aufbrechen konnte, während die pompejanische Flotte unter Demochares von Messena nach Mylae gefahren war.

Nach Ankunft der Flotte bei Lipara setzte Agrippa die Ausbildung seiner Mannschaft auf offener See nicht allein fort, sondern suchte dieselbe auch an den Anblick des Feindes zu gewöhnen, und erprobten die beiden Befehlshaber ihre gegenseitigen Kräfte in kleinen Gefechten. Inzwischen war die unter Agrippa stehende Flotte durch 120, von Antonius dem Octavian zur Disposition gestellte Schiffe verstärkt worden, und zögerte Ersterer nun nicht länger, den Befehlshaber der pompejanischen Flotte zur Annahme einer Schlacht zu zwingen.[2])

---

[1]) Als Maßstab für die Seerüstungen des Octavianus mag die Angabe dienen, daß nach Sueton zwanzigtausend Sklaven von demselben manumittirt auf die Flotte gegeben wurden.

[2]) Die Absicht des Octavian schon am 1. Juni des Jahres die pompejanische Flotte, nach den erhaltenen Verstärkungen, von drei Seiten anzugreifen, wurde durch

Schlacht bei Mylae 36 v. Chr. Zwischen Mylae und Lipara
geriethen die Flotten an einander. Als sie gegenseitig ihre Kräfte
entwickelten, fand Jeder seinen Gegner stärker als er vermuthet hatte.

Agrippa besaß mehr Schiffe, größer und schwerer, aber auch
langsamer als die des Gegners; gegen den Sporn zum größten Theil
geschützt, konnten sie einen wuchtigen Stoß versetzen. Sie hatten
eine Besatzung, die an Stärke sich hervorthat und aus den Thürmen
die Decks des Gegners beschießen konnte. Dagegen war die Flotte
des Pompejus geringer an Zahl, die Schiffe selbst kleiner, leichter
aber zum kühnen, stürmischen Angriff sehr geeignet. Die Besatzung
war ebenfalls schwächer, aber an Erfahrung, sowie an Verwegenheit
überlegen. Da jede Partei die andere übertraf und derselben nach=
stand, so wogte der Kampf längere Zeit hin und her. Der Sporn=
angriff der Pompejaner hatte, wenn er auch mehrere Schiffe des
Agrippa übel zurichtete, Riemen und Steuerruder der Gegner zer=
brach, dennoch nicht den gewünschten Erfolg; dagegen machten die aus
den Thürmen des Agrippa geschleuderten Wurfgeschosse, sowie die
Anwendung von Enterhaken, ihre Ueberlegenheit geltend. Erst als
Agrippa in einem glücklich gewählten Moment dem Schiffe des pom=
pejanischen Befehlshabers, Demochares, einen so wuchtigen Stoß bei=
brachte, daß dasselbe sank, und der Führer sich auf ein anderes Schiff
flüchtete, erhielt die Schlacht eine andere Wendung. Pompejus sah
von einem Berge dem Kampfe zu, und gab, als er bemerkte, daß seine
Schiffe im Nachtheil waren, Agrippa dagegen Verstärkungen von
Lipara erhielt, das Zeichen zum Rückzuge. Agrippa drang kräftig
nach; die Pompejaner geriethen in Verwirrung und zogen sich flucht=
artig hinter Untiefen zurück, wo sie sicher vor Verfolgung waren,
weil Agrippa seine Schiffe nicht der Gefahr des Strandens aussetzen
wollte. Die Pompejaner begaben sich mit einem Verlust von 30 Schiffen
in ihre Häfen, während Agrippa fünf verloren hatte und nach den
Liparischen Inseln zurückkehrte. Agrippa gebührt daher die Ehre
des Tages um so mehr, als er zum ersten Male zur See kämpfte,
und zwar gegen die seegewohnten Pompejaner.

Schlacht bei Naulochus. Im October desselben Jahres standen
sich abermals die Flotten des Octavianus und Pompejus mit etwa
je 300 Schiffen und 120,000 Mann, unter Agrippa und Demochares,

---

einen Sturm vereitelt, in welchem die Schiffe viele Havarien erlitten. Auffallend
ist es, daß Pompejus während dieser Zeit unthätig blieb, wo es ihm leicht gewesen
wäre, die drei Theile der Octavianischen Flotte einzeln zu schlagen.

auf der Rhede von Naulochus gegenüber. Die Schiffe beider Parteien waren mit Thürmen und möglichst vielen Wurfmaschinen versehen, so daß hier zum ersten Male im Seekriege eine Art Artillerie Verwendung findet und die Geschosse, nicht wie früher, gegen die Kämpfenden allein, sondern auch gegen die Schiffe sich richteten. Agrippa ersann bei dieser Gelegenheit den sogenannten Harpax, den Appian wie folgt beschreibt: „Es war ein fünf Ellen langer Balken, mit Eisen beschlagen, der einen Ring an jedem Ende hatte, in dem einen Ringe saß ein krummes Eisen, und in dem anderen waren viele Taue, mit welchen der Harpax, der aus einer großen Wurfmaschine auf das feindliche Schiff geworfen wurde, angezogen ward."

Beide Flotten waren beim Angriff in zwei Treffen rangirt, und auf beiden Seiten eine Reserve zurückbehalten; die Schlachtordnung: die enggeschlossene Linie, die Schnäbel dem Feinde zugekehrt. Bei Tagesanbruch ruderten beide Flotten unter dem Schmettern der Schlachthörner und lautem Geschrei, mit voller Kraft auf einander los, das Gefecht durch gegenseitiges Schleudern von Steinen und brennenden Pfeilen 2c. einleitend.

Die Linien wurden durchbrochen, die Schiffe gewendet und ein erneuter Angriff auf den Gegner gemacht. Abermals geriethen sie aneinander, versetzten und erhielten Stöße gegen die Seiten, Bug und Heck, so daß viele Schiffe unbrauchbar wurden oder dem Sinken nahe waren. Man versuchte zu entern, die Mannschaften stürzten dabei theilweise über Bord und ertranken, oder suchten sich durch Schwimmen zu retten. Es wurde ein wildes Durcheinander; alle Maschinen waren in Thätigkeit, und besonders wirksam der Enterhaken, welcher in seinem feindlichen Wirken nicht gestört werden konnte. Anführer, Soldaten, Ruderer kommandirten, kämpften, schrien bunt durcheinander, denn es hielt schwer Freund und Feind zu unterscheiden. Das Meer trieb voller Schiffstrümmer, Waffen und Ertrinkender, und war mit Blut gefärbt. Die Reserven griffen ein, und dennoch wogte der Kampf hin und her, der Ausgang der Schlacht blieb lange unentschieden. Endlich war ein Nachlassen im Widerstande der Pompejaner merklich. Noch einmal trieb Agrippa seine Krieger zum energischen Vorgehen an; die Feinde wichen und flohen in die Meerenge hinein. Doch nur 17 Schiffen, mit denen Pompejus nach Kleinasien segelte, gelang dies, die übrigen wurden von Agrippa abgeschnitten, einige geriethen auf Untiefen und wurden verbrannt,

7*

andere setzten den Kampf fort bis sie keinen Ausweg mehr fanden und sich dem Sieger von Mylae ergaben, dem abermals die Ehre des Tages gebührt.

Nach dem Tode des Pompejus in Kleinasien sollte in einem späteren Streite zwischen Octavian und Antonius, Agrippa von Neuem sein Feldherrntalent, seine Thatkraft bekunden, um den Letzteren in der Schlacht von Actium (31 v. Chr.) vom bisherigen Schauplatz seiner Wirksamkeit und zugleich von der Weltherrschaft gänzlich zu verdrängen.

Antonius hatte durch die Erhebung der Cleopatra zu seiner rechtmäßigen Gemahlin, sowie durch andere Uebergriffe einen unversöhnlichen und entscheidenden Krieg zur unabweislichen Pflicht des Staatsoberhauptes gemacht, und beschloß der Senat, Antonius den Oberbefehl über die Truppen im Osten abzunehmen, an Cleopatra den Krieg zu erklären und ungesäumt eine Flotte nebst Heer in Marschbereitschaft zu setzen. Als Antonius erfuhr, was in Rom vorging, hatte er, von seinen Kriegszügen in Kleinasien nach Griechenland zurückgekehrt, noch eine Flotte von mehreren hundert Schiffen mit einem entsprechenden Landheere zur Verfügung. Die Schiffe, stark gebaut, hochbordig, mit einem Sporn und einem Gürtel von starken Planken außenbords gegen die Wirkung des Stoßes versehen, waren in Folge ihrer Dimensionen plump und schwerfällig; die oberen Decks trugen Thürme, die übrigen waren mit acht resp. zehn Reihen Ruderern besetzt; sie waren somit mehr zur Defensive als zur Offensive geeignet.

Anstatt mit Heer und Flotte unverweilt nach Italien überzusetzen, ließ sich Antonius durch einige Kreuzer des Agrippa einschüchtern und bezog mit seinem Heere bei Patras Winterquartiere, während die Flotte im Golf von Acta (Ambracischer Meerbusen) Unterkommen fand. Diese Zeit benutzte Octavian, seine Streitkräfte zu sammeln, und ließ Agrippa im Jahre 31 v. Chr. mit etwa zweihundertsechzig Trieren nach Griechenland übersetzen. Bemerkenswerth bei der Flotte des Octavian ist, daß dieselbe aus leicht gebauten aber schnellen und gut manövirbaren Schiffen bestand. Es ist daher anzunehmen, daß Agrippa aus den bei Mylae und Naulochus gemachten Erfahrungen, trotzdem er Sieger geblieben, die Nachtheile der schwerfälligen Schiffe dennoch erkannt hatte, und die Schnelligkeit und Manövrirfähigkeit derselben für die wichtigsten Factoren in einer Seeschlacht hielt.

Sobald die Flotte des Octavian bereit war, suchte Agrippa zunächst dem Heere des Antonius die Zufuhren abzuschneiden, nahm mehrere Transporte mit Lebensmitteln weg, so daß sich beim Feinde empfindlicher Mangel einstellte. Antonius, Angesichts eines so thatkräftigen Gegners aufgerüttelt, entschloß sich, auf Zureden der Cleopatra, aber gegen den Rath seiner Freunde, den Entscheidungskampf auf dem Meere zum Austrag zu bringen. 170, nach anderen Nachrichten 300 Schiffe, mit etwa 100,000 Mann sammelte er bei Actium, welchen der Gegner etwa 260 Schiffe mit 180,000 Mann entgegenstellte. Antonius lief am Schlachttage von Actium mit seiner Flotte aus dem Meerbusen und formirte die Schlachtordnung so, daß im Centrum die schwersten Schiffe waren, welche gleichsam einen festen Wall bildeten und deren Kommandanten den gemessenen Befehl hatten, weder ihre Stellung aufzugeben, noch sich von einander zu trennen, vielmehr den Angriff der feindlichen Schiffe in ihrer Position abzuwarten. Auf dem rechten Flügel befand sich Antonius selbst; dahinter als Reserve sechzig Schiffe der Cleopatra; den linken Flügel kommandirte Coelius. Die ganze Schlachtordnung bildete eine aus drei Theilen bestehende Linie, welche sich an Untiefen anlehnte, so daß ein Umgehen nicht möglich war. Agrippa formirte eine sichelförmige Schlachtlinie; er selbst befand sich auf dem linken Flügel, dem Antonius gegenüber. Ein allgemeiner Angriff erfolgte nicht, vielmehr erkannte Agrippa die günstige Stellung seines Gegners, und wollte den Stier nicht bei den Hörnern fassen, sondern zunächst die Flügel vom Centrum zu trennen suchen und dann jede einzelne Abtheilung umklammern und schlagen. Das Glück war ihm günstig, denn, wenn auch zu Anfange die Schiffe des Antonius streng den ihnen ertheilten Befehlen nachkamen und nicht zum Angriffe vorgingen, so trieb der successive frischer werdende Wind dieselben dennoch langsam vom Lande ab. Dies zu ihrem Vortheil ausbeutend, suchten die Flügel des Agrippa ihre Gegner zum Vorgehen zu reizen, machten Miene, zunächst den linken und dann auch den rechten zu umfassen und wußten, den ihnen ertheilten Instructionen entsprechend, so geschickt zu manövriren, daß die einzelnen Abtheilungen des Gegners zunächst isolirt, und bald darauf in Unordnung und Verwirrung gebracht wurden. Als auf diese Weise das Centrum der Flotte des Antonius von den Flügeln getrennt war, ging Agrippa zwischen den kämpfenden Flügeln durch und warf sich auf das feindliche Centrum, indem sich drei bis vier octavianische Trieren auf einen der

Coloſſe des Antonius ſtürzten. Doch war Vertheidigung wie Angriff gleich hartnäckig; die angebrachten Verſtärkungen außenbords widerſtanden in den meiſten Fällen dem Stoß, während die Decks der octavianiſchen Schiffe aus den Thürmen der Gegner mit Pfeilen überſchüttet wurden, ſo daß der Kampf unentſchieden lange hin und her wogte, für Agrippa jedoch inſofern vortheilhaft, als ſich die Flotten ſucceſſive vom Lande entfernten und die größere Manövrirfähigkeit ſeiner Schiffe im freien Waſſer mehr zur Geltung kam. Als ſich in= zwiſchen Agrippa's Schiffe auch dem Reſerve=Geſchwader näherten, Cleopatra aber den Weg vor ſich offen ſah, hielt ſie dieſen Augen= blick für günſtig, und ſuchte unter vollen Segeln und Anwendung aller Riemen das Weite. Das Entweichen der Cleopatra beſtimmte den ſchwachen Antonius, aus Leidenſchaft zu ihr Alles vergeſſend, ſeine Pflicht, ſeinen Ruhm, ſeine Macht, Flotte und Heer in ſchmach= voller Weiſe der Willkür des Zufalls oder des Schickſals preis= gebend, auf einem ſchnellen Schiffe der Fliehenden nachzueilen. Ein ſo ſchmachvolles Benehmen des oberſten Feldherrn konnte nicht ohne Wirkung bleiben. Trotzdem die Unterbefehlshaber des Antonius die Schlacht nicht aufgaben, vielmehr noch lange nach ſeiner Flucht weiter gekämpft wurde, ſo mußte das Entweichen dennoch demorali= ſirend auf Flotte und Heer wirken. Mit der ſinkenden Sonne ent= wich der Reſt der Schiffe des Antonius nach Actium, wo ſich Flotte und Heer dem Sieger ergaben.

So fiel ſchließlich die Entſcheidung des Kampfes günſtig für Octavian aus, welcher übrigens, wie einige Schriftſteller erzählen, ſeekrank auf einem Schiffe hinter der Schlachtlinie gelegen haben ſoll, ſo daß es lediglich die Anordnungen des Agrippa waren, welche zum Siege führten. Zu Enterungen ſcheint es nicht gekommen zu ſein, da die hochbordigen Schiffe des Antonius eine ſolche ſehr er= ſchwerten, dagegen die aus den Thürmen entſendeten Geſchoſſe viele Leute auf den Schiffen des Gegners tödteten. Andererſeits verfehlten die von Agrippa in großer Zahl verwendeten brennenden Geſchoſſe, ſo wie die aus den Wurfmaſchinen geſchleuderten Steine ihre Wirkung nicht, und ſollen ſogar Gefäße mit ungelöſchtem Kalk von ſeinen Schiffen auf die des Gegners geworfen ſein, um die Mann= ſchaft zu blenden. Ueberhaupt hatten auf Seite des Octavian mehr die Steuerleute und Ruderer, auf der des Antonius mehr die Legionäre Arbeit und Gefahr zu beſtehen. Die Krieger des Octavian bemühten ſich, als hätten ſie feſtes Land unter ihren Füßen, die

Schiffe der Feinde zu erklimmen, und versuchten alle Mittel, ihren Zweck zu erreichen; dagegen trieben die Gegner sie wiederum kräftig zurück, wehrten sich mit Stangen, hieben mit Aexten um sich, warfen ungeheure Steine und andere schwere Massen auf diejenigen hinab, welche ihre Schiffe entern wollten.

Durch diese Schlacht war nicht allein der ganze Krieg beendet, sondern überhaupt eine der größten Entscheidungen zur See herbeigeführt. In erster Linie tritt das hervorragende Talent des eigentlichen Leiters dieser ganzen Operation, des Agrippa, uns vor Augen, trotzdem sich manche Schriftsteller bemühen, den Octavian als den Helden des Tages und Agrippa nur als einen untergeordneten Anführer darzustellen. Agrippa's Hauptaugenmerk war in erster Reihe auf die Ausbildung seines Seevolks, auf das Vertrautwerden der Schiffsführer mit den Eigenschaften ihrer Schiffer gerichtet, und dienten die Exercitien nicht allein zur Uebung, sondern auch zur Gesundheit und Erhaltung des militärischen Geistes bei der Mannschaft. Er war der Worte des Perikles eingedenk, die derselbe einst den Athenern zurief: „das Seewesen erfordert so sehr als irgend etwas Anderes Kunstfertigkeit, und man darf sich in demselben nicht etwa bei vorkommenden Gelegenheiten üben, nebenher, sondern man kann vielmehr dabei keine Nebenbeschäftigung treiben!" —

Agrippas Umsicht und Thätigkeit ist es zuzuschreiben, daß der Gegner zunächst im sogenannten kleinen Kriege empfindlich geschädigt wurde, während er selbst die Herrschaft zur See zu erlangen suchte, und zu dem Zwecke Schiffsabtheilungen in alle angrenzenden Meere entsendete. Sobald er sich aber zum Herrn des Meeres gemacht hatte, schritt er zum Angriff auf die verschiedenen Stützpunkte im Rücken des Feindes, zerstörte die Depots und Magazine des Gegners bei Korinth und Patras, nahm die Inseln in der Nähe der feindlichen Aufstellung und gelangte dadurch selbst in den Besitz strategisch wichtiger Punkte. Als er auf diese Weise seine Krieger und Schiffsmannschaften durch angestrengte Thätigkeit zu einer besonders großen Leistungsfähigkeit ausgebildet hatte, (während die seines Gegners durch Entbehrung, Unthätigkeit, Krankheit und Desertionen geschwächt und demoralisirt waren,) zwang er Antonius zur Schlacht, aus der er als Sieger hervorging.

Die Kampfesweise zeigt im Wesen kaum etwas Neues. Was dagegen den Gebrauch der Waffen betrifft, so ist ein Vergleich mit den Gefechten früherer Zeit interessant, denn in vierhundert Jahren hatte sich ein nicht unbedeutender Wechsel in der Verwendung derselben im Seekriege vollzogen. Während bei Salamis der Sporn noch als Hauptwaffe diente, Speere und Pfeile nur mit der Hand auf die feindlichen Besatzungen geschleudert wurden, und man, sobald sich die Gelegenheit bot, zum Kampf Mann gegen Mann überging, waren bei Actium die Schiffe des Antonius außenbords mit solchen Schutzmitteln versehen, daß der Sporn des Gegners größtentheils ohne Wirkung blieb. Statt des Sporns aber traten die Wurf= geschoffe in theils veränderter Form auf; man begnügte sich nicht mehr damit, sie gegen die feindlichen Krieger allein zu verwenden, sondern man schleuderte neben Pfeilen und brennenden Speeren, schwere Steine mittelst Wurfmaschinen aus der Ferne gegen die feindlichen Schiffe, um sie durch brennende Geschosse zu zerstören oder zu versenken. Das Bestreben, Personal und Material des Gegners aus der Ferne kampfunfähig zu machen, tritt somit in den Vordergrund, während dem Kampfe Mann gegen Mann, d. h. dem Entern nicht mehr solche Bedeutung wie früher beigelegt wird, so daß hier wohl der Anfang jener Zeit, wo die Artillerie Hauptwaffe der Kriegsschiffe wird, zu suchen ist.

Durch die Schlacht von Actium wurde Octavianus nicht allein Herr des ganzen Mittelmeeres, sondern der ganzen damals bekannten Welt. Seine Schiffe durchfurchten von ihren Stationen, Portus Julius und Ravenna aus, nicht allein die bekannten Meere, sondern auch Donau und Rhein, Euphrat und Tigris wurden von römischen Flottillen befahren. Die Schiffsmannschaft und die Marinesoldaten wurden wie früher ausgehoben. Nero wollte später die Seetruppen in der Art wie die Legionen organisiren, kam aber damit nicht zu Stande. Ihrer Zusammensetzung nach waren die Seetruppen die allerver= ächtlichsten: man verwandte größtentheils die Verbrecher als Ruderer auf der Flotte, (eine Gewohnheit, welche in späterer Zeit auch im westlichen Europa beibehalten wurde, indem man dieselben zu Zwangs= arbeit auf die Galeeren schickte).

Die römischen Flotten fanden jedoch erst lange nach Christi Geburt wiederum eine, ihrem militärischen Wirkungskreise entsprechende Thätigkeit, da die Schiffe, außer zur Unterdrückung des Seeraubes, größtentheils nur zu Transportzwecken für das Heer und dessen Be= dürfnisse verwendet wurden; denn weder auf den Kriegszügen des Germanicus, noch während der Eroberung Britanniens durch Agricola wurde zur See gekämpft.

Den Befehlshabern sowohl als den Mannschaften, denen die Unterdrückung des Seeraubes allein nicht anregend genug war, fehlte bald die Gelegenheit zu größeren Unternehmungen und trug diese Unthätigkeit nicht wenig zum Verfall der römischen Flotte bei.

Bemerkungen. Mag es uns am Schluße dieses ersten Abschnitts vergönnt sein, einen Rückblick auf die Leistungen einzelner hervorragender Führer, sowie auf die von ihnen angewendete Taktik und Kampfesweise zu werfen, wenn man überhaupt die Formation, Manöver und Bewegungen der Schiffe in den bisherigen Actionen, im Sinne der Landtaktik hiermit bezeichnen kann: obschon zweifellos zur Kriegführung auf dem Wasser, ebenso wie auf dem Lande, das Studium und die Anwendung der Taktik und Strategie gehört. Eine objective Beurtheilung der einzelnen Heerführer ist in sofern aber keine leichte, selbst an der Hand der aufgeführten Begebenheiten, als die Werke des Alterthums von Herodot, Thukydides, Xenophon ꝛc. sich fast ausschließlich auf die Darlegung der Vorkommnisse im Kriege beschränken, indem sie mehr oder weniger getreu die Reihenfolge derselben vor Augen führen und auch wohl das Material zur Beurtheilung der Personen und Handlungen geben; allein sie entbehren Alle, da die Seekriege überhaupt bis vor Kurzem nur in geringer Zahl Fachschriftsteller gefunden haben, einer wissenschaftlichen Kritik.

Themistokles, Alcibiades, Phormio, Perikles, Cimon, Lysander, Regulus, Duilius, Agrippa ꝛc. waren Männer die größtentheils mit hoher Begabung, Scharfblick und kriegerischem Genie veranlagt waren; sie wurden aber erst durch die Verhältnisse zu dem herangebildet, was sie waren, um das zu leisten, was sie geleistet haben. Denn wie die Geschichte lehrt bis auf die neueste Zeit, lassen ja alle bedeutenderen Kriege große Männer, schöne Charaktere hervortreten, welche sonst völlig unbekannt geblieben wären. Doch nicht ihr Talent, ihre Begabung allein, machte sie groß, sondern sie wußten auch den Geist ihrer Untergebenen zu wecken, Vertrauen und Hingebung für sich zu erzeugen, und, unter geschickter Verwerthung dieses kriegerischen Geistes, große Anforderungen zu stellen und dieselben zur Ausführung, zum Gelingen zu bringen. Selbst reich an Erfindungsgabe, hat ihr hervorragendes Genie viel zum Aufschwung und zur Vervollkommnung des Seekriegswesens beigetragen.

Die Perser dagegen haben keinen großen Feldherrn für den Seekrieg aufzuweisen, ebenso wie sich bei den Spartanern erst durch

Erfahrung das Verständniß des Seekriegswesens aus dem militärischen Element herausbilden mußte. An Kühnheit, Tapferkeit und Energie hat es zwar auf keiner Seite gefehlt, allein die Beurtheilung der Verhältnisse war nicht immer glücklich und sachgemäß, und entbehrte häufig der Erfahrung. Wo die Geschichte bedeutende Mißerfolge im Seekriege der Alten aufzuweisen hat, da lag es meistens an dem Mangel an Verständniß und richtiger Beurtheilung der maritimen Verhältnisse; ein Beweis dafür, daß Männer von Talent und eminentem Geist, am Lande, als Feldherren Außerordentliches und Ungewöhnliches zu leisten im Stande sind, dieselben aber auf das Meer versetzt, welches andere Elemente in sich birgt, aus Mangel an Vertrautheit und richtiger Erkenntniß des Seewesens, trotzdem bedeutende, ungewöhnliche Mißerfolge erzielen.

Die allgemein übliche Gefechtsformation war bis auf wenige Ausnahmen: bei Artemisium, Rhium und Ekromus, welche wir an den betreffenden Stellen besonders besprochen haben, die einfache oder doppelte Linie, Schiff neben Schiff, den Bug dem Feinde zugekehrt.

In Marschordnung bildeten die Schiffe meistentheils zwei parallele Linien neben einander, in welchen dieselben im Kielwasser des Vordermannes folgten. Eine Wendung um 90 Grad zugleich nach rechts oder links formirte die Schlachtlinie.

Das Zeichen zum Angriff gab, wie bei den Landtruppen, eine rothe Flagge, welche auf dem Schiffe des Oberbefehlshabers gehißt wurde, und das Blasen auf allen Trompeten und Hörnern, die auf der Flotte vorhanden waren. Dann stimmten alle Ruderer und Soldaten auf der Flotte das Kriegsgeschrei an und sangen die Schlachthymne.

Die Stärke der Kriegsfahrzeuge bis zu diesem Zeitabschnitt, lag im Bug, wo auch die mitgeführten Streiter im Kampfe postirt waren; die Schwäche derselben dagegen in den Seiten, wo ihre Festigkeit geringer, und die Ruderer mit ihren Riemen Aufstellung hatten. — Die Riemen waren von der größten Wichtigkeit; mit ihnen allein war man im Stande sich nach allen Richtungen hin zu begeben und dem Angriff auszuweichen, oder denselben zurückzuschlagen. Der Sporn hat, wenn nicht schon früher, doch unzweifelhaft zur Zeit der Perser- und der peloponnesischen Kriege als allgemeine Angriffswaffe Verwendung gefunden. Die Geschichte verzeichnet bis Ende der peloponnesischen Kriege viele Kämpfe zur See, in welchen das Schiff selbst als Hauptwaffe diente, besonders aber bei solchen Gegnern, die im Kriegswesen gleich erfahren waren, und demselben gleiche Bedeutung beilegten; ferner gleichartige Schiffe besaßen, dieselben nach gleichen Prinzipien handhabten und außerdem gleichbewaffnete Krieger in den Kampf führten. Dennoch sind wir weit davon entfernt, die Behauptung aufstellen zu wollen, daß lediglich der Sporn während der ganzen Zeit des Gebrauchs der Trieren, Penteren und anderer Ruderkriegsschiffe in den Seetreffen den Ausschlag gegeben hat. Befanden sich außer dem sogenannten Schiffsvolk noch eine größere Zahl Landtruppen auf den Schiffen, wodurch, wie Nicias in seiner Ansprache an seine Truppen hervorhebt, die Beweglichkeit der Schiffe litt, so heißt es bei den Historikern: „es wurde gekämpft wie in einer Landschlacht. Thukydides sagt unter andern auch Buch I. Cap. 116: „Mit vierundvierzig Schiffen aber schlug sich Perikles bei der Insel Tragia mit siebzig Salamischen, von denen zwanzig Landsoldaten an Bord hatten 2c."

Der Angriff geschah größtentheils auf der ganzen Front zugleich und mit einem gewissen Ungestüm, wobei jedes Schiff sich bemühte, das feindliche zu entwaffnen; die Riemen desselben zu zerstören; das Durchbrechen der feindlichen Schlachtlinie zu forciren; hinter derselben zu wenden; mit aller Kraft des Ruderns dem Gegner auf den Leib zu rücken; den Sporn in seine Seiten zu bohren, und, unter Entsendung von Geschossen aus nächster Nähe, denselben zum Sinken[1]) zu bringen oder leck zu stoßen. Gelang dies nicht mit dem ersten Mal, so wurde kräftig rückwärts gerudert oder auch nochmals gewendet, um Raum zum neuen Stoß zu gewinnen und ein solcher abermals versucht. Jedoch giebt es auch eine Anzahl Seetreffen, wo besonders die Enterungen in Anwendung kamen. Dann entstand

---

[1]) Ueber das Versenken der Schiffe beim Anrennen möchten wir uns die folgenden Bemerkungen gestatten: Es ist kaum anzunehmen, daß die Kriegsschiffe der damaligen Zeit, so leicht gebaut, wie sie waren und so wenig Ballast und Vorräthe sie mitnahmen, alle sanken, sobald ihre Seiten mit dem Sporn durchbohrt und durch solchen Leck voll Wasser gelaufen waren. Das Versenken soll vielmehr wohl nur bedeuten, daß sie sich mit Wasser füllten und dadurch kampfunfähig wurden, weil die Riemen dann kaum noch gebraucht werden konnten, auch die Mannschaft in ihren Bewegungen vorsichtig sein mußte, wenn das Schiff nicht kentern oder wenigstens sich stark auf die Seite neigen sollte. Die Mannschaft eines so angerannten Schiffes suchte sich daher durch Schwimmen zu retten oder wurde zu Gefangenen gemacht wer nicht ertrank, denn wie die Geschichtsschreiber sagen, wurden die angerannten Schiffe von den Siegern häufig ins Schlepptau genommen und als Beute mitgeführt, unter Umständen sogar wieder ausgebessert.

auf dem Deck ein Handgemenge, worin die Hopliten, Legionäre 2c. den Ausschlag gaben. Sowie geentert wurde, griffen auch die Ruderer des Angreifers zu den Waffen und betheiligten sich am Kampfe.

Hieraus erhellt, daß die Ausbildung ihrer Schiffsmannschaften, die richtige Beurtheilung der Schnelligkeit und Beweglichkeit ihrer Schiffe, sowie geschicktes Manövriren und Handhaben mit denselben, das Hauptbestreben sein mußte, auf welches die Seebefehlshaber vor der Action ihr Augenmerk zu richten hatten.

Zweiter Theil.

Das Mittelalter (von Chrifti Geburt bis 1500 n. Chr.)

Thätigkeit der weft- und oftrömifchen Flotten
von 30 v. Chr. bis 552 n. Chr.

Ueber die Mitwirkung der Flotten während der Kriege Roms gegen die Germanen 2c. entnehmen wir den verfchiedenen Hiftorikern das Folgende:

Im Jahre 4 n. Chr., als Tiberius wieder an die Spitze der Legionen in Germanien getreten war, wurden die neuen Angriffsopera- tionen gegen die Stämme, welche an der Küfte der Nordfee zwifchen Rhein, Ems, Wefer und Elbe wohnten, durch eine Flotte unterftützt, welche die Elbe hinauffuhr und fich mit der Armee des Tiberius ver- einigte. Ueber die Dimenfionen der Schiffe ift uns zwar Genaues nicht bekannt geworden, doch fcheinen diefelben kaum von bedeutender Größe gewefen zu fein. Im Jahre 14—15 n. Chr. gelang es Germanicus wiederum mit Hülfe einer Flotte bis zur Wefer vorzubringen. Bei feiner Rückfahrt von dort nach der Rheinmündung verlor er aber durch einen Sturm den größten Theil feiner Schiffe und einen Theil feines Heeres. Nur das Dreirethenfchiff, auf welchem er fich befand, vermochte zwifchen Elbe und Ems Schutz zu finden. Nach beendetem Unwetter wurde ein Theil der Schiffe wieder vom Strande abgebracht, reparirt und feefähig hergeftellt (Tacitus).

Im Jahre 16 n. Chr. befchloß Germanicus, die Germanen vom Meere anzugreifen. Zur Ausführung diefes Unternehmens ließ er am Rhein 1000 Schiffe bauen, welche sich in gleicher Weise zum Transport und zu Landungen von Truppen, wie zur Fortschaffung von Armeebedürfnissen und Lebensmitteln eigneten. Mit dieser Flotte fuhr er durch den Flevo (Zuyder See) in die Nordsee und segelte dann längs der Meeresküste bis zur Amisia (Ems).

Zu Ende der Regierung Vespasians hatte Agricola (79—85 n. Chr.) nicht allein ganz England unterworfen, sondern war auch in Caledonien (Schottland) eingedrungen und hatte Britannien mit seiner Flotte umschifft.

Im Jahre 115 n. Chr. wollte Trajan, von dem Ruhm Alexanders des Großen berauscht, nicht allein diesem es gleichmachen, sondern demselben es noch zuvor thun in seinen Erfolgen in Partien, dem persischen Meerbusen und dem indischen Ocean. Nach Ueberschreitung des Tigris war er der erste und letzte römische Feldherr, der mit einer Flotte im persischen Meerbusen und im indischen Ocean erschien und die Küsten Arabiens verheerte.

Während der Belagerung von Byzanz (193—195 n. Chr.) besaßen die Byzantiner 500 Schiffe mit 2 Steuerrudern und außerdem viele Kriegsmaschinen, und vertheidigten sich 3 Jahre gegen die Angriffe des zahlreichen Heeres und der Flotte des Severus, bis es demselben gelang, den Ring um die Stadt auch zur See so eng zu ziehen, daß alle Zufuhren abgeschnitten wurden, und die ausgehungerte Stadt dann zu stürmen.

Der Kaiser Maximinian schickte Carausius (286—294 n. Chr.) mit einer Flotte gegen die sächsischen und fränkischen Piraten. Dieser besiegte sie mehrmals, wurde aber wegen Beuteunterschlagung in Rom zum Tode verurtheilt. Er nahm Britannien in Besitz, unterrichtete die Piraten im Manövriren, und schuf sich, im Verein mit ihren leichten Schiffen, eine solche Seemacht, daß Maximinian ihn nach einer Niederlage zur See als Augustus (Herrscher) anerkannte. 294 n. Chr. ermordet, wurde sein Nachfolger Allectus durch Constantin bedroht. Eine Flotte wurde an der Seinemündung unter Constantins Feldherrn Asbepiodorus, eine andere in der Gegend von Boulogne ausgerüstet, um mit denselben nach England überzusetzen. Allectus lag mit der einen Hälfte seiner Flotte bei der Insel Wight, mit der andern an der Küste von Kent, konnte aber die Landung der Gegner nicht hindern und erlag in einer Landschlacht.

Seeschlacht am Hellespont 323 n. Chr. Im Jahre 323 n. Chr. finden wir in der Geschichte eine Seeschlacht zwischen den Flotten des Constantin unter Crispus, und des Livinius unter Abantus, am Eingange des Hellespont verzeichnet. Crispus erhielt die Ordre, mit seiner Flotte den Eingang des Hellespont frei zu machen, welcher von Abantus mit 300 Galeeren besetzt war. Er theilte seine Schiffe in 2 Treffen und stürzte sich auf die am Eingange des Hellespont in mehreren Reihen hintereinander eng geschlossen liegende Flotte des Gegners. Das in größeren Zwischenräumen zum Angriff vorgehende erste Treffen des Crispus fuhr mit aller Kraft in die dicht gedrängten Schlachtlinien des Feindes, zerbrach die Riemen der feindlichen Schiffe oder stieß die letzteren leck, und verursachte dadurch Verwirrung in der Flotte des Abantus, indem, ähnlich wie bei Salamis, die noch intakten Schiffe, den havarirten, aus Mangel an Raum, weder zu Hülfe eilen noch dieselben unterstützen konnten. Nach hartnäckigem Kampfe von mehrstündiger Dauer, bei welchem die mit frischen Kräften eingreifende Reserve des Crispus den Ausschlag gab, zog sich, unter außerordentlichen Verlusten, die Flotte des Abantus nach dem Hafen von Ajax, an der asiatischen Küste, zurück, während die Flotte des Crispus an der europäischen Seite Unterkommen fand. Am andern Tage suchte, bei leichter nördlicher Brise, Abantus seinen Gegner wieder zum Kampfe herauszufordern, jedoch nahm Crispus, einen aus Süden heranziehenden Sturm vorhersehend, denselben nicht an, sondern blieb im Hafen von Eleontes. Gegen Mittag brach das Ungewitter los, in welchem 130 Schiffe des Abantus vernichtet wurden.

Im Jahre 425 n. Chr. finden wir eine Flotte unter Theodosius II. in der Adria gegen Aëtius, den Feldherrn der Hunnen, in gemeinsamen Operationen mit der Armee thätig.

Im Jahre 429 setzte Genserich, König der Vandalen, mit seinem ganzen Volke von Spanien nach Afrika über und gründete von Tanger bis Tripolis das Vandalen-Reich, mit Karthago als Hauptstadt. Er fuhr dann nach den italischen Küsten, unterwarf Sicilien, Sardinien, Corsica und die Balearischen Inseln, und schuf sich eine Flotte, die den ganzen westlichen Theil des mittelländischen Meeres beherrschte.

Im Jahre 467 segelte eine Flotte von 1130 Schiffen mit 100,000 Mann, unter Oberbefehl des Feldherrn Basiliscus von Byzanz nach der Nordküste Afrika's gegen Genserich. Eine Abtheilung von Flotte und Heer wurde nach Sicilien, eine andere nach Sardinien, eine dritte nach der Küste Libyens gegen die Vandalen geschickt, während Basiliscus mit dem Gros seinen Weg nach Mercurium, an der Küste Afrika's, nahm, und mit der Flotte unweit Karthago's ankerte. Genserich trat, scheinbar nachgebend, in der Wirklichkeit aber, um sich zur Abwehr vorzubereiten, mit Basiliscus in Unterhandlungen, und erwirkte von demselben einen fünftägigen Waffenstillstand. Sobald aber seine Flotte kriegsbereit war, schickte er während einer Nacht, bei frischem Südwinde, 75 Brander gegen das römische Geschwader, setzte eine große Anzahl der feindlichen Schiffe in Brand, und benutzte am nächsten Morgen die hierdurch hervorgebrachte Verwirrung, mit seiner an Zahl zwar geringen aber schlagfertigen Flotte, den Feind in die Flucht zu jagen, so daß Basiliscus nur mit den Trümmern seiner Flotte nach Sicilien entkam.

Im Jahre 534 schickte Justinian abermals eine Flotte nebst Heer (92 Kriegsschiffe mit einer Reihe Ruderern und 50 Transportschiffe) unter Belisar, zur Vertreibung der Vandalen nach Afrika; doch wurden während dieser Expedition keine Gefechte zur See geliefert.

Im Jahre 552 kam es nahe bei Ancona zwischen 47 gothischen Schiffen und der römischen Flotte unter Valerian und Johannes zu einem Treffen. Die römische Flotte formirte die einfache Schlachtlinie, während die Gothen in zwei Gruppen, ungeordnet, ohne Dispositionen, auf die Römer einbrangen. Die Ueberlegenheit der letzteren stellte sich bald heraus, denn es gelang ihnen schon beim Angriff, die feindlichen Schiffe zu isoliren und einzeln zu schlagen, so daß, wenn auch erst nach verzweifelter und tapferer Gegenwehr, die gothischen Schiffe dennoch theils vernichtet wurden, oder in die Hände der Römer fielen.

Die Seestreitkräfte der Römer sowohl wie ihre Flottillen auf den Flüssen, waren in dieser Periode sehr beträchtlich. Nach der Theilung des römischen Reiches durch Theodosius (465 n. Chr.) in ein westliches und ein östliches, existirten während der 81 Jahre bis zum Untergange des ersteren, im westlichen Reiche an den Küsten Italiens, Spaniens, Galliens und Britanniens, wie auf der Donau, dem Rhein und andern Flüssen im Ganzen 16 große und kleine Flotten und Flottillen; im östlichen Reiche aber an den Küsten Illyrien's, Dalmatiens, Griechenlands, Kleinasiens 2c. 18 eben solcher Flotten.

Der Zustand, die Formation und Kampfart dieser Flotten blieben dieselben wie in der vorigen Periode, während die Kriegskunst zur

See im Allgemeinen mit dem Verfall der Landmacht gleichen Schritt hielt. Die Schiffe waren indessen nach und nach kleiner geworden, und mit den früheren Penteren in keiner Preise zu vergleichen.

Siebenzehntes Kapitel.

Thätigkeit der Flotten des römischen Reiches bis zur Einnahme von Constantinopel durch Mahomed II. (1452 n. Chr.).

Im Jahre 550 n. Chr. versuchten die Hunnen auf Schilfflößen nach dem thracischen Chersones (jetzt Krim) überzusetzen, wurden aber bei Oenos durch 20 römische Kriegsschiffe daran verhindert.

In den Jahren 717 und 718 wurden türkische Flotten von 800 Segeln, welche Constantinopel unter Soliman blockirten, durch griechisches Feuer und Brander schwer geschädigt und zum Rückzuge genöthigt. Diese furchtbare Waffe tritt hier zum ersten Male in der Geschichte auf.

Im Jahre 1084 fand eine Seeschlacht zwischen den Normannen unter Robert Guiscard und den vereinigten Griechen und Venetianern unter Mauritius bei Corfu statt. Die Normannen hatten 20 große und 100 kleine Schiffe, die Verbündeten 9 große und 60 kleine. Robert theilte seine Schiffe in 4 Geschwader. Die Verbündeten griffen tapfer an, wurden jedoch in Folge ungeschickter Führung geschlagen.

Im Jahre 1170 wurde Damiette durch eine griechisch-venetianische Flotte unter Contostephanos lange vergeblich belagert; schließlich ging die Flotte zum größten Theil durch einen Sturm zu Grunde.

Belagerung und Einnahme von Constantinopel (1452). Am 6. April 1452 erschien Mahomed II. mit 400,000 Streitern vor Constantinopel, während eine Flotte von 300 Schiffen im Bosporus ankerte. Die Stadt wurde zwar eng cernirt, allein trotz der Uebermacht der Türken zur See, vermochten dieselben die bei Galata durch eine Kette gesperrte Einfahrt zum Hafen nicht zu erzwingen. In Folge dessen ließ Mahomed 60 seiner kleinsten Schiffe nördlich von Constantinopel aufschleppen, setzte sie auf Rollen, und schaffte sie während einer Nacht in den Hafen.

Am 29. Mai gab er Befehl zum Angriff auf die Stadt von allen Seiten zugleich. Angriff sowohl als Vertheidigung wurde mit gleicher Tapferkeit und Energie geführt, bis die Stadt nach langem, hartem Ringen dennoch in die Hände der Muselmänner fiel, wobei die Sieger die ärgsten Grausamkeiten verübten. — Herr der Situation, ließ Mahomed sofort den Kriegshafen und die Arsenale von Constantinopel erweitern, und suchte den Bau einer tüchtigen Flotte zu fördern.

Achtzehntes Kapitel.
Thätigkeit der Flotten Venedig's, Genua's und Pisa's bis 1500 n. Chr.

Im 9. Jahrhundert nach Chr. sind es zwei Republiken an der Abria und am Mittelmeere, Venedig und Genua, welche rivalisirend gegen einander auftreten, um sich die Seeherrschaft streitig zu machen; ihre Seemacht erreichte jedoch lange nicht die technische Vollendung derjenigen des Alterthums. Denn mit der Völkerwanderung und der Ueberschwemmung Europas durch die wilden Horden des Ostens, war auch an den Küsten des Mittelmeeres Alles über den Haufen geworfen und die alte Kultur, sowie auch größtentheils das Seewesen vernichtet, so daß es Jahrhunderte beburfte, ehe sich erstere von Neuem Bahn brechen konnte. Selbst in der Zeit, wo Venedigs und Genuas Seemacht, namentlich die erstere zu größerer Bedeutung kam, und über eine große Anzahl Schiffe verfügte, erreichten letztere lange nicht die technische Vollendung des Alterthums. Die besten ihrer Schiffe bildeten die Kriegsgaleeren. Sie waren leicht und scharf gebaut, hatten eine Länge von etwa 150 Fuß, eine Breite von etwa 30 Fuß und wurden mittelst langer Riemen (25 auf jeder Seite), die nur auf einem Deck angebracht waren, im Kampf fortbewegt. Die Riemen hatten eine Länge von 50 Fuß und erforderten 5 Mann zur Bedienung. Außerdem führten die Galeeren zwei Masten mit lateinischen Segeln. Diese Klasse von Kriegsschiffen erhielt sich bis in das 17. Jahrhundert, obgleich ihr Bau, insofern als ihre Decks und namentlich der Bug sehr niedrig über Wasser lag, wenig vortheilhaft zu nennen

ist. Außer den Galeeren wurden sogenannte „Galleassen" zu Kriegs=
zwecken verwendet. Dieselben waren jedoch schwerfälliger, hatten drei
Masten, größere Takelage und wurden vorzugsweise mittelst Segel,
im Gefecht aber durch Riemen und Menschenkraft fortbewegt. Die
Riemen waren länger als die der Kriegsgaleeren und zur Bedienung
jedes einzelnen 8 Mann erforderlich. Nimmt man die Bewaffnung
mit Geschützen aus, so sieht man selbst bei diesen Fahrzeugen, wie
ungleich vollkommener die Penteren vor nahezu 2000 Jahren waren.
Nach und nach wuchsen jedoch die Dimensionen der Kriegsfahrzeuge
und waren es im 14. Jahrhundert besonders die Spanier, welche
wegen ihrer großen Schiffe, von denen einige schon zwei und drei Decke
gehabt haben sollen, hervortraten.

Für die Taktik bieten die zwischen Venedig und Genua, und Genua
und Pisa 2c. geführten Kriege der Ruderschiffe nichts Neues. Es sollen
hier daher auch nur die wichtigeren Unternehmungen der obigen
Flotten kurz aufgeführt werden.

Im Jahre 801 fand ein Seegefecht zwischen den Venetianern
und den Schiffen Pipins statt. Ein Historiker sagt über dasselbe:
Unterdessen waren die Venetianer soweit Herren des Meeres ge=
worden, daß weder die Ostgothen noch die Lombarden es wagten,
ihre Flotten anzugreifen. Pipin, König von Italien, dachte jedoch
anders, rüstete seine ganze Flotte in Ravenna aus, und steuerte mit
derselben gen Venedig, griff dasselbe an, und bemächtigte sich der
äußeren Forts von Brondolo, Chioggia, Palaestrina 2c. Im
weitern Vordringen nach Rialto ließ er sich bei der Verfolgung der
leichten venetianischen Schiffe jedoch auf die Sandbänke locken; seine
Schiffe blieben beim Fallen des Wassers sitzen, waren nicht mehr
manövrirfähig, und wurden von den flach gehenden venetianischen Fahr=
zeugen umringt, theils genommen oder verbrannt. Im Jahre 900
drangen Schaaren von Hunnen bis an die Küste des adriatischen
Meeres und warfen sich, des Seewesens unkundig, in offene Boote,
um Venedig zu plündern. Ihre Annäherung wurde jedoch noch
rechtzeitig von den Venetianern bemerkt; sie bemannten ihre Ga=
leeren, fuhren ihnen entgegen, und trieben die Feinde nicht allein
zurück, sondern verjagten sie auch mit großen Verlusten von ihren
Grenzen.

Im Jahre 1099—1100 unternahmen die Genueser mit 28 Ga=
leeren und 40 Truppen= und Transportschiffen eine Expedition nach)

8*

dem heiligen Lande, und leisteten den übrigen Kreuzfahrern Hülfe und Unterstützung.

Im Jahre 1119 erfochten die Genueser einen Sieg über die Pisaner unweit der Mündung des Golo, und als die letzteren mit großen Verlusten zurückgetrieben waren, unternahmen die Genueser kurze Zeit darauf mit 80 Galeeren und 60 Truppenschiffen abermals einen Zug gegen Pisa, durch welchen letztere Stadt so eingeschüchtert wurde, daß sie um Frieden bat.

Im Jahre 1122 erfochten 100, nach andern Historikern 200 venetianische Galeeren, einen vollständigen Sieg über eine sarazenische Flotte bei Jaffa.

Im Jahre 1147 schickten die Genueser eine bedeutende Flotte in das westliche Mittelmeer, um dem Seeräuberwesen der Mauren Einhalt zu thun. Es gelang ihnen dies zum größten Theil und entrissen sie, im Verein mit den Spaniern im Jahre 1148, den Mauren die Stadt Almeira. Mit 63 Galeeren blockirten sie die Seeseite, während 15000 Mann die Stadt von der Landseite cernirten, bis Heer und Flotte im geeigneten Moment vereint zum Angriff vorging und sie nahm.

Im Jahre 1177 (z. Zt. Friedrich Barbarossa's) waren 30 venetianische Galeeren, unter Befehl des Dogen Sebastian Ziani, unweit Pirano mit 65 deutschen Kriegsfahrzeugen im Kampf, in welchem die letzteren, nach hartnäckigem Ringen auf beiden Seiten, den Kürzeren zogen und dem Gegner weichen mußten.

Im Jahre 1180—85 verwüsteten genuesische Flotten das Gebiet von Pisa, und nahmen später am dritten Kreuzzuge Theil, in welchem sie bei der Belagerung von St. Jean d'Acre mitwirkten. Im Jahre 1198 standen 200 venetianische Galeeren etwa 200 pisanischen Kriegsfahrzeugen bei Rhodus im Kampf gegenüber, in welchem erstere Sieger blieben und 22 pisanische Schiffe eroberten.

Im Jahre 1202 waren 50 venetianische Galeeren bei der Einnahme von Constantinopel durch die Kreuzfahrer, thätig.

Bald darauf schickten die Genueser 38 Galeeren in den Eingang des adriatischen Meeres, um den Handel Venedigs zu stören. Jean Trevisani wurde mit 9 größeren venetianischen Schiffen dahin abgesandt, um die Gegner zu vertreiben. Trotz seiner geringern Zahl von Schiffen griff er die genuesischen Galeeren an, schlug sie vollständig, und zerstörte sie sämmtlich als sie sich durch die Flucht retten wollten.

Im Jahre 1258 errangen die Venetianer vor St. Jean d'Acre mit 53 Segeln einen Sieg über eine gleich starke genuesische Flotte, indem sie beim ersten Anlauf die feindliche Linie durchbrachen die Schiffe des Gegners einzeln schlugen, und 24 genuesische Galeeren erbeuteten.

Ebenso wurden noch im Laufe desselben Jahres 32 genuesische Galeeren, welche die Passage zwischen Malta und Sicilien für den Handel freihalten sollten, von 37 venetianischen Fahrzeugen bei Trapani total geschlagen, und was nicht von ihnen genommen, wurde versenkt oder verbrannt.

Seeschlacht bei Meloria. Im Jahre 1284 fand zwischen einer genuesischen und einer pisanischen Flotte bei der Insel Meloria unweit der Mündung des Arno eine größere Seeschlacht statt. Die 77 Galeeren starke genuesische Flotte unter Oberto Doria war nördlich der Insel in einfacher Schlachtlinie rangirt, während 30 Galeeren, unter Zaccharia, südlich der Insel und von dieser verdeckt, als Reserve Stellung genommen hatten, mit der Weisung, erst auf ausdrücklichen Befehl des Doria in den Kampf einzugreifen. Die pisanische Flotte, 86 Segel stark, fuhr dem Gegner gleichfalls in einfacher Schlachtlinie entgegen. Saraccio befehligte den rechten, Graf Gherardesca den linken Flügel, Mordsini das Centrum. Die Pisaner griffen den Feind mit Heftigkeit an, und kam es bald zum Handgemenge, in welchem von beiden Seiten mit gleichem Muth und gleicher Erbitterung gekämpft wurde, so daß die Schlacht ein Bild des Schreckens und der Verheerung darbot. Die Zahl der Getödteten und Verwundeten war auf beiden Seiten beträchlich. Die Oberdecks waren mit Leichen bedeckt, während die Kämpfenden theils über Bord gestürzt wurden, ertranken oder durch die eigenen oder feindlichen Riemen den Todesstoß erhielten. Das Meer war von Blut geröthet, mit Schiffstrümmern, Leichen und Waffen aller Art übersät. Zwei Stunden dauerte dieser mörderische Kampf, da gab Doria dem Reserve-Geschwader Befehl zum Angriff. Zaccharia ging mit aller Kraft der Riemen gegen die Pisaner vor und brachte den schon erschöpften Gegner zum Weichen. 28 Schiffe fielen in die Hände des Siegers, 7 wurden versenkt und 11,000 Gefangene gemacht.

Bemerkenswerth ist, daß etwa um diese Zeit in Genua eine aus 15 Personen bestehende Seebehörde gebildet wurde, welcher die Flotte, deren Erweiterung, Ausrüstung rc. unterstellt wurde. Die Stärke der

Flotte sollte 120 Segel betragen, und kein Geschwader mit weniger als 10 Schiffen in See gehen.

Im Jahre 1294 wurde durch ungeschickte Führung die, aus 95 Segeln bestehende venetianische Flotte von einer nur 65 Segel starken genuesischen bei Curzola total geschlagen: nur 12 venetianische Schiffe entkamen, 65 wurden entweder versenkt oder verbrannt, 18 Fahrzeuge mit 7000 Mann fielen den Genuesern in die Hände. Unter den Gefangenen befanden sich der venetianische Admiral Dandolo und der berühmte Reisende Marco Polo.

Zu Anfang des 14. Jahrhunderts drangen genuesische Flotten bis nach Constantinopel vor, und zwangen den Kaiser zum Frieden.

Es sei hier noch erwähnt, daß im Jahre 1501 in Venedig eine eigene Seebehörde und eine Seemiliz geschaffen wurde.

Stand der Artillerie bis zum Mittelalter. Bezüglich der Verwendung der Artillerie auf Schiffen sei hier erwähnt, daß, nach Dr. Meyers Geschichte der Feuerwaffen=Technik, im Jahre 1085 die Tuneser auf ihren Schiffen Maschinen gehabt haben sollen, mit denen sie Feuer auswarfen, und zwar wird dabei ausdrücklich das donnernde Geräusch erwähnt. Ferner sollen in einem Seetreffen mit den Pisanern, die Griechen unter Alexius Comnenus, Feuerrohre an den Enden der Schiffe in Gestalt von Thierköpfen geführt haben.

Im Laufe des 14. Jahrhunderts machte die Schiffs-Artillerie bedeutende Fortschritte. Es entstanden kupferne und eiserne Kanonen von 50 bis 100 Pfund Geschoßgewicht und darüber, welche bis Ende des 14. Jahrhunderts und noch später, resp. so lange Ruderschiffe zu Kriegszwecken verwendet wurden, meistens vorn queer über Deck aufgestellt waren, so daß sie fast nur parallel mit der Längenachse derselben feuerten. Nach obiger Quelle soll Peter von Aragonien 1359 auf seinen Schiffen Bombarden gehabt haben, mit denen er die Masten eines kastilianisches Schiffes zerschoß, und die Venetianer sich im Jahre 1378 gegen die Genueser Bombarden von 140 resp. 195 Pfund schweren Steingeschossen bedient haben.

Aus den obigen Angaben scheint somit unzweifelhaft hervorzugehen, daß bis zu dieser Zeit die Artillerie auf den Kriegsfahrzeugen der Völker in Europa allgemein Eingang gefunden hatte; jedoch ist anzunehmen, daß überall fast ausschließlich noch Steingeschosse im Gebrauch waren, und erst zu Anfang des 15. Jahrhunderts die Verwendung eiserner Geschosse in der Schiffsartillerie sich Bahn gebrochen hat.

Neunzehntes Kapitel.

Das Seewesen der Völker des Nordens und dessen Entwickelung.

Die Schifffahrt, das Seekriegswesen hatte sich bis zum Verfall des römischen Reichs lediglich im Mittelpunkte der damaligen Kultur, an den Küsten des Mittelmeeres zu einer hohen Stufe von Voll= kommenheit entfaltet, und haben wir uns bis dahin hauptsächlich nur mit den, an dessen Gestaden wohnenden Völkern beschäftigt. In= zwischen sind aber auch die, die Küsten der nordischen Meere be= wohnenden Völker auf dem Gebiete des Seewesens nicht unthätig geblieben, und ist es gerade dieser Theil Europas, von wo aus demselben ein neuer, frischer Impuls gegeben werden sollte, dem es größtentheils seine jetzige Vollkommenheit verdankt. Die Sachsen und Normannen, ja selbst die an den Ufern des Baltischen Meeres seßhaften Slawen trieben schon im 5. Jahrhundert n. Chr. See= handel und waren letztere den häufigen Angriffen ausgesetzt, die durch die Flotten der Seeräuberei treibenden Bewohner der Nord= küste des Baltischen Meeres (Skandinavien) unternommen wurden, gegen welche sie, wie uns die Geschichtsschreiber ausdrücklich erzählen, durch ihre maritimen und militärischen Organisationen sich zu schützen wußten. Wir sehen die Sachsen und Normannen als seefahrende Völker auftreten, die die nordischen Meere Jahrhunderte lang be= herrschen und ihre Raubzüge sogar bis tief ins Land ausdehnen.[1]

Waren ihre Fahrzeuge, (große Boote aus Weidengeflecht mit Thierhäuten überzogen, mit einem Mast und Segel, letzteres eben= falls aus Thierhäuten), auch nur von mangelhafter Beschaffenheit, so ist dennoch ihre Kühnheit zu bewundern, mit der sie mit so un= vollkommenen Geräthen dem stürmischen Meere Trotz boten: und war es gerade diese Kühnheit, die ihnen zu der hervorragenden Rolle verhalf, welche sie später auf dem Ocean spielen sollten.

Geschah nach den geschichtlichen Darstellungen, die Fortbewegung der Kriegsschiffe im Mittelmeere bisher größtentheils durch Menschen= kraft, so war dies nur zu einer Zeit möglich, wo diese eben billig zu erlangen, wo man Tausende von Menschen als Sklaven, bei mangelhafter Kost und schlechtem Unterkommen, zu dieser harten Arbeit zwingen konnte, und zwar in Gewässern, wo, wie im Mittel=

[1] 845 n. Chr. drangen die Normannen z. B. mit 600 Schiffen in die Elbe bis Hamburg, den Rhein hinauf bis Coblenz, und die Seine bis Paris vor.

meere, den größten Theil des Jahres die Oberfläche des Meeres nicht allzu häufig von der Glätte einer Spiegelfläche abweicht. In den nordischen Meeren hatte man dagegen mit anderen Faktore n, sowohl bezüglich der Bauart als der Fortbewegung der S chiffe zu rechnen. Die Gefahren des Oceans sind bedeutender wie im Mittelmeere, dagegen die Küsten weniger geeignet, dem Hülfesuchenden Schutz zu gewähren, Häfen und Schlupfwinkel nur spärlich vorhanden. Ebbe und Fluth verlangten, wenn die Schiffe auf Grund geriethen und längere Zeit auf ungeebnetem Boden bleiben mußten, ohne dadurch Schaden zu nehmen, eine stärkere Bauart, festere Verbände derselben. Die hochgehenden Wogen machten Schiffe mit drei und fünf Ruderreihen, wie die Trieren und Penteren der Griechen und Römer, im Ocean unverwendbar, und so war man genöthigt, auch bei den Kriegsschiffen in diesen Gewässern auf die Fortbewegung derselben durch Segel, selbst im Gefecht, Bedacht zu nehmen. Da aber die Küsten des Oceans, meistens von barbarischen Völkern bewohn t wurden, zur Herstellung entsprechender Takelagen und Segel jedoch eine höhere Intelligenz, als bei den dortigen Völkern vorhanden, erforderlich war, so konnte sich die Segelschifffahrt dort nur langsam entwickeln, und blieben daher die Riemen auch im Norden Europas noch bis in das Mittelalter[1]) hinein als Bewegungsmechanismus im Gebrauch.

---

[1]) Die obige Art und Weise der Fortbewegung kleinerer Kriegsfahrzeuge durch Riemen hat sich bei den sogenannten Scheeren- oder Küstenflotten Schwedens, Rußlands und Dänemarks noch bis zur Mitte des neunzehnten Jahrhunderts erhalten, bis sie allmälig durch Einführung des Dampfes verdrängt worden ist.

Auch die ersten im Jahre 1848 und 1849 erbauten Kriegsfahrzeuge der königlich preußischen Marine waren ähnlich eingerichtet; sie wurden bei längeren Fahrten zwar durch Segel, die nebst den Masten bei der Gefechtsbereitschaft niedergelegt wurden, fortbewegt; oder sektionsweise zu dreien durch kleine Dampfer geschleppt, dagegen im Gefecht mittelst 30 doppelhändiger Riemen manövrirt und durch zwei sogenannte Steuerriemen gelenkt, da die Ruderpinne nicht zu jeder Zeit angewendet werden konnte.

Bis zum Jahre 1860 besaß Preußen noch 36 solcher Ruderkanonen-Schaluppen mit 2 schweren Geschützen (ein 25 pfündiges Bombenkanon im Bug, einen langen 24 Pfünder en pivot am Heck) und Luggertakelage, mit einer Besatzung von 1 Offizier, 3 Unteroffizieren und 60 Mann; und 6 Ruderkanonen-Jollen mit einem 25 pfündigen Bombenkanon am Heck und 32 Mann Besatzung.

Diese Art von Kriegsfahrzeugen in der dänischen Marine, ist während des europäischen Krieges zu Anfang des neunzehnten Jahrhunderts, namentlich den englischen Kriegsschiffen, welche die Handelsflotten durch den Sund und die Belte konvoyirten, durch ihre große Manövrirfähigkeit und Beweglichkeit bei Windstillen oft lästig und

Von 500 v. Chr. bis 1500 n. Chr. ist also die Zeit der Ruder=
schiffe, d. h. die Zeit, in welcher die Schiffe im Großen und
Ganzen durch Menschenkraft fortbewegt wurden, diese aber aus=
schließlich im Gefecht Verwendung fand. Jedoch darf das Jahr
1500 n. Chr. keinesfalls als scharfe Grenze hierfür gezogen werden,
denn schon vorher waren ja Segelschiffe für die Kriegführung auf
dem Ocean im Gebrauch, und ebenso verwendete man noch lange
nachher Ruderschiffe als Kriegsfahrzeuge im Mittelmeere.

Erst mit dem Ende des 15. Jahrhunderts, dem Zeitalter der
Entdeckungen, beginnt die Kindheit der Segel=Kriegsschiffe, d. h. die
Zeit, in der eine in ihren Grundzügen der modernen ähnliche Take=
lage eingeführt wird, und wo gleichzeitig die Aufstellung einer größeren
Zahl von Geschützen schweren Kalibers, in den Breitseiten der Kriegs=
schiffe, Platz greift.

Die Schiffe von Columbus, John Cabot und Amerigo
Vespucci 2c. waren zwar noch klein und unvollkommen. Mit der Ent=
deckung Amerikas und Ostindiens trat aber an die betreffenden See=
staaten mehr als je die Nothwendigkeit heran, das Seewesen und
speziell den Motor ihrer Schiffe nach Möglichkeit zu vervollkommnen,
Segelflotten zu schaffen, um den vom Mutterlande so weit ent=
fernten Kolonien jenseits der Oceane den nöthigen Schutz zu gewähren.

Zwanzigstes Kapitel.

Entwickelung des Seekriegswesens in England und die Thätigkeit der englischen Flotte im Mittelalter.

Nach der Besitznahme von England thaten die Sachsen sehr
lange hindurch gar nichts für die Ausbildung des Seewesens, bis
König Alfred (871—901) zu der Ueberzeugung kam, daß sein König=

---

unbequem geworden und hat manche Handelsschiffe als gute Prise in dänische Häfen
gebracht.

Auch auf kleinen Segelkriegsschiffen wurden bei leichtem Winde solche Riemen zum
momentanen Fortbewegen, oder während des Wendens benutzt; so hatte z. B. die
Segel=Korvette Amazone der königlich preußischen Marine, seiner Zeit zwölf solcher
Riemen, mit welchen bei Windstillen bis 2½ Knoten Geschwindigkeit erreicht wurde.
Auch war es nicht ungewöhnlich, selbst auf englischen Segel=Linienschiffen, noch bis
Mitte dieses Jahrhunderts, eine Anzahl solcher Riemen (Sweeps) zu sehen, die
beim Wenden bei leichtem Winde bisweilen Verwendung fanden.

reich in erster Reihe durch eine Flotte vertheidigt werden müsse. — Die Schwächen, welche mit jeder Neuheit verbunden sind, wußte er zu überwinden und sich bald in den Besitz von Schiffen zu setzen, die denjenigen seiner Gegner, sowohl ihrer Konstruktion als ihren Einrichtungen nach, weit überlegen waren. Sie wurden mit erfahrenen Seeleuten, wie man sie unter den Engländern und Fremden finden konnte, bemannt. Die Dänen, solange Herren der nordischen Gewässer, waren erstaunt, auf dem Elemente Widerstand zu finden, wo sie sich so lange sicher gefühlt hatten, und sahen sich bald mit Schrecken von englischen Geschwadern geschlagen, die nicht die Hälfte oder ein Drittheil ihrer Stärke der Zahl nach waren.

Die Schiffe der Engländer waren so gebaut, um das Entern oder Anhaken zu verhindern; hatte der Gegner den Vortheil des Windes, so halfen sie sich durch Rudern, denn ihre Schiffe waren nach Art der Galeeren konstruirt. König Alfred vermehrte nach Kräften seine Flotte, und stationirte sie um ganz England.

Im Jahre 893 wagten die Dänen mit einer Flotte von 330 Segeln unter Hastings, einem kühnen Freibeuter, in England zu landen, welches unter Mitwirkung der dort seßhaften Landsleute gelang. Sie richteten überall, wohin sie kamen, Verheerungen an und bedrohten sogar London. Nach langen, blutigen Kämpfen gelang es König Alfred dennoch, die Eindringlinge mit einer derben Lektion aus seinem Lande zu vertreiben, und darf dieser Fürst wohl mit Recht als der Gründer der ersten englischen Flotte angesehen werden.

König Edgar (der Große genannt), förderte den Ausbau und die Fortentwickelung der Flotte, so daß, nach Angabe einiger Chronisten, dieselbe aus 4000—4800, nach andern etwa aus 3000 Schiffen bestanden haben soll; der Wahrheit am nächsten dürfte die von einigen Historikern angegebene Zahl von 1000 Schiffen wohl gewesen sein.

Die Flotte war in 3 Geschwader getheilt, und zwar für die Ost=, West=, und Nordküste je eins. Nach seinem Tode jedoch wurde England unausgesetzt wieder durch Normannen und Seeräuber gebrandschatzt, weil Ethelred II. (979—1016), sein König, zu schwach war, es zu schützen; und 40 Jahre nach dem Ableben Edgars erwies sich die von ihm geschaffene Flotte so vernachlässigt, daß sie nicht mehr im Stande war, die räuberischen Einfälle von den Küsten abzuwehren.

Der nächste Zeitpunkt, von dem wir Genaueres über das

nordische Seewesen wissen, ist das 11. Jahrhundert. Die Schiffe Wilhelms des Eroberers, welche die Normannen nach England führten, waren im Vergleich zu denen der Griechen, Karthager und Römer, nur kurz, die Takelage mangelhaft, und wenn auch keine Einrichtungen zum Gebrauch der Riemen darauf angegeben sind, so müssen die Fahr= zeuge wegen ihrer unvollkommenen Segeleinrichtungen doch solche gehabt haben. Ihre Bauart unterscheidet sich besonders vortheilhaft durch eine bessere und mehr gefällige Gestaltung des Bugs und Hecks und tritt an Stelle der im Alterthum gebräuchlichen zwei „Steuer= riemen", das in der Weise wie heute bei allen Schiffen befestigte „Steuerruder", dessen oberes Ende durch eine Oeffnung im Achter= schiffe innenbords führt, wo es durch die sogenannte Ruderpinne ge= lenkt wird. Im Uebrigen scheint der Schiffbau, sowohl was die Konstruktion als die Bauausführungen desselben betrifft, denen des Alterthums gegenüber, noch weit zurückgestanden zu haben.

Die Seegefechte, selbst bis zur Schlacht von Sluys (1340 n. Chr.), auf welche wir später noch zurückkommen werden, lassen erkennen, daß man sich während der Aktion größtentheils schon der Segel zum Manövriren bediente, die Riemen jedoch, weil die Takelage noch im höchsten Grade unvollkommen war, nicht ganz entbehrt werden konnten.

Mit der Vervollkommnung der Segeleigenschaften der Schiffe gelangte auch, wie schon oben bemerkt, die Aufstellung der Geschütze in der Breitseite (etwa 1500 n. Chr.) zur Ausführung, eine Ein= richtung, die für die Kampfweise zur See von entschiedener Bedeutung wurde. Diese Neuerung ging von einem französischen Schiffbauer Descharges in Brest aus, der sie vorläufig erst bei zwei großen Kriegsschiffen, welche mit je 14 Kanonen in Breitseitpforten armirt waren, einführte.

Die Engländer und Spanier, nicht gewillt, sich in dieser Be= ziehung den Rang streitig machen zu lassen, blieben ebenso wenig zurück, und so begann zwischen diesen Ländern ein Wettkampf im Schiffbau, ähnlich wie er zwischen Frankreich und England in neuester Zeit bei der Herstellung von Panzerschiffen eingetreten ist.

Im Jahre 1041 gelangte Eduard auf den Thron Englands. Er legte, wie einst König Alfred, den Schwerpunkt der Vertheidigung seiner Küsten in eine starke Flotte. Unter seiner Regierung wurde die Einrichtung und Organisation der fünf Häfen Dover, Sand= wich, Witthe, Rumney und Hastings, an der Südküste Englands ins

Leben gerufen, welche das Land im gegebenen Moment, durch gegenseitige Unterstützung von Schiffen und Mannschaften, gegen feindliche Invasionen schützen sollte. Die großen Schiffe jener Zeit sollen eine Besatzung von neun Offizieren und etwa dreihundert Mann gehabt haben.

Auf Eduard folgte im Jahre 1066 Harald. Wilhelm, Herzog der Normandie erklärte sich selbst für einen Mitbewerber um den Thron, und, um Harold soviel als möglich zu schwächen, wiegelte er Tosti, dessen eigenen Bruder gegen ihn auf; dieser mit Harfargar, König von Norwegen, vereinigt, griff England mit 300 Schiffen an. Harold schlug die vereinigten Streitkräfte Harfargar's und Tosti's zu Lande am 25. September 1066, und wurde ebenso die unter Olaf, Harfargar's Sohn, den Engländern entgegengesandte Flotte von letzteren total geschlagen, so daß Olaf froh war, seine Sicherheit, unter Zurücklassung einer ungeheuren Beute, mit der Flucht von nur wenig Schiffen nach Norwegen erkaufen zu können. Doch sollte Harold die Früchte seines Sieges nicht genießen, denn am 28. September desselben Jahres landete Wilhelm, Herzog der Normandie (Wilhelm der Eroberer) zu Pevensey in Sussex mit einer bedeutenden Armee. Wilhelm, der wohl wußte, daß seine Flotte der Harold's keinen Widerstand leisten konnte, verbrannte sie, nachdem er seine Truppen ausgeschifft und verschanzt hatte. Die blutige Schlacht bei Hastings am 14. October entschied zu Gunsten des Herzogs, und wenn auch die Söhne Harold's so glücklich waren, sich zu retten und die Flotte fortzuführen, so sah England doch eine neue Herrscherfamilie auf dem Thron.

Heinrich II. 1155—1190 war ein tapferer und weiser Fürst, und beweisen mancherlei nautische Einrichtungen schon zu Anfang seiner Regierung, daß er ein richtiges Verständniß für die Nothwendigkeit einer Flotte zur Vertheidigung seines Reiches hatte. Zwar war von den Fürsten Europas nicht zu besorgen, daß sie ihr Augenmerk auf kriegerische Expeditionen gegen England richten würden, da ihr Bestreben zunächst auf die Befreiung des heiligen Landes von den Ungläubigen gerichtet war, jedoch glaubte er sich in dem Ausbau der Flotte nicht beirren lassen zu dürfen, und unterhielt neben einem starken Heere auch eine Flotte von 400 Schiffen. Mit dieser setzte er im geeigneten Moment nach Irland über, eroberte die Insel und wußte dieselbe mit seiner stets bereiten Armee und Flotte der Botmäßigkeit Englands zu erhalten.

Richard I. „Löwenherz," (1190—1199) der Nachfolger Heinrichs, betheiligte sich sehr früh und ernstlich an den heiligen Kriegen. Gleich nach dem Antritt seiner Regierung sammelte er eine große Armee und rüstete eine Flotte von 150 Kriegsschiffen, 50 Galeeren und außerdem noch 8 oder 9 Schiffe von außerordentlicher Größe aus, eine Heeresmacht, welche von dem Muthe, dem Enthusiasmus und der Thatkraft Richards beseelt und wach erhalten, nicht allein die Strapazen der Reise überwand, sondern auch die wahre Quelle jener Achtung wurde, welche der britischen Flotte seitdem stets gezollt worden ist.[1])

Richard landete am 20. September 1190 in Messina und zwang den König von Sicilien, 4 große Galeassen und 15 Galeeren für den Kreuzzug auszurüsten. Im April 1191 eroberte Richard die Insel Cypern und brachte durch diese glücklichen Kriegszüge seine Flotte auf 250 Segel. Auf seiner Fahrt von Cypern nach St. Jean d'Acre begegnete er einem Saracenenschiffe von so gewaltiger Größe, daß es einem schwimmenden Schlosse glich. Dieses Fahrzeug war nach Acre bestimmt und hatte 1500 Soldaten zur Unterstützung der Garnison an Bord. Seine Größe sowohl als die scheinbare Unmöglichkeit, es zu erobern, vermochte jedoch Richards Absicht, dasselbe anzugreifen, nicht zu ändern; er beschloß Alles daran zu setzen, um sein Ziel zu erreichen. Es gelang ihm auch wirklich den Koloß zu entern und zu nehmen, und da die Schiffe seiner eigenen Flotte nicht geeignet waren viele Gefangene zu beherbergen, so sah er sich gezwungen, 1300 Mann über die Planke laufen zu lassen, während er Personen von Bedeutung mit sich hinwegführte.

Bei Acre angekommen, ließ er die Stadt von der Seeseite blockiren. Zum Ersatz derselben schickte Saladin ihm eine mächtige Flotte entgegen; allein die Engländer warfen sich mit solcher Energie

---

[1]) Die von ihm bezüglich der Erhaltung der Mannszucht erlassenen Bestimmungen waren zwar hart, aber zeitgemäß, so daß besonders die Strafbestimmungen noch Jahrhunderte nach seiner Zeit im Gebrauch blieben. So wurde z. B. ein Mann, welcher einen anderen an Bord getödtet hatte, an den Leichnam gebunden und ins Meer geworfen. Der Gebrauch des Messers oder sonstiger Waffen, um einen andern zu tödten oder ihn zu verwunden, wurde durch Abschneiden der Hand des Beleidigers bestraft, und wenn kein Blut floß, wurde er drei Mal in die See getaucht. Schimpf- oder Schmähworte, Schelten oder Fluchen wurde durch ein Reugeld von einer Unze Silber für jede Beleidigung bestraft. Einem Diebe wurde der Kopf kahl geschoren und heißes Pech darauf gegossen, Federn oder Daunen in dasselbe hineingesteckt und der so mit Schimpf Beladene dann am ersten Landungsplatze ausgesetzt ꝛc.

und Entschlossenheit auf dieselbe, daß der Sieg schnell entschieden war, sie den größten Theil der feindlichen Schiffe wegnahmen, und eine Menge Munition nebst Waffen, unter andern auch eine große Anzahl von Gefäßen mit einer unlöschbaren, brennbaren Masse (griechisches Feuer) erbeuteten. Der Angriff der Engländer war den Sarazenen so unerwartet gekommen, daß sie keine Zeit hatten, von dem Zerstörungsmittel gegen die englischen Schiffe Gebrauch zu machen.

Im Juli gab Saladin Acre auf und überlieferte es seinem großen Gegner Richard.

Ueber die von Richard gegen die Sarazenen anderweitig gelieferten Seeschlachten oder Gefechte sind uns keine Details bekannt geworden; wir haben aber der Expedition Richards hier hauptsächlich deshalb Erwähnung gethan, um nachzuweisen, daß der neueste Impuls zur Verbesserung des Seewesens, nunmehr von den nordischen Völkern nach dem Mittelmeere übertragen worden ist.

Am Ende des 12. Jahrhunderts erhielt die Schiffahrt durch den allgemein werdenden Gebrauch der Magnetnadel einen mächtigen Aufschwung, obgleich erst das Jahr 1302 wohl als das für Aufhängung der Nadel auf eine Pinne und Verbindung derselben mit der Windrose angenommen werden darf.

Unter Richards Nachfolger, König Johann, erschien im Jahre 1202 folgendes Edict:

„Jeder Kommandeur im Dienst der Königlichen Marine, welcher auf hoher See mit Schiffen oder Fahrzeugen einer fremden Nation zusammentrifft, soll das Recht haben, wenn die Führer derselben sich weigern, vor der britischen Flagge die ihrige zu streichen, dieselben anzugreifen und wenn sie genommen worden, solche als gesetzliche Prise zu betrachten, auch sogar in dem Falle, wenn sie Nationen angehören, die mit England in Freundschaft oder im Bündniß leben; die an Bord befindlichen Individuen sollen als Strafe für ihre Widersetzlichkeit mit Einkerkerung nach Belieben belegt werden."

Ein so absoluter Anspruch auf seemännische Ueberlegenheit und argwöhnischer Zwang zu Unterwürfigkeit war für die englische Marine von weittragender Bedeutung, und legte in die Hand des Oberbefehlshabers der Flotte, eine ungewöhnliche Machtbefugniß.[1])

---

[1]) Diese Suprematie Englands zur See muß aber nicht allein zu jener Zeit, sondern auch viel später allgemein empfunden worden sein, denn es machte sich eine

Im Jahre 1206 war eine englische Flotte von 1400 Segeln unter Befehl des Grafen von Salisbury in Irland vereinigt, von welcher im Jahre 1213 fünfhundert Schiffe gegen eine viel stärkere französische Flotte nach Flandern dirigirt wurde. Im Hafen und auf der Rhede von Damme (Dammel) in Flandern, traf genannter Admiral die französische Flotte vor Anker liegend, griff dieselbe entschlossen an, nahm 300 Schiffe und zerstörte 100 derselben; der Rest wurde auf Befehl König Philipps verbrannt, um sie vor der Wegnahme zu schützen. Diese Action, wenngleich kühn und energisch durchgeführt, hat eigentlich keinen Anspruch auf die Bezeichnung eines Seegefechts. Die Engländer überfielen die feindlichen Schiffe, von denen die Mannschaft zum großen Theil ans Land gegangen war, und erreichten auf diese Weise mit geringer Mühe einen bedeutenden Erfolg.

Im Jahre 1217 am 27. August finden wir wiederum ein Seetreffen zwischen einer französischen Flotte von 80 großen und einer Menge kleiner Fahrzeuge unter Führung von Eustache le Moine, eines berühmten Piraten, und einer englischen Flotte von nur 40 Schiffen unter Hubert de Burgh, Graf von Kent in den Annalen der Geschichte verzeichnet. Die Inferiorität und die geringe Zahl der letzteren gestattete dem kommandirenden Admiral nicht, den Feind in der gewöhnlichen Manier anzugreifen; er

bedingungslos geforderte Anerkennung der Oberherrschaft der englischen Flotte auf dem Meere beispielsweise noch im Jahre 1554 bemerklich, als Philipp II. von Spanien, der erwählte Gemahl der Königin Mary von England (Tudor) mit einer Flotte von 160 Segeln in die Nordsee steuerte und die spanische Flagge im Großtop führte. Der Groß-Admiral von England, Lord William Howard, Graf von Effingham, welcher ihm zur Bewillkommnung entgegen geschickt wurde, empört darüber, daß der englischen Flagge nicht die gebührende Hochachtung gezollt und beim Herankommen die spanische Flagge sofort gestrichen wurde, begrüßte die ankommende Flotte mit einem scharfen Schuß und zwang den Fürsten, seine Flagge niederzuholen, bevor er die ihm von seiner Königin übertragene Mission ausführte.

Gleiche Ansprüche erhob im Jahre 1570 der englische Commodore Hawkins, welcher vor Plymouth lag, als ein spanisches Geschwader mit Anna von Oesterreich, der letzten Gemahlin Philipps II., auf dem Wege von Flandern es wagte, zwischen Catwater und den englischen Schiffen durchzusegeln, ohne der englischen Flagge die üblichen Ehrenbezeugungen zu zollen und die eigene zu streichen. Hawkins ließ erst einen scharfen Schuß durch die Takelage, den zweiten aber in den Rumpf des spanischen Flagschiffes feuern und wies, obgleich sodann die Flagge gestrichen wurde, den spanischen Admiral an, binnen 12 Stunden das englische Territorium zu verlassen, widrigenfalls er ihn als Feind behandeln würde.

kreuzte vielmehr windwärts auf, hielt dann auf den Feind ab und wußte so geschickt zu manövriren, daß die mit eisernen Schnäbeln versehenen Vordertheile englischen Schiffe beim ersten Zusammenstoß die Gegner entweder versenkten, oder arg beschädigten. Während des Durchrennens der feindlichen Linien warfen die Engländer pulvrisirten Kalk auf die feindlichen Schiffe, wodurch deren Mannschaft momentan geblendet wurde; außerdem trug die Ueberlegenheit der englischen Bogenschützen sehr viel zum Siege bei. Trotz der an Zahl weit geringeren englischen Flotte blieb dieselbe dennoch vollkommen Sieger.

Am 14. April 1293 fand wiederum ein Seegefecht zwischen Engländern, unter Tiptoff, und Normannen im englischen Canal statt, in welchem die ersteren 240 Schiffe des Gegners erbeuteten. Nähere Angaben über das Gefecht finden wir nicht, nur daß bei diesem Seeturnier mit großer Erbitterung auf beiden Seiten gekämpft, und der Kampf selbst bei sehr stürmischer Witterung, unter Schnee- und Hagelböen ausgefochten wurde.

Seeschlacht bei Sluys. Die übrigen zwischen Engländern und Schotten, sowie zwischen Engländern und Franzosen resp. Normannen gelieferten kleineren Seegefechte übergehend, bietet uns die im Jahre 1340 vor dem Hafen von Sluys[1]) gelieferte Seeschlacht, eine der bedeutendsten jener Zeit, zwischen Eduard III. von England und den Franzosen während der Regierung Philipps VI., in sofern einiges Interesse, als in derselben eine gewisse tactische Formation Seitens der Engländer unter Segel beobachtet wurde. Der Hergang ist folgender: Philipp hatte eine bedeutende Heeresmacht in Flandern concentrirt, sowie eine Flotte von 400 Segeln im Hafen und auf der Rhede von Sluys gesammelt, welche von den Admiralen Quièret und Behuchet kommandirt wurde. Hierzu waren noch eine Abtheilung genuesischer Galeeren, geführt von Barbavara, einem erfahrenen Seemanne, gestoßen.

Die englische Flotte, deren Ausrüstung und Bemannung in 10 Tagen bewerkstelligt wurde,[2]) war 120, nach Anderen 260 Segel

---

[1]) Sluys jetzt eine holländische Binnenstadt.

[2]) Zu jener Zeit besaß England noch keine stehende Flotte. Die Zusammenziehung von Schiffen und Mannschaften geschah durch eine königliche Proclamation, welcher alle Seeleute Englands, wo sie sich auch sein mochten, folgen und sich an einem bestimmten Rendezvousorte zusammenfinden mußten. So stellte z. B. einige Jahre später zur Belagerung von Calais der König selbst 25 Schiffe und

stark und wurde unter Eduards Oberleitung, von den Admirälen
Morley und Huntingdon befehligt. Am 22. Juni 1340 segelte das
Geschwader von England. Vor dem Hafen von Sluys angekommen,
ließ Eduard die Stärke des Feindes recognosciren und entschloß
sich, trotzdem die französische Flotte der seinigen an Zahl weit über=
legen war, dieselbe dennoch anzugreifen. Die Engländer hatten die
Absicht, ähnlich wie im Jahre 1213 unter Longsword, den Feind
im Hafen zu überrumpeln und zu vernichten, standen aber davon
ab, weil ihnen das Gefechtsfeld dies Mal nicht günstig erschien, und
gingen anscheinend wieder in See.

Dies Manöver führte zwischen den beiden Admirälen des
Gegners zu ernsten Meinungsverschiedenheiten. Quiéret, von der
Ansicht ausgehend, Morley ziehe sich in Anbetracht der französischen
Uebermacht zurück, hielt es für geboten hinaus zu gehen und auf
offener See den Kampf aufzunehmen, während Béhuchet, trotz Ab=
rathen von Barbavara, bei der Ansicht verharrte, zur Vertheidigung
des Hafens zu bleiben. Quiéret folgte indeß der Eingabe seiner
Kampflust und ging auf die Rhede, während Béhuchet im Hafen
blieb, bis er, als er später hinaus wollte, nicht mehr im Stande
war, denselben zu verlassen. Als Morley die französische Flotte vor
dem Hafen sich entwickeln sah, gelang es ihm, die Luvseite von der=
selben zu gewinnen, und was noch von gleicher Wichtigkeit war, hier=
durch den Vortheil zu erreichen, daß er während des Gefechtes die
Sonne im Rücken behielt und durch die blendenden Strahlen derselben
nicht belästigt wurde.

Die englische Flotte bildete zwei Treffen, deren erstes aus den
stärksten Schiffen bestand, die unter sich so rangirt lagen, daß
zwischen je zwei Schiffen mit Bogenschützen, eins mit schwer be=
waffneten Streitern, welche zum Entern der feindlichen Verwendung
finden sollten, postirt war; die Schiffe auf den Flügeln dagegen
waren hauptsächlich mit Bogenschützen bemannt. Das zweite, aus
Transportschiffen bestehende Treffen, blieb unter Bedeckung in ent=
sprechender Ferne. Eine Abtheilung leichter Schiffe diente als Reserve,
um in das Gefecht einzugreifen, wo es nöthig war.

---

419 Seeleute, zu denen noch 38 fremde Fahrzeuge hinzukamen, die er auf seine
Kosten gemiethet hatte. Die Stadt London rüstete 25 Schiffe aus mit 662 Mann,
Foway in Cornwall 47 Fahrzeuge mit 770 Mann; Bristol 24 Schiffe mit 608 Mann;
Shoreham 26 Fahrzeugen mit 329 Mann ꝛc. (cfr. Hakluyt's Geschichte Englands,
Theil 1, pag. 118). Jedes Schiff hatte im Durchschnitt 25 Mann Besatzung, welche
zum Manövriren und Handhaben des Fahrzeuges bestimmt waren.

Am 24. Juni Morgens begann der Kampf, und zwar erfolgte der Angriff von den Franzosen, indem sie ein den Engländern im Jahre vorher abgenommenes Schiff voranschickten, und mit Gesang und Geschrei durch die englische Schlachtlinie fuhren. Näheres über den Gang und die einzelnen Momente des Gefechtes ist nicht bekannt, nur scheint aus den einzelnen Aufzeichnungen hervorzugehen, daß die französische Flotte, mit Ausnahme der genuesischen Galeeren welche nach See standen und die Engländer im gegebenen Moment heftig angriffen, vor Anker gewesen ist. Es zeigte sich in diesem Falle die Ueberlegenheit einer Flotte in Bewegung gegenüber einer solchen vor Anker. Die Engländer, geschickt im Manövriren unter Segel, griffen mit zwei Schiffen, (eins mit Bogenschützen das andere mit Schwerbewaffneten) je ein feindliches an, nahmen oder vernichteten dasselbe und stürzten sich dann auf ein anderes. Bemerkenswerth ist, daß die Engländer in dieser Schlacht sich nur wenig der Riemen bedienten, vielmehr ausschließlich unter Segel manövrirten. Nach einem höchst hartnäckigen Kampfe, der bis Abends dauerte, war die französische Flotte total geschlagen und 200 Schiffe die Beute der Sieger. Der Verlust der Franzosen belief sich auf 20—30,000 Mann, der der Engländer war ebenfalls beträchtlich. Eduard selbst ward leicht verwundet. Drei englische Schiffe, durch große Steine und Felsstücke, welche aus Wurfmaschinen von den feindlichen Schiffen auf dieselben geschleudert wurden, sanken, so daß fast die ganze Besatzung ein Raub der Wellen ward. Behuchet wurde gehängt.

Im August 1350 segelte ein aus 44 ungewöhnlich großen Schiffen bestehendes spanisches Geschwader, reich beladen, von Flandern in die Heimath, und wurde auf der Fahrt von 50 englischen Schiffen unter dem Grafen Huntingon, vor Winchelsea angegriffen. Es entstand ein allgemeiner Kampf, in welchem die Spanier Pardon verweigerten und den Tod der Gefangenschaft vorzogen. Die Höhe der spanischen Schiffe gewährte den Engländern gegenüber gewisse Vortheile, und ließ den Kampf längere Zeit unentschieden, doch gab die Ueberlegenheit der englischen Bogenschützen schließlich den Ausschlag. 24 spanische Schiffe wurden genommen, die übrigen entkamen unter dem Dunkel der Nacht.

Als im Jahre 1371 die Franzosen La Rochelle belagerten, schickte Eduard III. von England (1327—1377) ein bedeutendes Geschwader unter dem Grafen Pembroke zu dessen Entsatz an die französische Westküste. Am St. Johannistage erreichte der Admiral die belagerte Stadt und ging am nächsten Morgen mit Tagesanbruch, unter Forcirung des Hafens gegen dieselbe zum Angriff vor. Das ganze Unternehmen mißglückte jedoch vollständig. Denn kaum waren die englischen Schiffe in den Hafen eingelaufen, und hatten nicht einmal Zeit die Schlachtlinie zu formiren, so wurden sie unerwartet von einem dort schlagfertig liegenden spanischen Geschwader angegriffen, einzeln geschlagen, und was sich nicht durch die Flucht retten konnte, ward niedergemacht und die Schiffe zerstört. Graf Pembroke wurde gefangen genommen.

Während der nächsten 10—15 Jahre war die englische Flotte, theils durch Verluste, theils durch Mißwirthschaft und Vernachlässigung der Regierung so geschwächt, daß sich das Land von allen Seiten Einfällen und Plünderungen ausgesetzt sah. Erst 1386 ermannte man sich dort wiederum so weit, um die Invasionen mit blutigen Köpfen zurückweisen, wie auch das Meer wieder beherrschen zu können, und sandte Schiffe und Geschwader aus, die Handelsflotten Spaniens und Frankreichs nach Möglichkeit zu schädigen.

Am 31. Oktober 1386 traf eine französische Flotte von 1287 Schiffen mit 60,000 Mann, dazu bestimmt England zu invadiren, das Schicksal, auf der Ueberfahrt im Canal von einem Sturm überrascht, theils versenkt, theils havarirt oder in so traurigem Zustande an die englische Küste verschlagen zu werden, daß nur wenige Schiffe der Expedition die heimischen Häfen wieder erreichten.

Im Jahre 1407 steuerte unter dem Admiral Grafen von Kent eine bedeutende englische Flotte über den Canal, um die Küsten Frankreichs zu brandschatzen: eine andere schlug unter dem Grafen von Huntingdon 1411 eine kombinirte französisch-genuesische Flotte vor der Seinemündung und erbeutete eine Menge Schiffe derselben.

Im Jahre 1416 sehen wir eine englische Flotte von 400 Segeln unter Kommando des Herzogs von Bedford zum Entsatz von Harfleur unterwegs. Dort angekommen, erfolgte Angriff der Engländer mit solcher Umsicht und Energie, daß die kombinirte französisch-genuesische Flotte total geschlagen, 500 französische Schiffe theils genommen, theils zerstört und auch 5 genuesische Carracas von bedeutender Größe den Siegern zur Beute wurden.

Unter Heinrich VII. Regierung (1485—1509), welcher den Grund zu einer stabilen englischen Seemacht legte, gingen die Entdeckungen Amerikas auch an England nicht spurlos vorüber. Christoph

9*

Columbus hatte zwar 1492 einige Inseln an der Ostküste Amerikas entdeckt, doch wurde das Festland von Nordamerika schon durch Biarne Heriulffon und Leif Erieson 998 und 1000, auf ihren Expeditionen über Island und Grönland, im 15. Jahrhundert aber von den Gebrüdern Cabot zuerst aufgefunden. Im Jahre 1497 verließ John Cabot und sein Sohn Sebastian mit 4 Schiffen Bristol, verfolgte einen nordwestlichen Cours, landete am 24. Juni auf der Insel St. John und kehrte, längs der amerikanischen Küste bis Cap Florida steuernd, nach England zurück. Sebastian Cabot setzte später noch seine Entdeckungsreisen fort, landete in West=Indien, Südamerika 2c. und war 1553 an der Spitze einer Expedition nach Rußland, mit welcher er in Archangel einlief. Er starb im Jahre 1557 und war zu seiner Zeit einer der geschicktesten Seeleute. Er beschäftigte sich viel mit Astronomie und andern für die Navigation werthvollen Wissenschaften, bemerkte zuerst die Abweichung der Magnetnadel, eine für die Navigirung wichtige Entdeckung, und legte den Grund zu der Anfertigung von Seekarten.

Im Jahre 1512 finden wir vor Brest eine englische Flotte von 45 Segeln unter Sir Thomas Knevet und eine französische Escadre von 39 Fahrzeugen unter Admiral Primauget im Kampf mit einander, bei welcher Gelegenheit das Feuergefecht eine große Rolle spielte. Das französische Admiralsschiff, welches den Kampf begann, gerieth bald nach Aufnahme des Geschützkampfes in Brand. Der Admiral, als er seinen Untergang vor Augen sah, hielt auf das englische Admiralsschiff „Sovereign" ab, in der Absicht, demselben ein gleiches Schicksal zu bereiten. Beide Flotten wurden nun erwartungsvolle Zuschauer eines schrecklichen Ringens. Die Wuth der Flammen, das Verzweiflungsgeschrei der Kämpfenden und die Bestürzung der sie umringenden Schiffsbesatzungen, welche Zeugen dieser schrecklichen Katastrophe waren, bildeten zusammen eine Scene unbeschreiblicher Verwirrung, bis das französische Schiff endlich in die Luft flog und dem englischen ein gleiches Schicksal bereitete; die Ueberbleibsel der französischen Flotte flüchteten sich in ihre verschiedenen Häfen.

Einundzwanzigstes Kapitel.

Thätigkeit der französischen Flotte im Mittelalter.

Die Küstenbewohner der Franken waren wie die Normannen, kühne Seefahrer und auf dem Meere wohl zu Hause, ohne indessen weitere Züge zu unternehmen. Ihre Ufer wurden im Süden von den plätschernden Wogen des Mittelmeeres, im Westen und Norden von den hochgehenden Wasserbergen des Oceans bespült. Das Seewesen mußte sich demnach in den verschiedenen Gegenden, den Verhältnissen und Anforderungen der sie begrenzenden Meere entsprechend entwickeln, die Konstruktion und Bauart ihrer Fahrzeuge bestimmen. Es ist daher anzunehmen, daß sie weder im Süden noch im Norden den ihnen benachbarten seefahrttreibenden Nationen in der Entwickelung ihres Seewesens und der Schifffahrt auf dem Meere zurückgeblieben sind. Unter den Merowingern spielten die fränkischen Kriegsschiffe nur zwei oder drei Mal eine Rolle.

Im Jahre 735 rüstete Carl Martell eine Flotte gegen die Friesen aus, landete mit derselben an deren Gestaden und verheerte das Land.

Der Seehandel, die Schifffahrt blühte, und verkehrten die Küstenbewohner sowohl mit den Völkern des Nordens als mit denen an den Küsten des Mittelmeeres bis zur Levante. Während der zweiten Hälfte der Regierung Carls des Großen (800—814) geschah viel für die Flotte und deren Entwickelung; dieser Fürst schuf Flottenstationen, um die Angriffe der Normannen und Sarazenen von seinen Küsten zurückzuweisen. An den Mündungen der Flüsse erstanden Thürme und Befestigungen; der alte von den Römern bei Boulogne erbaute Leuchtthurm wurde renovirt; eine große Zahl Schiffe war auf den Flüssen stationirt, um die Piraten abzuhalten. Nach dem Tode Carls geriethen unter seinem Nachfolger, Ludwig dem Frommen, die von ihm geschaffenen maritimen und militärischen Einrichtungen aber in Verfall und dauerte es lange, ehe dieselben wieder einen neuen Impuls erhielten.

Im Frühjahr 1066 wurden an der Nordküste Frankreichs unter Wilhelm, Herzog der Normandie, eine große Zahl Schiffe ausgerüstet nnd ein entsprechendes Heer gesammelt, um nach England überzusetzen. Am 27. September des Jahres war Armee und Flotte bereit: 400 Schiffe mit Segeln und mehr als 1000 Schiffe mit

Streitern und Armeebedürfnissen verließen Frankreichs Nordküste bei St. Valery-sur-Somme. Schon am andern Tage landeten sie an der Küste von Sussex; am 14. Oktober wurde die Schlacht von Hastings geschlagen (siehe S. 124.)

Ludwig VII. (1137—1180) betheiligte sich am heiligen Kriege, setzte 1147 mit 80,000 Mann nach dem gelobten Lande über, war jedoch wenig vom Glücke begünstigt, und kehrte 1149 wieder nach Frankreich zurück.

Unter seiner Regierung wurde das französische Seerecht begründet.

Philipp August, Ludwigs Nachfolger, (1180—1223) nahm gleichfalls Theil an den Kreuzzügen und unterstützte theilweise die Expedition von Richard Löwenherz von England (siehe S. 125).

Im Jahre 1212 rüstete Philipp August 1700 Schiffe zu einer Landung in England aus. Doch änderte er seine Ansicht bald darauf und kehrte seinen Zorn gegen den Grafen von Flandern, der sich der Expedition gegen England anzuschließen geweigert hatte. Er rückte mit einem Heere vor Gent, belagerte dasselbe und ließ seine Flotte vor den Mündungen der Kanäle von Gent, bei Damme ankern, wo viele Schiffe derselben (1213) von den Engländern überrascht und zerstört wurden (siehe S. 127).

Im Jahre 1217 am 27. August fand gleichfalls im Canal ein Seetreffen zwischen einem französischen und einem englischen Ge= schwader statt, welches zu Ungunsten des ersteren endete. Bemerkens= werth ist hierbei, daß die englischen Schiffe noch am Bug mit eisernen Beschlägen und Schnäbeln versehen waren (siehe S. 128).

Ludwig IX. (1226—1270) unternahm eine Expedition gegen die Ungläubigen und rüstete zu dem Zweck eine bedeutende Flotte aus. Dieselbe war zusammengesetzt: aus den Staatsschiffen für den König, die Königin Margarethe, seine zwei Brüder und eine große Anzahl Ritter; ferner aus hochbordigen Schiffen (nefs) mit drei Decks, hoher Back und Schanze, mit zwei Masten betakelt aber nur wenig Riemen, mehr zum Transport von Truppen als zum Gefecht geeignet; sodann aus vielen Galleassen und Galeeren und einer Zahl kleiner leichter Fahrzeuge und Boote. Dieser Flotte schlossen sich noch eine Anzahl genuesischer Galeeren an.

Am 25. August 1248 lief das Geschwader von Aigues=Morte aus und ankerte am 21. September bei Cypern, wo noch flachgehende Fahrzeuge zum Debarquiren beschafft wurden. Als dies beendet, nahm die imposante Flotte von 1800 großen und kleinen Segeln

Anfangs 1249 ihren Cours nach Limisso in Aegypten. Kurze Zeit nach der Abfahrt artete jedoch der frische Wind zu einem Sturm aus, sodaß die Schiffe nach verschiedenen Richtungen hin zerstreut wurden. König Ludwig erreichte mit einem Theil der Flotte Limisso, sammelte dort eine Anzahl seiner zerstreuten Schiffe, und steuerte mit den= selben auf Damiette los. Doch traf er die aegyptische Flotte nicht unvorbereitet. Es kam zum Kampf, welcher durch die, die Nilmündung vertheidigenden ägyptischen Schiffe mit Steinwürfen, Schleudern von brennenden Ingredienzen und Absenden von Brandern eingeleitet wurde. Die christlichen Schiffe ließen sich jedoch dadurch nicht abhalten, gegen die Ungläubigen vorzugehen, bis die letzteren geschlagen waren und sich in die Flußmündungen flüchteten. Das Debarquements=Corps, unter Ludwigs Führung, wurde ausgeschifft, Damiette erobert, und nach kurzer Zeit schon befand sich ganz Unteraegypten in den Händen der Franzosen. Während des längeren Aufenthalts daselbst wurde jedoch das Heer durch Hunger und Seuchen außerordentlich decimirt. Ludwig selbst er= krankte, schiffte sich 1250 im Mai wieder ein, landete in St. Jean d'Acre, besuchte das heilige Land und kehrte nach vielen Mühen am 10. Juli 1254 wieder nach Frankreich zurück. Von ihm wurde der erste Admiral in Frankreich ernannt; wie überhaupt die Kreuzzüge außer= ordentlich zur Vervollkommnung des Seekriegswesens und der Ent= wickelung der französischen Flotte beitrugen.

Im Jahre 1285 fanden mehrere blutige Seegefechte zwischen französischen und aragonischen Flotten statt.

Im Jahre 1292 und den folgenden bekriegten sich englische und französische Kriegs= und Handelsschiffe und raubten, plünderten und brandschatzten was ihnen gegenseitig in den Weg kam.

Im Jahre 1304 fand zwischen Franzosen und Flamländern ein Seetreffen bei der Insel Schouven statt, an welchem sich auch genue= sische Schiffe betheiligten, jedoch fehlen die Details über dasselbe.

Ueber die Seeschlacht von Sluys 1340 zwischen Engländern und Franzosen stehe (S. 128 u. 129.)

Carl V. (1364—1380) welcher zur Förderung seiner Macht= stellung die Wichtigkeit einer Flotte anerkannte, war bemüht, dieselbe so zu vergrößern, um der englischen die Spitze bieten und das Meer beherrschen zu können. Er ließ in Harfleur und Honfleur eine große Zahl Schiffe bauen und interessirte sich dermaßen für die Fertig= stellung derselben, daß er mehrfach die Schiffswerften daselbst be=

suchte. Im Jahre 1372 lagen bereits 40 große Schiffe bereit, um das von Eduard III. von England zum Entsatz von La Rochelle geschickte Geschwader zu empfangen. Ueber die Schlacht selbst (siehe S. 130.)

Während des nächsten Jahrzehnts wurden die Feindseligkeiten zwischen Carl VI. und Richard II. zwar fortgesetzt, doch kam es zu keinen Seeschlachten, da auf beiden Seiten des Kanals eine gewisse Erschöpfung eingetreten war. Im Jahre 1386 beschloß Carl VI. jedoch eine Invasion Englands und ließ unter dem Connétable de Clisson 1287, nach andern Historikern sogar 1500 Schiffe, an der Nordküste Frankreichs sich sammeln, um nach England überzusetzen. Die Fertigstellung der Flotte verzögerte sich aber, die gute Jahreszeit verstrich, und als man endlich in See ging, wurden fast sämmtliche Schiffe vom Sturm und den Wellen zerstört. Eigenthümlich erscheint es, daß sich bei dieser Flotte 60 Schiffe befanden, welche das zu Thürmen bearbeitete Material aus Holz mit nach England hinüber führen sollten.

Ueber die in den Jahren 1411 und 1416 zwischen französischen und englischen Flotten stattgehabten Gefechte (siehe S. 130 und 131). Bezüglich der letzteren bemerkt ein französischer Historiker, daß die von den Genuesern erbeuteten Fahrzeuge den Engländern später als Modell gedient haben, um danach Schiffe von solchen Formen und solcher Größe zu bauen, wie sie der Ocean bis dahin noch nicht gesehen hatte.

Die Regierung Carls VIII. (1483—1498) ist für die französische Marine in sofern wichtig, als während derselben aus Staatsmitteln eine Anzahl Galeeren in Marseille gebaut wurden; Marine-Etablissements und Werften entstanden; Gesetze, Verordnungen und Bestimmungen für die Marine erlassen wurden. Es wurde ferner ein stehendes See-Offizier-Corps gebildet, die verschiedenen Chargen der Offiziere und Beamten für die königlichen Schiffe (Corps der Galeeren) festgesetzt, und unter anderem auch das Ceremoniell bei Uebernahme eines Commando's als Geschwader-Chef vorgeschrieben und bestimmt. Die Regierung Carl VIII. ist daher wohl als Anfang einer stehenden Königlichen Marine in Frankreich anzusehen.

Im Jahre 1492 beschloß Carl VIII. sich mit den Waffen in der Hand des Throns von Neapel und Sicilien wieder zu bemächtigen. Er rüstete zu diesem Zwecke in den Häfen der Provence eine Flotte von 18 Galeeren, 8 Galleassen und eine große Anzahl Transport-

und andere Fahrzeuge aus, dazu bestimmt, 1500 Pferde und eine entsprechende Anzahl Fußvolk nach Italien hinüber zu führen. Den Oberbefehl über Heer und Flotte hatte der Herzog von Orleans. Alphons II. von Arragonien stellte den Franzosen 35 Galeeren, 18 große Schiffe und zwölf kleinere, unter Kommando seines Bruders Don Frederico entgegen, jedoch ist es zu einem Seegefecht trotz der Uebermacht des letzteren, nicht gekommen.

Zweiundzwanzigstes Kapitel.

Thätigkeit der spanischen und portugiesischen Flotten im Mittelalter.

Die Küsten der pyrenäischen Halbinsel sind seit den ältesten Zeiten schon von den Phöniziern und anderen Völkern des Morgenlandes, Griechenlands, Italiens u. s. w. besucht worden, und ist daher anzunehmen, daß die Entwickelung des Seewesens in Spanien, mit jenen Völkern gleichen Schritt gehalten hat. Wir wollen daher hier auch nur die hauptsächlichsten Actionen zur See aufzählen.

Schon der erste Gothen=König Ataulph (ermordet 416 n. Chr.) baute eine Flotte zum Schutz seiner Küsten und erweiterte den Hafen von Barcelona.

Wallia (416—419) schickte eine Flotte nach Mauritanien, die aber von einem Sturm zerstört wurde.

Theudis (531—548) wollte Mauritanien den Römern wieder entreißen und fuhr mit einer starken Flotte dorthin, jedoch war die Expedition ohne Erfolg.

Unter Leugild (554—568) erlitt eine fränkische Flotte an der galicischen Küste eine harte Niederlage; der größte Theil der Schiffe wurde genommen, die Besatzungen derselben niedergemacht.

Sisebut (612—621) vernichtete die Seeräuber, zerstörte deren Schlupfwinkel an der afrikanischen Küste und eroberte Tanger und Ceuta. Im Jahre 675 schlug und zerstörte die gothische Flotte eine saracenische von 370 Schiffen verschiedener Größe an der andalusischen Küste.

Unter der Regierung des Egiza schlug der Gothe Theodemir mit 80 Schiffen eine ihm an Stärke überlegene arabische Flotte. Abdelrahmen I. (757—787) wendete dem Seewesen und dem Handel seine ganze Aufmerksamkeit zu, ließ größere Kriegsschiffe bauen, erweiterte das Arsenal von Carthagena, etablirte große Werkstätten in Sevilla und ordnete an, daß an den bedeutendsten Küstenplätzen: Tarragona, Almeria, Algesiras, Cadix u. s. w. zu jeder Zeit eine Anzahl bewaffneter Schiffe zum Auslaufen bereit liege. Unter Alhakem (810—850) wurden mit der Flotte Raubzüge nach den balearischen Inseln, Frankreich und Italien unternommen.

Abdelrahmen II. (gest. 852) sorgte gleichfalls für die Vervollkommung des Seewesens und vertrieb die räuberischen Normannen, welche die Küsten Portugals und Spaniens heimsuchten durch Ramir I., den Nachfolger Alphons II. Unter seiner Regierung spielten spanische Geschwader im Mittelmeere eine bedeutende Rolle.

865 plünderten 100 christliche (spanische) Schiffe Sevilla, Cadix, Algesiras 2c. Abdelrahmen III. (911—961) hielt gleichfalls eine starke Flotte im Mittelmeere, durch welche die Eroberung von Mauritanien nur ermöglicht werden konnte.

Um das Jahr 1000 bestanden die Christen glänzende Kämpfe zur See gegen Yussuf und Ali von Marocco.

In den Jahren 1113—1115 eroberten die Catalonier die Balearen. In den Jahren 1151—1157 blockirten und eroberten spanische, pisanische, venetianische und genuesische Schiffe die Stadt Almeria.

1229 eroberte Jakob I. von Arragonien die balearischen Inseln mit 25 großen Schiffen, 12 Galeeren, 18 Transportschiffen und 100 kleinen Fahrzeugen. Er förderte den Handel und schloß Verträge mit verschiedenen Regierungen ab.

Unter ihm trat der 14 §§ zählende Code de marine, bekannt unter dem Namen Consulat de la mer (Handelsgesetzbuch) ins Leben.

Im Jahre 1269 am 4. September segelte der schon betagte Monarch mit 30 großen Schiffen und einigen Galeeren nach Palästina, um gegen die Ungläubigen zu kämpfen: die Flotte wurde jedoch durch einen Sturm größtentheils zerstört und das Unternehmen dadurch vereitelt. 1273 schickte er eine Flotte von 20 Schiffen nach Ceuta und ließ die dort liegenden Fahrzeuge der Ungläubigen zerstören.

Während der Regierung Alphons X. von Castilien (gestorben den 4. März 1284) waren im Jahre 1278 achtzig Galeeren, 20 große Schiffe und 35 kleinere Fahrzeuge bei der Eroberung von Algesiras betheiligt. Es wurden Gesetze, Verordnungen und Bestimmungen für die Königliche Marine erlassen, die Benennung der verschiedenen

Schiffsklassen, die Bewaffnung der Schiffe sowohl als die der Besatzungen 2c. bestimmt, so daß dieser Zeitpunkt wohl als Anfang einer stabilen Königlichen Marine in Spanien zu bezeichnen ist.

Im Jahre 1281 erfocht die christliche Flotte unter dem Infanten Don Sancho mit 100 Schiffen einen glänzenden Sieg über die Mauren, zerstörte deren Schiffe und besetzte Tarifa. Alfred erhielt in Folge dessen die Berechtigung, eine Anzahl Galeeren, zum Schutze des Rechtes auf dem Meere, zu halten.

Im Jahre 1282 siegten 22 arragonische Galeeren über 80 Schiffe Karls von Anjou bei Nicotera.

Im Jahre 1284 schlug die arragonische Flotte unter Roger dell' Oria 19 provençalische Galeeren unweit Malta, und später 40 Schiffe unter dem Sohne Karls von Anjou bei Salerno.

Im Jahre 1285 bekämpften 12 arragonische 28 französische Schiffe im Golfe de Roses; kurze Zeit darauf erfochten die Arragonier unter dell' Oria über 55 französische, pisanische und genuesische Schiffe einen Sieg.

Im Jahre 1287 siegte dell' Oria mit 40 Schiffen über 80 französische und neapolitanische bei Castellamare; 35 Schiffe und 5000 Gefangene fielen ihm in die Hände.

Am 4. Juli 1299 standen abermals 65 Galeeren unter Roger dell' Oria, 40 Galeeren unter Don Frederico, Bruder Jacobs II. unweit Syracus gegenüber. Im Centrum befanden sich die Befehlshaber mit den schwersten Schiffen, während die leichteren auf den Flügeln mit mäßigen Intervallen vertheilt waren. Der beiderseitige Angriff erfolgte mit gewissem Ungestüm, doch wurde es beiden Gegnern schwer, die Schlachtlinien zu durchbrechen und wogte der Kampf lange Zeit hin und her. Endlich gelang es durch ein geschicktes Manöver dell' Oria's, Unordnung in die feindliche Schlachtlinie zu bringen und entschied sich der Kampf bald zu dessen Gunsten. Nur 18 Galeeren mit dem Führer gelang es, Messina zu erreichen, die andern wurden genommen oder zerstört.

Kurze Zeit darauf zerstreute dell' Oria abermals bei der Insel Ponza eine feindliche Flotte von 18 Galeeren mit einer bedeutend geringeren Zahl von Schiffen.

Im Jahre 1302 erfocht eine arragonische Flotte von 35 Schiffen einen Sieg über die Mauren und zerstörte den größten Theil ihrer Schiffe.

Im Jahre 1325 besiegten die Arragonier eine 39 Segel starke pisanische Flotte bei Cagliari

Im Jahre 1330 schlug eine castilianische Flotte 22 maurische Schiffe bei San=Lucar; 1337 die Portugiesen bei Cap. St. Vincent; und 1342 erfocht eine spanisch=portugiesische Flotte über 83 maurische Schiffe in der Straße von Gibraltar[1]) einen bedeutenden Sieg.

Ueber die Expedition einer spanischen Flotte gegen die Eng= länder bei La Rochelle 1371 (siehe S. 130).

Während der nächsten hundert Jahre fand zwar die spanische Flotte häufig Verwendung, ohne daß sie jedoch bedeutende Actionen aufzuweisen hat.

Dagegen erhielt sie unter Ferdinand von Arragonien und Isabella von Castilien einen bedeutenden Aufschwung.

Die Veranlassung hierzu bildete die Entdeckung Amerika's durch Christoph Columbus (1492). Am 19. April 1492 wurde von Isabella ein Contract unterzeichnet, nach welchem Christoph Columbus den Titel eines Admirals erhielt und zum Vice=König aller von ihm zu entdeckenden Territorien ernannt wurde. Am 3. August ging er mit drei kleinen Fahrzeugen (Santa-Maria, la Pinta und la Nina) und einer Besatzung von 70 Mann im Ganzen, aus dem Hafen von Palos in See und erreichte nach vielen Mühen und Schwierigkeiten, in der Nacht von 11. zum 12. Oktober desselben Jahres, eine der Bahama Inseln, (San Salvador) ging dann südlich nach Cuba und kehrte über St. Domingo (Hispaniola) am 16. Januar 1493 nach Europa zurück. Durch Unwetter genöthigt am 5. März in Lissabon einzulaufen, wo ihm beim Könige Johann II. von Portugal eine glänzende Aufnahme zu Theil wurde, lief er erst am 15. März wieder in Palos ein. Seine ferneren Expeditionen hier aufzuzählen und zu besprechen, dazu fehlt der Raum.

Portugal. Die erste Thätigkeit der portugiesischen Flotte finden wir im Jahre 1328, wo 20 Galeeren und einige Segel= schiffe von mittlerer Größe unter Kommando von Gonzales Camello die Küsten Andalusiens brandschatzten. Gobio Tenorio wurde mit

---

[1]) Bei einem Geschwader von 80 Schiffen, welches sich 1359 bei San=Lucar sammelte, befanden sich 20 Schiffe von bedeutender Größe. So soll z. B. ein Schiff „Uzel" genannt, welches die Standarte Peters IV. führte, von außerordentlichen Dimensionen gewesen sein, auf dem Oberdeck drei Castelle — (außer der Back und Schanze noch eins mittschiffs) — und 519 Mann Besatzung gehabt haben.

30 großen Schiffen ihm entgegengeschickt; es kam zur Schlacht, allein ein Sturm während derselben zerstreute die Kämpfenden.

Im Jahre 1337 fand während der Regierung Alfons IV. ein Seetreffen bei Cap. St. Vincent zwischen einer spanischen und einer portugiesischen Flotte statt, in welchem letztere nicht allein gänzlich geschlagen, sondern der größte Theil der Schiffe entweder versenkt wurde oder in die Hände der Sieger fiel.

1370 erlitt eine portugiesische Flotte von 30 Schiffen, welche die Küsten Andalusiens verheert und geplündert hatte, durch die Spanier an der Guadalquivir=Mündung, abermals eine Niederlage.

Ein gleiches Schicksal traf im Jahre 1381 eine portugiesische Flotte von 23 Schiffen fast auf derselben Stelle wie 1337 bei Cap. St. Vincent.

Im Jahre 1415 wurde in Lissabon eine Flotte von 40 Trans= portschiffen, 67 Galeeren und 90 kleineren Schiffen ausgerüstet, um 30,000 Mann nach Afrika überzusetzen. Am 25. Juli verließ dies ansehnliche Geschwader den Tajo, kehrte bei Lagos, Faro, Tarifa und Algesiras an, und ankerte, nachdem dasselbe zwei heftige Stürme durchgemacht hatte, am 22. August vor Ceuta. Trotz heftigen Widerstandes der Mauren ging die Landung glücklich von Statten, die Stadt wurde genommen und blieb im Besitz der Portugiesen; die Fahne des Christenthums wurde dort aufgepflanzt.

Bis Ende des 15. Jahrhunderts hat die portugiesische Flotte mannigfache Verwendung gegen äußere Feinde gefunden; bewaffnete portugiesische Handelsschiffe durchfurchten während dieser Zeit den Ocean nach Süden, an den Küsten Afrika's entlang, entdeckten die Cap. Verdes und andere Inseln in demselben, bis sie auf ihren Reisen nach dem Kap der guten Hoffnung gelangten. Zwar wurden sie durch Stürme aufgehalten, die Südspitze Afrikas zu umschiffen, gaben jedoch die Hoffnung nicht ganz auf. Im Jahre 1498 gelang es Vasco de Gama, sich den Weg ums Kap zu bahnen und den Seeweg nach Ostindien aufzufinden. Er landete in Calicut auf Vorderindien, trat mit den dortigen Bewohnern in Verbindung und wurden dem kleinen Portugal durch diese und andere Entdeckungen im fernen Osten, für lange Zeit glänzende Handelsverbindungen erschlossen.

Dreiundzwanzigstes Kapitel.

Deutschland und die Hansa*) im Mittelalter.

Von jeher waren die Deutschen kühne Seefahrer: wo sie irgend an das Meer vordrangen, machten sie sich dasselbe dienstbar und eröffneten, wie einst die Phönizier, ihre Schifffahrt. Ueber das Seewesen, die Bauart und Einrichtung der Schiffe der Deutschen, selbst aus der Periode der hanseatischen Seemacht, sind uns wenig Nachrichten überliefert worden. Wir dürfen daher wohl annehmen, daß dasselbe mit dem Englands und der übrigen nordischen Staaten sich gleichmäßig entwickelt hat, um so mehr, als ja deutsche Schiffe nicht allein die Nordmeere, sondern auch die atlantischen Küstenländer besuchten und später das ganze Mittelmeer befuhren. Im Allgemeinen waren ihre Schiffe hochbordig, wurden Anfangs mit Riemen fortbewegt und gingen später in Segelschiffe über. Die Kriegsschiffe unterschieden sich von den Handelsschiffen durch eine hohe Back und Schanze (Vorder- und Hintertheil).

Gestalt nahm das deutsche Seewesen erst an, als der Schöpfer des großen Frankenreiches Kaiser Carl der Große (768—814) die deutschen Stämme zu einem Reiche vereinigt hatte und eine wohlgeordnete Seemacht schuf. Wurden doch seine Staaten im Nordosten und Norden durch das Baltische Meer, die Nordsee und den Canal; im Westen vom atlantischen Ocean, und im Süden vom Mittelmeer und der Adria bespült.

Er ließ zum Schutze im Norden an den in die Nordsee und den Kanal mündenden Strömen Deutschlands und Frankreichs Schiffswerften bauen, und postirte an den Küsten Heeresabtheilungen, um das Landen der kriegerischen Dänen, Normannen und anderer Seeräuber zurückzuweisen. Die Hauptstation an der Nordsee war die Mündung der Schelde, wo er 810 eine Revue über die dort versammelten Schiffe abhielt. Aber auch an der Küste der Provence und in der Adria bei Treviso waren kaiserliche Flotten stationirt, die mit den Byzantinern harte Sträuße zu pflücken hatten.

Mit dem Tode Carls ging auch die deutsche Herrschaft zur See wieder zu Grunde und lag lange darnieder. Die Normannen

---

*) Quellen: die Geschichte der Hansa von Sartorius herausgegeben von Lappenberg. — Dr. Arnold Schäfer, du Sein und deutsches Flottenbuch von R. v. Berendt und H. Schmidt.

von Dänemark, Norwegen und Schweden beherrschten mit ihren schnellen Schiffen die Meere. Frankreich mußte ihnen die reichen Landstriche an der unteren Seine einräumen; England ward schließlich erobert. Die deutschen Niederlande bis in die Moselgegend wurden von ihnen verheert, Hamburg zwei Mal in Asche gelegt. Da ermannte man sich zum gegenseitigen Schutz gegen diese räuberischen Einfälle. Wann der Verein der niederdeutschen Kaufleute und Städte, welche späterhin die deutsche Hansa bildeten, ins Leben gerufen worden ist, erscheint schwierig anzugeben, indem derselbe, anfangs klein und unscheinbar, sich erst successive zu seiner nachherigen Größe emporgeschwungen hat. Es ist daher ausreichend, wenn wir den Zeitabschnitt der Hansa von Anfang des 12. bis zur zweiten Hälfte des 14. Jahrhunderts etwa bis 1370 bezeichnen, in welchem die mächtigsten Städte dieses Bundes vor ganz Europa ihre Macht im Kampfe gegen König Waldemar von Dänemark zeigten.

Die Geschichte der Hansa ist aber gleichzeitig die Geschichte unserer Seemacht, unseres Handels in den europäischen Meeren während dieser Periode.

Der Zweck der Hansa war gegenseitiger Schutz zu Wasser und zu Lande. Um diesen aber zu gewähren, mußte man Friede und Recht unter einander wahren. Die Hansa wollte die Straßen sichern gegen Gewalt und Raub und dieselben freihalten von willkürlich aufgelegten Zöllen. Sie suchten sich in der Fremde durch Verträge freien Verkehr zu schaffen; auf dem Meere dem Seeräuberwesen Einhalt zu thun und das Strandrecht thunlichst abzustellen, nach welchem der Schiffbrüchige bis auf die Haut ausgeplündert und in die Knechtschaft geschleppt wurde. Der bewaffnete Handelsherr an den Küsten, wie in den Städten des Binnenlandes schloß einen Bund, der zu Zeiten von Nowgorod, Reval, Riga, Wisby auf Gothland bis Dünkirchen reichte.

Die ältesten Verbindungen der norddeutschen Kaufherren im Auslande sind westlich in England, östlich auf der Insel Gothland zu suchen. Schon Carl der Große knüpfte mit den angelsächsischen Königen Verbindungen an. Unter Ethelred (978—1016) und Wilhelm dem Eroberer (1066—1081) wurden den Kaufleuten des römischen Reiches und insbesondere der Stadt Köln in England bedeutende Freiheiten bewilligt.

Heinrich der II. befreite die Lübecker 1176 vom Strandrechte an den Küsten seines Reiches; er gewährte ihnen und allen Kauffahrern aus andern deutschen Städten, welche England mit ihren Waaren besuchten, die Freiheiten und Privilegien, deren sie zu Zeiten seiner Vorfahren sich schon zu erfreuen gehabt hatten.

In den Niederlanden hat die Sache einen ähnlichen Gang genommen. Es ist höchst wahrscheinlich, daß die Kaufleute der niederdeutschen Städte dort nicht später als in England einen Verkehr angeknüpft haben, da ein so bedeutender Theil des Landes deutsche Hoheit anerkannte, da Lage, Nachbarschaft und Sprache Verbindungen von selbst herbeiführten.

Was indeß Flandern betrifft, und namentlich die Stadt Brügge, woselbst sich der allgemeine europäische Markt in dieser Zeit zu bilden anfing, wo die Waaren aus dem Orient und von den baltischen Meeren ec. zusammenströmten, so sind kaum früher als von dem Jahre 1252 gemeinschaftlich von deutschen Kaufleuten daselbst erworbene Freiheiten nachzuweisen. In jenem Jahre ertheilte die Gräfin Margarethe von Flandern, auf die Bitte aller Kaufleute des römischen Reichs, die Gothland besuchen, diesen Kaufleuten mehrere Freiheiten. Von der Insel Gothland aus ward auch ohne Zweifel der unmittelbare Verkehr dieser Norddeutschen mit Rußland eingeleitet, sowie von hieraus zuerst von ihnen die livländische Küste befahren wurde. Wahrscheinlich ist der Hof der Deutschen zu Nowgorod gleichfalls in der zweiten Hälfte des 12. Jahrhunderts gegründet worden.

Nirgends war jedoch in diesem Nordosten die Benennung „Hansa" üblich wie im Westen. Weder die Gesellschaft der deutschen Kaufleute auf Gothland noch der Verein in Nowgorod führten diese Bezeichnung.

In den skandinavischen Reichen finden wir so früh keine Gesellschaft deutscher Kaufleute mit solcher Macht und solchem Ansehen wie auf Gothland, in Rußland und England, obgleich die Deutschen von frühester Zeit einen lebhaften Verkehr mit Dänemark und Schweden gepflegt haben.

Der Kaufmann des deutschen Reichs hatte eine privatrechtliche Anerkennung; es wurden sogar allerorts Privilegien für deutsche Kaufleute ertheilt, aber es fehlte die öffentliche Geltung des Bundes der deutschen Seestädte. Da nahm Lübeck die Zügel in die Hand und es gestaltete sich nun nach und nach die deutsche Hansa, anerkannt von Kaiser und Reich. Man gab dem Vereine den Namen Hansa, was soviel als einen zur wechselseitigen Beihülfe geschlossenen

Bund bedeutet. Schon 1260 wurde der erste Bundestag gehalten. Lübeck war das Haupt des ganzen Bundes. Der deutsche Handel entwickelte sich in zwei Richtungen. Der oberdeutsche, welcher die Verbindung mit Italien und dem Rhonegebiete unterhielt, blieb abhängig von den weithin gebietenden südlichen Handelsplätzen, namentlich von Venedig und Genua. Ungleich selbstständiger gedieh der niederdeutsche Handel, dessen Hauptmärkte in der Fremde Brügge, Antwerpen, London, Bergen in Norwegen, Wisby, Nowgorod 2c. bildeten. An jedem dieser Stapelplätze genossen die deutschen Kaufleute in der Regel unter einander gleiches Recht: sie schlossen sich zusammen als „die deutschen Kaufleute," „die Kaufleute aus des Kaisers Lande," „die Gilde" oder die Hansa der Deutschen."

So entwickelten sich gleichartige Verfassungen, ein gemeinsames Handelsrecht, gemeinsame Gewerbordnungen: die deutschen Kaufleute bildeten den Fremden gegenüber eine geschlossene Einheit. Damit war erst die Möglichkeit einer Handelspolitik gegeben, deren Hauptaufgabe in der Vertretung ihrer auswärtigen Handelshäuser lag.

Die deutschen Seefahrer beschränkten sich nicht mehr auf kurze Fahrten. Ihre Schiffe zum Handel und Kriege größtentheils gleich geschickt, da auf dem unsichern Meere nur bewaffnete Fahrzeuge vor häufigen und plötzlichen Angriffen sich schützen konnten, gaben, ohne bedeutende Kosten, zugleich Mittel zur Vertheidigung. Mit der Ausdehnung ihres Handels wuchs also auch ihre Kriegsmacht. In den Zeiten der Kreuzzüge liefen aus den Mündungen deutscher Ströme ganze Flotten aus, um durch die mitgeführten Ritter und Reisigen Palästina von den Ungläubigen zu befreien. Mit Hilfe deutscher Kreuzfahrer ward im Jahre 1147 Lissabon den Mauren abgenommen. Bei dem großen Kreuzzuge von 1190 landeten Bürger von Köln, Bremen, Hamburg und Lübeck bei Akka und nahmen Theil an der Stiftung des deutschen Ordens. Im Mai 1218 ankerte eine deutsche Friesenflotte vor Damiette.[1]) Sie hatte diese Fahrt auf ihren starken Rheinschiffen ohne Kompaß, ohne Seekarten zurückgelegt. Die Belagerung von Damiette begann. Die deutschen Seeleute erhielten den Auftrag, den Kettenthurm, welcher 70 übereinander liegende gewölbte Etagen zählte und dicht bei der Stadt den Nil sperrte, zu nehmen. Nachdem mancher vergebliche Angriff gemacht und manches deutsche Schiff durch das griechische Feuer vernichtet worden, brachten

---

[1]) Siehe deutsches Flottenbuch von R. v. Berendt und Heinrich Schmidt.

die nordischen Pilger, vom Grafen Adolf von Berg geleitet, das vielbewunderte Werk einer schwimmenden Burg zu Stande. Zwei Schiffe durch Balken und Taue verbunden, trugen auf ihren vier Masten ein Gebäude (Thurm). Unter demselben war eine Fallbrücke befestigt, die 30 Klafter über die beiden Schiffsschnäbel hinwegragte. Diese Maschine wurde durch kleinere Fahrzeuge den geschwollenen Strom aufwärts geschleppt. Schon war die schwimmende Burg nach unsäglichen Mühen unter dem Hagel geschleuderter Steine am Thurme geankert, als das griechische Feuer die Fallbrücke ergriff und das Doppelschiff zu vernichten drohte. Da überkam eine fromme Begeisterung sämmtliche Pilger. Der Kampf wurde erneuert, ein junger Friese erstieg zuerst den feindlichen Thurm, schlug den Fahnenträger nieder, erbeutete das gelbe Panier des Sultans und pflanzte das christliche Kreuz auf der Zinne des Thurmes auf.

Doch bald eröffnete sich dem deutschen Ritterthum ein neues Gebiet seiner Thätigkeit im baltischen Norden. Der deutsche Ritterorden unternahm seit 1227 den Kampf gegen die heidnischen Preußen. In das eroberte Land rief er deutsche Ansiedler und veranlaßte die Gründung einer ganzen Zahl von Städten, vom Weichselgebiete bis Livland, wo der mit ihm verbündete Schwertorden gebot.

Blutige Fehden sind von einzelnen Städten, besonders von Lübeck ausgefochten und gegen Könige und Fürsten gekämpft, selbst bevor irgend eine nähere allgemeinere Verbindung unter den norddeutschen Städten bestand. Verbunden mit verschiedenen deutschen Fürsten und Herren hat Lübeck in mehreren Fehden gegen Waldemar II. von Dänemark (bei Bornhöved 12. Juli 1227) mit gefochten, und die eine Zeitlang eingebüßte Reichsfreiheit zuletzt behauptet.

In einer Fehde (1234) wagten die Lübecker die erste Seeschlacht gegen die Dänen und nach einem Kampfe, der vom Morgen bis zum Abend dauerte, trugen sie den Sieg davon und führten ein erbeutetes dänisches Schiff in ihren Hafen, so daß die Dänen allem Anspruch auf eine Stadt entsagten, die ihr Recht so wacker zu vertheidigen wußte.

Zwar hoffte Waldemar's Nachfolger, Erich Plogpenning, (1249) das verlorene Nordelbingen wieder zu erobern, und ließ zu diesem Zwecke die lübischen Schiffe mit Beschlag belegen und die Kaufleute in seinem Reiche verhaften: aber muthig fuhren die Lübecker ihre Schiffe in See, nahmen und plünderten Kopenhagen, verbrannten Stralsund, als dänische Anpflanzung, und kehrten abermals siegreich, mit Beute beladen, unter Alexander von Soltwedel in ihren Hafen zurück.

Im Jahre 1284 hob König Erich von Norwegen die von seinem Vater, dem friedfertigen Magnus, den Hansen verliehenen Freiheiten auf, legte Beschlag auf ihre Schiffe und ihre Waarenlager zu Bergen und sperrte ihnen die Häfen seines Reichs. Aber die Hansen wußten Norwegen zu zwingen. Es ward verboten, Getreide, Malz und Bier dahin zu verschiffen, ein Geschwader in den Sund geschickt und dort stationirt, ein anderes kreuzte an den norwegischen Küsten. Die Bremer hielten es mit König Erich und wurden dafür verhanst (bestraft). Die übrigen Städte führten die beschlossenen Maßregeln so kräftig durch, daß in Norwegen Hungersnoth entstand und König Erich nach einem Jahre, unter schwedischer Vermittelung, Frieden schloß.

Noch wichtiger waren die Hansekriege mit Dänemark, namentlich mit dem Könige Waldemar III. (gest. 1376). Dieser kluge Fürst richtete Dänemark aus tiefer Zerrüttung auf und unterhielt während dessen gutes Einvernehmen mit den Hansen: aber er änderte sein Verhalten, sobald seine Macht sich befestigt hatte. Er hatte den Schweden die Landschaften Schonen, Halland und Blekingen abgenommen und beherrschte durch die Schlösser Helsingör und Helsingborg den Sund. Diese Machtstellung benutzte er dazu, den deutschen Kauffahrern den sogenannten Sundzoll aufzuerlegen und lauerte außerdem auf eine Gelegenheit sie zu berauben. Im Sommer 1361 fuhr er mit einer bedeutenden Macht nach Gothland und eroberte die fast nur dem Namen nach von Schweden abhängige Stadt Wisby. Diesen Affront durfte die Hansa nicht ohne Weiteres hinnehmen, sie raffte sich auf, um Genugthuung zu fordern. Zuvörderst wurde der Handel mit Dänemark verboten, der erste allgemeine Zoll ausgeschrieben, Kriegsschiffe gerüstet, Bündnisse mit den Königen von Norwegen und Schweden und den Grafen von Holstein geschlossen.

Im Frühjahr 1362 ging der Bürgermeister von Lübeck, Johann Wittenberg, mit einer wohlgerüsteten Flotte in See, eroberte Gothland und Oeland wieder, brandschatzte Kopenhagen und belagerte und blockirte Helsingborg. Doch bald vereinigte auch Waldemar seine Seestreitkräfte, überfiel die Hanseflotte im Sunde, nahm fünf Schiffe und zerstreute die übrigen.

Nach dieser Niederlage boten die Hansestädte die Hand zum Frieden; Wittenberg starb durch Henkers Hand. Ein Frieden kam zwar zu Stande, doch nicht von langer Dauer. Namentlich störte Waldemar die deutschen Niederlassungen in Schonen, die sogenannten Vitten, in denen seit langen Zeiten alljährlich die Hansen die Ausbeute ihres Häringsfanges einsalzten und verluden und zugleich einen großartigen Umsatz von Waaren aller Art vermittelten.

Die Hansen rüsteten daher von Neuem, und zu Ostern 1368 waren ihre Geschwader vereinigt und dem Dänenkönige die Fehdebriefe von 77 Städten übersandt. Bald trafen die deutschen Flotten an den Küsten von Schonen und Seeland ein: Kopenhagen, Helsingör und eine große Zahl anderer Städte wurden erobert. Es kam im Mai 1370 zum Frieden von Stralsund, in welchem sich die Dänen unter anderem auch verpflichten mußten, zum Nachfolger Waldemars keinen andern Herrn anzunehmen, es sei denn mit Einwilligung der Städte. Niemals hat Deutschland den skandinavischen Reichen einen ruhmvolleren Frieden auferlegt.

Mehrere Menschenalter hindurch hat die Hansa die deutschen Interessen zur See rühmlich und erfolgreich vertreten, aber gegen Ende des 14. Jahrhunderts kündigte sich der Rückgang ihrer Macht an. Die wachsende innere Zerrüttung Deutschlands, die zunehmende Rechtsunsicherheit, die ausschließliche Geltung der Sonderinteressen wirkte auch auf die Hansa zurück. Es fehlte ihr die von allen anerkannte Oberleitung, die unverbrüchliche Eintracht, denn sowohl innerhalb der einzelnen Bürgerschaften als zwischen den Städten hatte der Same der Zwietracht fruchtbaren Boden gefunden. Und über ihnen stand keine versöhnende und vermittelnde Macht, denn der kaiserliche Hof beabsichtigte nicht, einen Bund zu stärken, an dem seine eigene Ohnmacht sich offenbarte.

Während das deutsche Reich aus den Fugen ging, schlossen sich auswärtige Staaten fester zusammen. Margaretha, Waldemars Tochter (die nordische Semiramis), eine Frau von männlichem Geiste, vereinigte die Kronen Dänemark's, Norwegen's und Schweden's (1376 —87) auf ihrem Haupte, und wenn auch unter ihren schwachen Nachfolgern die zu Kalmar geschlossene nordische Union sich wieder löste, so blieben doch Dänemark und Norwegen unter einem Oberhaupte.

Erich VII. suchte wieder Herr von Holstein zu werden, jedoch wurde ihm dies durch die Hansa streitig gemacht. Seine Armee wurde 1419 geschlagen, seine Flotte 1420 unweit Alsen vom Sturme zerstört.

Aber auch gegen die Hansa wendete sich das Glück: ihre Flotte verunglückte 1426 unter Gerhard vollständig auf einer Expedition gegen Flensburg, und eine Transportflotte von 68 Segeln, welche von einer Anzahl Kriegsschiffen begleitet wurden, fiel 1427 im Sunde den Dänen in die Hände.

Im Jahre 1428 lief eine Flotte von 250 Schiffen mit 12000 Streitern gegen Kopenhagen aus. Das Unternehmen wurde jedoch nicht vom Glücke begünstigt; der Angriff wurde zwar sehr energisch eingeleitet, allein vom Vertheidiger ebenso kräftig zurückgewiesen. In Folge dieser Niederlage gingen 75 dänische Schiffe nach Stralsund, verheerten die Stadt und verbrannten eine große Zahl der dort liegenden Schiffe. Der Ausgang dieser Expedition war dennoch ein für die Dänen nicht glücklicher, denn auf dem Rückwege nach Kopenhagen wurden die mit Beute beladenen Schiffe von der Hansa abgefangen und nach Lübeck geschleppt. Die Feindseligkeiten welche bis 1435 dauerten, endeten beim Friedensschluß unter günstigen Bedingungen für die Hansa.

In den nordischen Kriegen erlitt der deutsche Handel vielfältige Einbuße: die Sicherheit auf See ward durch die kriegführenden Parteien und mehr noch durch die überhand nehmende Seeräuberei gestört. Vor allen waren die sogenannten Vitalienbrüder seit 1390 ein Schrecken der Kauffahrer. Nicht allein in Krieg begriffene Fürsten schützten die Räuber, sondern selbst Hansestädte öffneten ihnen Häfen und Märkte oder versagten den Dienst zu ihrer Bekämpfung. Erst als im Jahre 1433 die Hamburger, Bremer und Oldenburger Emden eroberten, mehrere Burgen zerstörten, eine große Zahl Seeräuber am Strande aufknüpften und in Ostfriesland Frieden geboten, wurde dem Seeräuberwesen im Allgemeinen Einhalt gethan, wenigstens bildeten die Seeräuber keine organisirte Macht mehr. Unter solchen Drangsalen verengerte sich der Gesichtskreis der leitenden Städte. Jede Stadt, Lübeck an der Spitze, wollte für sich so viel als thunlich aus diesem Gewirr retten. Darüber kam es zu offenen Feindseligkeiten, welche zwar zeitweise wieder ausgeglichen, aber doch nicht völlig gehoben wurden. Das Band ward zerrissen, zumal seit im Jahre 1433 die mächtigen Herzoge von Burgund die Landesherrn der Holländer wurden, und diese sich stark genug fühlten, allein den Seehandel zu beherrschen, und sich immer mehr von Deutschland absonderten.

In den Zeiten, da Großbritannien unter den Kämpfen der

Weißen und Rothen Rose erzitterte, war die Hansa als solche mehr=
fach bei diesen Kämpfen betheiligt. Weil aber die Städte nicht
immer einer Meinung waren, entstanden Streitigkeiten unter den=
selben. Lübeck schloß das widerstrebende Köln aus. Die Travestadt
erhielt die schmeichelhaftesten Anträge bald von der Königin Marga=
rethe, bald von dem stolzen Warwick, wenn die deutschen Städte zu
ihren Gunsten handeln wollten. Wenig Gutes erwuchs übrigens
aus diesen schwankenden Verhältnissen für die deutsche Schifffahrt,
denn als Eduard IV. (1461—83) unbestrittener König war, trat er
entschieden gegen die Hansa auf, um den Handel des eigenen Landes
dadurch zu schützen. Dagegen erhoben sich vornehmlich Hamburg,
Bremen und Danzig (1472) mit nachdrücklichem Ernste. Sie landeten
ihre Truppen in England, drangen bis 40 Meilen landeinwärts,
kaperten die englischen Schiffe und hängten die Gefangenen.[1]

Durch den Thorner Frieden von 1466 wurde das ganze untere
Weichselland dem Polenreiche einverleibt. Danzig allein behauptete
noch eine hervorragende Stellung. Mit roher Gewalt unterjochte
Iwan III. von Moskau Nowgorod, ließ 1494 den Hof von St.
Peter schließen, Waaren und andere Werthsachen nach Moskau
schleppen und 49 deutsche Handelsherren in Ketten legen. Das war
ein vernichtender Schlag für diesen Centralpunkt des deutschen

---

[1] Am ruchbarsten wurden die Thaten des Danziger Hauptmanns Paul Benecke.
Die Engländer hatten ein Schiff „St. John", mit welchem allein sie alle Hansen
fortzujagen geprahlt hatten. Paul machte sich auf und nahm nicht nur den
„St. John", sondern auch den „Mariendrachen" nebst einigen reich beladenen
Handelsfahrzeugen. Etliche Florentiner zu Brügge bemannten eine Galeere, malten
das Wappen Carls von Burgund darauf, luden englische Güter hinein und ge=
dachten sie glücklich über See zu bringen. Als Benecke dies erfuhr, eilte er ihr nach
und traf sie auf offener See. Ohne Weiteres forderte er den Florentinern das
englische Gut ab, indem er sich auf das Seerecht jener Tage berief: „Feindes Gut
macht feindlichen Boden, feindlicher Boden macht feindliches Gut", wie Hans Reck=
mann, der tapfere Bergenfahrer in seiner Lübecker Chronik sagt. Aber die Floren=
tiner, ihrem großen Schiffe, ihrem Geschütze und der starken Besatzung der Galeere
vertrauend, widersetzten sich dem Ansinnen des Danziger Hauptmanns. Es kam zum
blutigen Kampfe, in welchem die Preußen weichen mußten. Benecke, ob dieser
Niederlage empört, wußte seine Leute aufs Neue zu entflammen, kehrte um, schlug
in kürzester Frist den Feind und nahm die Galeere. Dieser Vorfall war die erste
Ursache, daß die Hansen und König Eduard unter Vermittelung des Herzogs von
Burgund und der Aldermänner von Brügge in Unterhandlung traten und es kam zum
Abschluß befriedigender Bedingung für beide Parteien. (Deutsches Flottenbuch von
R. v. Werendt und H. Schmidt.)

Handels in Rußland. Noch einmal unternahm es der Bürgermeister von Lübeck, Jürgen Wullenweber, 1534 bei Gelegenheit einer streitigen dänischen Königswahl, die Macht wieder an die Seestädte zu bringen. Noch einmal schien in diesem Kriege das Glück der Hansa zu lächeln. Aber nicht lange so fiel Wullenweber, von seinen Mitbürgern verstoßen den Feinden in die Hände und starb zu Wolfenbüttel durch Henkers Hand. Lübeck schloß Frieden mit dem neuen Könige von Dänemark.

Dies war der letzte Kampf der Hansa um die Herrschaft auf der Ostsee.

Der stufenweise Verfall und die Auflösung des Bundes mußte eintreten, als die Errichtung des Landfriedens hinlängliche Bürgschaft für die öffentliche Sicherheit gewährte, der Seeraub weniger handwerksmäßig betrieben wurde; als die Seestädte aufhörten, die alleinigen Herrscher auf der Ostsee zu sein und die deutschen Fürsten auf den Gedanken kamen, die einzelnen Landstädte sich gänzlich zu unterwerfen, um von ihrem Handel den möglichsten Vortheil für sich selbst zu ziehen; als endlich die Entdeckung Amerikas und des Seeweges nach Indien eine gänzliche Umwälzung im Handel verursachte. Der letzte Hansetag zu Lübeck, auf welchem die meisten Städte vom Bunde sich lossagten wurde 1630 gehalten.

Die Hansa ist gesunken mit dem alten deutschen Reiche, nicht aber der Geist der in ihr lebte. Wie ein Phönix aus der Asche ist er von Neuem emporgestiegen; aus der Unterdrückung und Zersplitterung hat das deutsche Volk sich emporgerungen zu einem neuen, zu einem frischen Leben. Es ist kein Meer, an dessen Küsten nicht deutsche Schiffe willkommen wären und wo nicht deutsche Kaufherren geachtete Häuser begründet hätten. Unter einer Flagge, in der mit dem schwarz-weißen Banner der Hohenzollern sich das Roth und Weiß der Hanseaten vereinigt, durchkreuzen jetzt unsere reichbeladenen Schiffe die Meere von einem Ende des Erdballs bis zum andern. Und den Schutz, welchen der Hansabund seinen Angehörigen nicht ausreichend zu gewähren vermochte, bietet jetzt das neu erstandene deutsche Kaiserreich. Ein Sproß des preußischen Königshauses, der Enkel Kaiser Wilhelms I., Prinz Heinrich, hat als Seeoffizier die Welt umsegelt; vom hohen Mast seines Schiffes flatterte der Hohenzollern-Aar und verkündete im fernen Westen sowohl als den im Osten wohnenden Deutschen, daß Deutschlands Arm, sobald ihre Rechte gefährdet, stark genug sei, sie auf dem ganzen Erdball zu schützen.

Unsere Konsuln heißen nicht mehr Konsuln ohne Kanonen, denn unsere junge Marine wacht nicht allein über die Sicherheit der Küsten, sondern auch über die Interessen unseres Handels und der Schifffahrt auf dem Ocean, und zeigt dem Auslande in genügender Zahl die Mündungen der Kruppschen Hinterlader, mit denen sie im Stande ist, diese Aufgabe zu lösen.

Vierundzwanzigstes Kapitel.

Die Thätigkeit der skandinavischen Flotten im Mittelalter.

Die Küsten der Ostsee und die skandinavischen Reiche waren bis zum 4. Jahrhundert v. Chr. vollständig unbekannt. Zwar sollen, wie uns Plinius und Tacitus sagt, die Phönizier ihre Fahrten bis Jütland, Seeland und Holstein ausgedehnt haben und bis zu den pommerschen Küsten, bis zur Südküste Schwedens vorgedrungen sein, allein genauere Nachrichten hierüber sind uns nicht überliefert worden. Es ist jedoch anzunehmen, daß auch die Bewohner dieser Länder sich schon zu jener Zeit dem Meere, der Schifffahrt zugewandt haben, wenn ersteres auch nicht so einladend war, wie die Gestade des Mittelländischen Meeres. Das Klima in diesen nördlichen Regionen war und ist heute noch rauh und den größten Theil des Jahres un= freundlich. Die Bewohner dieser Länder, die Nordmannen oder Normannen,[1]) veranlaßt durch die Unfruchtbarkeit der Heimat, durch das Erbrecht, welches die jüngeren Söhne auf anderweitigen Erwerb (Seeraub, Schifffahrt) anwies; ferner durch den Wandertrieb der Germanen, ihren Hang nach Waffenruhm, Abenteuer und Beute, suchten daher während der guten Jahreszeit freundlichere und zugleich fruchtbarere Gegenden aufzufinden. Hierzu war aber wiederum der Bau und die Einrichtung solcher Fahrzeuge erforderlich, die dem oft stürmischen Meere auch Trotz bieten konnten. Das Schiff mußte gleichzeitig ihr Haus sein, wenn sie auf den Fahrten von der

---

[1]) Diese Namen führte die germanische Bevölkerung Skandinaviens und be- sonders die Seeräuberschaaren, welche von Norwegen und Dänemark aus im 9—11 Jahrhundert die Küsten Deutschlands, der Niederlande, Frankreichs und Englands furchtlos und schonungslos brandschatzten und nach Herzenslust mordeten und plünderten, ja sogar bedeutende Ländereien in Frankreich und England eroberten und sich dort auf längere Zeit festsetzten.

Dunkelheit oder vom Unwetter überrascht, in einer unwirthlichen kahlen Felsenbucht Unterkommen und Schutz zu suchen gezwungen waren. Die Fortbewegung der Fahrzeuge geschah Anfangs durch Riemen, bis die fortschreitende Kultur auch hier, wie bei den übrigen Völkern die Segel zur Anwendung brachte. Friedlicher Natur waren solche Unternehmungen allerdings nicht, und so finden wir denn schon in frühester Zeit Schiffe mit 20—30 Ruderbänken, die aber trotz der vielen Mannschaften, welche sie an Bord hatten, noch lange Zeit offen und ohne Decks waren. Solche Raubzüge galten jedoch nur für ehrenvoll, wenn sie unter Führung von sogenannten „Seekönigen" oder „Königen des Meeres" „Wikinger" (Krieger), welche ihre Gefährten an Kraft, Abhärtung und Gewandtheit überragen mußten, ausgeführt wurden. Den Namen „Meerkönige" aber führten sie, sagt Snorro, denn sie suchten niemals Schutz unter rauchgeschwärztem Dache, noch leerten sie ihr Trinkhorn am häuslichen Herde. — Sie verstanden aber ihre Fahrzeuge so gut zu manövriren, wie ein guter Reiter es verstehen muß, sein Pferd sich seinem Willen unterzuordnen. Sie wußten der Unbill des Meeres, wie winzig auch ihre Schiffe[1] theilweise waren, mit Kühnheit und Sachkenntniß zu begegnen, denn, wie einst ein berühmter Piratenchef jener Zeit sagte: „stärkt der Sturm die Arme unserer Ruderer, während der Orkan uns dienstbar ist, da er uns schnell dahin bringt, wohin wir fahren wollen." Sie kämpften aber auch, wie ein anderer Schriftsteller sagt, zu Pferde, die sie erbeuteten, und lernten bald die Belagerungskunst. Ueber das Leben und Treiben der Skandinavier oder Normannen der ersten 500 Jahre n. Chr. überliefert uns die Geschichte keine nennenswerthen Details. Als die ersten Fürsten in Norwegen werden: Olaf, Halfdan, Eystein, Guthroth, Geirsthaba-Alfur ꝛc.; — in

---

[1] Verfasser hatte Gelegenheit s. Z. Zeichnung und Beschreibung eines aus der Zeit der „Wikinger" herstammenden Fahrzeuges, welches 1870 bei Tune unweit Fredericksstadt in Norwegen ausgegraben und stellenweise noch sehr gut erhalten war, zu sehen. Die Formen desselben machten einen durchaus gefälligen Eindruck. Der aus einem Stück bestehende eichene Kiel maß 43½ Fuß; die größte Breite des Fahrzeuges 13½ Fuß, die Höhe vom Kiel bis zum Schandeckel etwa 4 F. Das Fahrzeug war klinker gebaut, hatte 13 Rippen, die mit ein und zwei zölligen eichenen Planken, außerbords bekleidet und mit eisernen und fichtenen Nägeln befestigt waren. Es hatte Einrichtungen zu 9—10 Riemen auf jeder Seite, ein festes Ruder und einen Mast zum Niederlegen. Man hat in der Nähe dieses Fahrzeuges eine Anzahl Gebeine, mehrere eiserne Speere und andere Waffen, sowie eine eiserne Rüstung gefunden.

Schweden: Odder, Fioln, Sweigder, Wisbur 2c.; — in Dänemark: Frothon, Vermont, Olaus, Harald Hildetant u. s. w. genannt. Die erste Seeschlacht finden wir 770 n. Chr. zwischen Dänen, Schweden und Norwegern bei Bravalla oder Brovalla an der Ostküste Goth- lands in der Geschichte verzeichnet, an welcher sich eine große Zahl „Wikinger" betheiligt haben soll, um ihre Stärke und Kriegskunst zu zeigen. Die Schlacht entspann sich in der Nähe des Ufers. Als man aber die gegenseitigen Kräfte von den Schiffen aus nicht hinreichend zu messen im Stande war, wurde gelandet und Mann gegen Mann gekämpft, bei welcher Gelegenheit die norwegischen Bogenschützen die dänischen Reihen außerordentlich lichteten und den Sieg davontrugen. Harold mit 15 andern Meerkönigen und 300 Mann kamen um, während die Sieger etwa 12,000 Streiter ver- loren. Während der Jahre 835—870 n. Chr. unternahmen die Normannen unter Ragnard Lodberg, Hubbo, Ingvar und Asdan wiederholt Raubzüge nach England, landeten dort in den Fluß- Mündungen der Ost-, Süd- und Westküste, brandschatzten und plün- derten daselbst.

Ebenso befuhren sie mit ihren leichten Fahrzeugen den Rhein bis Köln, Trier, Bingen; ferner die Loire bis Tours und 843 bis Nantes hinauf, und plünderten überall wohin sie kamen. Karl der Kahle zahlte ihnen eine bedeutende Summe, um sie los zu werden.

Als sie im Jahre 885 wiederum die Seine mit 700 Schiffen hinaufgefahren waren und Paris belagerten, erkaufte Karl der Dicke ihren Abzug mit 7000 Pfund Silber und Gebietsabtretung. Im Jahre 885 fand im Hafursfiord zwischen Schweden, Dänen und Norwegern unter Eric, Golm und Harald Harfagar ein Seetreffen Statt, in welchem die Norweger die feindlichen Schiffe geentert und auf solche Weise über ihre Gegner gesiegt haben.

Im Jahre 912 drangen normannische Horden unter Rollo (Rolf) auf der Seine zu wiederholten Malen bis Paris vor, und setzten sich in Ronen fest. Karl der Einfältige, um sich vor ihnen zu sichern, gab dem Anführer seine Tochter zur Gemahlin und trat ihm die Normandie (das Gebiet an der unteren Seine) ab.

Aber auch England hatte zur selben Zeit und noch viel später von diesen normannischen Raubzügen zu leiden. Zwar wurden sie durch die Tapferkeit und Energie Alfreds von England (871—901) wiederholt aus dem Lande vertrieben, doch ließen sie sich nicht ab- halten unter seinen Nachfolgern wiederum von Neuem einzubrechen.

Im Jahre 994 setzten Olaf, König von Norwegen und Swen, König von Dänemark mit 80 Schiffen nach England über, landeten in der Themse und plünderten und brandschatzten daselbst. Ein großer Theil der Eindringlinge wurde zwar von den Bewohnern Englands niedergemetzelt, jedoch entging Swen dem Racheschwert. Im nächsten Jahre kehrte er mit 300 Schiffen dahin zurück, und entriß 1002 dem angelsächsischen König Ethelred den größten Theil des Landes. Knut der Sohn, Swen's, der schon König von Dänemark und Norwegen war, wurde 1016 alleiniger Herrscher von England. Im Jahre 1066 setzte Wilhelm der Eroberer, ein Nachkomme Rollo's mit 60,000 Mann nach England über, schlug am 14. Oktober den von den Angelsachsen auf den Thron erhobenen König Harald bei Hastings, und unterwarf England der Herrschaft der französischen Normannen. Nach Osten hin unternahmen die skandinavischen Völker Raubzüge nach Rußland, den Küsten Pommerns u. s. w. Im Süden drangen sie bis ins Mittelmeer vor, siedelten sich dort in Italien und Sicilien an und kämpften gegen die Sarazenen. Es ist jedoch nicht Raum, alle diese Expeditionen und Kämpfe der skandinavischen Völker anzuführen, dieselben sollen hier vielmehr nur registrirt werden. Von größerer Wichtigkeit für uns sind die Fahrten der Normannen im Atlantischen Ocean, wo sie, nachdem sie die Orkneys- und Shetlandsinseln aufgefunden und besetzt hatten, weiter nach Norden vordrangen, auf die Färoerinseln stießen und von da um 860 unter Nabbodd, einem norwegischen Wiking, nach Island kamen, das man Schneeland nannte. In Folge der Gewaltherrschaft Harald Harfagars wurde dasselbe bald von norwegischen Auswanderern bevölkert. Im Jahre 982 wurde dann Grönland von einem wegen Todtschlags vogelfrei erklärten Isländer, Erik dem Rothen aufgefunden und nach und nach colonisirt. Von hier aus entdeckte Biarne Heriulfson 998 auf seinen Expeditionen Amerika (Neuengland) und nannte es Weinland nach den dort vorgefundenen Reben. Im Jahre 1000 setzte Leif Erikson mit 35 Mann seine Entdeckungen fort und landete südlich von der Insel St. John. Ansiedelungen waren jedoch der wilden Eskimos halber nicht ausführbar.

Mit der Ausbreitung des Christenthums in Skandinavien nahm auch der Seeraub ab, dagegen begannen die Kriege gegen die heidnischen Wenden.

Im Jahre 1050 siegte Magnus von Dänemark über den Rebellen Sueno bei Lurskow und später bei Aars im Lymfiord und machte diesen später zu seinem Nachfolger. Im Jahre 1062 trafen bei Helgeneß, an der Küste von Halland, eine dänische und eine norwegische Flotte zusammen.

Die Dänen unter Sueno waren 300 Segel stark, die Norweger unter Harald zählten weniger und kleinere Schiffe. Die Schlacht begann auf Trompetensignal, die beiden Flotten gingen in Linie gegen einander vor und avancirten unter voller Kraft der Ruderer; Harald's Schiff hatte 35 Ruderbänke. Es war ein arges Ringen, denn nach jedem Durchbrechen der feindlichen Linie wurde gewendet und ein neuer Angriff auf den Feind unternommen, bis die Kräfte der Gegner der Erschöpfung nahe waren. Von einem Mittag bis zum nächsten Morgen, — so erzählt die Geschichte, — wurde auf beiden Seiten mit der größten Tapferkeit gekämpft, bis es dem Befehlshaber des linken norwegischen Flügels, dem Grafen Hakon gelang, die ihm gegenüber stehenden Jüten zurück zu drängen und dadurch den Sieg der Norweger herbeizuführen.

Darauf wendeten sich die Norweger, bis Ende des Jahrhunderts, mit ihren räuberischen Expeditionen nach England, kehrten jedoch meistentheils mit blutigen Köpfen von dort zurück.

Im Jahre 1110 betheiligte sich Sigurd, König von Norwegen, mit 600 Schiffen und einer Anzahl Truppen am heiligen Kriege, kehrte auf seiner Fahrt in Portugal und auf den Balearischen Inseln an, brandschatzte und plünderte wo er konnte, landete schließlich in Joppe, drang bis Jerusalem vor und betheiligte sich an der Einnahme von Sidon.

Im Jahre 1157—1168 waren die Dänen fortwährend mit den Wenden im Kriege, landeten häufig an der pommerschen Küste und zerstörten Arcona auf Rügen.

1169 erfochten die Dänen über die Esthen und Kurländer einen Seesieg bei Oelland.

Im Jahre 1200 siegten die Dänen unter Knuth VI. über Boguslav von Pommern. Letzterer verlor 18 große und 250 kleinere Schiffe und gelang es nur 35 Fahrzeugen zu entkommen.

Im Jahre 1218 unternahm Waldemar II. von Dänemark mit 1000 Schiffen und einer auserlesenen Armee einen Zug nach Esthland. Die Esthländer, durch eine so bedeutende Truppenmacht überrascht und eingeschüchtert, konnten oder wollten das Landen derselben nicht verhindern, sondern baten um Frieden und ließen sich taufen. Unter seiner Regierung erhielt die dänische Marine einen bedeutenden Aufschwung. Er bestimmte, daß die einzelnen Städte und Provinzen, je nach ihrer Leistungsfähigkeit stets eine Anzahl Schiffe bereit halten mußten. Jütland und Schleswig z. B. 700, Schonen und Halland 300, die Inseln 400 Schiffe. Viele derselben waren, nach den Ueber= lieferungen, zwar nur mit 2 Offizieren und 14 Mann besetzt, jedoch gab es auch eine große Anzahl, welche eine Besatzung von 120 Mann hatten. Ob die ersteren von Privatpersonen und Städten gestellt, während die größeren auf Rechnung des Staates ausgerüstet wurden, darüber ist uns nichts Näheres bekannt geworden.

Die inneren Zwistigkeiten während der Regierung Erich IV. Christoph I. und Erich V. zerrütteten Dänemark außerordentlich und verhinderten den Erfolg, welchen man sich von der neuen Organisation der Marine versprochen hatte. Die Flotten der Hansa errangen un= weit Langeland einen bedeutenden Sieg über die dänische und König Hakon von Norwegen bedrohte mit 300 Schiffen Kopenhagen.

Unter Christoph II. fielen die im Süden Schwedens von Däne= mark besetzten Provinzen wieder an Schweden, Jütland an Holstein zurück, und Rügen erlangte seine Unabhängigkeit wieder.

Waldemar III. suchte das zerrüttete Dänemark wieder aufzurichten und die verlorenen Gebietstheile wieder zu gewinnen. Ueber seine Kriege mit der Hansa (siehe Seite 147 u. 148.)

König Johann war bemüht, die Suprematie der dänischen Flotte in der Ostsee wieder herzustellen und hatten seine Bemühungen wenig= stens den Nutzen, daß durch seine überall in der Ostsee kreuzenden Schiffe, der überhandnehmende Seeraub unterdrückt wurde. Mit Heinrich VII. von England schloß er einen Vertrag, durch welchen die englischen Schiffe welche den Sund passirten, zur Zahlung eines Zolles verpflichtet waren.

Im Jahre 1510 ließ er die Küsten der gegen ihn aufrührerischen Provinzen Südschwedens von Helsingborg bis Stockholm blockiren, wodurch jenen der ganze Handel abgeschnitten wurde. Die Hansa, durch diese Maßregel gleichzeitig geschädigt, machte gemeinschaftliche Sache mit den aufrührerischen Provinzen gegen Dänemark. Der Kampf wurde auf beiden Seiten mit der größten Erbitterung und Grausamkeit ge= führt und sowohl die dänischen als die Küsten und Städte der Hansa verheert und gebrandschatzt. Zwei größere Seetreffen fanden bei Born= holm und in der Bucht von Danzig zwischen den beiden Flotten Statt, führten aber zu keiner Entscheidung. Durch den Frieden von

Malmoe (1512) zwischen Dänemark und der Hansa, welcher für letztere weniger günstige Bedingungen enthielt, wurden zwischen diesen die Feindseligkeiten beendet.

Den Grund zu einer ersten Dänischen Flotte legte Christian IV. König von Dänemark und Norwegen und Herzog zu Schleswig und Holstein (1580—1648).

Dritter Theil.
Die neuere Zeit bis 1792.

Entwickelung des Seewesens und des Kriegsschiffsbaus bis zur Einführung des Dampfes (1840).

Die Unternehmungen von Columbus, Cabot, Amerigo Vespucci, Vasko de Gama fanden Nachahmer und trugen wesentlich dazu bei, die Kindheit der Segelschiffe möglichst schnell überwinden zu helfen, und der Vervollkommnung des Seewesens die vollste Aufmerksamkeit zuzuwenden. Englische, französische, spanische, holländische und andere Schiffe durchfurchten die Meere, die Magnetnadel zeigte ihnen den Weg, der Octant, wie unvollkommen er auch noch war, diente zu astronomischen Messungen, um die geographische Breite des Schiffes auf See zu bestimmen.

Franz Drake verließ am 15. November 1577 mit 5 kleinen Schiffen Plymouth, segelte durch die Magellanstraße, an der West-küste Südamerikas entlang, wendete sich dann nach den Molukken, Celebes, Java, dem Cap der guten Hoffnung, und traf, nach Um-schiffung des Erdballs, reich beladen am 26. September 1580 wiederum in Plymouth ein.

Der Schiffbau machte im 16. und 17. Jahrhundert bedeutende Fortschritte. Durch die weiten Wege über See war man gezwungen, den Schiffen nicht allein bessere Formen besonders unter Wasser zu geben, sondern auch deren Segeleigenschaften zu vervollkommnen; ja man begann schon den Boden solcher Fahrzeuge, welche tropische Meere zu befahren hatten, zum Schutz gegen Anwuchs und Bohr-

wurm, mit Kupferplatten zu beschlagen. Die Schiffe selbst erhielten
größere Dimensionen, wurden sorgfältiger konstruirt und dauerhafter
gebaut, Bug und Heck erhielten gefälligere und mehr zweckentsprechende
Formen. Ihre Betakelung wurde eine andere; statt des einen Mastes
erhielten sie drei; statt des Auslegers ein festes Bugspriet. Die
Masten selbst bestanden nicht mehr aus einem Stück, sondern erhielten
nach und nach Stängen und Bramstängen mit den entsprechenden
Raaen und Segeln; die Takelage näherte sich im Allgemeinen ihrer
jetzigen Einrichtung. Die Unterscheidung der Kriegs= und Handels=
schiffe trat sowohl in Form als Einrichtung successive deutlicher
hervor, obgleich ja noch bis in eine viel spätere Zeit die Schiffe der
großen englischen und holländischen Handelskompagnien stark bemannt
und so eingerichtet waren, daß sie zu jeder Zeit armirt werden und
event. als Kriegsschiffe Verwendung finden konnten.

War die Artillerie schon im Laufe des 14. Jahrhunderts auf
Kriegsschiffen zur Einführung gelangt, und hatten die Geschütze, nach
der Erfindung des Schießpulvers, zuerst auf den Fahrzeugen des
Mittelmeeres die früher gebräuchlichen Kriegsmaschinen verdrängt, so
blieben auch die nordischen Völker hierin nicht zurück. Die Engländer
verwendeten sie auf ihren Schiffen unter der Regierung Richard III.
und Heinrich VII. Die Geschütze waren aber zu jener Zeit auf dem
Oberdeck aufgestellt und feuerten über Bank. Es entstanden aus den
Schießmaschinen (eiserne Stäbe, mit eisernen Reifen umgeben) kupferne
Kanonen bis zu 8000 Pfd. Rohrgewicht, eiserne Geschosse, Kugeln
bis zu 50 Pfd. und darüber.

Von entscheidender Bedeutung waren die Geschütze aber, als
man anfing, sie auch in der Breitseite aufzustellen. Es geschah dies
von 1500 ab, als der französische Schiffbauer Descharges in Brest
die Geschützpforten erfand und einrichtete.

Im Jahre 1488 wurde während der Regierung Heinrich VII.
von England der „Great Harry“, wahrscheinlich das erste Schiff der
Königlichen Marine, gebaut. Das Schiff hatte 3 Masten und war
bis zum Jahre 1545 ein Unicum in der englischen Flotte. Die
erste Aufstellung von Geschützen in der Breitseite fand in der
englischen Marine, bei dem 1515 in Erith gebauten Linienschiffe[1])

---

[1]) Es dürfte hier vielleicht am Platze sein, dem geehrten Leser in kurzen Umrissen einige Erläuterungen über die Benennung der hauptsächlichsten Klassen von
Kriegsschiffen zu geben.

Henry-Grâce-à Dieu statt. Derselbe war ein Zweidecker von 1000 Tons, welcher in den beiden Batterien etwa 54 schwere Breitseitegeschütze in Radlaffeten (Achtzehn- und Neunpfünder), und auf dem Oberdeck, resp. auf Back und Schanze, noch 26 Geschütze kleineren Kalibers führte; er hatte 4 Masten und 700 Mann Besatzung. Die Formen des Schiffes waren zwar plump, die Takelage, obwohl die Riemen verschwunden und die Segel der alleinige Motor geworden, noch ziemlich mangelhaft. Die 4 Masten scheinen, nach den uns zur

---

1) Linienschiffe. (Segel, Dampf) Schiffe, welche die Schlachtlinie bildeten. Sie führten 50—130 Geschütze verschiedenen Kalibers auf zwei oder drei über einander liegenden Decks resp. in zwei oder drei gedeckten Batterien und auf dem Oberdeck (Back und Schanze); sie hießen danach Zwei- oder Dreidecker. Ihre Takelage bestand aus 3 vollgetakelten Masten mit Raaen.

Nach Einführung des Dampfes gab es auch Dampf-Linienschiffe, und bis vor einigen Jahren existirten in Frankreich noch zwei Panzer-Linienschiffe (Magenta und Solferino), welche jedoch nicht vollgetakelt waren.

2) Fregatten. (Segel, Dampf) Sie führten und führen noch eine Lage Geschütze (30—50) unter Deck resp. in einer gedeckten Batterie und außerdem eine Anzahl Kanonen auf dem Oberdeck (Back und Schanze). Ihre Betakelung war der der Linienschiffe gleich, nur kleiner.

3) Gedeckte Corvetten. (Segel, Dampf) Eine Abart der Fregatten, welche wie diese, außer einer Reihe schwerer Geschütze in einer gedeckten Batterie, nur 2—3 Kanonen auf dem Oberdeck (im Bug und am Heck) führen, während die Fregatten auf dem Oberdeck mehr Geschütze in der Breitseite haben.

4) Corvetten. (Segel, Dampf- oder auch Glattdecks-Corvetten) Sie führten und führen nur eine Lage Geschütze auf dem Oberdeck, sind im Uebrigen wie die Fregatten und gedeckten Corvetten getakelt.

5) Kriegsbriggs. (Segelbriggs) Sie waren wie die Korvetten armirt, hatten aber nur zwei vollgetakelte Masten.

6) Schooner. Sie hatten 4—6 Geschütze auf dem Oberdeck und zwei Masten. Von diesen führte jedoch nur der vordere Raaen.

7) Kanonenboote (Ruder) siehe S. 120. Bei Einführung des Dampfes behielt man Kanonenboote bei; dieselben erhielten aber größere Dimensionen, 2—3 schwere Geschütze und eine leichte Takelage.

8) Mörserboote. Sie führten außer einigen leichten Geschützen, in der Mitte auf starker Balkenunterlage einen oder zwei Mörser.

9) Unter Avisos versteht man in neuester Zeit alle kleineren schnellen Dampfer mit 2—4 Geschützen auf Deck.

10) Panzerbatterien sind gepanzerte flachgehende Fahrzeuge mit einer Anzahl Geschützen in Breitseitpforten.

11) Monitors sind gepanzerte Dampffahrzeuge mit schweren Geschützen in (1 resp. 2) gepanzerten Thürmen.

12) Thurmschiffe nennt man größere gepanzerte Kriegsdampfschiffe mit zwei und mehreren gepanzerten, mit schweren Geschützen armirten Thürmen 2c. 2c.

Einsicht gelangten Zeichnungen, ohne großes Verständniß der Segel-wirkung gestellt worden zu sein; das Bugspriet (Ausleger) noch ein loser Baum, an dem der vordere Mast keine Stütze fand.

Im Jahre 1610 wurde in Woolwich der „Prince Royal", ein Zweidecker von 64 Kanonen gebaut.

Das berühmteste Schiff jener Periode war jedoch der im Jahre 1637 auf der Königlichen Werft zu Woolwich erbaute erste englische Dreidecker „Sovereign-of the-Seas" (Royal Sovereign). Seine Länge zwischen den Perpendikeln betrug 170, seine Totallänge 232, seine größte Breite 48 Fuß. Seine Tonnenzahl variirt in den englischen Angaben von 1141 bis 1683 Tons, welches wohl in den verschiedenen Messungsmethoden zu suchen ist. Er führte 100 Ge-schütze, und zwar 30 Geschütze in der unteren, 30 in der mittleren und 26 in der oberen Batterie, die übrigen waren auf dem Ober-deck resp. der Back und Schanze aufgestellt, von denen einige in der Kielrichtung nach vorn, (Jagdgeschütze) andere in der Kielrichtung nach hinten (Heckgeschütze) feuern konnten (James.) Die Geschütze der untersten Batterie ragten jedoch nur wenige Fuß (4) über dem Wasserspiegel hervor, so daß bei nur mäßig bewegter See die unteren Pforten geschlossen werden mußten, ein Uebelstand, welcher sich bei diesen großen Schiffen in allen Marinen, selbst bis in die neueste Zeit geltend gemacht hat. So gab es z. B. noch in der Mitte des 19. Jahrhunderts in den englischen, französischen und andern Marinen Linienschiffe, bei denen die untersten Pforten kaum 5 Fuß über Wasser lagen, wodurch die Verwendung der in der untersten Batterie aufgestellten schwersten Geschütze, unter Umständen, nur eine bedingte war. Bei den französischen Panzer-Linienschiffen „Magenta und Solferino" sah man sich s. Z. aus diesem Grunde sogar genöthigt, die Pforten der untersten Batterie ganz zu schließen und aus den beiden Linienschiffen Panzerfregatten zu machen.

Die Stabilität des Royal Sovereign war bei der großen Zahl von Geschützen und dem hohen Oberbau, nur äußerst gering, so daß man das Schiff zum Zweidecker rastren mußte. Als solcher hat er aber bei vielen Schlachten noch thätig mitgewirkt, bis er im Jahre 1696 verbrannte.

Schiffe von den Dimensionen des „Royal Sovereign" waren jedoch zu jener Zeit eine Seltenheit und wurden von andern Nationen nicht nachgeahmt, vielmehr hielt man es den Anforderungen entsprechender, sich mit Schiffen von geringeren Dimensionen zu begnügen.

James sagt z. B. von einem im Jahre 1672—73 bei Spithead befindlichen französischen Geschwader, daß sich in demselben ausgezeichnete Zweidecker von 60—74 Geschützen und besonders der „Superbe" von 40 Fuß Breite mit 74 Geschützen befunden habe, welcher für 6 Monate Proviant und Wasser an Bord hatte.

In den englisch-holländischen Seekriegen des 17. Jahrhunderts kam es noch vor, daß eine Anzahl Handelsschiffe von entsprechender Größe armirt und mit ins Gefecht geführt wurden.

Die ersten Fregatten scheinen zwischen 1633—1640 in England erbaut worden zu sein. Das erste Schiff, welches den Namen Fregatte führte, war die „Constant Warwick", von 380—400 Tons und 26 Geschützen, von denen 18 kurze Neunpfünder in der Batterie und 8 kurze Sechspfünder auf dem Oberdeck standen. Die Wasserlinien waren sehr scharf gehalten, so daß die Schnelligkeit und Manövrirfähigkeit dieses Schiffes eine bedeutende war. Zwar lag die Batterie kaum mehr als 3 Fuß über Wasser, doch fand dasselbe in Folge seiner trefflichen Segeleigenschaften solchen Anklang, daß in kurzer Zeit eine nicht unbedeutende Anzahl dieser Klasse von Schiffen, die zu ähnlichen Zwecken wie die schnellen Galeeren im Mittelmeere verwendet wurden, im Bau folgten. Wenn wir daher 1500—1650 als die Kindheit der Segelschiffe bezeichnen, so umfaßt 1650—1740 die erste Periode der Linienschiffe und Fregatten, und von 1740—1840 resp. bis zur Einführung des Dampfes, die Glanzperiode der Linienschiffe oder der Segelschiffe überhaupt.

1520 unter Heinrich VIII. zählte die englische Flotte 16 Schiffe mit 7260 Tons; 1558 unter Maria 26 Schiffe mit 7110 Tons; 1588 unter Elisabeth 34 Schiffe mit 12590 Tons; 1607 unter James I. 36 Schiffe mit 14710 Tons 2c.

Die erste Klassifikation der Kriegsschiffe in der englischen Marine stammt aus dem Jahre 1546. Dieselbe zerfiel in Schiffe (ships) Galleassen (galeasses),[1]) Pinnassen (pynasses) und Ruderfahrzeuge (roo-barges).

Im Jahre 1612 wurden die englischen Kriegsschiffe mit „Königlichen Schiffen" von 1200—800 Tons, mittleren Schiffen von

---

[1]) Galleassen scheinen lange niedrig über Wasser liegende scharf gebaute Fahrzeuge gewesen zu sein, welche sowohl mittelst Riemen als Segel fortbewegt wurden, ähnlich wie die Galeeren. Eine kleinere Klasse dieser Fahrzeuge waren die Pinnassen.

800—600 Tons, kleineren Schiffen von 350 Tons und Pinnassen von 250—80 Tons bezeichnet.

Im Jahre 1691 ward in England die Bestimmung getroffen, daß die Flotte aus Linienschiffen, Fregatten, Bombenschiffen, Brander- und Hospitalschiffen zu bestehen habe, von denen die ersten beiden Klassen, sofern sie nicht unter 50 Geschütze führten, Schiffe genannt wurden, die einen Platz in der Schlachtlinie ausfüllen mußten.

Im Jahre 1670 zählte die französische Flotte 5 verschiedene Klassen, von denen die erste 120 Geschütze führte und 1500—1800 Tons groß war; die fünfte Klasse bildeten die leichten Fregatten, dann folgten die Brander und kleineren Fahrzeuge. Eine ähnliche Eintheilung bestand in Spanien.

Die Holländer hatten verschiedene Klassen. Ihre größten Schiffe, von denen sie nur eine geringe Anzahl besaßen, führten 92—94 Geschütze, jedoch waren dieselben voller und breiter, aber flachgehender als die der übrigen Nationen, den Tiefenverhältnissen ihrer Häfen entsprechend.

Im Jahre 1727 zerfiel die englische Flotte in 6 Klassen, von denen die erste (Dreidecker) 100 Geschütze, und zwar 28 Zweiundvierzigpfünder in der untersten Batterie, 28 Vierundzwanzigpfünder in der mittleren, 28 Zwölfpfünder in der oberen Batterie und 16 Sechspfünder auf dem Oberdeck führte. Das gesammte Geschützgewicht betrug 214 Tons. Schiffe der ersten Klasse waren etwa 1870 Tons groß und hatten 780 Mann Besatzung. Die dritte Klasse (24 Zweidecker) führte 70 Geschütze und zwar 26 Vierundzwanzigpfünder auf dem untern, 26 Zwölfpfünder auf dem zweiten und 18 Sechspfünder auf dem Oberdeck; sie war 1128 Tons groß und hatte 480 Mann Besatzung. Das Geschützgewicht betrug 126¹/₄ Tons. Die vierte Klasse (46 Zweidecker) führte 50 Geschütze und zwar 22 Achtzehnpfünder auf dem untern, 22 Neunpfünder auf dem zweiten, 6 Achtpfünder auf dem Oberdeck, war 755 Tons groß und hatte 280 Mann Besatzung. Die sechste Klasse (Corvetten) führte 20 Sechspfünder, hatte eine Größe von 374 Tons und 115 Mann Besatzung.

Erst Mitte des 17. Jahrhunderts fand ein bedeutender Fortschritt in der Armirung der englischen Kriegsschiffe in sofern statt, als jedes Deck (jede Batterie) Geschütze von gleichem und mehr wirksamen Kaliber erhielt, während bis dahin nur kleinere Geschütze in der Breitseite verwendet wurden, die dem Schiffskörper kaum nennenswerthen Schaden zufügten.

Im Jahre 1677 hatte man in der englischen Marine folgende Hauptarten von Geschützen:

	Seelendurchmesser Zoll.	Rohrgewicht Centner engl.	Geschoßgewicht Pfund engl.	Pulverladung Pfund.
Cannon-royal	8½	80	66	30
Cannon	8	60	60	27
Cannon-serpentine	7	55	53	25
Bastard-cannon	7	45	41	20
Demi-cannon	6¾	40	33	18
Cannon-petro	6	40	24	14
Basilisk . .	5	40	15	10
Whole and half culverin (18 u. 19 Pfünder.)				
Minion	3½ Zoll Seelendurchmesser		10	4
Sacer	8½ Fuß lang		22	6

Ende des 17. Jahrhunderts führten die Franzosen, Spanier und Dänen 36, 24, 18, 12, 8 und 6 Pfünder; die Holländer 32, 24, 18, 12, 8 und 6 Pfünder; die Schweden 48, 42, 36, 30, 24, 12, 8 und 6 Pfünder; die Russen 42, 36, 30, 24, 18, 12, 8 und 6 Pfünder. Auch kamen in den Kriegen zwischen Holland und England Ketten-, Stangen- und Paßkugeln zur Verwendung.

Die größte Zahl der Schiffsgeschütze schweren Kalibers bestand zu jener Zeit aus Achtzehnpfündern. Nach den Mittheilungen von Dr. Moritz Meyer wurden die Engländer bereits im Jahre 1471 mit dem Gebrauch der Handfeuerwaffen bekannt, doch gelangten solche, in Anbetracht ihrer geringeren Schußweiten als die Bogen, und der längeren Zeit des Ladens, vorläufig nicht zur Einführung und kamen erst im Jahre 1521 wieder vor (cfr. United Service Journal 1832). Nach derselben Quelle haben etwa gleichzeitig die Franzosen eiserne Geschosse eingeführt, im Allgemeinen 56 Pfund schwer, doch gab es auch deren von 192 Pfund. Ferner zählte im Jahre 1544 die französische Flotte eine Anzahl Schiffe, die 100 bronzene Geschütze führten, und sollen sich 1661 auf der französischen Flotte 570 metallene und 471 eiserne dienstfähige Kanonen befunden haben. Im Jahre 1680 wurden in Frankreich Mortierschiffe (Mörserboote, Bombarden — galliotes à Bombes) gebaut; ein jedes solcher Schiffe führte 2 Mortiere, der vordere hatte 14 Zoll im Kaliber bei einem Geschoßgewicht von 140 Pfund, mit einer Wurfweite von 1900 Toisen. Nach einer Ordonnanz des Jahres 1691 sollten die französischen Kriegsschiffe 1. bis 3. Ranges ganz mit Bronzegeschützen armirt werden; die des 4. Ranges ⅓ Bronzegeschütze und ⅔ eiserne; die vom 5. Rang ⅓ Bronzegeschütze; die Fregatten nur eiserne

Geschütze führen. Im Jahre 1691 zählte die französische Flotte 5136, die englische 8396 Kanonen.

Im Jahre 1779 kamen in der englischen Marine die eisernen Caronaden zur Einführung; 1797 in Frankreich die Granat-Kanonen (Paixhans) in Gebrauch. Fulton stellte Versuche mit Booten an, die unter Wasser fahren und Schiffe sprengen sollten.

Bis zur Mitte des 18. Jahrhunderts waren die Fortschritte des Schiffbaues nicht sehr bedeutend; nur veränderte sich das Verhältniß zwischen Breite und Länge der Art, daß es z. B. in der zweiten Hälfte des 16. Jahrhunderts 1 : 3, fünfzig Jahre später 1 : 3½ und Ausgang des 17. Jahrhunderts 1 : 4 betrug, denn in letztgenannter Periode finden wir z. B. Dreidecker von 80 Kanonen und 156 Fuß Länge zwischen den Perpendikeln bei 40 Fuß Breite. Ebenso wird die Zahl der Geschütze geringer, dagegen das Kaliber derselben größer, die Wirkung derselben bedeutender.

Gegen Anfang des 18. Jahrhunderts scheint England in Bezug auf Schiffskonstruction von den anderen Nationen bedeutend überflügelt worden zu sein, namentlich aber von Franzosen und Spaniern, deren Schiffe nicht allein größer waren, sondern auch besser segelten und mehr Seetüchtigkeit besaßen. Die Bekupferung der Schiffsböden wurde allgemeiner und dadurch auch die Verwendung von Kupferbolzen bedingt, weil Kupfer und Eisen im Seewasser einen galvanischen Strom erzeugen, der das Eisen bekanntlich sehr schnell verzehrt.

Bezüglich der Taktik sind bis Mitte des 17. Jahrhunderts nur geringe Normen erkennbar; es gelangte in der Schlacht sowohl als bei der Marschordnung die Kiellinie und ebenso die Eintheilung der Flotten in drei Geschwader allgemein zur Annahme. Von Mitte bis Ende des 17. Jahrhunderts nahmen diese Normen festere Gestalt an, so daß eine Taktik sich allmälig Bahn bricht.

Hatte es doch fast den Anschein, als wäre seit der Schlacht von Actium der Geist der Kriegsführung zur See auf lange Zeit vollständig verloren gegangen, da bis etwa Mitte des 17. Jahrhunderts große Seeschlachten geschlagen wurden, ohne daß eine Taktik zu erkennen war, ohne daß ein Bedürfniß vorhanden zu sein schien, bestimmte Regeln zu schaffen, wie Schiffe mit den jeweiligen Motoren, Armirungen und sonstigen Einrichtungen am Zweckmäßigsten im Gewühl der Schlacht zu verwenden, wie die Ueberlegenheit auszunutzen oder solche durch geschicktes Manövriren herzustellen sei. Diese Aufgaben der Taktik wurden erst in der zweiten Hälfte des

17. Jahrhunderts theils durch eine Kommission holländischer Admirale, theils durch das im Jahre 1690 herausgegebene Werk des Jesuiten Pater Paul Hoste, gelöst, und macht es gewiß einen eigenthümlichen Eindruck, daß der Impuls zur Vervollkommnung dieses so wichtigen Zweiges der Seekriegswissenschaft von einem Manne ausgehen mußte, der weder Seeoffizier war, noch eine einflußreiche Stellung im Seedienst einnahm.

Sechsundzwanzigstes Kapitel.

Actionen der englischen, französischen und spanischen Flotten im 16. Jahrhundert.

Die Regierung Heinrichs VIII. von England (1509—1547) ist für die englische Marine in sofern von außerordentlicher Wichtigkeit, als während derselben ein stehendes Seeoffizier-Corps und eine Centralbehörde unter der Bezeichnung „Admiralität" gebildet wurde, so daß jener Fürst wohl als der eigentliche Schöpfer der englischen Seemacht der Neuzeit zu bezeichnen ist. Zum Chef dieser Behörde wurde 1513 Sir Eduard Howard unter dem Titel „Lord High Admiral" (Großadmiral) ernannt. Heinrich VIII, nachdem er an Ludwig XII von Frankreich 1512 den Krieg erklärt hatte, schickte unter Befehl des Admiral Howard eine Flotte nach den Küsten der Normandie und der Bretagne, während eine Abtheilung derselben unter Befehl von Admiral Thomas Gray, den Auftrag erhielt, mit einem spanischen Geschwader zusammen gegen Bayonne zu operiren.

Seegefecht bei Brest. Schon im April verließ eine aus 42 Segeln bestehende Flotte die englische Küste. Admiral Howard fand die französische Flotte in Brest, auf eine Verstärkung von 6 Galeeren wartend, die unter Kommando des Admiral Prégent dort täglich eintreffen sollte. Um den Feind aus dem Hafen zu locken, ließ Howard eine Scheinlandung außerhalb desselben ausführen. Die französische Flotte, um diese Landung zu verhindern, segelte aus dem Hafen, worauf der englische Admiral Truppen landen und in der Umgegend von Brest, Angesichts der Festungs= werke, plündern und Beute machen ließ. Unterdessen war auch Prégent eingetroffen und segelte nach Conquet, unweit

Brest, eine durch Forts geschützte Bucht, wo er sich gegen die englische Uebermacht sicher glaubte, und ankerte dort. Admiral Howard ließ sich jedoch nicht abhalten, einen Angriff gegen Prégent zu unternehmen. Er begab sich auf eine der beiden Galeeren welche sich in seinem Geschwader befanden, überließ die andere der Führung des Lord Ferrers und fuhr mit nur noch 4 größeren Booten in die Bucht von Conquet. Als Prégent die englischen Schiffe heran kommen sah, lichtete er Anker und ging ihnen entgegen. Admiral Howard, in dem Glauben schon eine sichere Beute vor sich zu haben, ließ längsseit des feindlichen Admiralschiffs rudern und leitete, mit dem Säbel in der Hand, persönlich die Enterung. Es kam zum Handgemenge, in welchem sich beide feindliche Befehlshaber persönlich gegenüberstanden und mit gleicher Tapferkeit fochten. Nach hartnäckigem Kampfe wurden die Engländer jedoch zurückgeschlagen; die Galeere, welche unter Admiral Howard die feindliche geentert hatte, wurde niedergerannt, und was nicht durch das Schwert gefallen war, fand, mit ihrem Führer an der Spitze, den Tod in den Wellen. Ferrers hielt es unter den obwaltenden Umständen für gerathen, nach der Flotte zurückzukehren, mit derselben unter Segel zu gehen und die traurige Nachricht nach England zu überbringen. Ob Admiral Howard[1]) in dieser Affaire richtig gehandelt hat; ob er sich von Thatendurst und persönlichem Ungestüm geleitet, getrennt von seiner Flotte überhaupt auf dies kühne Unternehmen einlassen durfte, wollen wir nicht weiter erörtern, doch scheint es fast, als hätte er in Folge der Intriguen seiner Gegner in England, absichtlich den Tod gesucht.

Die Engländer hatten im September 1544, mit Hülfe ihrer Flotte unter Befehl ihres Groß-Admirals Vicomte Lisle Herzog von Northumberland, Boulogne genommen. Der König von Frankreich Franz I. (1515—1547), über diese Niederlage entrüstet, ließ im Jahre 1545 eine Flotte von 100 Segeln und darüber unter dem Oberbefehl des Admiral b'Annebaut ausrüsten, und gab demselben die Ordre, sich mit den aus dem Mittelmeer zu erwartenden 25 Galeeren zu vereinigen, die englische Flotte zu schlagen und, um den Verlust von Boulogne zu rächen, festen Fuß in England zu

---

[1]) Seine Leiche ist nicht aufgefunden worden und will man nur gesehen haben, daß er, mit den Wellen ringend, die von ihm getragene silberne Bootsmannspfeife und eine Kette aus Goldmünzen sich vom Halse gerissen und in die Fluthen geworfen hat, damit sie nicht den Franzosen zur Beute werden sollten.

fassen. Kaum war diese Flotte von Hâvre de Grâce in See gegangen, so flog das Admiralschiff[1]) in die Luft. Die Franzosen ließen sich durch diesen Unfall jedoch nicht abschrecken, sondern verfolgten ihr Ziel unbeirrt weiter, obgleich die ganze Expedition schließlich nur wenig vom Glücke begünstigt ward. Am 18. Juli erschien die französische Flotte bei der Insel Wight.

Seegefecht unweit Spithead. Die englische Flotte, 60 Schiffe stark, alle wohl bemannt und gute Segler, lag in Portsmouth. Unter diesen Schiffen gab es eine Anzahl, welche sich sowohl zum Manövriren unter Segel als mit Riemen gleich gut eigneten.

Der Kommandeur der französischen Galeeren schickte am 19. Juli 4 derselben nach der Rhede von Spithead zum Recognosciren. 14 englische Schiffe wurden denselben sofort entgegengesandt, so daß die ersteren Mühe hatten, selbst unter Zuhülfenahme all ihrer Riemen und Segel zu entkommen. Der Zweck des französischen Admirals, die englische Flotte sich vor dem Hafen in voller Stärke entwickeln zu sehen war erreicht, denn am nächsten Morgen rangirte sich dieselbe in Schlachtordnung. Auch der französische Admiral ließ seine Schiffe zum Kampf bereit machen und ging dem Gegner entgegen. Das Gefecht wurde von beiden Seiten durch Geschützfeuer eingeleitet, blieb aber ohne Resultat; die Engländer zogen sich am Abend unter den Schutz ihrer Batterien zurück, während die Franzosen in der Bucht von St. Hellens (Insel Wight) ankerten. Das Flaggschiff des französischen Oberbefehlshabers „la Maîtresse" hatte im Laufe des Tages so arg gelitten, daß es nach Hâvre zur Ausbesserung geschickt werden mußte.

Am nächsten Tage rüstete sich Admiral d'Annebaut wieder zum Kampfe. Er hatte seine Flotte in drei Geschwader getheilt und kommandirte das Ganze vom Centrum aus; die Galeeren bildeten eine besondere Abtheilung. Auch die Engländer ließen trotz des sehr leichten Windes nicht auf sich warten; es kam zwischen den englischen Schiffen und den französischen Galeeren zu einer heftigen Kanonade, bei welcher eins der größten englischen Schiffe „Mary-Rose" mit 5—600 Mann Besatzung zum Sinken gebracht wurde, so daß sich

---

[1]) Dieses Schiff „Carraquon" genannt, führte 100 Metallgeschütze, die aber nur von geringen Dimensionen gewesen sein können, da das Schiff selbst nur eine Größe von 800 Tons hatte. Es war allerdings das größte Schiff der französischen Flotte und hieß es von demselben: „Der Carraquon erschien unter der Flotte wie ein Kastell und hat auf See weiter nichts zu fürchten als Feuer und Klippen."

nur 30 Mann retteten. Auch dem Great-Harry drohte ein ähnliches Schicksal, wenn ihm nicht noch rechtzeitig Hülfe geworden wäre. Als indessen der Wind auffrischte, warf sich die englische Flotte zunächst auf die französischen Galeeren, verfolgte dieselben und brachte ihnen große Verluste bei, ohne daß die letzteren das Geschützfeuer erwidern konnten. Sobald aber der französische Admiral den bedrängten Galeeren zu Hülfe eilte, zogen sich die englischen Schiffe in ihre Sicherheitsstellung zurück. Die Franzosen landeten darauf auf der Insel Wight, in der Absicht, von hier aus Portsmouth zu bedrohen. Ein zusammenberufener Kriegsrath erklärte sich jedoch sowohl gegen einen event. Angriff auf Portsmouth, als überhaupt gegen die Besetzung der Insel. Die Truppen wurden wieder eingeschifft, und die französische Flotte segelte nach der Nordküste Frankreichs zur Entsetzung und Wiedereroberung von Boulogne. Dort landete man und ließ in der Nähe der Stadt Befestigungen aufwerfen. Die englische Flotte folgte der französischen und kam es wiederholentlich zu kleineren Gefechten, welche jedoch größtentheils resultatlos verliefen. Bei unruhiger See zeigten sich die Galeeren als durchaus unbrauchbar; sie mußten unter der Küste Schutz suchen und waren so nur ein Gegenstand steter Sorge für den Kommandeur. Eine entscheidende Aktion ist während des ganzen Unternehmens nicht zu verzeichnen; Boulogne blieb den Engländern.

Die Expedition bietet in taktischer Beziehung insofern einiges Interesse, als der französische Admiral eine Gliederung seiner Segelschiffe in drei Geschwader anordnete, während die Galeeren eine selbstständige Abtheilung bildeten. Die einzelnen Geschwader bestanden wiederum aus Unterabtheilungen, welche auch für das Gefecht beizubehalten beabsichtigt waren. Den Oberbefehl führte er vom Centrum aus. Es ist ferner anzunehmen, daß die Rangirung der Flotten in Kiellinie als Schlachtordnung sich von dieser Zeit datirt, obgleich andere Nationen die Aufstellung aus der Zeit der Ruderschiffe noch nicht ganz aufgaben.

Seeschlacht bei den Azoren. Im Jahre 1580 am 26. Juli standen bei den Azoren 60 französische Schiffe unter Strozzi, 50 großen und 5 kleinen spanischen Schiffen mit 12 Galeeeen unter dem Marquis von Santa-Cruz gegenüber. Die Schlacht begann mit der gegenseitigen Beschießung aus der Ferne, doch war der Wind so veränderlich, daß es zu Enterungen nicht kam. Der Ausgang des Kampfes war daher lange unentschieden. Endlich näherten sich die Schiffe einander. Der französische Admiral wurde beim Entern eines feindlichen Schiffes tödtlich verwundet, das des Nächstkommandirenden arg beschädigt, so daß er seine Flagge auf ein anderes hinüberführen mußte. Durch diesen Wechsel wurde die Leitung unsicher, die schwereren Geschütze der Spanier kamen mehr zur Geltung und verhalfen den letzteren schließlich zum Siege. 8 französische Schiffe wurden genommen oder zerstört, 2000 Gefangene fortgeführt, von denen 600 über die Klinge springen mußten.

Die Franzosen schreiben diese Niederlage den Mißhelligkeiten und dem Mangel an Disciplin, welche auf den französischen Schiffen geherrscht haben, zu.

Unter der Regierung Elisabeths von England (1588—1603) nennt uns die Geschichte eine große Zahl berühmter Seehelden, wie: Drake, Howard, Hawkins, Raleigh u. a., so daß der jungfräulichen Königin wohl mit Recht der Name der Wiederherstellerin von Englands Seemacht und der Souveränin der nördlichen Meere gebührt. Eins der größten maritimen Ereignisse während dieser Zeit war unstreitig die Zerstörung der spanischen Armada. Dagegen liefen die Expeditionen von Drake, Hawkins, Raleigh u. a., wie sehr sie auch zur Erweiterung der Machtstellung Englands beigetragen haben, in der Hauptsache darauf hinaus, die spanischen Kolonien in Ost= und West=Indien, in Amerika 2c. in dem Maße zu schädigen, wie den Handel Englands zu schützen.

Die spanische Armada. Das Verhältniß der jungen Königin zu Philipp II. von Spanien, dem Gemahl ihrer Vorgängerin, war nichts weniger als freundlich. Der Admiral Drake hatte schon 1587 den Befehl erhalten, mit 28 Schiffen Cadix anzugreifen, die spanischen Schiffe zu zerstören und auch der in Lissabon versammelten spanischen Flotte möglichst viel Schaden zuzufügen. Beides gelang, denn in Cadix wurden von ihm eine größere Zahl Kriegsschiffe zerstört, sowie in Lissabon ein Theil der dort liegenden spanischen Flotte arg beschädigt.

Philipp dagegen sammelte in Flandern ein bedeutendes Heer, und ließ gleichzeitig eine mächtige Flotte ausrüsten, um gegen England Repressalien zu gebrauchen, daselbst zu landen und es zu erobern. Die spanische Flotte bestand aus 132 Schiffen mit einem Raumgehalt von etwa 60000 Tons, 32000 Mann Besatzung und 3160 Geschützen. Die Schiffe hatten durchschnittlich eine Größe von 450 Tons[1]), mit etwa 250 Mann Besatzung und 20 Geschützen; doch befanden sich unter denselben auch größere, hochbordige, sogenannte Gallionen mit hohem Border- und Hinterkastell von 1000—1200 Tons mit 50 Geschützen und darüber. Zu dieser Flotte gehörten ferner eine bedeutende Anzahl Transportschiffe, welche Waffen, Munition und Lebensmittel in großer Menge an Bord hatten. Der Kommandant en Chef dieser Armada war Don Alfonso Parez de Guzmann, Herzog von Medina Sidonia, dem der erfahrene Don Juan Martinez de Recalde beigegeben war. Medina Sidonia erhielt den Befehl: sich auf kürzestem Wege nach Calais Rhede zu begeben, dabei möglichst die Küste der Normandie und Bretagne zu halten, einen Angriff auf die englische Flotte aber zu vermeiden. Auf Calais Rhede würde ein Heer von 40000 Mann, unter dem Herzoge von Parma, mit den nöthigen Transportschiffen zu ihm stoßen, mit welchem er nach England übersetzen und dort festen Fuß fassen sollte.

Am 28. 29. und 30. Mai 1588 verließ die mächtige Armada mit großem Aplomp den Tajo, begleitet von den schönsten Hoffnungen Spaniens[2]). Dieselbe war in 10 Geschwader getheilt. Das Geschwader des Herzogs von Medina Sidonia (Flaggschiff St. Martin) bestand aus 12 Schiffen (Galleonen) mit 8000 Tons, 389 Kanonen, 1242 Seeleuten und 3086 Soldaten; das Flaggschiff hatte 1000 Tons und war mit 50 Geschützen armirt. Das Geschwader Don Juan Martinez de Ricalde zählte 14 Schiffe mit 5860 Tons, 302 Kanonen, 906 Seeleute und 2115 Soldaten. Das kastilische Geschwader unter Befehl von Don Diego Florez de Baldez zählte 16 Schiffe, 8000 Tons, 474 Kanonen, 1793 Seeleute und 2924 Soldaten. Das andalusische Geschwader unter von Don Pedro de Baldez war trotz der geringeren Zahl von Schiffen dennoch das stärkste, und bestand aus 11 Schiffen mit 8692 Tons, 315 Kanonen, 776 Seeleuten und 2359 Soldaten; das größte seiner Schiffe hatte 1550, das kleinste 569 Tons. Das guipuscoasche Geschwader unter Don Miguel Oquendo zählte 12 Schiffe mit 7000 Tons, 295 Kanonen, 608 Seeleute und 2120 Soldaten. Im italienischen

---

[1]) Als Maßstab mag hier bemerkt werden, daß die Kaiserlich deutschen Schiffe der Hertha-Klasse 1846 Tons und 19 Geschütze, die Klasse der Augusta 1550 Tons und 10 Geschütze, die der Ariadne 1309 Tons und 8 Geschütze haben.

[2]) Wir erinnern hierbei an die Expedition Athens gegen Sicilien Mitte Sommer 415 v. Chr. (siehe S. 62—65).

Geschwader unter General Don Martinez de Bertendona waren 10 Schiffe mit 8632 Tons, 319 Kanonen, 844 Seeleuten und 2790 Soldaten.   23 Transportschiffe standen unter Befehl von Don Juan Lopez de Medina; 24 Avisos und leichte Schiffe unter Kommando von Don Antonius de Mendoza. Vier Galleassen und große Galeeren mit je 130 Seeleuten, 270 Soldaten und 300 Galeerensklaven unter Don Hugo de Moncada, und 4 Galeeren mit je 106 Matrosen, 110 Soldaten und 222 Galeerensklaven unter Don Diego de Medrana bildeten den Rest.   Die letzteren 8 Fahrzeuge waren bei Windstillen unter Umständen von großem Nutzen für die Armada.

Bei Cap Finisterrä schon wurde diese Flotte von einem heftigen Sturme heimgesucht, theils zersprengt, theils arg beschädigt oder versenkt, so daß das Gros derselben, sich nach Corunna flüchten und dort Schutz suchen mußte.

In England war man in Folge der im Jahre 1587 von Drake gegen die Spanier errungenen militärischen Erfolge kurzsichtig genug, an eine Expedition derselben gegen England nicht zu glauben und unterließ es, trotz der drohenden Rüstungen Philipps, umfassende Gegenrüstungen zu treffen. Erst Ende des Jahres 1587 wurden solche ins Auge gefaßt, und erst bei der Nachricht vom Auslaufen der spanischen Armada erachtete die Königin Elisabeth den Zeitpunkt für gekommen, einen Aufruf an das Land zur Stellung von Schiffen und Soldaten zu erlassen.   Die Flotte wurde unter Kommando des Großadmiral Lord Howard von Effingham gestellt, der neben anderen erfahrenen Seeoffizieren den Vice-Admiral Drake, die Contre-Admirale Hawkins, Forbisher u. a. zur Seite hatte.

Eine wohlgerüstete und geschickt vertheilte Armee von 80000 Mann unter den vereinten Kommandos des Grafen Leicester und Lord Hunsdon, in drei Heeren, an drei verschiedenen Punkten in der Nähe der Südküste zur Abwehr des Feindes wurde aufgestellt.

Der Großadmiral beschleunigte die Ausrüstung und Verproviantirung der successive sich sammelnden und etwa aus 197 Schiffen und Fahrzeugen bestehenden Flotte.   Die Admiräle Henry Seymour und William Winter wurden mit einem Theil derselben, zur Beobachtung der Bewegungen des Prinzen von Parma, nach der Küste von Flandern gesandt.   Lord Howard erhielt den Befehl, mit 24 Schiffen in See zu gehen und zwischen den Scilly-Inseln und Quessant zu kreuzen.   Die Nachricht, daß die spanische Armada havarirt in Corunna eingelaufen und für dies

Jahr die Expedition gegen England aufgegeben sei, fand bald ihren Weg nach London, und erhielt Lord Howard in Folge dessen Anweisung vier seiner größten Schiffe nach Plymouth zurückzuschicken. Der Admiral schenkte der Nachricht jedoch keinen Glauben, verwahrte sich gegen die Rücksendung der Schiffe und segelte mit seinem Geschwader nach der Küste Spaniens, um möglichst selbst über den Zustand der Armada Informationen einzuziehen. Am 10. Juli, kaum noch 40 Seemeilen von der feindlichen Küste entfernt, segelte Lord Howard jedoch, als der Wind südlich ging und er befürchten mußte, die Armada könne von ihm unbemerkt der Küste Englands zusteuern, nach Plymouth zurück, und ließ die ganze Flotte von Neuem mit dem Nöthigen ausrüsten.

Die spanische Armada ging am 22. Juli von Corunna wieder unter Segel, erreichte am 29. Abends Lizzard, das man irrthümlich für Ramhead bei Plymouth hielt, und steuerte für die Nacht wieder seewärts, indem der Oberbefehlshaber durch Späher unterrichtet, daß die englische Flotte in der Abrüstung begriffen in Plymouth liege, den Entschluß faßte, dieselbe anzugreifen und zu vernichten.

Es war am 29. Juli 1588 Nachmittags, als auch Admiral Howard die Nachricht von der Annäherung des Feindes erhielt. Noch in derselben Nacht ging er sowohl als auch Drake mit 60 Schiffen in See, und am nächsten Tage schon sah er die spanische Flotte, in Halbmondform rangirt, die beiden äußersten Flügel 7 Seemeilen von einander entfernt, bei Eddystone vorbei in den Canal hineinsegeln. Dieselbe zählte (nach Mothley) 136 Schiffe, hiervon 90 von bedeutender Größe. Auf dem rechten Flügel befanden sich die Transportschiffe mit der zum Schutz ihr beigegebenen leichten Division, sowie die Galeeren.

Die Königliche englische Flotte zählte 34 Schiffe verschiedener Größe mit etwa 11820 Tons, 837 Geschützen und 6279 Mann Besatzung. Das größte Schiff derselben war der „Triumph" mit 1100 Tons, 42 Geschützen und 500 Matrosen; das kleinste 347 Tons mit 185 Mann Besatzung. Admiral Howard hatte sich auf der „Ark-Royal" von 800 Tons, 55 Geschützen mit 425 Mann Besatzung; Drake auf dem „Revenge" von 500 Tons, 40 Kanonen und 250 Mann Besatzung; Henry Seymour auf dem „Rainbow", von gleicher Klasse wie der Revenge; Forbisher auf dem „Triumph"; William Winter auf dem „Vanguard"; John Hawkins auf der Victory eingeschifft.

Verstärkt wurde die Königliche Flotte durch Schiffe, welche von den einzelnen Städten ausgerüstet, und gestellt wurden, so daß bis Juli die ganze englische Flotte 197 Segel mit 29744 Tons und 15785 Seeleuten zählte. Sie war in 5 Geschwader mit einem Reserve= geschwader eingetheilt.

Am 31. Juli Morgens gegen 9 Uhr kamen beide Flotten sich so nahe, daß Admiral Howard durch Abgabe einer Breitseite gegen die spanischen Schiffe die Feindseligkeiten zwar eröffnete, aber den ersten Anprall des Gegners vermied, indem er beim Winde (west= wärts) steuernd, die Luvseite der feindlichen Linie zu erreichen suchte. Sobald aber von Plymouth Verstärkungen zu ihm gestoßen waren, folgte er der spanischen Flotte, heftete sich an die Fersen der Nachhut, bedrängte dieselbe hart und beschoß sie noch im Laufe des Tages sehr wirksam. Admiral Oquendo's Flaggschiff wurde bei dieser Kanonade arg mitgenommen; das des Don Pedro de Valdez, welches bei einer Collision in der darauf folgenden stürmischen Nacht den Fockmast brach und stark in der Takelage beschädigt wurde, blieb zurück, und mußte sich, trotz der tapfersten Gegenwehr, Admiral Drake ergeben.

Am 1. und 2. August wurde das Gefecht, unter Innehaltung eines östlichen Kurses von beiden Flotten, in ähnlicher Weise weiter geführt, wobei auch Admiral Howard stellenweise hart ins Gedränge kam.

Am 3. August Nachmittags flaute der Wind ab, wurde still und ging östlich, so daß die Spanier, als sie ihren Cours nach Calais nicht fortsetzen konnten, beschlossen zum Angriff überzugehen, die Schlachtlinie formirten und auf die englische Flotte lossteuerten, um dieselbe zum Nahekampf zu zwingen. Es entspann sich ein Ge= fecht zwischen einzelnen Abtheilungen und wurden „Triumph", „Mary= Rose", „Centurion", und 4 andere englische Schiffe während 1¹/₂ Stun= den von den spanischen Schiffen hart bedrängt. Bald darauf ging der Wind aber südlich und sprang eine westliche Brise auf, wodurch die Situation der Flotten zu einander sich abermals änderte. Der spanische Oberbefehlshaber, seinen Kurs nach Calais fortsetzend, ließ einen Halbkreis formiren, postirte seine schwersten Schiffe in die äußere Linie, während die beschädigten und weniger starken mit den Transportschiffen in die Mitte genommen wurden. Der englische Admiral nahm die Verfolgung wieder auf, und fiel ein großes Schiff des Gegners an diesem Tage in seine Hände.

Am 4. August Morgens befanden sich beide Flotten auf der Höhe der Insel Wight. Man schlug sich bei fast gänzlicher Wind=

stille auf sehr nahe Distancen bis auf 150 Schritt, wobei die englischen Schiffe zuweilen durch ihre Boote oder die eigenen Riemen,
die spanischen durch ihre Galeeren aus der Schlachtlinie bugsirt
werden mußten. Man sah an diesem Tage, wie Gravière sagt: „Non-
Pareil und Mary-Rose, wie im 17 Jahrhundert gebräuchlich, ihre
Marssegel back brassen und der spanischen Flotte trotzen."

Bei der englischen Flotte machte sich bereits der Mangel an
Munition fühlbar, doch gelang es Admiral Howard, dieselbe aus den
nächsten Häfen zu ergänzen, während seiner Flotte gleichzeitig Verstärkungen zugeführt wurden, so daß er am 5. August die energische
Verfolgung des Feindes wieder aufnehmen konnte.

Der Herzog von Medina-Sidonia befand sich bei der Arrieregarde. Sein Groß-Mast wurde zerschossen und wäre sein Schiff gewiß
genommen worden, wenn nicht seine Admirale ihm zu Hülfe geeilt wären.

Auch Admiral Howard gerieth mit seiner Division arg ins Gedränge und wurde nur durch einen plötzlichen Windwechsel aus seiner
gefährlichen Lage befreit.

Am 6. August frischte der südwestliche Wind auf. Der spanische
Oberbefehlshaber entsandte ein Schiff nach Calais zum Herzoge von
Parma mit der Ordre, seine Armee einzuschiffen und sich mit der Armada
unter allen Umständen zu vereinigen. Gleichzeitig ließ auch der englische
Admiral die an den Küsten von Flandern kreuzenden Flottenabthei-
lungen von seiner Annäherung benachrichtigen. Am 7. August
1588 Abends ankerte die spanische Armada auf der Rhede von Calais,
nicht allein bedeutend beschädigt, sondern auch durch die Strapazen und
Anstrengung der Reise deprimirt, wenn nicht sogar entmuthigt.
Diese Stimmung erreichte aber einen noch höhern Grad, als die
Meldung des Herzogs von Parma einlief, daß die Häfen blockirt,
seine flachgehenden Fahrzeuge seeuntüchtig seien, und er in Folge
Mangels an Lebensmitteln und der Desertionen von Matrosen, nicht
im Stande sei, sich mit der Armada bei Calais zu vereinigen.

Die englische Flotte hatte unter Admiral Seymour und Winter
bedeutende Verstärkungen erhalten, so daß Lord Howard mit 140
Schiffen unweit Calais ebenfalls ankern konnte. Außerdem hielt eine
holländische Flottille von 100 kleineren Fahrzeugen die Einläufe zu
den flämischen Sandbänken besetzt. In der darauf folgenden Nacht
(vom 7. zum 8. August[1]) sollte eine englischerseits ersonnene List, von

---

[1] Zur Erinnerung an diesen Tag wurden Medaillen geprägt; eine derselben
der Königin zu Ehren, auf der ein Brander und eine Flotte in Verwirrung mit

welcher man sich großen Erfolg versprach, gegen die feindliche Flotte zur Ausführung gebracht werden. Auf besonderen Wunsch der Königin ließ Admiral Howard 8 seiner schlechtesten Schiffe in der Themse als Brander herrichten, d. h. große Massen von Theer, Pech, Harz und anderen leicht feuerfangenden Stoffen an Bord schaffen, und ihre Geschütze mit Steinen und Kettenenden laden. Diese sogenannten Brander schleppte man unter Führung zweier schneidiger Offiziere (Young und Prowse) gegen Mitternacht windwärts und oberhalb des Stromes, gerade vor die Mitte der spanischen Flotte, zündete sie an, und ließ sie los, so daß sie von der Strömung mitten durch die Reihen der feindlichen Schiffe getrieben wurden. Die Gelegenheit hierzu war so günstig wie selten und der Erfolg ein außerordentlicher. Denn kaum war die Annäherung der Brander von den Spaniern bemerkt worden, als Bestürzung und Verwirrung auf der ganzen Flotte Platz griff, theilweise hervorgerufen durch Offiziere und Soldaten, die bei der Belagerung von Antwerpen s. Zt. Zeugen der Zerstörung gewesen waren, welche ähnliche Maschinen angerichtet hatten. Es ist daher erklärlich, daß, als bereits Himmel und Wasser in ein Feuermeer verwandelt zu sein schien, die Furcht unter den Spaniern rege wurde, in wenigen Minuten vielleicht einem schrecklichen Feuertode rettungslos verfallen zu sein. Ein allgemeiner Ruf: „Kappt die Taue! schlippt die Ketten!" erscholl durch die Flotte, die herrschende Finsterniß steigerte die Verwirrung und Entmuthigung auf das Höchste. Ein Theil der Schiffe suchte Hals über Kopf seewärts zu gelangen, andere wurden nolens volens auf den Strand gesetzt, noch andere flüchteten nach Gravelines. Dennoch wurden viele von den Brandern erfaßt, eine Beute der verheerenden Flammen. Mit Tagesanbruch wurden von den Engländern noch 2 Schiffe genommen, 3 versenkt, andere auf den Strand getrieben.

Die große Expedition hatte somit ihren nächsten Zweck, das Uebersetzen der Armee nach England zu bewirken, verfehlt. Die Flotte war zum großen Theil arg beschädigt, und ihre Besatzung dermaßen entmuthigt, daß man auf eine weitere Offensive verzichten mußte. Zwar bemühte sich der spanische Oberbefehlshaber, die Ueber-

---

der Inschrift: „ dux femina facti" geprägt waren; auf der anderen, der Marine zu Ehren, war eine fliehende Flotte unter vollen Segeln mit dem Motto: „venit vidit, fugit."

reste seiner Flotte bei Gravelines zu sammeln, allein als abermals dort
die vom Prinzen von Parma gehoffte Hülfe ausblieb, die Engländer
auch dahin folgten, machte er einen verzweifelten Versuch, sich durch
die Straße von Dover den Rückzug zu bahnen. Aber auch dieses
sollte mißlingen, denn der aus Nordwest wehende Wind artete in
einen Sturm aus, wodurch die spanischen Schiffe nach der Küste von
Zeeland getrieben wurden, und nur durch die plötzliche Veränderung
des Windes von NW. auf SW. dem sichern Untergange des Strandens entgingen.

Man sagt, als der spanische Oberbefehlshaber beim Anblick der
Brander das Signal zum Ankerlichten gab, er dadurch habe nur be-
zwecken wollen, daß die betreffenden Schiffe der augenblicklichen Gefahr
ausweichen und dann wieder auf ihren Ankerplatz zurückkehren sollten.
Er selbst handelte auch hiernach, und ließ, sobald er den Brandern
entronnen war, zum Zeichen daß die Schiffe sich um ihn sammeln
sollten einen Schuß feuern. Allein dies Signal ward theils miß-
verstanden, theils konnte es von den entfernten Schiffen nicht gehört werden, so daß, als sich der Rest der Armada bei Gravelines
wieder um ihn sammelte, dieselbe zu seiner großen Bestürzung sehr
zusammengeschmolzen war.

Ein von ihm berufener Kriegsrath sprach sich dahin aus: die
beabsichtigte Landung in England, mit Rücksicht auf die erlittenen
schweren Verluste und Beschädigungen der Flotte, ferner in Anbetracht
der Verzögerung des Herzogs von Parma, und des Mangels an
Munition, Lebensmitteln u. s. w., aufzugeben; dagegen den Versuch
zu machen, so viel Schiffe als möglich durch die Flucht zu retten.
Die Ausführung dieses Beschlusses erfordere aber Eile, und wurde,
da bei der Fahrt durch den Canal eine Verfolgung und Belästigung
der Engländer zu befürchten war, die Rückkehr nach Spanien um
Schottland herum in Vorschlag gebracht.

Die Ueberbleibsel der noch vor wenigen Wochen so stolzen Armada
steuerten bald mit vollen Segeln, aber ohne die nöthigen Seekarten,
Lootsen rc. in die Nordsee hinein, und warf man zur Konservirung
der Wasservorräthe und zur möglichsten Erleichterung der Schiffe
Pferde und Maulthiere über Bord. Lord Howard gab einer Abtheilung seiner Schiffe den Befehl, den fliehenden Feind zu verfolgen, während er mit den übrigen in der Themsemündung, bei
Yarmouth und Harwich ankerte, dagegen die beschädigten Schiffe nach
Chatham, Dover rc. schickte. Sobald aber der mit der Verfolgung

beauftragte Admiral die Ueberzeugung gewonnen hatte, daß die spanischen Schiffe nur auf ihre eigene Rettung bedacht waren, und eine Landung an den Küsten Englands von ihnen nicht zu befürchten sei, stand auch er von der weiteren Verfolgung ab, da seine Schiffe ohnehin nur sehr dürftig mit Munition und Lebensmitteln versehen waren. 25 Schiffe der spanischen Armada steuerten mit dem Herzoge von Medina-Sidonia durch die Orkney-Inseln nach der Bay von Biscaya, während sich 40 um Ricalde sammelten und denselben Weg einschlugen. Was aber von Lord Howards Schiffen und Brandern verschont geblieben war, fand durch die Wuth der Elemente im atlantischen Ocean am 2. September und den folgenden Tagen an den Küsten Irlands, Englands oder Frankreichs seinen Untergang, oder wurde von den, am westlichen Ende des Kanals kreuzenden englischen Kriegsschiffen, genommen.

Man hatte in Spanien Jahre gebraucht, um eine stolze Flotte von 132 Segeln auszurüsten, und wenige Wochen reichten hin, um sie successive von der Bildfläche verschwinden zu sehen, denn nur 35 Schiffe erreichten die heimathlichen Häfen wieder, viele in vollständig unbrauchbarem, alle aber in einem höchst dürftigen Zustande. 20,000 Menschen hatten bei dieser Expedition ihr Leben verloren. Die Armada verließ Spanien mit dem Beinamen „der Unbesiegbaren"; ihr Auslaufen schien ganz Europa um das Schicksal der britischen Inseln besorgt zu machen. Nach wenigen Wochen schon kehrten die Trümmer derselben dahin zurück, und was kurz vorher noch die Welt mit Staunen erfüllt hatte, wurde jetzt zum Hohn derselben.

Betrachten wir die für diese Expedition getroffenen Dispositionen näher, so muß in erster Linie befremden, den spanischen Oberbefehlshaber mit einer Landung in England beauftragt zu sehen, ohne vorher die Herrschaft zur See gewonnen, die feindliche Flotte vom Meere verdrängt zu haben. Es ist ferner unbegreiflich, wie der spanische Admiral sich mehrere Tage hindurch mit der englischen, an Zahl geringern Flotte, in ein Ferngefecht einlassen konnte, statt mit seinen Schiffen zum kräftigen Angriff überzugehen, den Gegner zum Kampf zu zwingen, ihm auf den Leib zu rücken und ihn zu schlagen, ehe seine Streitkräfte alle beisammen waren. Denn er durfte wohl annehmen, daß ein mit solchem Aplomb in Scene gesetztes Unternehmen, wie die Ausrüstung der Armada, in England nicht unbemerkt bleiben, und man dort, Angesichts solcher außerordentlichen Rüstung die Hände nicht in den Schoß legen, ihm vielmehr im Canal eine nicht unbedeutende Flotte entgegen= schicken würde. Ob es daher lediglich seine Instruktionen[1]) waren, welche ihm einen energischen Angriff auf die im Canal sich ihm entgegenstellende feindliche Flotte verboten; oder ob seine Schiffe zu sehr belastet waren, oder zu viel Truppen an Bord hatten, um sich mit Erfolg, selbst gegen einen schwächeren Feind zn schlagen, darüber sind wohl die Ansichten getheilt. Der Fehler ist aber begangen und die Thatsachen sprechen.[2])

In taktischer Beziehung finden wir von den Spaniern noch die alte Schlachtordnung (Halbmondform) angewendet. Ueber die Formation der englischen Flotte ist uns zwar nichts Näheres bekannt, jedoch anzunehmen, daß sie während der Verfolgung des Gegners, eine ent= sprechende Aufstellung gewählt hat.

Dem ersten Anprall einer ihm an Zahl weit überlegenen Flotte wußte der englische Admiral mit Geschick zu begegnen, indem er die Luvseite des Feindes zu erreichen strebte, ihn dann aber verfolgte und die Nachhut desselben fortwährend belästigte. War ein feindliches Schiff so beschädigt, daß es dem Gros nicht mehr zu folgen im Stande war, so wurde es umringt und eine sichere Beute der Engländer. Durch solche, mehrere Tage hindurch fortgesetzten Gefechte, vereint mit den mannigfachen Strapazen und Beschwerden der Reise, wurde die spanische Flotte nicht allein bedeutend geschwächt, sondern auch die Aussicht auf das Gelingen der Expedition mit jedem Tage verringert. In dem Maße aber, wie die Kräfte der Spanier schwanden, verstärkte sich die englische Flotte durch Heranziehung armirter Handelsschiffe und Piratenfahrzeuge, welche letztere in jenen Zeiten keine ungewöhnliche Erscheinung waren, so daß bei der Ankunft beider Flotten vor Calais, die englische schon 140 Segel zählte.

Die Hauptursache der Vernichtung und des kläglichen Endes der spanischen Armada ist demnach weder im Geschützkampf noch im Kampf Mann gegen Mann zu suchen; sie liegt vielmehr in erster

---

[1]) Der nicht strikten Durchführung dieser Instruktionen schrieb die spanische Regierung das Mißlingen der Unternehmung zu.

[2]) Der Herzog von Medina-Sidonia soll, wie man sagt, durch den Einfluß seiner Gemahlin der gerechten Strafe entgangen sein, aber Don Diego de Valdez, der den Herzog besonders zu dem Abweichen seiner Ordre überredet hatte, wurde internirt und scheint man von ihm nie wieder etwas gehört zu haben.

Linie in den unrichtig getroffenen Dispositionen, ferner in der mangelhaften Leitung, und in den anhaltenden Kämpfen, Anstrengungen und Strapazen einer langen Seereise auf überlasteten und übermannten Schiffen. Als dann auch die in Calais erwartete Hilfe ausblieb, statt deren aber der spanischen Flotte eine neue, bis dahin noch wenig gekannte oder angewendete Waffe, in der geschickten Verwendung von Brandern unerwartet entgegentrat, da war die Panik und Verwirrung allgemein, und das schon durch Unfälle, Strapazen und tagelange Gefechte mit dem Feinde gelockerte Vertrauen der Spanier artete in Entmuthigung und Verzweiflung aus.

Seegefecht bei den Azoren. Im Jahre 1591, so erzählt uns die Geschichte, erhielt Kapitän Sir Richard Greenville den Auftrag, mit 7 Schiffen nach den Azoren zu segeln, um dort die sogenannte spanische Silberflotte[1] abzufangen. Hier angelangt, wurde er von einem bedeutenden spanischen Geschwader angegriffen, so daß 5 seiner Schiffe sich sofort zur Flucht wendeten. Sir Richard mit seinem Flaggschiffe Revenge und noch einem Schiffe seiner Escadre blieb zurück, und kämpfte, um nicht den Spaniern die Ferse zu zeigen, 15 Stunden lang mit den feindlichen Schiffen, bis seine ganze Besatzung entweder todt, verwundet oder kampfunfähig war. Als bereits die Masten über Bord lagen, die Munition ausgegangen und ein Kämpfen nicht mehr möglich, befahl er in den letzten Zügen liegend, das Schiff eher in die Luft zu sprengen, als die Flagge zu streichen. Zwar nahmen die Spanier noch Besitz vom Schiffe, jedoch versank es bald mit seiner theils todten theils verwundeten oder lebenden Besatzung.

Philipp II von Spanien gab trotz der ungeheuren Verluste, welche er 1588 erlitten hatte, dennoch die Idee nicht auf, sich an England und dessen Königin zu rächen, und ersteres zu erobern. 8 Jahre später hatte er auf der Rhede von Cadix abermals eine neue Armada von 65 großen Schiffen und einer bedeutenden Anzahl

---

[1] Die im Jahre 1592 von Sir Martin Forbisher genommene portugiesische Carracca „Madre de Dios" hatte eine Tragfähigkeit von 1600 Tons, von denen allein 900 Tons für Waaren war; sie führte 32 messingene Geschütze und ungefähr 700 Passagiere; hatte 7 verschiedene Decke und maß in Länge von Vor- bis Hintersteven 165' in Breite 47', bei einer Kiellänge von 100'. Der große Mast war 121' sein Umfang in den Fischungen beinahe 11'; die große Raa 106'. Der Werth der Prise betrug 40,000 Sterling.

Fregatten, Transport= und anderen Fahrzeugen zum Revanchezuge nach den Gestaden Britanniens bereit.

Die Königin Elisabeth beschloß dies Mal, nicht allein die Gefahr von ihren Küsten fern zu halten, sondern sie im Keime zu er= sticken. Der Groß=Admiral von England Lord Howard, und unter ihm der junge Graf von Essex, segelten am 13 Juni 1596 mit einer Flotte von 56 Kriegs= und 50 Transport= und Proviantschiffen nach der Küste Spaniens, wo sich ihnen ein holländisches Geschwader unter Admiral Duvenvorde anschloß, so daß die combinirte Flotte 150 Segel stark war. Die spanische Flotte lag beim Annähern dieses im= posanten Geschwaders in der Bucht von Cadix in Schlachtordnung rangirt. Die alliirten Flotten griffen dieselbe sofort und zwar mit solcher Heftigkeit an, daß bei den Spaniern eine allgemeine Panik hervor= gerufen wurde. Kopflos, ohne Widerstand zu leisten, kappten sie die Taue und suchten in den innersten Winkeln vom Hafen von Cadix Schutz, verfolgt von den Verbündeten, die nur eine kleine Zahl Schiffe nahmen, die übrigen aber mit der Stadt Cadix selbst zerstörten. Am 5. Juli schon kehrte Lord Howard mit seiner Flotte nach England zurück, nur rauchende Trümmer hinter sich zurücklassend. Der Verlust der ersten Armada hatte Spanien geschwächt, der der zweiten hatte die spanischen Finanzen zerrüttet.

Mit dem Untergange der Armada aber ging das Prestige, die bis dahin von Spanien mit gewissem Recht beanspruchte Rivalität an der Seeherrschaft, zum großen Theil verloren, während gleichzeitig der Einfluß Englands und später Hollands zur See in bedeutendem Maße wuchs, sodaß sich die beiden letzteren, wenn auch in viel späterer Zeit, die Beherrschung des Meeres sowohl im Osten als im Westen des Erdballes, in einer Reihe von blutigen Kriegen zur See erkämpfen mußten.

Siebenundzwanzigstes Kapitel.

Kämpfe der türkischen, venetianischen, genuesischen und anderer Flotten im Mittelmeere bis Ende des 16. Jahrhunderts.

Die ersten Ursprünge des türkischen Reichs übergehend, soll hier nur von Osman (1288—1326) hervorgehoben werden, daß er sein Gebiet im Kampf gegen die Byzantiner beträchtlich erweiterte, und sich 1299

den Titel Sultan beilegte. Sein Sohn Orchan (1326—1359) er=
oberte Kleinasien bis an den Hellespont, organisirte das Heer, er=
richtete die Janitscharen, nahm den Titel Padischah an, und nannte
das Thor seines Palastes die „Hohe Pforte."

Mahomed II (1451—1481) vollendete das Werk der Unterwerfung
des ehemaligen byzantinischen Reichs durch die Eroberung von Con=
stantinopel (1453), der Morea, Epirus und der verschiedenen Inseln
des griechischen Archipelagus. Nach ihm eroberte 1516 und 1517
sein Enkel Selim I Aegypten, Syrien und Palästina. 50 Jahre
lang waren nun die Waffen der Osmanen zu Lande und zur See
der Schrecken Europas wie Asiens; am furchtbarsten unter Solimann II.,
(1519—1566) unter dem die Türken das mittelländische Meer voll=
ständig beherrschten, Küsten und Inseln desselben verheerten und
brandschatzten.

Ueber den Ursprung und die Entwickelung des Seewesens der
Türken sind uns keine nennenswerthen Details zugekommen, wohl
aber überliefern uns die einzelnen Historiker, daß sie weder im Kriegs=
schiffbau noch in der Schiffahrt gegen die übrigen Völker des Mittel=
meeres zurückgeblieben sind, und die Organisation ihrer Seestreitkräfte,
mit der ihrer Armee stets Hand in Hand gegangen ist.

Im Jahre 1300 schon begannen sie eine Anzahl Transportschiffe
zu bauen und setzten mit diesen im Jahre 1308 und den folgenden
Truppen nach den Inseln Chios, Lesbos, Samos, Candia und
Rhodus 2c. über. Osmans Nachfolger ließ durch Mursad den
Schwarzen im Nikomedischen Golf Kriegsschiffe bauen, und war
darauf bedacht, sich eine stehende Flotte zu schaffen.

1336 bedrohte er mit 36 Schiffen Constantinopel, wurde aber
von den Byzantinern in die Flucht geschlagen und ließ 32 derselben
in den Händen der Sieger.

Darauf wendete er sich mit 80 Schiffen gegen Rhodus, um die
Insel zu erobern. Flotte und Heer der Ungläubigen wurden jedoch
auch hier durch eine bedeutend geringere Macht mit blutigen Köpfen
zurückgewiesen.

Ebenso wurde 1352 eine andere türkische Flotte von 42 Segeln
von nur 15 venetianischen Schiffen bei Gallipoli vollständig geschlagen.

Unter Amurat II. wurde 1451 der erste türkische Admiral
(Baltaoghli) ernannt.

Nachdem Mahomed II. 1453 Constantinopel erobert und zum
Hauptsitz seines Reiches bestimmt hatte, (siehe Seite 113) ließ er

ben Kriegshafen und das Arsenal daselbst erweitern und verwendete 175 Kriegsschiffe zur Unterwerfung und Eroberung der Inseln des Archipels.

Bei der Belagerung von Belgrad 1456 waren 250 ottomanische Galeeren auf der Donau thätig, die jedoch mit wenigen Ausnahmen von dem Gegner Mahomed's Johann Hyniad, entweder zerstört oder genommen wurden.

Die verschiedenen Niederlagen, welche die türkische Flotte im Laufe der nächsten Jahre erlitt, wurden jedoch durch die Mitwirkung derselben bei der Eroberung der Morea (1459—61) durch Mahomed II. wieder aufgewogen.

Ende des Jahres 1462 unternahm eine türkische Flotte von 25 Galeeren und 100 Transportschiffen mit Truppen und Belagerungs= material, eine Expedition gegen Lesbos, welche zur Eroberung der Hauptstadt und der ganzen Insel führte.

Im Laufe desselben Jahres ließ Mahomed II. zum Schutze von Constantinopel, am Eingange des Hellespont bei Abydos und Sestos, Befestigungen (die Dardanellschlösser) anlegen.

Der Republik Venedig entriß er unter Mitwirkung der Flotte Negroponte und Lemnos, den Genuesen 1474 Kaffa, sowie ihren bedeutendsten Handelsplatz in der Krim, bei welcher letztern Expe= dition 300 türkische Kriegs= und Truppenschiffe thätig waren.

Im Jahre 1480 liefen 160 türkische Kriegsschiffe aus den Dar= danellen, um Rhodus zu erobern. Am 23. Mai vor dem Hafen an= gelangt, versuchten sie die am Eingange befindlichen Forts zu nehmen, wurden aber von den Johannitern zurück getrieben, ihre Schiffe durch die christlichen Geschütze und glücklich lancirte Brander theils beschädigt, theils zerstört, so daß sie, ohne ihren Zweck erreicht zu haben, sich unverrichteter Sache zurückziehen mußten.

Während der Regierung Bajacet II. (1481—1512) verwüsteten und brandschatzten türkische Flotten fast sämmtliche Küsten des Mittel= meeres und der Inseln, selbst bis zu den Küsten Spaniens. Doch blieben auch die christlichen Flotten nicht unthätig, vielmehr fanden unter wechselndem Glück Seetreffen in nicht unbedeutender Zahl mit den Türken statt. Im Jahre 1499 brang z. B. eine venetianische Flotte in den Archipel bis zu den Dardanellen vor, nahm den Türken 20 Kriegsschiffe fort, und brandschatzte Tenedos, Samos und andere türkische Inseln, sodaß der Sultan 1501 mit Venedig Frieden schloß.

1506 versuchten die Ungläubigen abermals Rhodus zu erobern

und griffen es mit einer bedeutenden Flotte an, wurden jedoch von den Christen mit blutigen Köpfen zurückgewiesen. Selim I. (1512—20) eroberte Syrien und Aegypten (1516—17), legte den Grund zu einer geordneten Seemacht, baute das Arsenal zu Pera und ließ das Flottenmaterial bedeutend erweitern.

Soltmann II. (1520—66), der berühmteste Sultan der Osmanen, dehnte seine Eroberungen sowohl zu Lande als zur See aus, und suchte die Grenzen seines Reiches überall durch feste Punkte zu sichern.

Im Juni 1522 liefen 300 Schiffe verschiedener Größe aus den Dardanellen, um Rhodus zu erobern. Zu den von Constantinopel mitgeführten Truppen und Kriegsmaterial wurden noch von Aegypten und Syrien 150 Schiffe dahin dirigirt. Man landete auf Rhodus, schaffte Truppen und den mitgeführten Belagerungspark ans Ufer, darunter 100 Geschütze von bedeutender Größe, cernirte die Stadt von der Landseite, während die Flotte den Hafen blockirte. Die Türken schritten zur förmlichen Belagerung, versuchten schon am 24. September einen Sturm, der aber zurück geschlagen wurde, bis die Stadt schließlich nach tapferem Widerstande am 25. December kapituliren mußte.

1534 im Juni lief abermals eine wohl ausgerüstete und gut armirte Flotte von 84 Schiffen aus Constantinopel, um in den Regierungsangelegenheiten von Tunis zu interveniren. Auf Bitten der Johanniter und des entthronten Fürsten, unternahm Carl V. von Spanien im nächsten Jahre mit einer Flotte von 500 Segeln und der nöthigen Truppenzahl ebenfalls eine Expedition dahin. Unter seinen Schiffen befand sich namentlich eins, „Santa-Anna" genannt, von bedeutender Größe, welches sich nicht allein seiner Dimensionen halber, sondern durch seine Panzerung mit Blei auszeichnete, und das, wie der Historiker „Bosio" sagt, näher an die feindlichen Geschütze heran gehen konnte als die übrigen, ohne von denselben in kurzer Zeit zerstört zu werden.

Die Spanier landeten ihre Truppen bei Golette, cernirten Tunis, so daß dasselbe, trotzdem es von den Türken hartnäckig vertheidigt wurde, sich bald ergeben mußte. Der türkische Befehlshaber der Flotte, Cheredin, rettete sich nur mit Mühe nach Algier. Hundert Schiffe, 300 Geschütze und eine große Menge Munition und Waffen fielen den Siegern in die Hände.

Von den übrigen mannigfachen Expeditionen und Kämpfen der Türken zur See, sowohl im Mittelmeere, als auch in Indien gegen die Portugiesen (1551—1555) soll hier nur noch eines Angriff's der türkischen Flotte auf Malta im Jahre 1565 gedacht werden, welcher, trotzdem die Seeforts bei St. Elmo und St. Angelo bereits durch die Schiffsgeschütze zusammengeschossen waren, und die Türken schon festen Fuß auf der Insel gefaßt hatten, dennoch von den christlichen Heeren zurückgewiesen wurde, so daß die Ungläubigen sich genöthigt sahen, mit einem Verlust von 25,000 Mann wieder abzuziehen.

Unter Selim II. (1566—74) wurde die Seeschlacht bei Lepanto geschlagen, eine der bedeutendsten im Laufe des 16. Jahrhunderts im Mittelmeere deren Details, soweit sie uns zur Einsicht vorgelegen haben, wir folgen lassen.

Seeschlacht bei Lepanto 1571 am 7. October. Wie schon früher bemerkt, besaß Venedig eine ausgedehnte Macht; es beherrschte den östlichen Theil des Mittelmeeres, hatte überall Niederlassungen und Handelsverbindungen, so im Peloponnes, und am schwarzen Meere; sowie eine Handelsflotte mehr als 3000 Schiffe stark. Vereint mit den anderen Städten wäre es jedenfalls den Türken überlegen gewesen, bei den anhaltenden Zwistigkeiten ging indeß Cypern an die Türken verloren; eine venetianische Flotte wagte nicht zum Entsatz heranzukommen.

Venedig war es somit nicht möglich, sich auf die Dauer ohne Bundesgenossen gegen die Türken zu halten. Später erst kam das Bündniß zwischen dem Papst, Spanien und Venedig zu Stande. Die vereinigten Streitkräfte bestanden aus 50,000 Mann Fußvolk, 4500 Reitern, 250 Galeeren, 60 Schiffen verschiedener Größe und 6 Galleassen, letztere von größeren Dimensionen als die Galeeren. Den Oberbefehl führte Don Juan d'Austria; Marco, Antonio Colonna die päpstlichen, der General-Kapitän Veniero die venetianischen Streitkräfte. Ende September 1571 landeten diese Streitkräfte fast auf derselben Stelle in Griechenland, einem Orte vis-à-vis von Corfu, wo Octavian vor der Schlacht von Actium sein Heer debarquirt hatte.

Die türkische Flotte unter Admiral Ali Pascha zählte 250 Galeeren, 70 kleinere Schiffe und Transportfahrzeuge. Die Armirung der Schiffe beider Flotten bestand aus Geschützen größeren und kleineren Kalibers, aus denen Vollgeschosse gefeuert wurden. Die Geschütze auf den Galleassen waren schwerer als auf den Galeeren, solche aber bei beiden, wie schon früher bemerkt, der Riemen halber im Bug aufgestellt, so daß sie nur parallel mit der Kiellinie nach vorn feuern konnten.

Bei den Curzolarischen Inseln, nördlich am Westeingange des

Meerbusens von Patras trafen die Flotten zusammen, jedoch wird die Schlacht selbst nach dem Orte Lepanto benannt, wo die türkische Flottenstation sich befand.

Die von den beiden Gegnern gewählte Schlachtordnung war die alte Halbmondform mit vorgezogenen Flügeln, jedoch wichen sie in der Eintheilung von der frühern in sofern ab, als bei beiden hinter dem Centrum noch eine Schiffs-Reserve formirt war; bei der kombinirten christlichen außerdem noch die venetianischen Galeassen vor dem Centrum, mit dem Bug dem Feinde zugekehrt, Aufstellung erhielten.

Der gegenseitige Angriff wurde durch Geschützfeuer eingeleitet, indem man von beiden Seiten eine Umklammerung der Flügel ins Auge zu fassen versuchte. Hier waren die Türken, vermöge ihrer größeren Zahl an Schiffen, anfangs im Vortheil, bis das starke Centrum der christlichen Flotte sich endlich Bahn brach, muthig auf das des Gegners losging, das Feuergefecht in den Hintergrund trat, und, wie in alten Zeiten zum Entern, d. h. zum Kampf Mann gegen Mann geschritten wurde. Die Schlachtlinien wurden durchbrochen und erfolgte, wie früher in den Gefechten der Griechen und Römer, ein formloses Durcheinander, in welchem die Gegner sich in blinder Wuth aufeinander stürzten und so lange kämpften, bis der schwächere unterlag. Lange wogte der Kampf hin und her, bis endlich die Fahne des Kreuzes über den Halbmond triumphirte.

Der Verlust der Türken war sehr bedeutend, denn nur etwa 30 Schiffe des linken Flügels entkamen, während 130 im Triumph nach Messina gebracht, der Rest aber versenkt oder zerstört wurde. Etwa 30,000 Türken kamen um, 5000 christliche Sklaven wurden befreit. Die vereinigten Flotten dagegen verloren 8 bis 10,000 Mann und 15 Schiffe; mithin, wie aus obigen Zahlen ersichtlich, eine der blutigsten Schlachten der neueren Zeit.

Die christlichen Mächte wußten diesen Sieg jedoch nicht zu benutzen, vielmehr blieben die türkischen Flotten bis Ende des Jahrhunderts der Schrecken im ganzen Mittelmeere.

Kriege der Niederlande mit Spanien, England und Frankreich im 17. Jahrhundert.

Religiöse Wirren die sich überall in Europa zeigten, erschwerten auch den Fortschritt im Seewesen. Ende des 16. und Anfang des 17. Jahrhunderts erhielt jedoch die Schifffahrt einen neuen Aufschwung, der in gewisser Beziehung mit dem Untergange der spanischen Armada zusammenhing, wenn man diesen Zeitpunkt als das Ende der spanischen Seeherrschaft, wenigstens in der bisherigen Ausdehnung, ansieht. Spanien hatte bis dahin fast die ganze neue Welt besessen und glaubte ein Monopol auf die Reichthümer derselben zu haben. Mit dem Untergange der mächtigen Flotte mußten sich naturgemäß die Staaten England und die Niederlande, welche die Stelle Spaniens einzunehmen trachteten, außerordentlich heben und deren Seemacht gewinnen. In das Ende des 16. und den Anfang des 17. Jahrhunderts fällt denn auch die Bildung der großen englischen und holländischen Handelskompagnien in Ost= und Westindien. Diese wurden zwar von Handelsherrn und Privatpersonen ins Leben gerufen, bedurften aber der großen Zahl von Seeräubern wegen, der Unterstützung und des Schutzes der Flotten, da es ohnehin nicht selten vorkam, daß Kriegsschiffe auf hoher See den Kampf begannen und Handelsschiffe als gute Prisen wegnahmen, ehe der Krieg erklärt, oder aber die Kriegserklärung soweit vom Mutterlande entfernt schon bekannt war. Es darf daher nicht befremden, wenn alle Ostindienfahrer stark bemannt und armirt wurden, um sich unter Umständen selbst ihrer Haut wehren zu können.

Von den Holländern wissen wir, daß sich, trotz der inneren Zerfahrenheit, ihr Seewesen, Schifffahrt und Handel in gleichem Tempo entwickelte, wie bei den übrigen nordischen Völkern; daß sie schon im 13. Jahrhundert Kriegsschiffe besaßen, und im 15. und 16. Jahrhundert mit Dänemark, den Hansestädten, besonders aber mit Spanien, Frankreich 2c. häufig Kämpfe zur See ausgefochten haben. Ebenso wenig blieben sie hinter allen übrigen Nationen zurück, als die Entdeckung Amerikas und Indiens dem Handel ein neues Feld eröffnete, und waren ebensowenig die letzten, welche in den neu entdeckten Ländern ausgedehnte Besitzungen erwarben. Die Folge der Erweiterung ihrer Handelsbeziehungen war aber die Vermehrung ihres

Flottenmaterials, ihrer Seemacht, und so konnte es nicht ausbleiben, daß sie mit den übrigen rivalisirenden Nationen, besonders mit den Spaniern und Portugiesen, wegen ihrer überseeischen Kolonien in Kämpfe und Streitigkeiten geriethen.

Es würde zu weit führen, alle hierauf bezüglichen Kämpfe und Gefechte einzeln aufzuzählen; vielmehr genügt es für unsere Zwecke, nur die größeren Actionen, besonders in Europa, zu besprechen. Selbst die mannigfachen Gefechte der niederländischen Flotte mit spanischen Galeeren unter Friedrich Spinola 1602 und 1603 an den Küsten und in den Flüssen der Niederlande, welche von Letzterem mit vielem Geschick geführt wurden, sollen hier nur registrirt werden.

Dagegen bietet das Gefecht in der Bucht von Gibraltar am 25. April 1607 zwischen einem niederländischen Geschwader von 31 Segeln, darunter 26 Kriegsschiffe unter Admiral Heemskerk, und 21 großen spanischen Galeonen unter Admiral d'Avilas, ein größeres Interesse. Der niederländische Admiral war Anfangs April ausgelaufen, um in erster Linie den spanisch-portugiesischen Handel möglichst zu schädigen; andererseits aber auch, um die von der Levante und von Indien kommenden niederländischen Handelschiffe an den Küsten Spaniens und Portugals vorbei, sicher in die Heimat zu geleiten. Am 25. April erhielt er die Nachricht, daß eine spanische Flotte in der Bucht von Gibraltar vor Anker liege. Er beschloß daher einen sofortigen Angriff auf dieselbe (es war 3 Uhr Nachmittags). Sein Plan war kurz gefaßt: er wollte mit seinem Schiffe längsseit des spanischen Oberbefehlshabers laufen, dasselbe aus nächster Nähe beschießen und dann zur Enterung schreiten. In gleicher Weise sollten auch seine Unterbefehlshaber (Alteres und Henry Janszoon) gegen die entsprechenden Schiffe des Feindes vorgehen, während die kleineren zu zweien je eine spanische Galleone angreifen sollten. Admiral Heemskerk segelte dem entsprechend längs der spanischen Avantgarde, ohne sich durch deren Feuer beirren zu lassen, bis er sein Ziel erreicht hatte. Dann entstand ein furchtbarer Geschützkampf, in welchem beide Oberbefehlshaber zwar ihren Tod fanden, das aber nicht hinderte, die von Heemskerk getroffenen Dispositionen von seinen Admiralen und Kommandanten auf das Genaueste ausgeführt zu sehen. Andererseits blieben auch die spanischen Landbatterien nicht unthätig, sondern sendeten ihre Geschosse in das nunmehr entstandene Knäul, die sowohl Feind als Freund trafen. Es war ein buntes Durcheinander, daß es sich in der engen Bucht von Gibraltar dem

Auge darbot, in welchem die holländische Artillerie aus nächster Nähe ihre wohlgerichteten Breitseiten auf die Spanier abgab, oder die Enterbeile der Holländer den Gegner im Handgemenge niedermachten. Hatten die Spanier verabsäumt, dem Feind unter Segel zu begegnen, so brachte die Energie, mit welcher derselbe auf sein Ziel losging, sie vollständig in Verwirrung. Bei einbrechender Dunkelheit war die ganze spanische Flottenabtheilung entweder zerstört, oder aufs Land getrieben und verbrannt. Pardon scheint auf keiner Seite gegeben worden zu sein. Die Niederländer verloren keine Schiffe und zählten unter ihren Besatzungen nur 100 Todte. Die Leiche Heemskerks wurde nach der Heimat übergeführt, während die Schiffe ihre Hava- rien und Schäden bei Tetuan, an der Küste der Berberei, wieder ausbesserten.

Im Jahre 1621 am 10. August standen in der Straße von Gibraltar abermals 31 holländische Schiffe etwa 26 spanischen gegen- über. Es fehlen uns jedoch die Details über das sich entspinnende Gefecht, welches mit der Niederlage der Holländer endete. Groß war die Erbitterung der Niederländer gegen die Spanier und die von letzteren verübten Grausamkeiten; daher kein Wunder, wenn sie treue Verbündete der Engländer, sowohl bei der Vernichtung der Armada (1588), als auch bei der Zerstörung von Cadix (1596) waren.

Doch sollten auch die freundlichen Beziehungen zwischen England und Holland mit der Hinrichtung Carl's I., mit der Führerschaft Oliver Cromwell's, ihr Ende erreichen. Denn durch die Navigationsakte (9. Oktober 1651), welche den Schiffen fremder Nationen die Einfuhr aller Waaren, die nicht auf ihrem eigenen Boden erzeugt waren, auf das Strengste untersagte, und solche Schiffe für verfallen erklärte, wurde der Frachtschifffahrt der Holländer ein empfindlicher Stoß ver- setzt, da gerade die holländische Häringsfischerei damals auf ihrem Gipfel war und hunderttausend Menschen unmittelbar ernährte. Ueberhaupt war es nicht zu verkennen, daß Cromwell, im Streben für Englands Macht und Größe, sich hauptsächlich und zunächst gegen die Niederlande richtete; denn der Welthandel war damals in den Händen dieses betriebsamen Volkes.

Noch andere Forderungen der Engländer kamen hinzu, die Er- bitterung der Niederländer zu reizen; denn unter anderem erklärten sie geradeswegs, daß ihnen die Herrschaft des Meeres zukäme und daß sie eine andere Flagge, als die ihrige, auf der See nicht dulden würden. Bald kam daher die Kriegsflamme zum Ausbruch.

Die Spanier hatten Mitte Sommer 1639 eine Flotte mit einem Landungscorps nach den Niederlanden geschickt. Diese Expedition wurde im englischen Canal von holländischen Kriegsschiffen angegriffen, und mußte sich nach den Downs flüchten, wo sie von dem holländischen Admiral van Tromp (dem älteren) streng bewacht wurde. Als einzelne spanische Schiffe dessenungeachtet nördlich von Goodwinsand nach Dünkirchen entkommen waren, hielt sich Tromp nicht länger, sondern griff die spanische Flotte auf neutralem englischen Gebiete an und zerstörte sie vollständig, ohne daß die englische Regierung, welche mit inneren Wirren genügend beschäftigt war, gegen diesen Gewaltakt die erforderlichen Repressalien gebrauchte. Als jedoch Cromwell die Regierung mit starker Faust ergriffen hatte, wandte auch er seine Blicke nach außen, da es ihm nicht unbekannt geblieben war, daß, während der schwachen Regierung James I., England in Holland ein nicht zu unterschätzender Rival, sowohl auf dem Gebiete der Herrschaft zur See, als des Welthandels erstanden war.

Im Jahre 1652 brach der denkwürdige Krieg zwischen England und Holland aus; ein Krieg, in welchem die größten Seehelden ihres Zeitalters um die Oberherrschaft zur See gekämpft haben, und zwar mit einer solchen Zähigkeit und Energie, als es die Wichtigkeit des Objektes erheischte. Die Rüstungen wurden von beiden Seiten mit gleichem Eifer betrieben.

Seegefecht in den Downs. Den Anlaß zum Ausbruch des Krieges gab im Mai 1652 ein holländisches Schiff, das sich weigerte beim Passiren von Dover, wie dies in England von den Kriegsschiffen aller Nationen verlangt wurde, den Salut für die Flagge zu feuern. Am 18. Mai desselben Jahres erschien der holländische Admiral van Tromp mit 45 Kriegsschiffen in den Downs. Der englische Admiral Blake, der dort mit 20 Schiffen lag, begrüßte den ersteren nur mit drei Salut-Schüssen, um ihm damit anzudeuten, seine Flagge zu streichen; allein van Tromp erwiderte diesen Salut mit einer gleichen Schußzahl. Blake wiederholte seine Absichten durch einen zweiten und dritten Schuß, die aber vom holländischen Admiral mit einer scharf geladenen Breitseite beantwortet wurden. Dies war für Blake ein untrüglicher Beweis, daß es auf einen Kampf abgesehen sei; er lichtete daher Anker und steuerte mit seinem Schiffe der holländischen Flotte zu, um mit van Tromp zu unterhandeln und vorläufig ein Blutbad und überhaupt Nationalzwist zu vermeiden. Als er sich aber dem holländischen Geschwader näherte, erhielt er nicht allein vom Admiralschiffe sondern von sämmtlichen übrigen der holländischen Flotte volle Breitseiten, ein Auftreten, das auch zu damaliger Zeit gegen das bestehende Völkerrecht war, da beide Nationen miteinander im Frieden lebten.

Blake, der einen solchen Empfang nicht erwartet hatte, gab sofort die Ordre in gleicher Weise zu antworten, und während sich die übrigen Schiffe seines Geschwaders näherten, begann ein sehr heißer Kampf, der bis Abends 9 Uhr dauerte und mit dem Verluste zweier holländischer Schiffe und dem Rückzuge van Tromp's endete, während die Engländer nur 15 Mann verloren, trotzdem nach dem Berichte Blake's an das Parlament, mehr als 1000 Schuß gegen ihn gefeuert sein sollen. Als darauf die holländische Flotte auch noch durch schlechtes Wetter Beschädigungen erlitten hatte, wurde van Tromp der Oberbefehl entzogen. Waren die Holländer in diesem Kampfe auch in der Ueberzahl, so besaßen die Engländer doch stärkere Schiffe; sie traten mit wirklichen Schlachtschiffen auf, deren Bau von den Holländern bis dahin vernachlässigt worden war.

Unter solchen Umständen war es durchaus erforderlich, auch Seitens der Niederlande eine andere Flotte in See zu schicken, und wählten die Stände von Seeland Michel de Ruiter zum Führer derselben. Den äußerst ungünstigen Zustand der holländischen Flotte erkennend, begab sich de Ruiter, wenn auch mit Widerstreben, dennoch am 10. August 1652 an Bord seines Flaggschiffes „Neptun" mit 28 Geschützen und 134 Mann Besatzung, und ging mit dem aus 20 Schiffen und 6 Brandern bestehenden Geschwader in See, um die niederländischen Kauffahrer von Texel durch den Canal zu geleiten.

Seegefecht bei Plymouth. Er gelangte glücklich bis auf die Höhe von Plymouth, wo ihm der englische Admiral George Ascul mit 40 Segeln entgegenkam. Von diesen Schiffen waren 12 mit 60, und 6 mit 30—40 Geschützen armirt. Auch de Ruiter hatte auf der Fahrt Verstärkungen erhalten, so daß seine Flotte 28 Schiffe zählte, von denen das größte jedoch mit nur 30 Geschützen armirt war. Dazu kamen noch 2 Ostindienfahrer mit 40 Kanonen.

Der Kampf war unvermeidlich, und de Ruiter nicht Willens sich demselben zu entziehen. Er theilte seine Flotte in 3 Geschwader, und wies jedem derselben eine Anzahl Handelsschiffe zu. Es kam zum Gefecht, in welchem de Ruiter zwei Mal mitten durch die englische Flotte brach. Von beiden Seiten wurde mit Energie und gleichzeitiger Erbitterung gefochten; von den Niederländern aber mit größerm Geschick.

Das Treffen dauerte von vier Uhr Nachmittags bis acht Uhr

Abends, wo die einbrechende Nacht die Fortsetzung verhinderte und die englische Flotte sich nordwärts zurückzog. de Ruiter war Sieger geblieben und hatte die Absicht, den fliehenden Feind zu verfolgen und nochmals zu schlagen, doch wurde er durch die Witterungsverhältnisse an der Ausführung verhindert.

Seegefecht im englischen Canal. Am 8. Oktober desselben Jahres stand Admiral Blake mit 68 wohlausgerüsteten und bemannten Schiffen abermals einer holländischen Flotte von 64 Kriegsschiffen unter de Witt's und de Ruiter's Befehl im englischen Canal gegenüber. Das Zusammentreffen der feindlichen Flotten schien zwar auf beiden Seiten erwünscht zu sein, jedoch suchten die Holländer Anfangs einen Zusammenstoß zu vermeiden, indem sie sich hinter eine Untiefe legten. Allein Blake hatte beschlossen, unter allen Umständen das Gefecht aufzunehmen. Seine Flotte war in drei Divisionen getheilt, von denen er die erste, Vice-Admiral Penn die zweite und Contre-Admiral Bourne die dritte kommandirte. Bei Eröffnung des Gefechtes waren die Engländer im Nachtheil; dasselbe nahm jedoch, als de Witt aus seinem Hinterhalte hervorbrach, eine andere Wendung, indem ein holländisches Schiff, das den „Sovereign" entern wollte, bei dessen erster Breitseite zum Sinken gebracht, ein holländisches Admiralschiff von einem englischen genommen, noch zwei andere zerschossen und kampfunfähig, und ein drittes kurz vor Beendigung des Kampfes in die Luft gesprengt wurde. De Witt, in Folge dieser Verluste zum Rückzuge gezwungen, wurde von den Engländern zwar verfolgt, jedoch gelang es ihm die Goree zu erreichen. Die Engländer hatten 300 Todte und fast ebensoviel Verwundete; die Schlacht selbst war jedoch für beide Theile ohne eigentliche Entscheidung geblieben.

Seeschlacht bei Dover 1652. Als van Tromp mittlerweile wieder den Oberbefehl übernommen hatte, erhielt er den Auftrag, noch im Spätherbst mit 70 Schiffen 300 Handelsschiffe durch den Canal bis nach Lizard zu convohiren. Aber bei Dover stieß er auf Blake, welcher die Holländer zwar so spät im Jahre nicht mehr erwartet und in Folge dessen einen Theil seiner Schiffe schon in die Themse geschickt hatte. Um acht Uhr Morgens am 10. Dezember begann der Kampf und dauerte bis 6 Uhr Abends. Van Tromp hatte, was die Windrichtung betraf, eine sehr günstige Gefechtsposition gewählt; während Blake am Bord des „Triumph" sowie die Schiffe „Victory" und „Vanguard" einen harten Stand gegen 20 holländische hatten, so daß

der englische Admiral, da seine Schiffe außerordentlich zusammenge=
schossen, zwei Schiffe weggenommen, eine Fregatte verbrannt und drei
gesunken waren, es für gerathen hielt, sich unter dem Dunkel der
Nacht in die Themse zurückzuziehen. Van Tromp erkaufte diesen
Sieg mit dem Verlust eines seiner Flaggschiffe, welches mit der
ganzen Besatzung in die Luft flog; außerdem hatte sowohl sein eigenes,
als auch das Flaggschiff des Admiral de Ruiter derart gelitten, daß
sie einer nicht unbedeutenden Reparatur bedurften.

In Folge dieses Sieges segelte van Tromp mit einem Besen
am Großtop, als Zeichen, daß er berufen sei, die Meere zu kehren
von unnöthigen Beherrschern, und die Freiheit auf denselben wieder=
herzustellen, Angesichts der englischen Küste durch den Canal nach dem
Atlantischen Ocean.

Das englische Parlament ließ sich durch solchen Affront jedoch
nicht einschüchtern; vielmehr wurde das Geschwader von Blake, welcher
mit Monk und Deane für das nächste Jahr zu Generalen zur See
ernannt wurde, mit allen zu Gebote stehenden Mitteln verstärkt, so
daß schon am 11. Februar 1653 eine Flotte von 60 Schiffen bereit
war, unter Blake nach Portland zu segeln, um hier die Rückkehr
van Tromp's aus dem Atlantischen Ocean abzuwarten, und die er=
littene Schlappe wieder auszugleichen.

Seegefecht bei Portland. Am 28. Februar erschien van Tromp
und de Ruiter mit 70 Kriegsfahrzeugen und einem an der französischen
Küste gesammelten Convoy von etwa 300 Handelsschiffen im eng=
lischen Canal, und war nicht wenig erstaunt, als ihm Blake und
Deane mit 12 großen Schiffen und einigen Fregatten entgegenkamen.
Den Convoy unter dem Schutz einer entsprechenden Zahl kleinerer
Kriegsschiffe zurücklassend, segelte er mit dem Gros seiner Flotte
auf das englische Geschwader los, um dasselbe anzugreifen. Es ent=
spann sich ein hartnäckiger Kampf, in welchem Blake selbst bei Er=
öffnung des Geschützfeuers am Bein verwundet, sowie bald darauf
der größte Theil seiner Offiziere und Besatzung entweder getödtet
oder kampfunfähig, und das Flaggschiff „Triumph" von den feind=
lichen Geschossen in dem Maße beschädigt ward, daß es kaum noch
über Wasser gehalten werden konnte. Es kam zu Enterungen auf
beiden Seiten und hatte man sich soviel Eisen in die Rümpfe und
durch die Takelage geschleudert, daß beide Theile froh waren, als die
Nacht hereinbrach, um unter dem Schutze derselben die Schäden
wiederum auszubessern. Während der nächsten Tage wurde das

Gefecht, ähnlich wie s. Z. zwischen den Engländern und der spanischen
Armada, fortgesetzt, während beide Flotten der Straße von Dover
zusteuerten. Van Tromp hatte mittlerweile seine Kriegsschiffe so
formirt, daß sie die Schenkel eines nach Osten offenen Winkels von
etwa 90 Grad mit dem Course resp. einen Halbmond bildeten; und
da der Wind westlich war, so konnte er in dieser Formation den
Convoy in die Mitte nehmen und denselben gegen Wegnahme durch
die Engländer am besten schützen. Sechsmal versuchten die Eng=
länder seine Linien zu durchbrechen, und eben so oft wurden sie zu=
rückgewiesen. Zwar war nicht zu vermeiden, daß einige Handels=
fahrzeuge, welche der Flotte nicht zu folgen im Stande waren, dem
Feinde in die Hände fielen, oder andere gezwungen waren, einen Theil
ihrer Ladung über Bord zu werfen, wenn sie nicht ein gleiches
Schicksal mit den schlechten Seglern theilen wollten; allein den Hol=
ländern gelang es trotzdem, sowohl ihre arg zugerichteten Kriegs=
schiffe zu salviren, als auch den größten Theil des Convoys in
Sicherheit zu bringen. Die holländische Flotte verlor während dieser
Gefechte 11 Kriegsschiffe, 1500 Todte, und hatte ebensoviel Ver=
wundete, während die Engländer nur ein Schiff, den „Sampson“,
der während des Gefechts kampfunfähig geworden und vom Kapitän
versenkt wurde, nach andern Historikern dagegen 5 oder 6 Schiffe
einbüßten. An Todten und Verwundeten waren die Verluste beider
Gegner etwa gleich. Wie tapfer aber auch von den Holländern in
dieser sowohl als in den früheren Actionen gekämpft worden war,
so konnten sich ihre Admiräle dennoch nicht verhehlen, daß die Schiffe
der Engländer, sowohl was ihre Manövrirfähigkeit als ihre Armirung
betraf, den ihrigen bedeutend überlegen waren, ein Urtheil, welches
sie den General=Staaten gegenüber offen aussprachen.

Van Tromp, in den Hafen zurückgekehrt, ließ die nöthigen
Reparaturen an den Schiffen seiner Flotte unverweilt ausführen,
und steuerte nach Beendigung derselben, wenn auch mit innerer Un=
lust wiederum der englischen Küste zu, beschoß Dover, und als er
die englische Flotte nicht in den Downs fand, suchte er dieselbe an
den flandrischen Küsten auf.

Seeschlacht bei Nieuport. Hier stieß er auf den englischen
Admiral Monk, und kam es am 12. und 13. Juni 1653 zur
Schlacht, in welcher sich auf beiden Seiten etwa 100 Schiffe gegen=
über standen. Das Gefecht dauerte den ganzen Tag hindurch mit
fast gleichen Verlusten auf beiden Seiten und ruhte am Abend nur,

um die zerschoffenen Takelagen und Schiffe nothdürftig wieder auszu=
bessern und dann am andern Morgen dasselbe wieder mit gleichem
Eifer fortzusetzen. Zwar erhielt Tromp in der Frühe des 13.
Juni die Meldung von den Schiffen, daß die Munition nur knapp
sei und diejenige de Ruiters nur noch 3 Stunden ausreichte; aber
dennoch erneuerte er den Kampf, und kämpfend trieben beide Flotten
mit der Strömung soweit in den Canal hinein, daß Dünkirchen
südöstlich von ihnen lag. Durch ein geschicktes Manöver gelang es
den Engländern nun die Luvseite zu gewinnen, und nachdem auch
Tromp's Flaggschiff so zerschossen war, daß die Pulverkammer fast
unter Wasser stand und dasselbe kaum noch auf den Pumpen gehalten
werden konnte, entschloß sich der tapfere Admiral den Rückzug an=
zutreten, und nach Texel abzuhalten, wo die arg havarirte holländische
Flotte von der englischen eingeschlossen und bewacht wurde.

Das Unglück zur See mehrte auch die Verwirrung im Lande,
denn die Parteien stritten heftiger als je. Man befürchtete eine
Landung der Engländer, die alle Küsten blockirt hielten, und rüstete
die Flotte wieder aufs eifrigste aus; denn die Holländer waren weit
entfernt, so leichten Kaufs die Herrschaft des Meeres aufzugeben.
Aber es war schwer die Flotte hinauszubringen, denn die Engländer
hielten sichere Wacht, bis es in einer dunklen Augustnacht dem
Viceadmiral de Witte gelang, unter Laternen und Fackelschein, von
den Engländern ungesehen aus Texel hinauszukommen. Bald danach
vereinigte er sich, 26 Segel stark, mit der Hauptflotte unter van
Tromp und de Ruiter, auf der Höhe von Scheveningen. Auch dies
Mal zählten beide Flotten etwa 100 Schiffe; aber das Gefecht am
8. August war hitziger, als eines der früheren und eines der heftigsten,
welche die Geschichte überhaupt kennt.

Seeschlacht bei Texel. Die englische Flotte wurde von den
Admiralen Monk und Lawson kommandirt.

Die Holländer schickten zur Einleitung des Gefechtes eine An=
zahl Fregatten mit Brandern vor und wußten mit großer Geschick=
lichkeit die letzteren so in das Gefecht eingreifen zu lassen, daß die
englische Flotte durch dieselben außerordentlich belästigt, und als
drei englische Schiffe sich mit ihren Takelagen in einander verwickelt
hatten, durch einen feindlichen Brander sämmtlich in Brand gesteckt
wurden. Admiral Lawson brach sich jedoch bald Bahn zum Gros
der feindlichen Flotte und griff das Flaggschiff de Ruiter's mit solcher
Heftigkeit an, das dasselbe aus der Schlachtlinie geschleppt wurde,

und der Admiral genöthigt war, seine Flagge an Bord eines andern Schiffes zu hissen. Der Kampf, von beiden Gegnern mit gleicher Erbitterung geführt, neigte sich bis Mittag mit wechselndem Glücke bald nach der einen, bald nach der andern Seite und war bereits auch das Flaggschiff des Admiral Monk so zerschossen, daß es aus der Schlachtlinie geschleppt werden mußte, als van Tromp aus dem Mars eines feindlichen Schiffes von einer Musketenkugel tödlich getroffen wurde. Sein Tod entschied zu Gunsten der Engländer; die holländische Flotte begann zu weichen, und mußte sich mit einem Verlust von 14 Schiffen und 4—5000 Mann nach Texel zurückziehen, während die Engländer nur 4 Schiffe verloren und 1300 Mann Todte und Verwundete hatten. Von 5 holländischen Kommandoflaggen waren bis zur Beendigung des Gefechtes, drei gestrichen worden.

Der Sieg gehörte dies Mal den Engländern, obgleich sich die Niederländer ebenfalls den Sieg zuschrieben, weil sie die Engländer gezwungen hatten die Blockade aufzugeben. Bemerkenswerth ist, daß der englische Admiral Monk vor Eröffnung der Schlacht seinen Schiffskommandanten den Befehl gab, weder Pardon zu geben noch zu nehmen, und schrieb mit Bezug auf diesen Befehl sein Sekretär Burchett: „Stundenlang war die Atmosphäre durch Trümmer in die Luft gesprengter Schiffe und Leichen verdunkelt, und das Meer mit dem Blute der Getödteten und Verwundeten gefärbt." Veranlassung zu dem obigen Befehle scheint die Erfahrung des Admirals gegeben zu haben, daß in allen Seegefechten außerordentlich viel Zeit und Kräfte durch die Fortschaffung der im Kampfe genommenen Schiffe absorbirt wurden und war er, in Anbetracht der weiten Entfernung von der englischen Küste, gezwungen, seine Streitkräfte zusammenzuhalten, wie grausam auch dieser Befehl erscheinen möge.

Der holländische Admiral de Witt soll, nach einer uns zugekommenen Ueberlieferung, in seinem Berichte an die Generalstaaten gesagt haben: „er müsse gestehen, daß er sehr übereilt den Rückzug angetreten habe, allein er hätte dafür zwei Gründe gehabt, daß nämlich seine besten Schiffe aufs furchtbarste zerschossen gewesen wären und sehr viele seiner Offiziere sich wie Memmen benommen hätten." Wie weit diese Aeußerung berechtigt sein mag oder sich bewahrheitet, wollen wir nicht weiter untersuchen.

Hiermit endete der erste holländisch-englische Seekrieg des 17. Jahrhunderts, durch welchen Holland bei völliger Lahmlegung seines

Handels in 16 Monaten mehr als 1500 Handelsschiffe verloren hatte, und sich genöthigt sah, Frieden zu schließen.

Der Hauptgrund, weshalb die holländische Flotte der englischen auf die Dauer unterliegen mußte, war der Mangel sowohl eines geschulten Personals, als auch großer, regulärer Schlacht= oder Linienschiffe, d. h. einer eigentlichen Kriegsflotte, wie wir das bei einer früheren Gelegenheit schon besprochen haben. Man mußte daher, um nicht die Herrschaft zur See ganz einzubüßen, auch in Holland sich entschließen, eine Anzahl großer Kriegsschiffe und ein stehendes Marinepersonal zu schaffen; wie überhaupt von diesem Zeitpunkte an, bei allen damaligen Marinen, im Allgemeinen als Regel angenommen worden zu sein scheint, daß nur Schiffe mit 50 Kanonen und darüber als eigentliche Schlachtschiffe gezählt werden könnten.

Der zweite holländisch=englische Seekrieg des 17. Jahrhunderts entbrannte von Neuem mit der Wiedereinsetzung Carls II. von England. Die Feindseligkeiten hatten bereits in den Kolonien und den fernen Meeren, wo sich die bewaffneten Kauffahrer gegenseitig befehdeten, seit Jahresfrist begonnen und waren schon hunderte von Schiffen zum Werthe vieler Millionen in die Hände der Engländer gelangt, ehe die Kriegserklärung am 14. März erfolgte.

In den Frühlingsmonaten des Jahres wurde in allen nieder= ländischen sowohl als englischen Häfen mit großem Eifer gerüstet. Der Admirallientenant Obdam van Wassenaar hatte über die nieder= ländischen Schiffe den Oberbefehl; ihm zur Seite standen die Vice= Admirale Kortenaar, van Tromp, de Ruiter, Meppel nnd Evertsen. Zur Ermunterung der Mannschaft wurden Belohnungen ausgesetzt. Für die Eroberung eines feindlichen Admiralschiffes z. B. sollte der Besatzung des siegenden Schiffes außer dieser Beute eine Belohnung von 50000 Gulden gezahlt werden; für das Herabholen einer feindlichen Admiralsflagge vom Topp 5000 Gulden; wer einen feindlichen Brander vernichtete, sollte 6000 Gulden erhalten. Ferner wurden die Verletzungen nach bestimmten Abstufungen angesetzt, z. B. für den Verlust eines Auges 350 Gulden, für den Verlust beider Augen 1500 Gulden, und dem völlig arbeitsunfähig Ge= wordenen bestimmte man wöchentlich einen silbernen Dukaten als Pension 2c.

Gegen Ende des Monats Mai 1665 lichtete die niederländische Flotte unter Wassenaars Führung die Anker und steuerte nach der

englischen Küste. Am 13. Juni trafen die Flotten etwa 10 deutsche
Meilen NO. z. N. von der Stadt Lowestoff, in der Grafschaft
Suffolk, auf einander. Die englische Flotte zählte 114 größere und
kleinere Schiffe und 28 Brander unter Befehl des Prinzen von
York, (nachmaligen Königs Jacobs II) und Monk (Herzog von
Albemarle), welche in 3 Geschwader: in das der rothen, der weißen
und der blauen Flagge getheilt waren.

Schlacht bei Lowestoff. (Texel.) Die Schiffe des rothen Geschwaders
bildeten das Corps de bataille, das weiße Geschwader die Avant=
garde, das blaue die Arrieregarde. Die Holländer, unter den Ad=
miralen von Opdam, van Tromp dem jüngern, Kortenaar und
Evertsen stellten ihnen 103 Schiffe und 11 Brander entgegen.

Zu bemerken ist, daß in dieser Schlacht zum ersten Male auf
beiden Seiten eine bestimmte Schlachtordnung, d. i. „die Kiellinie
beim Winde unter kleinen Segeln," innegehalten wurde. Der Wind
war westlich und leicht, der von beiden Flotten gesteuerte Cours
südlich und östlich; die Engländer befanden sich auf der Luvseite
(Windseite) vom Gegner.

Am 14. Juni bei Tagesanbruch hielt die englische Flotte auf
die feindliche ab und als sie nahe genug herangekommen war, drehte
sie wieder bei und wurden, indem sich Schiff gegen Schiff legte, auf
diese Weise zwei parallele Linien von mehreren Seemeilen Länge
gebildet. Gegen 4 Uhr erfolgte der erste Angriff, indem die Eng=
länder das Feuer aus mäßiger Entfernung eröffneten. Bald zeigte
sich, daß die englische Artillerie der holländischen überlegen war und
rückten, nachdem der Kampf bis Mittag hin und her gewogt hatte,
die Engländer dem Gegner direkt auf den Leib, und durchbrachen
die feindliche Schlachtlinie, bei welcher Gelegenheit der holländische
Admiral Kortenaar getödtet wurde. Die Holländer, um dem Stoß
auszuweichen, versuchten ein gleiches Manöver, geriethen aber dabei
in Unordnung und wurden von den Engländern theils arg zu=
sammengeschossen, theils die hierdurch entstandene Verwirrung durch
englische Brander, welche in den Knäul der zusammen gerathenen
Schiffe dirigirt wurden, vergrößert. Nur der holländische Admiral
von Opdam, welcher im Centrum kommandirte, behauptete mit
einigen seiner Schiffe den Platz, bis sein Flaggschiff „Eendracht",
von 84 Kanonen und 500 Mann Besatzung, in die Luft flog, und
hierdurch das Signal zum Rückzuge gegeben wurde. Van Tromp
aber, ein würdiger Sohn seines Vaters, hielt die Fliehenden zu=

sammen, und unter seiner Leitung gelangten 58 Schiffe nach Texel, 17 liefen ins Vly und 12 in die Maas ein; der Schrecken war daher größer als der Verlust. Trotzdem die Engländer einen voll= ständigen Sieg erfochten hatten, unterließ man unbegreiflicherweise die Verfolgung der feindlichen Flotte und ist dies um so auffälliger, als die englische Flotte noch mehrere Tage in See blieb, ehe sie in die Themse zurückkehrte, ein Fehler, welcher wohl nur in Anbetracht der hohen Stellung des Oberbefehlshabers nicht ernstlicher gerügt worden ist.

Obgleich besiegt, kehrte die holländische Flotte vom Feinde un= belästigt in ihre Häfen zurück, doch wurde sie bei ihrer Rückkehr nicht sehr freundlich empfangen. Die General=Staaten ordneten eine strenge Untersuchung an, zumal da es sich ergab, daß auf vielen Schiffen sich weder Todte noch Verwundete befanden, manche überhaupt nicht den geringsten Schaden erlitten hatten. 3 Kapitäne wurden zum Tode verurtheilt und erschossen, drei anderen wurden die Degen vom Büttel zerbrochen und vor die Füße geworfen 2c.

Die Stimmung in den Niederlanden war äußerst niedergedrückt, während die Engländer jubelten. Man prägte in England Medaillen auf den herrlichen Sieg: auf der einen Seite trugen sie das Bildniß Carls II., auf der andern die Inschrift: „quattuor maria vindico", Aber im Unglück erprobt sich die Kraft der Menschen: und so be= wahrten auch die Lenker der Niederlande, und vor Allem Johann de Witt nach der Niederlage bei Lowestoff, ihre wahre Seelenstärke. Die beschädigten Schiffe wurden ohne Verzug ausgebessert, die Mannschaften ersetzt und ohne Rast und Ruh überall gearbeitet. Die Reparaturen waren beendet, die Schiffe fertig und bemannt, doch fehlte der Führer. Noch lebte zwar de Ruiter, und er vermochte es, die Ehre des Vaterlandes wieder herzustellen, aber er war abwesend. Doch er kam zurück von der afrikanischen Küste und West=Indien, wo er beschäftigt gewesen war, unerwartet und zwar ohne von den englischen Kreuzern beläftigt worden zu sein. Am 6. August 1666 verkündeten die Kanonen von Delfzyl seine Ankunft. Am 11. August wurde de Ruiter zum Oberbefehlshaber der niederländischen Flotte ernannt, und am 18. August schon hißte er seine Kommandoflagge an Bord des Delfland. Er theilte die ihm unterstellte Flotte, be= stehend aus 93 Kriegsschiffen mit 4337 Geschützen, 15051 Matrosen, 1283 Seesoldaten und 3300 Landsoldaten, 12 Brandern und einer Anzahl kleinerer Fahrzeuge, in vier Geschwader, von denen er selbst das Gros, van Tromp, Evertsen und de Vries die übrigen Abtheilungen kommandirten, und ging mit dieser imposanten Streitmacht schon 8 Wochen nach dem unglücklichen Schlachttage vom 14 Juni 1665 wieder in See.

Zunächst suchte de Ruiter die freie Nordsee zu gewinnen, um mit seiner Flotte zu manövriren, um sie schlagfertig zu machen. Zu einer zweiten Seeschlacht sollte es in diesem Jahre jedoch nicht mehr kommen, trotzdem die holländische Flotte längere Zeit vor der Themse= mündung lag, um die etwa hinauskommenden englischen Kriegsschiffe abzufangen. Doch diese kamen nicht, aus Mangel an Bemanung, da London nebst Umgegend von der Pest heimgesucht wurde. Als sich aber auch auf der holländischen Flotte Symptome dieser Krankheit zeigten, wurde de Ruiter mit derselben im Oktober zurückberufen, und die Mannschaft entlassen.

Während des Winters ward der Ausbau der Flotte mit allem Eifer fortgesetzt, in allen Häfen herrschte reges Leben. Bis Mitte März 1666 mußten 72 Kriegsschiffe ersten Ranges und 12 Fregatten segel= fertig sein. Die Größe dieser Schiffe wuchs im Laufe der Zeit immer mehr; die eine Hälfte der 72 Schlachtschiffe ward mit 60—80, die andere mit 40—60, die Fregatten mit 24—34 Geschützen armirt; außerdem stellte die ostindische Kompagnie 20 leichtere Schiffe.

Am 11. April segelte de Ruiter auf dem Schiffe „die sieben Provinzen" von 163 Fuß Länge, 43 Fuß Breite, 16¼ Fuß Tiefe, mit 80 Geschützen und 465 Mann Besatzung aus der Goeree und vereinigte sich am 12. April vor Texel mit den übrigen Flottenab= theilungen, befehligt von den Admiralen van Tromp, Evertsen, de Vries und Meppel. Anfang Juni 1666 bestand de Ruiters Flotte aus etwa 100 Segeln, darunter 70 Linienschiffe und 13 Fregatten, mit 4600 Geschützen und 21900 Mann Besatzung.

Zur selben Zeit verließ auch die englische Flotte unter Kommando des Prinzen Rupert, des Generals Monk, (Herzogs von Albemarle) und der Admiräle Ascue, Barkley und Allen 81 Schiffe stark, mit 4460 Geschützen und 21580 Mann Besatzung ihre Häfen. Sie zerfiel in die drei Geschwader: der rothen, der weißen und der blauen Flagge. Das erste stand unter Monk, dessen Flagge auf dem „Royal Charles" mit 82 Geschützen und 650 Mann Besatzung; das zweite unter Ascue auf dem „Prince Royal" mit 92 Geschützen und 620 Mann; das dritte unter Thomas Allen auf dem „Royal Jacob" mit 82 Ge= schützen und 520 Mann Besatzung wehte. Am 10. Juni 1666 be=

fand sich die niederländische Flotte westlich von Ostende, etwa
5 Meilen vom Lande und setzte ihren Kurs nach der englischen Küste.
De Ruiter versammelte seine Admiräle und Kapitäne um sich und
machte sie mit seinen Plänen bekannt, indem er ihnen ans Herz
legte, diese Gelegenheit zu benutzen, um die Schmach der holländischen
Flagge vom vorigen Jahre wieder auszuwetzen, und schloß mit den
Worten: „Darum bewähre sich Jeder nach seiner vollen Kraft als
ein ehrlicher und wackerer Mann. Wir haben nicht nöthig unsere
Feinde zu fürchten, aber wir dürfen sie auch nicht verachten, denn es
sind Seeleute, wie wir. Es bleibt uns keine Wahl, als sie zu be-
stegen oder zu sterben." (Klopp.)

Am 11. Juni Morgens ankerte de Ruiter mit seiner Flotte vor
der Themse bei Northforeland.

**Die Seeschlacht vor der Themse am 11., 12., 13. und
14. Juni 1666.** Die Engländer unter Monk und Sir John Barkley
vom blauen Geschwader versuchten mit nur 60 Schiffen die Holländer
von dort zu verjagen, während der Prinz Rupert mit dem weißen
Geschwader, bestehend aus 20 Schiffen, vorher schon nach der französischen Küste dirigirt worden war, weil sich das Gerücht verbreitet
hatte, die Franzosen würden unter Admiral Beaufort den Holländern
zu Hülfe eilen. Um 11 Uhr Vormittags wurde de Ruiter die mit
frischem, günstigem Winde im Ansegeln begriffene englische Flotte
gemeldet. Er ließ sofort Segel setzen, und da die Zeit zum Ankerlichten nur kurz war, so wurden auf vielen Schiffen die Taue gekappt, um in kürzester Zeit die Schlachtlinie zu formiren. Die
Engländer formirten unter gleichem Kurse ebenfalls die Beimwindlinie, indem sie die Windseite einnahmen. Gegen 1 Uhr Nachmittags
kam es zum Gefecht bei der Avantgarde, unter van Tromp dem
Jüngeren. Die Engländer waren in Folge der frischen Brise und
des durch dieselbe herbeigeführten Ueberliegens ihrer Schiffe bald gezwungen, die unteren Geschützpforten zu schließen; wie außerdem
durch die Neigung der Schiffe die Präzision ihres Geschützfeuers in
hohem Grade beeinträchtigt wurde, während die Holländer mit ihren
Luvgeschützen die Decks der feindlichen Schiffe mit großer Wirkung
bestreichen konnten. Das Gefecht nahm daher für die Engländer
eine ungünstige Wendung und schon nach einigen Stunden waren die
meisten ihrer Schiffe arg zusammengeschossen, so daß eins derselben
sogar sank. Monk, in der Absicht das Gefecht abzubrechen, wendete
um 5 Uhr nach Foreland, hatte aber das Unglück, bei diesem Ma-

nöber 3 Schiffe seiner Avantgarde, unter diesen die Swiftshure mit 70 Kanonen, welchen die Wendung versagte, zu verlieren, indem sie in die feindliche Linie trieben und genommen wurden. Die Holländer, dem Manöver der Engländer folgend, griffen von Neuem an, und wurde bis Abends spät gekämpft. Das Gefecht war noch heftiger als am Morgen und verloren die Engländer mehrere Schiffe. Der Injury, Kapt. Harman, ein 70 Kanonenschiff der weißen Flagge wurde von de Ruiter abgeschnitten. Zwei niederländische Brander versuchten sich längsseit desselben zu legen und es anzuzünden; allein dem tapferen Kapitän gelang es, trotzdem schon die Hälfte seiner Matrosen über Bord gesprungen war, Herr des Feuers zu werden, und einen dritten Brander durch einen glücklichen Schuß unschädlich zu machen. Unter dem Dunkel der Nacht rettete er sein schon fast aufgegebenes sehr defectes Schiff.

Aber auch die Holländer waren theilweise arg zerschossen und geriethen durch das vom Winde auf die Schiffe zurückgetriebene un= verbrannte Pulver und die glimmenden Vorschläge an diesem Tage 2 derselben in Brand. Die Nacht wurde daher geankert und von beiden Gegnern zur Ausbesserung der Havarien benutzt.

Am nächsten Morgen war der Wind weniger frisch, und griffen sich die beiden Flotten, unter entgegengesetzten Kursen, von Neuem wieder an, indem sie sich beim Passiren gegenseitig mit vollen Breit= seiten begrüßten. Bald wurde es ganz still und trieben beide Gegner bis gegen Mittag umher, ohne einander erreichen zu können. Dann sprang wieder Brise auf, und die Schiffe steuerten auf einander los; de Ruiter luvwärts, van Tromp in Lee der feindlichen Flotte. Die Kanonade begann und glaubte de Ruiter einen Theil der Engländer schon durch sein Geschützfeuer mürbe ge= macht zu haben, und war im Begriff den Befehl zum Entern zu geben, als er van Tromp sehr bedrängt sah, und sich entschloß, vom Entern abzustehen und Tromp mit seinen Schiffen zu Hülfe zu eilen. Es gelang ihm dies trotz des außerordentlich guten Manövers und kräftigen Eingreifens der Engländer. Während des Nachmittags gestaltete sich das Gefecht für die letzteren jedoch weniger günstig und verloren sie ein Schiff nach dem andern, so daß der englische Ober= befehlshaber (Monk) beschloß, das Gefecht abzubrechen, und es über= haupt gerathen hielt, sich in die Themse zurückzuziehen. Vergebens ver= suchten die Holländer dies letztere zu verhindern; zwei Mal passirten sie die englischen Linien und begrüßten sich die beiden Flotten mit vollen

Breitseiten; jedoch gelang es Monk am Abend mit seinen nur noch
übrigen 38 Schiffen die Themsemündung zu erreichen. Er ver=
brannte 3 seiner kampfunfähigen Schiffe, ließ die beschädigten Fahr=
zeuge voransegeln und deckte mit dem Rest seiner Flotte den Rück=
zug. Von Wichtigkeit für ihn war es, daß Prinz Rupert noch an
diesem Tage zu ihm stieß, weshalb er den Entschluß faßte, am
nächsten Morgen schon den Kampf zu erneuern. Am 13. Juni
(dem Jahrestage der unglücklichen Schlacht bei Lowestoff) war der
Wind östlich, die holländische Flotte hatte bis zum Morgen kaum
die erlittenen Havarien wieder ausgebessert; man mußte aber Segel
setzen, um von den Sandbänken fern zu bleiben.

Auch die Engländer waren mit der Ebbe in See gegangen
und kreuzten vor der Themsemündung, doch blieben die beiden
Gegner längere Zeit außer Sichtweite. Das englische Admiralsschiff
„Prince Royal" hatte das Unglück, der Sandbank Galloper zu nahe
zu kommen und fest zu gerathen. Eine holländische Flottenabtheilung
kam hinzu, nahm dasselbe, führte die Besatzung als Gefangene fort
und verbrannte das Schiff. Zum Kampf kam es an diesem Tage
zwischen den Flotten jedoch weiter nicht.

Erst am 14. Juni Morgens 8 Uhr wurde der Kampf erneuert.
Die Flotten befanden sich zwischen Northforeland und den flämischen
Banken; der Wind südöstlich. Die holländische Flotte war luvwärts,
segelte in drei Abtheilungen an den Feind heran und brach durch
dessen Linie; drehte südlich bei, wendete und wiederholte dies Ma=
növer drei Mal. Es wurde dann ein Melée, in welchem sich größten=
theils die einzelnen Schiffe bekämpften, und Brander gegen die feindlichen
Abtheilung theils mit, theils ohne Glück verwendet wurden. Lange
schwankte, trotz alles harten Kämpfens auf beiden Seiten, die Wage
der Entscheidung hin und und her, bis de Ruiter am Nachmittag
seiner Flotte den Befehl gab, sich noch einmal mit aller Kraft auf
den Feind zu werfen und zum Entern zu schreiten. Das Glück
wollte den Niederländern wohl. Bis um 7 Uhr Abends wurde ge=
kämpft, als ein dichter Nebel Freund und Feind umhüllte, so daß
man nicht eine Schiffslänge weit mit Sicherheit sehen konnte. Das
Feuer wurde eingestellt und die Engländer, arg mitgenommen, zogen
sich nach der Themsemündung zurück. De Ruiter hielt während der
Nacht mit seiner Flotte unter kleinen Segeln, und als bei Sonnen=
aufgang des 15. Juni keine feindlichen Schiffe in Sicht waren,
kehrte auch er mit seiner Flotte nach Holland zurück. Der Verlust

der Niederländer betrug 4 Schiffe, welche gesunken oder verbrannt waren, 1000 Todte und 1100 Verwundete; sie blieben aber Sieger und waren durch ihre Leeschlachtlinie am ersten Tage bedeutend im Vortheil. Die Engländer dagegen verloren 23 Schiffe, von denen 17 zerstört, 6 nach den Niederlanden gebracht wurden; außerdem hatten sie 5—6000 Todte und 3000 Mann Gefangene eingebüßt.

Der holländische Admiral de Witt sagt von dieser Schlacht: „Wenn die Engländer geschlagen sind, so macht ihnen ihre Niederlage mehr Ehre als alle ihre früheren Siege; soviel habe ich wohl gesehen, daß Engländer getödtet und ihre Schiffe verbrannt werden können, daß mir aber englischer Muth unbesiegbar zu sein scheint."

Mit dem errungenen, wenn auch noch so ruhmvollen Siege war der Krieg dennoch nicht beendet; denn sowohl in den englischen als in den niederländischen Häfen wurde Tag und Nacht mit rastloser Thätigkeit weiter gearbeitet und gerüstet.

Am 4. Juli 1656 schon erhielt de Ruiter von den General-Staaten die Weisung: mit der Flotte nach der Themsemündung zu segeln, dort die englische anzugreifen und zu schlagen. Fast 3 Wochen blockirte de Ruiter die Themse, ohne daß die Engländer sich zeigten. Er beschloß daher mit seinen Schiffen die offne See aufzusuchen, um im Falle eines Angriffs seitens der Engländer nicht durch die Sandbänke in seinen Bewegungen gehemmt zu werden. Am 1. August verließ die englische Flotte unter Monk, dem Prinzen Rupert, Sir Thomas Allen und Sir Eduard Spragge, 90 Segel stark, die Mündung der Themse, während die niederländische unter de Ruiter, van Tromp, van Nes, Evertsen und de Vries nur 88 Schiffe mit 19 Brandern zählte. Beide Flotten waren, wie das letzte Mal, in je 3 Geschwader getheilt, deren jedes wieder in 3 Divisionen zerfiel.

Seeschlacht vor der Themse. Am 4. August 1666 um Mittag begann das Gefecht. Die Schlachtlinie war die „Kiellinie beim Winde unter kleinen Segeln"; die englische Flotte bildete die Luvlinie, die holländische die Leelinie; die erstere war somit in Anbetracht der geringen Windstärke sowohl hinsichtlich ihrer Position als auch ihrer stärkeren Schiffe im Vortheil.

Evertsen und de Vries griffen mit der Vorhut das Geschwader der weißen Flagge, unter Sir Thomas Allen, an. De Ruiter folgte ihnen unmittelbar, jedoch flaute der Wind ab, daß es ihm erst nach einer ganzen Weile gelang, das Feuer gegen das Geschwader der rothen Flagge, unter Monk und Prinz Rupert, zu eröffnen. Auch

van Tromp, welcher die Arrièregarde kommandirte, kam erst spät
zum Kampf und konnte den Augenblick des Angriffs kaum erwarten.
Um aber die Luvseite der feindlichen Linie zu gewinnen, wendete er
unbegreiflicherweise mit seinen Schiffen auf eigene Hand, und trennte
sich von de Ruiters Centrum. Die englische Nachhut, um die Ab=
sicht Tromps zu vereiteln, wendete gleichfalls und engagirte sich der=
maßen mit ihm, daß, obgleich er momentan Vortheile über die
Gegner errang, er dennoch hauptsächlich die Niederlage der holländischen
Flotte an diesem Tage herbeiführte. Denn, als die Engländer de
Ruiters Avantgarde hart bedrängten und zum Rückzuge zwangen,
war auch das Centrum vollständig isolirt, und entstanden so drei
räumlich getrennte Treffen. Prinz Rupert und Monk erkannten
bald die Fehler ihrer Gegner, griffen das holländische Centrum von
beiden Seiten mit überlegenen Kräften an, so daß auch de Ruiter,
da er von keiner Seite Unterstützung erhielt, trotz tapferer Gegen=
wehr zum Weichen gezwungen war. Das Gefecht wurde zwar noch
bis zur Dunkelheit fortgesetzt, endete jedoch mit der gänzlichen
Niederlage und dem Rückzuge der Holländer. Mit anbrechendem
Tage begann die Verfolgung der zersprengten, ziehenden Schiffe, und
war es besonders de Ruiters Flotten-Abtheilung, welche durch die
verfolgenden Engländer hart bedrängt wurde, so daß er in dieser
seiner kritischen Lage ausgerufen haben soll: „Mein Gott! was bin
ich doch für ein bedauernswerther Mensch! Ist denn unter so vielen
tausend Kugeln nicht eine, die meinen Leiden ein Ende macht?"
Die Verfolgung des Feindes wurde von den Engländern zwar mit
großer Energie fortgesetzt, doch hatten die Holländer soviel Vorsprung
gewonnen, daß sie hinter den Banken Schutz fanden, ehe sie von den
feindlichen Schiffen abgeschnitten und genommen werden konnten.
De Ruiter erfuhr bei seiner Rückkehr nur den Unwillen eines get
täuschten Volkes, und mußte ansehen, wie die Engländer auf Schoone=
velt[1]) ankerten. Van Tromp gelang es, mit nur geringem Verlust
seine Schiffe in den Texel zurückzubringen, jedoch wurde er seiner
Stellung enthoben, weil sein letztes Auftreten ein zu beredtes Zeug=
niß für die ihm inne wohnende Animosität gegen de Ruiter war.
Der Verlust der Holländer an Schiffen war zwar nur gering, ob=

---

[1]) Schoonevelt war ein von de Ruyter so genannter Punkt an der Küste, der
vorzüglichen Ankergrund hatte und auf dem die Flotte geschützt und sicher lag; diese
Bank war 2—3 Seemeilen von dem Texel entfernt.

gleich die meisten nicht unbedeutende Beschädigungen erlitten hatten, allein der Verlust an Mannschaften war um so bedeutender, und befanden sich drei Admirale unter den Gefallenen. Der Verlust der Engländer kam ungefähr dem ihrer Gegner gleich.

Expedition de Ruiters nach der Themse 1667. Mit erneutem Eifer rüsteten die Holländer im Winter 1666—67. Sie beabsichtigten die letzte Schlappe wieder auszuwetzen und hatten eine Landung in England geplant, da ihnen nicht unbekannt war, daß durch den Brand Londons im letzten Jahre und die Verschwendung des Hofes, die englische Flotte aus finanzieller Calamität stiefmütterlich behandelt wurde.

Mit 61 Schiffen segelten de Ruiter am 15. Juni 1667 von Texel nach der englischen Küste hinüber, um in der Themsemündung eine Landung zu unternehmen. Ohne auf besonders kräftigen Widerstand zu stoßen, fuhr ein Theil seiner Schiffe bis einige Seemeilen unterhalb Gravesend, (Poorfleet), während eine andere Abtheilung Sheerneß nahm und den Medway hinauf bis beinahe nach Chatham vordrang, einen großen Theil der englischen Kriegsschiffe auf diesen Fahrten zerstörte, und zum Entsetzen der Bevölkerung auch wohl London erreicht haben würde, wenn nicht bald darauf der Friede zu Breda dieser Expedition ein Ende gemacht hätte. Es muß hier bemerkt werden, daß in diesen engen Gewässern, begünstigt durch die Gezeitenströmung die Brander häufig mit gutem Erfolg Verwendung fanden. Mit diesem Zeitpunkte waren die Holländer also Herren der nordischen Meere.

Neunundzwanzigstes Kapitel.

Kämpfe der verbündeten englischen und französischen Flotten gegen die niederländische. (1672.)

Ludwig XIV. konnte den General-Staaten die Tripelallianz nicht vergessen, welche seinen Plänen auf die spanischen Niederlande ein so schnelles Ende bereitet hatte, und sann auf Rache gegen sie. Schon in den Jahren 1670 und 1671 legte er dem Handel der Niederländer allerlei Hindernisse in den Weg. Der Friede und das Bündniß zwischen England und den Niederlanden stand auf

schwachen Füßen; denn auch bei König Carl II. war die Themse=Expe=
dition be Ruiters noch frisch in der Erinnerung. Langsam und allmälig
näherten sich Frankreich und England zu einem Bündnisse gegen die
Niederlande. Am 7. April 1672 erfolgte die Kriegserklärung Englands
und Frankreichs an die General=Staaten. De Ruiter hatte aber=
mals den Oberbefehl über die niederländische Flotte und erhielt die
Ordre: mit derselben nach der Küste Englands zu segeln und wo=
möglich die englische Flotte anzugreifen und zu schlagen, bevor sie
sich mit der französischen vereinigen konnte.

Seeschlacht bei Solebay (Southwold). Erst am 14. Mai 1672
erreichte be Ruiter Englands Südküste, und erfuhr am nächsten
Tage von einem Handelsschiffe, daß Tags vorher bereits die
Vereinigung der verbündeten Flotten östlich von der Insel Wight
erfolgt sei. Am 6. Juni bestand die unter be Ruiters Befehl stehende
niederländische Flotte aus 91 großen Schiffen, 44—54 Brandern
und 23 kleineren Fahrzeugen. Mit diesen steuerte er auf die
nördliche Seite der Temsemündung los, und kam am 7. Juni nach
Solebay (Soulsbay), einer Bucht zwischen Harwich und Yarmouth,
in welcher die verbündeten Flotten, etwa 130, nach andern Angaben
164 Segel stark, unter Kommando des Herzogs von York, des Lord
Sandwich und des Grafen d'Estrées vor Anker lagen. Das Centrum
(rothe Flagge) befehligte der Herzog von York; den rechten Flügel
(Avantgarde) bildeten die Franzosen; den linken Flügel (Arrièregarde)
Lord Sandwich. Die niederländische Flotte erschien so unerwartet,
daß viele Schiffe der Verbündeten ihre Taue kappen mußten, um
rechtzeitig unter Segel zu kommen. Der Herzog von York befahl
nach Norden hin die Schlachtlinie zu formiren; der Wind wurde
aber so flau, daß, obgleich die holländische Flotte schon 3 Uhr Nach=
mittags in Sicht kam, erst gegen 8 Uhr Abends der Kampf damit
begann, daß Lord Sandwich[1]) die feindliche Nachhut angriff und

---

[1]) Der Herausgeber der Lebensbeschreibung de Ruiters schreibt über diese
Affaire Folgendes: Das Gefecht begann zwischen dem Grafen Sandwich und van
Ghent; es war schreckenerregend und blutig, besonders aber zwischen dem blauen
Geschwader und van Ghent, der gleich zu Anfang des Kampfes getödtet wurde.
Der tapfere Graf von Sandwich, der sein Leben für seine Ehre hinzugeben ent=
schlossen war, wurde von einer großen Zahl von Schiffen und Brandern umringt,
besonders aber von einem tapferen holländischen Kapitän, Adrian Brackell hart be=
drängt, der sich ihm vor den Bug legte. Trotzdem aber focht er mit so uner=
schütterlichem Muthe, daß er drei Brander versenkte und den holländischen Kapitän
zwang, sich zu ergeben. Als er aber schließlich von einem vierten Brander erreicht

zwar noch ehe sein Geschwader so rangirt war, daß es ihn unterstützen konnte. Es entspann sich ein verzweifelter Kampf zwischen
dem englischen Admiralschiff „Royal James" und dem holländischen
Linienschiff „Groß Holland", indem auf beiden Seiten nicht allein
volle Lagen gewechselt, sondern auch Brander in das Gefecht geführt und Enterungen versucht und wieder abgeschlagen wurden.
Der Verlust an Menschenleben war ein außerordentlicher und
endete dieses großartige Duell schließlich mit der Vernichtung
des „Royal James", nachdem derselbe, von Kugeln durchbohrt,
einem Siebe gleich, kaum noch auf der Oberfläche gehalten werden
konnte, bis er schließlich von einem sich ihm an die Seite legenden
feindlichen Brander angezündet, mit der ganzen Besatzung in die Luft
flog.

Де Ruiter wendete sich mit seinem Geschwader gegen das englische Centrum. Bis auf Pistolenschußweite steuerte er mit leichtem
raumen Winde auf das Flaggschiff desselben los, drehte dann bei
und eröffnete das Feuer. Aber auch die Engländer blieben die
Antwort nicht schuldig; fast zwei Stunden lagen beide Schiffe Seite
an Seite in Pulverdampf gehüllt, ohne das Feuer einzustellen, denn
der leichte Wind konnte denselben nicht zerstreuen. Dem Schiffe des
Herzogs von York wurde die Großstenge weggeschossen, allein er
fand Gelegenheit sich zurückzuziehen und seinen Schaden wieder auszubessern, hiß'te aber bald darauf seine Flagge am Bord des
„London".

Unterdessen wurde an allen Orten mit Muth und Erbitterung
gekämpft, Brander ins Gefecht geführt, Schiffe verbrannt oder
versenkt.

Der holländische Admiral Bankert hatte die Franzosen angegriffen, allein dieselben suchten möglichst südlich auszuweichen, und
scheinen englische Historiker, nach den Leistungen der französischen Flotte
es zu bezweifeln, daß sich die Franzosen für das englische Bündniß
besonders enthusiasmirt hätten.

Als endlich die Sonne dieses Tages sank und dem Werke der
Zerstörung Einhalt gethan wurde, konnte keiner der Gegner sich des
Sieges rühmen, wenn es nicht ein Sieg genannt werden kann, einer so
großen Uebermacht rühmlichst widerstanden zu haben. Die „sieben

---

wurde, gerieth sein Schiff in Flammen, und er mit seinem Sohne sowie viele seiner
tapferen Leute mußten umkommen.

14

Provinzen" das Flaggschiff de Ruiter's, soll an dem Tage 3500 Kanonenschüsse abgegeben haben.

Während der Nacht wurde Alles aufgeboten, um die erlittenen Havarien wieder auszubessern. Bei Tagesanbruch sah man die kombinirten Flotten 3 Meilen von einander entfernt, ohne daß dieselben Miene machten, das Gefecht zu erneuern.

De Ruiter hielt es gleichfalls für rathsamer, nach den seeländischen Küsten zu segeln und dort die Feinde zu erwarten, damit die beschädigten Schiffe in den heimischen Häfen schneller einen Zufluchtsort finden könnten. Der rasche Fortschritt der französischen Waffen zu Lande machten es Seitens der Niederlande nothwendig, von weiteren Operationen gegen die verbündeten englisch-französischen Flotten Abstand zu nehmen, vielmehr ⅛ ihrer Schiffe abzurüsten und die frei gewordenen Besatzungen zur Abwehr und Vertheidigung der Landesgrenzen in das Heer einzureihen.

De Ruiter aber wurde beauftragt, mit dem Rest der Flotte die Seeküste gegen feindliche Landungen zu schützen und war im Laufe des Jahres so glücklich, die von Ostindien nördlich von Schottland über Norwegen zurückkehrende, mit reicher Ladung versehene niederländische Handelsflotte, sicher in den Hafen zu bringen.

Im Februar 1673 forderte Carl II. vom Parlament einen Kredit zur Fortführung des Krieges gegen die Niederlande, weil die General-Staaten Englands geschworene Feinde seien. Das Parlament fügte sich dem Willen des Königs und bewilligte die nöthigen Gelder. In Folge dessen wurden die Rüstungen der englischen Flotte mit allem Eifer erneuert.

Aber auch die Niederländer beschlossen eine gleich starke Flotte, wie zu Anfang 1672 unter de Ruiter, auszurüsten. Es geschah, und als am 2. Juni Morgens die englisch-französische Flotte etwa 140 Segel stark, darunter 90 Linienschiffe unter dem Prinzen Rupert, (roth) Admiral d'Estréns, (weiß) Admiral Spragh, (blau) westlich von Schoonevelt an der holländischen Küste ankerte, zählte de Ruiters Flotte unter den Admiralen van Nes, Bankert und van Tromp, welcher letztere wieder reactivirt wurde, 52 große Schiffe, 12 Fregatten, 25 Brander und 14 kleinere Fahrzeuge.

Treffen bei Schoonevelt. Als die Sonne am 7. Juni, dem Jahrestage des Treffens von Solebay, klar und unbewölkt emporstieg, beleuchtete sie wiederum die Schlachtlinien beider ansegelnden feindlichen Flotten. Prinz Rupert führte dies Mal die Vorhut, d'Estrées das Mitteltreffen, Spragh die Nachhut. Bei den Holländern führte Tromp die Vorhut, de Ruiter das Mitteltreffen, Bankert die Nachhut. Die Engländer hatten 35 Fregatten und 10 Brander detachirt, um den Holländern den Rückzug abzuschneiden. Doch gelang dies nicht, denn nach 8stündigem harten Kampfe kehrten die Holländer auf ihren Ankerplatz zurück. Am meisten hatte Tromp gelitten, jedoch verloren sie kein einziges Schiff, während von den Verbündeten 4 große und 10 kleinere Fahrzeuge entweder verbrannten oder versenkt wurden.

Die Schäden auf der niederländischen Flotte wurden unverweilt ausgebessert, alles wieder zum Kampf bereit gemacht, so daß de Ruiter schon am 14. Juni mit frischem östlichen Winde, in Schlachtlinie rangirt, wieder auf die feindliche Flotte lossteuern konnte. Es kam zum Kampf in der Beimwindlinie, jedoch frischte der Wind so auf, daß die untersten Geschützpforten bald geschlossen werden mußten. Also kämpfend liefen beide Flotten der englischen Küste zu. Bei einbrechender Nacht beschloß de Ruiter, sich nicht weiter der englischen Küste zu nähern, wendete, und legte dann über StB. bei, während sich die kombinirte Flotte nach der Themse zurückzog. Als de Ruiter am nächsten Morgen keinen Feind erblickte, kehrte auch er wieder nach den Niederlanden zurück.

Seeschlacht vor den Dünen von Holland 1673 am 21. August. Die verbündeten Flotten hatten den Auftrag, in den Niederlanden eine Landung zu versuchen und begaben sich mit Truppen auf flachgehenden Fahrzeugen dahin. Sie bestanden in 80 englischen und 28 französischen Kriegsschiffen, in Allem 160 Segeln. Außerdem folgten dieser Flotte 4 Kriegsschiffe und 25 Transportschiffe mit Pferden und Kriegsmaterial. Die Befehlshaber beider Flotte waren dieselben wie im Gefecht vom 14. Juni. Am 21. August mit Sonnenaufgang wurde de Ruiter, mit 75 großen Schiffen und Fregatten, 25 Brandern und 18 Fahrzeugen, in Allem 118 Segel, etwa 2 Meilen von Kamporduin die feindliche Flotte bei südöstlichem Winde in Lee gemeldet. Beide Flotten rüsteten zum Kampfe und formirten die Schlachtlinie. Gegen 9 Uhr Morgens eröffnete Bankert gegen die Franzosen, kurz darauf de Ruiter gegen die rothe, und van Tromp gegen die blaue Flagge der Engländer das Feuer. Es machte sich bei den Niederländern jedoch bald der Eindruck geltend, daß der französische Admiral sich nicht gerade für die Alliance interessire, und schickte daher Bankert, sobald er überzeugt war, daß die Franzosen den Kampf

weder ernstlich suchten, oder vom Winde theilweise hieran verhindert
waren, dem französischen Kommodore nur 8 Linienschiffe und
3 Brander entgegen, während er sich mit den andern Schiffen dem
Geschwader de Ruiters anschloß, welcher nunmehr mit aller
Kraft gegen Rupert und Spragh vorging. Besonders wurde Prinz
Rupert von allen Seiten so arg bedrängt, daß er genöthigt war ab=
zuhalten, und nach Westen hin auszuweichen. Zeitweise aller
Unterstützung beraubt, gelang es ihm dennoch wieder sich Bahn zu
brechen, und mit der zu Anfang des Gefechtes von ihm getrennten
Division zu vereinigen, während er vergebens Hülfe von den Fran=
zosen erwartete. Inzwischen waren Tromp und Spragh[1]) mit ihren
Geschwadern außer Sicht gekommen und hielten es Prinz Rupert
sowohl als de Ruiter gerathen, sich nach Osten zu wenden, woher
sie den Kanonendonner hörten. Gegen 2 Uhr verfolgten beide
kommandirenden Admiräle neben einander laufend dasselbe Ziel, um
ihrer bedrängten Nachhut Hülfe zu bringen. Als Rupert sah, daß
Tromp gewendet hatte und auf die zerschossenen Schiffe abhielt, um
ihnen einen wuchtigen Stoß beizubringen, lief er zwischen diesen und
dem Feinde durch und gab denjenigen Schiffen der Arrièregarde, die

---

[1]) Als Illustration des Heldenmuths und gleichzeitiger Erbitterung, mit welcher
auf beiden Seiten gekämpft wurde, mag Folgendes dienen: Man erzählt, daß der englische Admiral Sir Eduard Spragh beim Empfang seiner Ernennung zu dieser
Stellung dem Könige das Versprechen gegeben habe, er wollte ihm van Tromp entweder todt oder lebendig bringen oder selbst sein Leben im Kampfe lassen. Ferner
berichtet Bischof Parker später in seiner Geschichte über den Tod Spragh's Folgendes: Zwischen Spragh und van Tromp war ein denkwürdiger Kampf, denn diese
beiden Helden hatten beschlossen, sich gegenseitig anzugreifen, nicht aus Haß, sondern
aus Durst nach Ruhm; sie fochten mit Wuth, aber auch mit allem Kriegsmuth.
Sie gingen sich so nahe, daß sie zu gleicher Zeit mit Geschützen und Schwertern
fochten. Fast bei jeder Wendung wurden ihre Schiffe durchbohrt, da sie ihre Geschütze auf die nächste gewöhnliche Schußweite feuern ließen; kein Schuß fehlte,
sondern jeder traf und durchbohrte die Schiffe, als wenn sie mit Lanzen gefochten
hätten. Endlich als 3 oder 4 Schiffe zerschossen waren, ging Spragh in einem
Boote nach einem seiner Fahrzeuge, um weiterzukämpfen, als das Boot von einer
Kugel getroffen kenterte, und er, des Schwimmens unkundig, zum großen Leidwesen
seines generösen Feindes ertrinken mußte, denn nach dem Tode Spragh's durfte er
nicht mehr hoffen, einen Gegner zu finden, der diesem gleich war.

Der Geschichtschreiber, welcher das Leben de Ruiters beschrieben hat, sagt über
diesen letzten Kampf zwischen Spragh und van Tromp; Die Holländer bekennen, einen
ähnlichen Mann wie Spragh, nie gesehen zu haben; die beiden Schiffe Spragh's
und van Tromp's hatten sich, ohne ein Segel zu rühren, volle drei Stunden in
einem wüthenden, unausgesetzten Kampfe befunden.

noch kampffähig waren, das Signal, in die Linie einzurücken. Das=
selbe Signal gab er auch dem Geschwader d'Estrées, allein so wenig
Schaden dasselbe auch erlitten hatte, und völlig im Stande gewesen
wäre, die Engländer aus der Verlegenheit zu reißen, so zeigte der
französische Befehlshaber dennoch keine große Neigung, dem Befehle
Folge zu geben. Gegen 5 Uhr hatte de Ruiter seine Division mit
der van Tromps vereinigt, und wurde nun der Kampf mit größerem
Nachdruck als zuvor fortgesetzt. Wenn auch Ruperts Abtheilung nur
aus 13 Schiffen bestand, mit welchen er diesen furchtbaren Angriff
abzuschlagen hatte, so manövrirten die Engländer doch so meisterhaft,
daß die Holländer nach mehrstündigem Kampfe nur geringe Vortheile
errangen und die schon arg mitgenommene englische Nachhut durch
Rupert gerettet wurde. Um 7 Uhr wurde der Kampf abgebrochen,
und die englische Flotte steuerte der Themsemündung zu. Blieb die
Schlacht auch unentschieden, so hatten die Verbündeten doch die
Landung aufgeben und sich zurückziehen müssen. Ruhmreich schloß das
Jahr 1673 für die Niederländer; einer der mächtigsten Feinde, der
englische König, neigte sich dem Frieden zu, und dafür war schon
seit mehreren Monaten in Spanien ein Verbündeter auf den Kampf=
platz getreten.

Nach der Kriegserklärung Spaniens an die Franzosen (1673)
hatten letztere die günstige Gelegenheit benutzt, die mit der spanischen
Herrschaft unzufriedene Insel Sizilien in offene Empörung zu bringen.
Spanien sah sich daher genöthigt, mit den General=Staaten wegen
Unterstützung durch eine Flotte im Mittelmeere in Verbindung zu
treten. Die General=Staaten gingen darauf ein, und sehen wir daher
1675 und 1676 eine niederländische Flotte unter de Ruiter, mit der
spanischen verbündet, im Mittelmeere gegen eine französische kämpfen.
Lorbeeren sollten die Niederländer aber nicht erringen; die weite Ent=
fernung vom Mutterlande, die ungünstigen politischen Konstellationen
in den südlichen Staaten und die geringe Unterstützung, welche sie
bei ihren Bundesgenossen fanden, wirkten lähmend auf sie. Dagegen
die Franzosen unter du Quesne und Tourville vortrefflich geführt.

Gefecht bei Stromboli. Nach manchen Widerwärtigkeiten, welche
de Ruiter im Laufe des Jahres 1675 von den Bundesgenossen er=
fahren hatte und die ein rasches Handeln unmöglich machten, kreuzte
die niederländische Flotte am 6. Januar 1675 zwischen Lipari und
Stromboli, nördlich von Sicilien, um die französische Flotte aufzu=
suchen. Am 7. Morgens wurde der Feind im N. W. 3 Meilen

Entfernung gemeldet. Der Wind war südwestlich; de Ruiter befahl Segel zu mehren und steuerte auf denselben zu. Um 3 Uhr gab er das Signal, in die Schlachtordnung einzurücken; aber der Tag war schon zu weit vorgerückt, und ehe man zum Angriff kommen konnte, war die Sonne hinabgesunken. Während der Nacht blieben die Flotten in nicht zu großer Entfernung von einander, jede bemüht, die Luv= seite von der andern zu gewinnen. Ein plötzlicher Windwechsel war für die Franzosen günstig, denn um 8 Uhr Morgens am 8. Januar erblickte de Ruiter die feindliche aus 30 Segeln bestehende Flotte, dar= unter 20 bis 24 Schiffe von 50 bis 80 Kanonen, etwa 1½ Meilen luvwärts.

Diese Wahrnehmung erregte bei ihm Besorgniß, denn die nieder= ländische Flotte zählte nur 18 schwere Schiffe, von denen nur zwei 78 Kanonen führten, ferner 6 leichten Fregatte und vier Brander; dazu hatte die französische Flotte die Luvseite. Dennoch beharrte de Ruiter bei seinem Vorsatze, sich unter allen Um= ständen zu schlagen. Beide Flotten waren in 3 Geschwader getheilt, von denen das französische Centrum vom Admiral du Quesne, das niederländische von Admiral de Ruiter geführt wurde. Um 9 Uhr kamen beide Flotten in so guter Ordnung rangirt in die Schlacht= linie, daß beide Oberbefehlshaber sich ihre gegenseitige maritime Tüchtigkeit nicht versagen konnten, sondern dieselbe offen ausgesprochen haben. Um 10 Uhr eröffneten beide Avantgarden das Feuer; doch bald näherten sich auch die Oberbefehlshaber. Eine Weile lagen sie abwartend in Schußweite, bis de Ruiter dem Feinde zuerst eine volle Breitseite entgegenschleuderte, worauf du Quesne in gleicher Weise ant= wortete. Drei Stunden hatte ununterbrochen das Geschützfeuer von beiden Seiten mit gleicher Heftigkeit gedauert, als du Quesne befahl, unter dem Schutze des dichten Pulverdampfes einen Brander gegen de Ruiter zu lanciren. Die Gefahr wurde jedoch vom holländischen Admiral rechtzeitig bemerkt, ein wohlgezielter Kanonenschuß traf den Mast des Branders, und, um nicht den Niederländern in die Hände zu fallen, wurde derselbe von der eigenen Besatzung angezündet. Ein Gleiches Schicksal theilten noch zwei andere französische Brander.

Mit dem Eintritt der Dunkelheit hörte die Kanonade auf; der Kampf blieb aber unentschieden; auf beiden Seiten war ein Schiff gesunken und auch die übrigen Havarien glichen sich aus. De Ruiter segelte nach Palermo, du Quesne nach Messina zurück. Be= merkenswerth in diesem Kampfe sind die Galeeren, welche hier noch auftraten, und von den Holländern namentlich dazu verwendet wurden, die beschädigten Schiffe vom Kampfplatze wegzubugsiren.

Seeschlacht bei Agosta. Am 22. April 1676 kam es bei Agosta, in der Nähe von Catanea, (Sicilien) zu einer neuen Seeschlacht zwischen der holländisch-spanischen Flotte unter de Ruiter und Don Pereira, und der französischen unter du Quesne, wo Ersterer zum letzten Male gegen die überlegene Macht seiner Gegner kämpfen sollte. Schon bei Sonnenaufgang wurde de Ruiter drei Meilen nördlich von der Stadt Agosta die französische Flotte luvwärts ge= meldet. Sie bestand aus 30 großen Schiffen, von denen fünf 90 bis 100 Kanonen hatten, ferner aus 3 Fregatten und 7 Brandern, welche in Summa mit 2172 Geschützen armirt und 10665 Köpfen bemannt waren. Du Quesne kommandirte im Centrum, General Almeras die Vorhut und Gabaret die Arrièregarde. Die niederländische Flotte zählte nur 17 Schiffe mit 852 Geschützen und einer Besatzung von 4500 Mann. Das spanische Contingent bestand aus 10 Schiffen, von denen jedoch nur 5 dienstfähig waren. De Ruiter führte die Avantgarde, die Spanier das Mitteltreffen, de Haan die Nachhut. (Klopp.)

Bis Mittag war es flau, so daß es zweifelhaft schien, ob es an diesem Tage zum Gefecht kommen würde. Kurz nach Mittag sprang jedoch eine leichte Brise aus SO. auf, so daß die verbündeten Flotten die Luvseite hatten. De Ruiter, als er sah, daß der spanische Admiral zögerte, dem Gegner auf den Leib zu rücken, hielt mit der Avantgarde auf die feindliche Linie ab und war schon lange mit dem Marquis d'Almeras im heftigen Kampfe, als das Mitteltreffen erst aus weiter Entfernung das Feuer eröffnete. Die Arrièregarde unter de Haan, der dem Mitteltreffen folgen mußte, kam gleichfalls später an den Feind. Während dessen mußte de Ruiter mit seiner Vorhut alle Breitseiten der vorbeisegelnden französischen Flotte aus= halten und war nebenbei in großer Gefahr, völlig abgeschnitten zu werden. Erst auf eine Bitte de Ruiters an den spanischen Oberbefehls= haber, kam dieser näher und griff in das Gefecht ein.

Nach etwa halbstündigem Geschützkampfe wurde de Ruiter auf der Kommandobrücke (Campagne) das rechte Bein von einer Kanonen= kugel weggerissen und das linke gequetscht, so daß er von der Campagne aufs Deck stürzte. Dennoch ermunterte er die Seinen den Muth nicht sinken zu lassen. Du Quesne, welcher seine Schiffe beim spanischen Centrum nicht voll zum Kampfe bringen konnte, suchte feine Avantgarde zu unterstützen, doch gelang es ihm nicht, dort das Gefecht zum Vortheil zu wenden. Mit dem Einbruch der Dunkelheit wich die französische Flotte nordwärts nach Messina zurück. Der Sieg war unzweifelhaft auf Seiten der Verbündeten, oder richtiger, auf Seite be Ruiters und seiner Avantgarde.

Als die Franzosen am nächsten Morgen nur noch aus den Toppen der verbündeten Flotte gesehen werden konnten, lief auch die letztere in den Hafen von Syrakus ein. De Ruiter erlag nach 8 Tagen seinen Wunden.

Seeschlacht bei Palermo. De Ruiters Tod machte sich bald auf der holländischen Flotte bemerkbar. Anfangs Juni stieß die französische Flotte unter Marschall von Vivonne, Admiral du Quesne und Tour-ville abermals anf das vereinigte holländisch=spanische Geschwader, und zwar auf der Rhede von Palermo, wohin dasselbe gegangen war, um die in der letzten Schlacht erlittenen Schäden wieder auszubessern. Die französische Flotte, 29 Linienschiffe, 25 Ga-leeren und 9 Brander stark, lief am 28. Mai aus Messina und wurde am 30. Mai von den Verbündeten gesehen. Es blieb den Letzteren, da ihre Schiffe nicht schlagfertig waren, nur übrig, einen feindlichen Angriff vor Anker liegend abzuschlagen und dem entsprechend die Dispositionen zu treffen. Die Schiffe wurden demnach parallel mit der Küste vertäut, so daß sich der linke Flügel an eine Moole lehnte und beide Flügel durch Forts gedeckt waren.

Nach einer am 1. Juni vorangegangenen Rekognoscirung mit den Galeeren, beschloß der französische Oberbefehlshaber, am nächsten Tage gegen die kombinirte feindliche Flotte vorzugehen. Die Avant-garde der Franzosen, mit 9 Schiffen und Brandern, war bestimmt, den rechten Flügel der Verbündeten anzugreifen, während das Centrum und die Arrièregarde gegen den linken Flügel derselben operiren sollten. Der Wind war leicht und aus See. Die Vorhut der Franzosen eröffnete den Kampf, indem sie nahe an den rechten feindlichen Flügel heranlief und dabei so geschickt manövrirte, daß sämmtliche Schiffe desselben enfilirt, und als durch Pulverdampf das Gesichtsfeld der letzteren beschränkt ward, sogar Brander in die feindlichen Linien dirigirt wurden, deren Annäherung arge Verwirrung und Unordnung auf der verbündeten Flotte hervorrief. Der spanische Admiral ließ beim Herannahen der Brander, die Taue seines Schiffes kappen und dasselbe auf den Strand treiben; die anderen Schiffe folgten seinem Beispiele, und so war dieser Theil der combinirten Flotte bald in Brand gesteckt und vernichtet.

Das Gros der französischen Flotte dagegen begnügte sich mit dem Beschießen des feindlichen Centrums und des linken Flügels aus größerer Entfernung. Auch hier wurden Brander in die Reihen der Verbündeten lancirt, von denen einige zwar durch Geschützfeuer zerstört wurden, es zweien jedoch gelang, das spanische Admiral=schiff in Brand zu stecken. Wiewohl es nunmehr ein Leichtes gewesen wäre, die verbündete Flotte gänzlich zu vernichten, so brachen die Franzosen am Nachmittage das Gefecht unbegreiflicherweise ab, und gingen nördlich in See. Der Verlust der Verbündeten betrug, abgesehen von anderen Fahrzeugen, 10 Linienschiffe, während die übrigen arg beschädigt waren. Sie büßten ⅛ ihrer Flotte ein; 3000 Mann und 700 Kanonen fanden in den Wellen ihren Untergang. Die Brander hatten sich hier, allerdings unter äußerst günstigen Ver=hältnissen, als eine nicht zu unterschätzende, furchtbare Waffe erwiesen.

Nachdem Ludwig XIV. an den Küsten des Mittelmeeres nichts mehr zu fürchten hatte, wandte er sich gegen die holländischen Be=sitzungen auf den Antillen. Am 17. Dezember 1676 ankerte eine französische Flotte unter dem Grafen d'Estrées vor Cayenne und er=oberte dasselbe zurück. Darauf segelte die französische Flotte im Frühjahr des nächsten Jahres nach den Antillen und erschien vor Tabago, dessen Hafen von 10 holländischen Schiffen, 3 Fregatten und einem Brander unter Admiral Binkes vertheidigt wurde.

Forcirung des Hafens von Tabago durch Segelschiffe. Es ist dies die erste uns bekannte Affaire, in welcher der Eingang einer befestigten Passage durch Segel-Kriegsschiffe forcirt wurde, ausge=führt am 3. März 1677 von den französischen Admirälen d'Estrées und Gabory mit einem Geschwader von 10 Schiffen, einigen Fregatten und Brandern. Die Südseite der Insel war durch ein bastionirtes Fort befestigt, während 14 bis 15 holländische Schiffe in einer durch Untiefen eingeengten Bucht zur Unterstützung der Land=befestigung bereit lag. Die Besatzungsstärke der letzteren betrug, nach Abgabe von Mannschaften für die Vertheidigung des Forts, etwa 800 Mann, während die Franzosen ein Landungscorps von circa 3000 Mann disponibel hatten.

Nach der Landung der französischen Truppen im Norden der Insel, gingen dieselben zum Angriff gegen die Landbefestigungen vor, indem gleichzeitig das Forciren des Einganges durch die Flotte in zwei Ko=

Ionnen erfolgte, die Brander in der Mitte, und zwar mit solchem
Ungestüm von allen Seiten, daß das Fort bald zur Uebergabe gezwungen wurde. Die beiden Admiräle steuerten dann auf die größten
der in der Bucht liegenden holländischen Schiffe los, um dieselben zu
entern. Gaborn gelang dies, jedoch flog sein Schiff zusammen mit
dem feindlichen Flaggschiff in die Luft, während das von d'Estrées
angegriffene Schiff auf den Strand lief. Es kam darauf zum Handgemenge, bei welcher Gelegenheit auf beiden Seiten die Schiffe theils
in Brand gesteckt, theils in die Luft gesprengt wurden und durch
die in der Bucht umhertreibenden brennenden Schiffstrümmer beide
Theile starke Verluste erlitten. Die holländische Flottenabtheilung
wurde gänzlich aufgerieben, jedoch mußten auch die Franzosen zufrieden
sein, wenn sie die Hälfte ihrer Schiffe retteten und mit denselben
glücklich aus der Bucht wieder herauskamen, ohne jedoch ihren Zweck
erreicht zu haben.

Dreißigstes Kapitel.

Die brandenburgische und preußische Marine
im 17. und 18. Jahrhundert.

Weit entfernt, hier ausführlich auf die Geschichte der brandenburgischen Marine einzugehen, da die Schöpfungen des Großen Kurfürsten theils in den Büchern der preußischen Geschichte enthalten
sind, theils neuerdings zu wiederholten Malen in besonderen Werken
eine ausführliche Darstellung erhalten haben,[1] sollen hier nur in
allgemeinen Umrissen einzelne Momente derselben in den Kreis unserer
Betrachtungen gezogen werden, um vornehmlich die großen Verdienste der Hohenzollern um die maritimen Interessen
Deutschlands gebührend zu würdigen, um den Erfolg der sieg-
reichen Waffen des Großen Kurfürsten gegen Schweden hervorzuheben,
welcher nur durch die Beschaffung und Mitwirkung einer Flottille zu
erreichen möglich war; gleichzeitig aber zu beweisen, wie richtig sein

---

[1] Vergleiche u. a. Geschichte der See- und Colonial-Macht des Großen Kur-
fürsten nach archivalischen Quellen dargestellt von Dr. P. J. Stuhr, Berlin 1839.
— Und Geschichte der Brandenburgisch-Preußischen Kriegsmarine von A. Jordan
Berlin, 1857.

großer Geist trotz der Unbeständigkeit des Glücks, gleich stark, gleich leidenschaftlich bis an sein Lebensende den Gedanken festhielt, sich in den Besitz einer eigenen Kriegsmarine zu setzen.

Das deutsche Bürgerthum hatte im Mittelalter ein weites Handelsgebiet beherrscht, aber die dem nationalen Aufschwung entfremdete Kaiserpolitik hatte es um die mühsam errungene Stellung gebracht, und mit dem dreißigjährigen Kriege war vollends Verarmung und Schutzlosigkeit sein Loos geworden. Gerade in diesem tiefsten Verfall des deutschen Wesens unternahm der Große Kurfürst Friedrich Wilhelm von Brandenburg die Gründung einer Marine und zeichnete auch hier die Bahn vor, auf der seine Nachfolger von der Bildung eines preußischen Staates zur Wiedergeburt des deutschen Kaiserreiches fortgeschritten sind.

Fürwahr, es gehörte Muth dazu, den ersten Schritt zu thun, um für die deutsche Schifffahrt freieren Spielraum zu erobern. Der Große Kurfürst richtete vom ersten Augenblicke an darauf seinen Sinn: nicht umsonst hatte er seine ersten Lehrjahre in Holland zugebracht. Denn wie Jordan sagt: „haftete sein forschender Blick nicht nur an dem was ihm zunächst lag; sein Geist umfaßte mehr als das ihn Umgebende; Dänemark und Schweden unter Friedrich III. und Gustav standen gebietend, jedes in seinen Gewässern; die General-Staaten besaßen 1650 bereits 120 Kriegsfahrzeuge, darunter 70 ersten Ranges; England war mächtiger denn je; selbst Spanien stand trotz Portugals Abfall und trotz seiner Niederlage durch die holländische Flagge mächtig da; in Frankreich schaarten sich die Besten des Adels unter dem Pavillon der Lilien.[1]) Ein Geist wie Friedrich Wilhelm fand in solcher Umschau ebenso reichen Gedankenstoff, wie sein Wille sich stolz aufrichtete bei Vergleichen, die er mit Hollands, Schwedens und Dänemarks Staatengröße und sich anstellte. Nur ihm war es möglich, dem Bestehenden gegenüber, dasselbe kühnen Muthes, wohl auch mit sicherem Gottvertrauen, zu wagen, wie es überhaupt wenigen gelungen ist, durch die aufgeregten Wogen des politischen Lebens so kräftig das kleine Schifflein zu steuern. Es gehörte dazu eine nervige Faust, der Peter des Großen ähnlich, dessen Geist die Bedürfnisse seines Volkes Jahrhunderte weit voraussah" 2c. 2c.

Doch lassen wir die Thatsachen sprechen.

Bereits im Jahre 1647, als der Handel im Herzen Europas

---

[1]) Siehe v. Raumer historisches Taschenbuch: „Deutsche Seemacht".

total darniederlag, wurde die Aufmerksamkeit des Großen Kurfürsten
durch holländische Kaufleute auf die Gründung einer ostindischen
Handelsgesellschaft unter kurfürstlicher Flagge gelenkt; allein der
Mangel an Theilnahme seitens der brandenburgischen Kaufleute, die
sich nicht auf überseeische Unternehmungen einlassen mochten, ließ
diese Angelegenheit bald ins Stocken, endlich in Vergessenheit ge=
rathen. Außerdem drängten kriegerische Verwickelungen, welche den
Kurstaat bedrohten, die überseeische Handelsangelegenheit vollständig
in den Hintergrund, und mit dieser war auch die Nothwendigkeit der
Schaffung einer Flotte zum Schutz einer solchen Expedition voll=
ständig beseitigt. Statt derselben begnügte man sich augenblicklich
mit der Ausrüstung einiger Ruderkanenboote von geringer Größe,
zur Mitwirkung im Kampfe gegen die polnische Lehnsoberhoheit (1657),
nicht ahnend, daß dies nur ein Vorspiel des 1675 zur That ge=
wordenen Gedankens zur Bildung einer brandenburgischen Kriegsflotte
sein würde.

Zur Zeit der schwedischen Invasion in die Mark (1675) er=
theilte Friedrich Wilhelm an den holländischen Schöffen, Benjamin
Raule von Middelburg auf Seeland, Kaperbriefe gegen Schweden,
um dasselbe durch Abschneiden der Zufuhr von Salz und Korn,
sowie anderer Artikel zu verhindern, den Krieg gegen Brandenburg
fortzuführen.

Das Unternehmen ward nicht vom Glücke begünstigt; Raule
selbst, der Seeräuberei angeklagt und landflüchtig, mußte den kur=
fürstlichen Schutz in Anspruch nehmen. Friedrich Wilhelm ent=
schädigte seinen Kommissar jedoch für den erlittenen Verlust, nahm
ihn als Marinedirektor in seinen Dienst, kontrahirte im Jahre 1675
mit ihm die Gestellung von 5 Schiffen: 3 Fregatten von 16 bis 20 Ka=
nonen und 2 kleineren Kriegsfahrzeugen auf 4 Monate, und ließ,
verstärkt durch 3 von der holländischen Abmiralität geliehene Kriegs=
schiffe, diese Flottille im August desselben Jahres in See gehen.
Die Feste Karlsburg bei Bremen, welche die Schweden errichtet hatten,
war der Ausgangspunkt des Unternehmens. Zwar endete diese
Expedition ohne Erreichung des beabsichtigten Zieles, dennoch gerieth
Schweden augenblicklich in Gefahr, die Hegemonie in der Ostsee ein=
zubüßen, zumal Dänemark fortfuhr, auf Seite Brandenburgs zu
stehen.

Das Jahr 1675 schloß, unter theilweiser Mitwirkung der
Flottille, mit der Einnahme von Wolgast, Wollin und Greifenhagen.

Der Kurfürst, nachdem er die Schweden von den branden=
burgischen Marken verjagt hatte, fand, daß es für die Sicherheit
seiner Erblande vortheilhafter sei, die Ostsee als Grenze zu ge=
winnen. Er miethete daher von Raule für das Jahr 1676 drei
Schiffe zu 14, 18 und 20 Kanonen, und zwar die Fregatten „Berlin",
„Potsdam" und „Kurprinz"; 2 kleinere Fahrzeuge zu 4 Kanonen
und 6 Schaluppen auf vier Monate, welche zunächst die Bestimmung
hatten, die schwedisch-pommersche Küste zu blockiren.

Ende Mai wurde eine schwedische Fregatte (Leopard) von 22
Kanonen und ein Brander mit 4 Kanonen, welche bei dem Seetreffen
von Jasmund, zwischen einer schwedischen Flotte von 60 Schiffen
und einer kombinirten holländisch-dänischen von nur 34 Schiffen, von
der Hauptmacht abgekommen und von den Raule'schen Schiffen ge=
nommen waren, auf Befehl des Kurfürsten bemannt und alsbald
benutzt, als die ersten, diesem eigen gehörige Schiffe wieder in See zu
gehen. Raule hielt mit seiner in drei Divisionen getheilten Macht
die Häfen von Greifswald und Stralsund in enger Blockade, und
lief sogar in das Stettiner Haff ein, um die Stadt Stettin in Schrecken
zu setzen.

Im Jahre 1679 schloß Friedrich Wilhelm mit dem zum General=
direktor der Marine beförderten Benjamin Raule einen neuen Ver=
trag, wonach wiederum auf vier Monate 3 Fregatten von 18. 20 und
24 Kanonen und 3 Gallioten gestellt werden sollten. Von diesen
Schiffen wurde eine Fregatte und 10 kleinere Fahrzeuge von 6—10
Kanonen, welche in den Damm'schen See einliefen, zur Blockade und
demnächstiger Einnahme der befestigten Handelsstadt Stettin ver=
wendet. Nach dem Falle Stettins sandte der Kurfürst, unter
Kommando Claus von Beveren's, 3 Schiffe nach der Elbe, mit dem
Befehl, französische Kaper und alle Schiffe aufzubringen, welche von
Hamburg auslaufen würden. So schloß das Jahr 1677 mit viel=
fachem Kriegsglück; überall erzwang sich die junge brandenburgische
Flagge Triumphe.

Im Jahre 1678 hatte sich Benjamin Raule wiederum zur
Gestellung von 7 Kriegsschiffen mit 107 Kanonen kontraktlich ver=
pflichtet, zu denen 7 größere und kleinere dänische Kriegsschiffe
stießen.

Das kombinirte Geschwader war, unter Geleit von kurfürstlichen
Schiffen, zur Mitwirkung bei der Eroberung von Rügen und Stral=

fund bestimmt. Im August trafen die obigen Streitkräfte mit 350 Transportschiffen im Hafen von Wolgast ein.

Am 11. September ging Flotte und Landungskorps in folgender Ordnung in See: den rechten Flügel kommandirte der General Schöning; den linken General Hallar; das Corps be bataille der Generallieutenant Götze.

Feldmarschall Derfflinger hatte den Oberbefehl unter dem Kurfürsten. Die Dispositionen zur Landung waren aber mit denen des dänischen Admiral Juel nicht übereinstimmend, eine Einigung auch nicht erfolgt. Letzterer segelte nach Wittow, um dort unter dem Schutze der Fregatten seine Landungstruppen auszuschiffen; der Kurfürst lief dagegen Palmerort an, um hier einen Scheinangriff zu machen, seine Armee aber bei Putbus landen zu lassen. Oestlicher Wind hinderte diese Ausführung und brachte die brandenburgische Escadre sogar in eine gefährliche Lage im Bereich des feindlichen Kanonenfeuers.

Die Dänen waren inzwischen auf Wittow gelandet, und hatten bereits einen schwedischen Angriff siegreich zurückgeschlagen. Friedrich Wilhelm eilte, sobald er hiervon Meldung erhalten, dorthin, landete seine Truppen, die zum Theil bis an den Hals ins Wasser wateten, halb schwimmend, und formirte dieselben im feindlichen Geschützfeuer, das von den Fregatten sogleich aufgenommen wurde. Nach kurzem, hartnäckigem Kampfe räumten die Schweden am 14. September Rügen, und gaben auch später den Dänholm auf, so daß, nachdem Stralsund von der Land= und Seeseite eingeschlossen, am 28. Oktober und später auch Greifswald nach kaum zweistündiger Beschießung mit glühenden Kugeln, sich am 6. November ergeben hatten, Schwedisch=Pommern brandenburgisches Besitzthum wurde. Im Jahre 1679 schloß der Große Kurfürst bei abermaliger Bedrohung Schwedens, mit Benjamin Raule einen neuen Kontrakt zur Gestellung von 400 Offizieren und Matrosen, ferner der Fregatten Friedrich Wilhelm (40)[1], Dorethea (30), Kurprinz (24), Leopard (34), Rothe Löwe (20), Berlin (16), Prinz Ludwig (8), der Wasserhund (6), und kleinere Fahrzeuge zu 4 Geschützen, welche in Wolgast ausgerüstet werden sollten. Die große Idee des Kurfürsten begann sich zu gestalten, und es wurden von ihm für das angeworbene zügellose

---

[1] Die eingeklammerten Zahlen bedeuten die Anzahl Geschütze.

Schiffsvolk Kriegsgesetze erlassen, welche im so genannten „Artikuls=
briefe" enthalten waren.¹)

Nachdem durch den Frieden von St. Germain (29 Juni 1679)
die Häfen von Stettin und Stralsund, auf welche Friedrich Wilhelm

---

¹) Der Artikulsbrief besteht aus 59 Paragraphen. Derselbe bietet schätzens-
werthes Material, um sich in das Wesen damaliger Kriegszucht und besonders in
jene Anschauungsweise hineinzudenken, von welcher die unsrige, ihrer ganzen Darstellung und ihrem innerem Wesen nach, so sehr verschieden geworden ist.
Die 3 ersten Paragraphen handeln von gottesfürchtiger Zucht. Wer beim Gebet
mit Lachen, Plaudern oder anderem Muthwillen sich ungebührlich oder unehrenhaft
verhält, der soll vor den Mastbaum gestellt und gepeitscht werden, desgleichen derjenige,
welcher den Namen des Herrn vergeblich im Munde führt oder beim Namen Gottes
schwört. — Dann folgen die Strafbestimmungen in Betreff des unweigerlichen Ge-
horsams, der widerrechtlichen Gewalt, der Desertion (worauf der Schelm gesetzt ist,
der falschen Eidesleistung, sowie alle Special-Verordnungen, § 21 lautet: „Niemand
soll sich unterstehen, nachdem die Wacht aufgesetzt und besetzt ist, eine fremde Sprache
zu reden, noch Feuerzeichen oder Geschrei und Alarm zu machen, es sei denn, daß
Unrecht vom Feinde vernommen werde, bei Leibesstrafe." — Item soll § 24 „Niemand sich unterfangen Briefe anzunehmen, abzugeben oder fortzuschicken, ohne in
Gegenwart des Kapitäns, bei Vermeidung des Galgens." — Auch sollen die über-
schießenden Speisen oder Victualien wieder zurückgegeben werden, bei Strafe, drei
Mal von der Raa zu fallen. — § 27 sagt: „Es soll sich Niemand unterfangen von
der Wacht zu gehen, ehe ihn ein Anderer ablöst, bei Strafe, drei Mal unter den
Kiel hindurchgezogen und vor allem Schiffsvolk gepeitscht zu werden; desgleichen der
auf seiner Wacht schlafend gefunden wird." § 36 — „sintemal das meiste Unheil
aus Trunkenheit entsteht, so wird einem jedweden Offizier und Andern hiermit ausdrücklich verboten sich trunken zu Schiffe finden zu lassen, und soll der Offizier, welcher
sich diesfalls verlaufen wird, zum ersten Mal 14 Tage und die Matrosen 8 Tage
in Banden gesetzt, zum andern Mal nach des Admirals Gefallen bestraft werden."
„Wer aber," § 39, „in bösem Muth auf Jemand sein Messer zieht, der soll mit
dem Messer durch die Hand an den Mastbaum gestochen werden, und solange daran
stehen bleiben: bis er dasselbe hindurchzeucht." — § 42: „Wer den Andern ersticht
oder erschlägt, der soll lebendig mit dem Todten, Rücken an Rücken, zusammengebunden
und über Bort geworfen werden, geschieht es aber zu Lande, so soll er mit dem
Schwerte hingerichtet werden." — Bei Strafe darf nicht Tabak geraucht werden;
man soll auch nirgends Tabak trinken (kauen?) als zwischen dem großen Mast und der
Fock. — Auch das tapfere und unverweisliche Verhalten wird besprochen. — „Wer
aber, wenn die Noth es erfordert, nicht fechten wird, der soll ohne alle Gnade mit
dem Tode gestraft werden." „Frauenspersonen darf sich Niemand, weder edel noch
unedel, groß noch klein, unterstehen zu Schiffe zu bringen." —
Die Eidesformel ist mit der heute im preußischen Heere gebräuchlichen innig
verwandt; nur die Zeitverhältnisse haben jedoch unmerkliche Aenderungen nöthig
werden lassen; ihre Redeweise ist kernig, klar und wahr, ein echter Ausdruck der
Denkungs- und Gefühlsweise des großen Mannes, der sie gab, und dem Preußen
die Erbschaft der Kraft verdankt. —

besondere Aufmerksamkeit in Bezug auf seine handelspolitischen Zwecke gerichtet hatte, aus dem brandenburgischen Besitz verschwunden waren, blieben ihm nur noch zwei hauptsächliche Punkte zu Hafen= und Werft=Anlagen: Pillau und Königsberg; und da das begonnene Werk der Gründung einer Kriegsflotte mit deren Hülfe er nur im Stand gesetzt gewesen, die letzten Feldzüge in Pommern siegreich durchzuführen, eifrig gefördert werden mußte, wenn nicht alle Vor= theile dem so arg heimgesuchten Staate ganz entzogen werden sollten, so war die Anspannung aller disponiblen Kräfte dringend er= forderlich.

Des Großen Kurfürsten Verträge mit dem Kirchenstaat, mit Florenz und Malta, seine Annäherung an Holland und England sind bemerkenswerthe Erscheinungen; aus diesen entwickelte sich der provisorische Bau einer Marine auf fester, geregelter Grundlage. Es wurden zur Beschleunigung des neubegründeten Handels aus den seefahrtskundigen Niederlanden Schiffbauer nach Preußen be= rufen, Arsenale und Waarenschuppen errichtet; — kurz eine Thätig= keit entwickelt, welche des besten Erfolges gewiß sein konnte.

Zur Beschaffung der nöthigen Mittel verfügte der Große Kur= fürst in erster Linie die exekutorische Beitreibung der ihm aus der Zeit, (vor dem Nymweger Friedensschlusse) da Spanien und Holland seine zahlenden Bundesgenossen waren, von ersterem noch rückständigen Subsidiengelder, nahe an zwei Millionen Thaler. Nachdem aber sein Gesandter in Madrid vergebliche Vorstellungen gemacht hatte, gab er in der letzten Hälfte des Jahres 1680 Claus von Beveren den Be= fehl, mit den Fregatten: „Friedrich Wilhelm (40), Kurprinz und Dorothea (je 32), Rother Löwe und Fuchs (je 20), Berlin (16) und dem Brander „Salamander" in Summa mit 515 Matrosen und 180 Soldaten bemannt, von denen erstere meistens in Holland geworben waren, nach dem westlichen Theile des englischen Kanals zu segeln, dort zu kreuzen und der spanisch=ostindischen Handelsflotte möglichst viel Schaden zuzufügen, die Zerstörung der reich beladenen Schiffe aber zu vermeiden.

Claus von Beveren nahm bald nach seinem Erscheinen im Canal das wohlbewaffnete spanische Schiff Carl II. und schickte dasselbe als gute Prise nach Königsberg. Darauf segelte eine brandenburgische Flottille nach dem Golf von Mexico, nahm dort mehrere spanische Schiffe, und kehrte im Jahre 1681 glücklich nach Pillau, zurück, wohin mittlerweile die in Stettin errichtete Handelsgesellschaft verlegt worden war. War das Resultat des Rechnungsabschlusses der Expedition auch kein besonderes günstiges, so war der Kurfürst stolz auf den Ruhm seiner jungen Flotte, deren rother Aar seine Schwingen so wohl geprüft hatte.

Im Jahre 1682 errichtete Friedrich Wilhelm, auf Anrathen holländischer Kaufleute, welche um brandenburgischen Flaggenschutz für ihren Handel nach der Goldküste Afrikas baten, eine afrikanische Handelsgesellschaft mit Aktien auf 30 Jahre.

Am 12. Juli des Jahres liefen zwei Fregatten:[1]) Kurprinz und Mohrian zum Schutz der Kolonisation der Westküste Afrikas von Pillau aus, und ankerten dort nach glücklicher Fahrt am Kap der drei Spitzen beim Dorfe Accoda.   Der kurfürstliche Kammerjunker Otto Friedrich von der Gröben, welchen der Kurfürst zu seinem Bevollmächtigten beim Abschluß von Verträgen mit dortigen Negerstämmen ernannt hatte, beschloß, als ihm von den Holländern sowohl als von den Negerfürsten, Schwierigkeiten wegen Anlegung der brandenburgischen Kolonie gemacht wurden, den unweit des Dorfes Accosa belegenen Berg, „Mamfro" genannt, zur Erbauung einer Feste zu benutzen, und taufte denselben „der große Friedrichsberg" (Groß-Friedrichsberg), weil, wie von der Gröben voll begeisterter Ueberzeugung sagte, „Sr. kurfürstlichen Durchlaucht Name in aller Welt groß wäre."

Am 1. Januar 1683 verkündeten Geschützsalven den feierlichen Augenblick der förmlichen Besitzergreifung durch Aufziehung der brandenburgischen Flagge, und jubelnd begrüßte der rothe Adler von der Spitze des Berges, die den Donnergruß erwidernden Fregatten.

Friedrich Wilhelms Pläne für die Gründung des überseeischen Handels seines Landes gewannen hierdurch an Festigkeit und das Werk schien sich nunmehr selbst fördern zu wollen, denn günstiger als die Lage der neuen, durch vier mit 46 leichten Geschützen armirte Schanzen befestigten Kolonie, konnte damals an der afrikanischen Küste keine gefunden werden, da der Boden fruchtbar, und Gold, Elfenbein und Sklaven eine ergiebige Handelsquelle versprachen.

Der Aufschwung, welchen die brandenburgische Marine durch Gründung der afrikanischen Kolonien und größere Ausdehnung der

---

[1]) Außerdem lagen für kurfürstlichen Dienst bereit: „Friedrich Wilhelm zu Pferde" (54) „Dorothea" (40), Markgraf von Brandenburg" (50), „Rother Löwe" (32), „Fuchs" (20), „Salamander" (6 Kanonen).

damit verbundenen Handelsgesellschaft genommen hatte, war be=
deutend genug, um Seitens des Kurstaates die augenblicklichen
politischen Verhältnisse zu benutzen, und die Hauptstation der Marine
aus der Ostsee in die Nordsee zu verlegen. Die Gründe, welche
hierfür sprachen, waren: Die Unzugänglichkeit der Häfen der Ostsee
während der Wintermonate, die Gefährlichkeit der Fahrt durch das
Kattegat während der Herbst= und Winterstürme, der nicht geringe
Sundzoll an Dänemark beim Passiren des Sundes, und die Ungunst
der lokalen Verhältnisse Pillau's.

Da nun zur Zeit die Stände von Ostfriesland mit ihren
Fürsten in sehr bedenkliche Schwierigkeiten gerathen waren, nnd die
ersteren den Kurfürsten um Schutz ihrer Gerechtsame angerufen
hatten, so legte derselbe sowohl in das ostfriesische Schloß Gretsyhl,
als auch nach Emden, welches um gleichen Schutz gebeten hatte,
brandenburgische Besatzung, und entschloß sich, mit Zustimmung des
Rathes letztgenannter Stadt, den Sitz der afrikanischen Handelsge=
sellschaft dorthin zu verlegen, wo einer der damals vorzüglichsten
Häfen Europas seiner aufblühenden Marine neue Vortheile ver=
sprach. Dagegen sollten die Ostfriesen das Recht genießen, unter
dem Schutze seiner Flagge fahren zu dürfen.

Das Jahr 1684 bildet die Grenze der glücklichsten Entwickelungs=
stufe einer Marine, wie sie Friedrich Wilhelm für Brandenburgs
politische und Handelsstellung für nöthig erachtete. War doch aus
dem Sande der armen Mark ein Mastenwald wirklich aufgegangen;
hatte sich mit dreistem Muthe der Hohenzollern=Aar zur Nordsee hin=
übergeschwungen und unbeirrt seinen Horst inmitten drohender Nach=
barn gebaut. Brandenburgs Grenzen reichten von Liebland bis
Holland, seine Macht und sein Ruhm weit über diese Grenze
hinaus.

Das Jahr 1684 war aber auch reich an Erwerbungen und
Organisationen. Nachdem die Handelsschifffahrt durch die Gründung
der Kriegsmarine aus dem Dunkel des Elends gehoben war, die
afrikanische Handelsgesellschaft nunmehr auf eigenen Füßen stehen
konnte, dachte der große Kurfürst daran, eine Scheidung der bis
dahin gemeinsamen Verwaltung beider vorzunehmen und zugleich
natürlich an die Gewinnung ihm gehöriger Kriegsschiffe. Er erhielt
deren 9 von 20 bis 40 Kanonen durch Kauf (1684) von Raule
für 109400 Thaler, so daß die Gesammtzahl der die branden=

burgische Kriegsmarine bildenden größeren Schiffe, mit Einschluß des spanischen Carl II., zehn betrug.

Die Gründung der Admiralität als Verwaltungsbehörde, der jährlich 54000 Thaler zur Bestreitung der Ausgaben zugewiesen wurden, löste die Kriegsmarine effektiv von der des Handels ab; unter ihr standen 2 Flottenstationen zu Königsberg und Emden.[1]

Die zeitigen friedlichen Zustände auf dem Kontinent ließen den schaffenden Gedanken des Großen Kurfürsten Raum wie Gelegenheit, sich zu entwickeln und zur That zu werden. Allein seine Wünsche, den Handel nach Westindien auszudehnen, die Erwerbung und An= lage einer Kolonie auf den dortigen Inseln, sollten durch die Eifer= sucht Hollands und Frankreichs nicht den gehegten Erwartungen in vollem Maße entsprechen.

Mit dem Tode des Gründers der brandenburgischen Marine (29. April 1688) schließt auch im rechten Sinne die Geschichte ihrer Entwickelung. Die nachfolgende Epoche umfaßt den Verfall und endlichen Untergang alles dessen, was Friedrich Wilhelm an Material für seine Flotte gesammelt hatte. Bis zur letzten Stunde seines vielseitig bewegten Lebens begleitete ihn der Gedanke an den Auf= schwung des Welthandels für seine Lande. Die Ueberzeugung von der Wichtigkeit eines ausgebreiteten Handels für das materielle und geistige Wohl seines Volkes leitete ihn sicher und fest auf den Weg, der, wenn auch nach Kämpfen und Prüfungen, endlich zum lohnenden Ziele führen mußte.

Während Friedrichs III. Regierung legte man keinen Werth auf Handelsspekulationen obiger Art, und so machte sich sowohl in der Kriegsmarine, als auch bei den Handelsgesellschaften bedenkliche Verwirrung bemerklich. Die Kriegsschiffe faulten, die bewährten Seeoffiziere suchten wieder das bürgerliche Gewerbe und so forderte wohl mit Recht eine bei Hofe mächtig gewordene Partei, welche sich für ein kühnes und kräftiges Vorwärtsschreiten, für so weitverzweigte Unternehmungen zur See nicht begeistern konnte, den Abbruch des Gebäudes, welches täglich einzustürzen drohte, und als 1707 der im Dienste des Kurstaates ergraute holländische Schöffe Benjamin

---

[1] Flottenstation Königsberg: „Dorothea" (40), „der Lithauer Bauer" (14) und „Ruinnalpot" (8 Kanonen). Flottenstation (Gretshyl) Emden: „Friedrich Wilhelm zu Pferde" (50), „Karl II." (50), „Kurprinz" (36), „Fuchs" (20), „der Friede" (10), „Philipp" und „Marie" (je 6 Kanonen).

Raule arm und unbetrauert starb, fiel die letzte Stütze von Friedrich Wilhelm's genialem Werke.

Streitigkeiten mit der Stadt Emden wegen der Besitzung auf St. Thomas, und neue in Aussicht stehende Kämpfe in Afrika, bestimmten König Friedrich Wilhelm I., sich von der Sache des Seehandels ganz loszusagen, so daß er nach mancherlei widrigen Zwischenfällen, am 13. August 1720 die Abtretungs-Urkunde, worin er für sich und seine Nachfolger auf alle Besitzungen der ehemals brandenburgisch-afrikanischen Handesgesellschaft ausdrücklich verzichtete, unterschrieb.

Die weiland berühmte und gefürchtete brandenburgische Flagge verschwand auf dem Weltmeer und mit ihr der Einfluß Preußens in Ostfriesland.

Es folgte eine lange Zeit der Ruhe, während welcher die letzten Reste des Materials der kurbrandenburgischen Seemacht vergingen.

Wenn wir auch befürchten, der Geschichte zu sehr vorzugreifen, so können wir dennoch nicht ein Ereigniß[1]) übergehen, welches in die erste Zeit des siebenjährigen Krieges fällt, und dessen um so mehr Erwähnung geschehen muß, als dasselbe das patriotische Interesse in Anspruch nimmt, aber oft und meist übersehen und den Wenigsten daher bekannt geworden ist.

Nach der Schlacht von Kollin (18. Juni 1757) übertrug der König dem Generalmajor v. Manteuffel diejenigen Anordnungen, welche nach dessen und des Kammer-Präsidenten von Aschersleben Ermessen für zweckdienlich gehalten wurden, um die Inseln Usedom und Wollin, sowie die Divenow und Swine gegen das dieselbe bedrohende schwedische Geschwader zu schirmen.

Erst im Frühjahr 1758 wurde auf bestimmtes Verlangen des Feldmarschalls Lehwald und nach Beseitigung der zunächst liegenden Schwierigkeiten durch den Generallieutenant Grafen von Dohna, die Ausrüstung einiger Fahrzeuge ins Werk gesetzt, wonach der Kaufmann Daniel Schulz in Stettin den Auftrag erhielt, 4 Gallioten und 4 größere Fischerfahrzeuge mit den nöthigen Geschützen zu versehen. Die Flotille leistete schon dadurch, daß sie das schwedische Geschwader am Einlaufen in das Haff hinderte, Außerordentliches. Am 10. September 1759, also bald nach der Schlacht bei Kunersdorf, jedoch

---

[1]) Jordan's Preuß.-Kriegsmarine.

ward sie, bei Windstille vor Anker liegend, von der schwedischen Uebermacht am Reppiner Haken vernichtet.

„Prinz Heinrich", „König von Preußen", „Jupiter", „Merkur" bildeten den rechten Flügel, eine Fregatte deckte die Mitte, während „Prinz Wilhelm", „Prinz von Preußen", „Mars" und „Neptun" auf dem linken Flügel lagen. Die Reserve bestand aus 4 Barkassen.

Die schwedische Flotte unter Befehl des Admiral Rudenspaar, 4 große Galeeren, 2 Bombardiergalliotten, 8 kleine Galeeren, 1 Yacht, 1 Kranken- und 1 Transportschiff zählend, griff Morgens den rechten preußischen Flügel mit 2 großen, 5 kleinen Galeeren und 1 Bombardiergalliotte an; das Treffen wurde bald allgemein und dauerte, bei anhaltender Kanonade, gegen 2 Stunden, bis der preußische rechte Flügel die Taue kappte und unter Segel ging. Der „Prinz von Preußen" wurde zuerst genommen, darauf der „Mars" und der „Prinz Wilhelm", der „König von Preußen" dagegen zog sich fechtend bis Ziegenort zurück, wo er, steuerlos geworden, endlich die Flagge zu streichen gezwungen wurde. Die Schweden erlitten den verhältnißmäßig bedeutenden Verlust von 3 Schiffen und 120 Todten. Es ist dies ein Stück Geschichte aus des großen Königs ruhmvoller Zeit, zwar ohne Bedeutung für die Gründung oder Entwicklung einer Seemacht, doch nicht ohne hohes Interesse für denjenigen, der selbst in dem unbedeutenden Ereigniß den Keim des größern suchen und finden möchte.

Seit der Zeit ruhte zwar hin und wieder die Idee der Schaffung einer Flotte, allein ganz aufgehoben ist sie von der preußischen Regierung, trotz aller Widersacher, nie. Wäre Friedrich der Große Herr des Hafens von Neufahrwasser gewesen, wer möchte dann zweifeln, daß er Sein Wort wahr gemacht hätte: „Gebt Mir Danzig, und Ich baue euch eine Flotte!" Es haben daher diejenigen Unrecht, welche glauben, daß die Ansicht von der Nothwendigkeit einer preußischen Marine und die Bestrebungen sie ins Leben zu rufen, nicht viel älteren Datums, als vom Jahre 1835 oder gar 1848 ist; daß es des Jahres 1848, mit Verwirrungen der politischen und sozialen Zustände überfüllt, bedurfte; daß das stürmische Verlangen, der begeisterte Ruf: „eine deutsche Flotte! eine deutsche Flagge!" nothwendig war, um diese Idee bei der preußischen Regierung wach zu rufen. Die auf maritime Einrichtung bezüglichen Gedanken ruhten seit 1815 während der noch übrigen Zeit der

Regierung Friedrich Wilhelm III. nicht so vollständig, wie Unwissende zu glauben scheinen, vielmehr ist im Gegentheil diese durch die Ungunst der Zeiten in den Akten verschollene Epoche reich an ernster Arbeit, an genialen Entwürfen wie an praktischem Verständniß für die Aufgaben eines auch zur See mächtigen Preußens. Doch kommen wir hierauf noch später zurück.

<hr />

Einunddreißigstes Kapitel.

Seeschlachten, Gefechte und Expeditionen der englischen Flotte gegen Frankreich, die Niederlande, Spanien ꝛc. im 17. Jahrhundert.

Während der Regierung Jakob I. (1603—1625) und Carl I. (1625—1649) wurden zwar von der englischen Flotte mannigfache Expeditionen nach Ost= und Westindien, nach Amerika ꝛc. unternommen, jedoch haben dieselben, wie wichtig sie auch für Englands Kolonialmacht waren, für unsere Betrachtungen weniger Interesse, und soll daher hier auch nur der folgenden Aktionen Erwähnung geschehen.

In den Jahren 1620 und 1621 wurde Admiral Sir Robert Mansel mit einem Geschwader nach Algier geschickt, um die dortigen Machthaber für die den englischen Unterthanen zugefügten Schäden zur Rechenschaft zuziehen. Durch die Unerfahrenheit und Unfähigkeit der Engländer, der Schlauheit der Barbaren gegenüber, wurde jedoch der beabsichtigte Zweck nicht erreicht und verlief die Expedition resultatlos.

Maritime und militärische Operationen bei der Insel Ré. Ende Juni 1627 segelte eine englische Flotte von 10 Schiffen unter Villier Herzog von Buckingham, von Portsmouth, um den in La Rochelle eingeschlossenen und hart bedrängten Protestanten Hülfe zu bringen, und erreichte am 10. Juli die Insel Ré. Die Truppen wurden gelandet, und der größte Theil der Insel ohne nennenswerthen Widerstand bis Ende des Monats besetzt. Anstatt sich aber unverzüglich sämmtlicher strategisch wichtiger Punkte auf derselben zu bemächtigen, und von dieser Operationsbasis dann einen kräftigen Vorstoß gegen die belagerte Stadt zu unternehmen, ließ der englische Admiral die günstigste Zeit verstreichen, bis er, unter persönlicher

Leitung Ludwig XIII., durch Richelieu und General von Schomberg zu Lande, und durch die Flotte unter Führung des Herzogs von Guise von der Seeseite, unter bedeutenden Verlusten gezwungen wurde, die Entsetzung La Rochelle's aufzugeben, und im Oktober un= verrichteter Sache nach England zurückzukehren.

Eine zweite Expedition im Laufe des folgenden Jahres, mit 140 Schiffen unter Lord Lindsay, zu gleichem Zwecke, hätte ebenso wenig Erfolg, jedoch verdient hierbei hervorgehoben zu werden, daß beim Angriff der englischen Flotte, eine große Zahl Brander von den Franzosen ins Gefecht geführt wurden, ohne zwar den Schiffen des Gegners nennenswerthen Schaden zuzufügen. Ebenso wenig Erfolg hatten die englischerseits gegen die französischen Schiffe lancirten gleichen Fahrzeuge, trotzdem die Gezettenströmung in den dortigen engen Gewässern für die Verwendung derselben besonders günstig ist.

Ueber die Kriege Englands gegen die Niederlande (siehe S. 185 bis 201).

Im Jahre 1654 wurde ein Geschwader unter Admiral Blake nach dem Mittelmeere geschickt, um für die Insulte, welche die englische Flagge dort an verschiedenen Orten erfahren hatte, Genug= thuung zu fordern. Die Mission hatte bessern Erfolg, denn dem Admiral Blake mußten in Livorno nicht allein 60000 £. Sterling Subsidien gezahlt, und in Algier die englischen Gefangenen ausgeliefert werden, sondern an letzterem Orte sich auch der Dey verpflichten, die englischen Unterthanen fortan zu schützen. Als er darauf in Tunis eine ab= weisende Antwort erhielt, legte er sich unverweilt mit seinen Schiffen auf Gewehrschußweite gegen die Hafenforts und beschoß dieselben so wirksam, daß schon nach kurzer Zeit die Flaggen auf denselben ge= strichen wurden und der Dey, nach Zerstörung seiner Schiffe, auf die Forderungen Blakes eingehen mußte.

Darauf segelte der englische Admiral nach Tripolis, wo er mit dem dortigen Machthaber einen günstigen Vertrag abschloß, durch welchen die Rechte der englischen Unterthanen voll gewahrt wurden.

Als inzwischen der Krieg gegen Spanien ausgebrochen war, er= hielt Blake den Auftrag, Cadix zu blockiren. Nach Zurücklassung eines entsprechenden Blockadegeschwaders, segelte er darauf mit 25 Schiffen nach Teneriffa, wo er am 20. April 1657 eine spanische Handelsflotte von 16 armirten Fahrzeugen, sämmtlich mit reichen Ladungen, vorfand.

Gefecht bei Teneriffa. Ein Theil der spanischen Schiffe lag im Hafen (Santa-Cruz), dessen Eingang durch starke Forts vertheidigt wurde, während andere vor demselben und zwar so vertäut waren, daß sie die Forts bei einer event. Beschießung derselben wirksam unterstützen konnten. Blake, sobald er sah, daß er die spanischen Schiffe nicht unversehrt in seinen Besitz bringen konnte, beschloß sie wenigstens zu zerstören. Er legte sich daher mit seinen schwersten Schiffen gegen die Forts und die den Eingang schützenden feindlichen Schiffe, während einige seiner Kommandanten den Auftrag erhielten, die Einfahrt zu forciren und die im Hafen liegenden Schiffe zu verbrennen. Auf ein gegebenes Signal eröffnete er ein lebhaftes Feuer gegen die Forts, um deren Aufmerksamkeit von den zum Einsegeln bestimmten Schiffen abzulenken. Der Plan gelang, denn nach zwei Stunden schon waren die Forts zum Schweigen gebracht und die sämmtlichen spanischen Schiffe vernichtet. Wunderbarer Weise ging der Wind während des Gefechts westlich, so daß die Engländer unbehelligt, und nur mit einem Verluste von 48 Todten und 120 Verwundeten, aus der Bucht heraussegeln konnten.

Im Jahre 1689 beabsichtigte Ludwig XIV. von Frankreich eine Landung in England, um den nach Frankreich geflohenen Jakob II. wieder einzusetzen, hielt es aber für rathsam, zuvor ein Landungscorps nach Irland zu schicken. Zu dem Zwecke wurde in Brest eine Flotte von 40 Segeln, darunter 24 Linienschiffe, unter Befehl der Admirale, von Chateaurenault und von Tourville ausgerüstet. Am 6. Mai ging dies Geschwader mit einigen tausend Mann Landungstruppen und den nöthigen Vorräthen in See, und traf am 9. Mai in Bantry Bay, an der Südwest-Küste Irlands ein, wo sofort ein Theil der Truppen gelandet wurde.

Gefecht vor Bantry Bay. Diese Demonstration war in England nicht unbekannt geblieben, und erhielt Admiral Herbert (Graf von Torrington) den Befehl, mit einer Flotte nach Irland zu segeln, um diese Landung zu verhindern. Am Morgen des 10. Mai war auf die Nachricht der Annäherung einer englischen Flotte, die französische wieder in See gegangen, und hatte bei leichtem östlichem Winde die Schlachtlinie formirt. Die Engländer, deren Flotte nur aus 18 Linienschiffen und einigen kleineren Fahrzeugen bestand, suchten den Feind zu verleiten sich von der Küste zu entfernen, und steuerten mit vollen Segeln nach Westen. Es gelang ihnen dies theilweise, denn etwa 20 Seemeilen vom Lande kam es zum Geschützkampf,[1]) jedoch zogen die Franzosen es trotz ihrer numerisch größeren Stärke vor, sich nicht in einen Nahkampf einzulassen, sondern unter Mitwirkung der Ebbe wieder nach dem Hafen zurück zu kreuzen, wo sie den Rest ihrer Truppen und Vorräthe landeten. Die englische Flotte andererseits that ebenso wenig etwas sich mit dem Feinde ernstlich zu engagiren, sondern kehrte gleichfalls nach Portsmouth zurück, indem der Admiral angab, daß es ihm nicht räthlich erschienen sei, mit seiner geringen Zahl von Schiffen es mit der Uebermacht der Franzosen im Innern der Bantry Bay aufzunehmen.

Gefecht bei Beachy Head. Inzwischen hatten sich Holland und England gegen Frankreich verbündet. Das erste Gefecht, welches die vereinigte englisch-holländische Flotte am 20. Juli 1690 bei Beachy Head unter Admiral Herbert, gegen die französische unter Admiral Tourville lieferte, blieb jedoch ohne Entscheidung. Die erstere zählte 56, die letztere 77 Linienschiffe mit der dazu gehörigen Anzahl Fregatten und kleinerer Fahrzeuge. Die Franzosen hatten mit diesem imposanten Geschwader schon wochenlang im Kanal gekreuzt und war anzunehmen, daß dasselbe in jeder Beziehung kampffähig sowohl als kampfbereit sei. Trotz der Uebermacht der Franzosen und trotz der Fehler,[2]) welche bei der verbündeten Flotte vorkamen, indem unter Anderem zwischen Avantgarde (Holländer) und dem Corps de bataille (Admiral Herbert) sowohl, als zwischen letzterem und der Arrieregarde Lücken blieben, die der Feind hätte benutzen müssen, um die Schlachtlinie zu durchbrechen, die Nachhut abzuschneiden und zu vernichten, ließen sich die Franzosen unbegreiflicherweise dennoch in keinen Nahkampf ein, ungeachtet ihr Centrum so viel Schiffe zählte, daß es einen Halbmond bilden mußte, und hierdurch theilweise in Unordnung gerieth. Admiral Herbert blieb gleichfalls in der Defensive, und glaubte keine Veranlassung zu haben, mit seiner geringern Zahl von Schiffen eine kräftige Offensive zu ergreifen, dagegen gingen die Holländer muthig auf den Feind los. Die Engländer unterstützten zwar die Holländer beim Angriff, brachen aber das Gefecht ab, nachdem bei der Avantgarde 6, und beim Centrum ein Linienschiff von 70 Kanonen kampfunfähig geworden waren, ohne jedoch in die Hände des

---

[1]) Von den Engländern wurden in diesem Gefecht unter Commander Leake, der den Brander Firedrake kommandirte, Geschütze, der späteren Haubitze gleich, verwendet durch deren Hohlgeschosse ein französisches Linienschiff in Brand gerieth.

[2]) Die Herstellung der englischen Schlachtlinie dauerte von Tagesanbruch bis 8 Uhr Morgens.

Feindes zu fallen; denn auch die Franzosen verfolgten die Gegner nicht, da sie durch die im Kampfe erlittenen Havarien, zu weiteren Offensiv=Operationen gleichfalls unfähig zu sein glaubten.

Schlacht bei Cap la Hogue. Um die beabsichtigte Landung der Jakobiten an den britischen Küsten zu bewerkstelligen, ließ Ludwig XIV. zwei große Geschwader in Toulon und Brest ausrüsten, von denen eins der Admiral d'Estrées, das andere Tourville befehligte. Mit der Weisung an Letzteren, den Feind unverweilt aufzusuchen und an= zugreifen, lief Admiral Tourville, ohne das Toulon=Geschwader abzu= warten mit 44, nach anderen mit 63 Segeln aus, und begegnete am 20. Mai 1692 auf der Höhe von Cap la Hogue der, 90 Segel starken britisch-holländischen Flotte unter Admiral Rüssel (Graf von Orford). Den erhaltenen Befehlen gemäß, griff Tourville am Morgen des genannten Tages bei stillem, nebligem Wetter, die ihm bedeutend überlegene feindliche Flotte an, und legte sich, da ihn Wind und Tide begünstigte, der fast doppelt so starken kombinirten englisch=holländischen in enggeschlossener Schlachtlinie gegenüber, obgleich er Gefahr lief, seine Nachhut vom Feinde doublirt und vernichtet zu sehen. Die Holländer bildeten mit 22 Schiffen die Vorhut, während Sir Ralph Delaval mit 12 Schiffen der Nachhut, sich 5 Stunden auf Musketenschußweite mit der bedeutend stärkeren feindlichen Arrièregarde herumschoß. Wie tollkühn und übereilt auch der Angriff des französischen Admirals war, so bewies er dennoch die eines großen Mannes würdige Haltung, als das Schicksal später sich für ihn zu Ungunsten wendete, und entschloß sich, solange die Windstärke nicht ausreichte um von beiden Seiten angegriffen und vernichtet werden zu können, zu ankern, voraussehend, daß ein Theil der feindlichen Flotte, der diesem Manöver nicht folgte, von der Strömung weggetrieben würde. So= bald aber beim Wechsel der Tide die Engländer wieder im Vortheil waren, setzten sie ihre Brander in Thätigkeit, die hier in sofern eine hervorragende Rolle spielten, als die harte Strömung an der fran= zösischen Küste und das stille neblige Wetter, deren Verwendung besonders begünstigte. Trotzdem gelang es Tourville, 5 englische Brander unschädlich zu machen. Einer derselben, dazu be= stimmt, sich vor den Bug des vor Anker liegenden französischen Admiralschiffes zu legen und dasselbe in Brand zu stecken, wurde noch früh genug von der Besatzung bemerkt, um durch rechtzeitiges Ueberlegen des Ruders, mit dem Schiffe aus der Richtung des Branders zu scheeren; ein zweiter wurde durch Boote weggeschleppt, und als dies bei einem dritten nicht gelingen wollte, ließ der Admiral das Tau schlippen und trieb so frei vom Brander. Die andern wurden durch wohlgezieltes Geschützfeuer versenkt. Tourville focht während des ganzen Tages mit bewundernswerther Geschicklichkeit, und bewerkstelligte schließlich einen ehrenvollen Rückzug. Die fliehenden Franzosen wurden vom Gegner selbst noch während der nächsten Tage, namentlich durch die englischen Admirale Delaval und Sir George Rook energisch verfolgt, welche den Feind arg schädigten. Besonders war es der Letztere, welcher sich an die Spitze schneller Schiffe stellte, ein französisches Admiralschiff und noch zwei andere Linienschiffe auf den Strand jagte und überhaupt die Franzosen bis hart an die Küste verfolgte. Andererseits scheint es fast, als wäre der politische Parteistandpunkt des englischen Oberbefehlshabers Ursache gewesen, daß nicht mehr feindliche Schiffe vernichtet oder erbeutet wurden. Der Admiral Rüssel erklärte in seinem Berichte über die Schlacht gewissermaßen entschuldigend, daß die französische Flotte in der That von einer geringeren Anzahl britischer Schiffe geschlagen worden sei, daß dies aber der während der Action herrschenden Windstille zugeschrieben werden müsse, da hierdurch ein großer Theil der britischen Schiffe von einer kräftigen Betheiligung am Kampfe abgehalten worden wäre. Von der kombinirten Flotte hatten die Holländer am meisten gelitten. Wiewohl Tourville 12 Schiffe verlor[1]) und der Uebermacht endlich weichen mußte, so war diese Niederlage fast seine glänzendste Waffenthat.

Seegefecht bei Cap St. Vincent. Begierig, seinen Unfall zu rächen, verließ Admiral von Tourville, dem der König im März 1693 den Marschallstab verliehen hatte, am 26. Mai 1693, an der Spitze von 71 Kriegsschiffen den Hafen von Brest, und begegnete am 27. Juni auf der Höhe von Cap St. Vincent einem großen britischholländischen Convoy, der von 27 Linienschiffen unter Admiral Rook escortirt wurde. Nach eröffnetem Angriffe erbeutete er 27 Kriegs- und Handelsschiffe; 45 andere wurden zerstört.

---

[1]) Nach du Sein hat Tourville am ersten Tage keine Schiffe verloren.

Zweiunddreißigstes Kapitel.

Schlachten, Gefechte und Expeditionen der französischen Flotte im 17. Jahrhundert.

Sobald Richelieu die Partei der Protestanten bis zur Ohnmacht geschwächt hatte, war sein nächstes Streben auf die Vervollkommnung der Marine gerichtet. Im Oktober 1626 zum Grand maître et surintendant de la navigation et du commerce ernannt, ließ er die Kriegswerften in Frankreich erweitern, und, um in möglichst kürzester Frist eine schlagfertige Flotte zu haben, in den Niederlanden solide und schnell segelnde Schiffe bauen. Am 2. Dezember 1626 erwirkte er von der Regierung die Erlaubniß, 45 Kriegsschiffe permanent auf dem Ocean im Dienst zu haben, und die Zahl der Galeeren im Mittelmeere zu vermehren. —

Im Jahre 1634 erschien für die Marine eine Ordonnanz, durch welche eine Reorganisation der Behörden eintrat und die Verwaltungs= sowie die Strafbestimmungen[1] derselben modificirt wurden.

Gefecht bei den Hyerischen Inseln. Die Spanier hatten 1635 Besitz von den Lerinischen Inseln genommen. Zur Wiedereroberung derselben wurde im folgenden Jahre auf der Rhede von Belle-Isle, unter dem Grafen Harcourt[2] eine Flotte von 50 Segeln mit 410 Geschützen ausgerüstet, und 14000 Mann Truppen eingeschifft. Am 18. August ankerte dieselbe bereits auf der Rhede von Gourjou, einer der occupirten Inseln, wo noch 12 Fahrzeuge und eine Galeere zu ihr stießen. Am 6. September wurden 25 Schiffe dieses Geschwaders vor den Hafen von Morgues (Monaco), wo die spanischen Galeeren lagen, bugsirt, um die letzteren anzugreifen. Der Angriff unterblieb jedoch, weil die Schiffe von einem heftigen Gewittersturm überrascht, nach Villa franca flüchten mußten. Am 19. September dagegen erlitten die spanischen Galeeren eine vollständige Niederlage, so daß die Franzosen im Mai des nächsten Jahres wieder Herren der Inseln wurden.

---

[1] Bei den damaligen Strafbestimmungen findet man noch das Kielholen und die Prügelstrafe vertreten. Wer Jemand am Bord ermordet hatte, wurde Rücken an Rücken mit der Leiche gelascht und über Bord geworfen; am Lande geköpft.

[2] Das Schiff des Admirals hatte 46 Geschütze und 295 Mann Besatzung; die übrigen hatten 34—36 Geschütze bei 500 Tons Größe.

Im Jahre 1637 erhielt eine Abtheilung dieser Flotte be= stehend aus: 18 Schiffen 3 Brandern, und 5 kleineren Fahrzeugen den Befehl, eine Demonstration gegen die Berberei zu unternehmen und dann nach der Westküste Frankreichs zurückzukehren.

Das Jahr 1638 war für die französische Flotte ein glückliches. Am 22. August bombardirte sie mit 64 Schiffen Guetaria und zerstörte nicht allein den Ort selbst, sondern auch eine große Anzahl spanischer Schiffe. Am 1. September waren abermals eine große Zahl spanischer und französischer Galeeren mit einander im Kampf, welcher hauptsächlich durch Enterungen ausgefochten wurde, in welchem die Franzosen Sieger blieben. Die Spanier verloren 6, die Franzosen 3 Galeeren.[1]) Bis zum Tode Ludwig XIII (1643) fand die französische Flotte theils gegen die Spanier u. a. 1639 bei Corunna, 1641 bei Taragona 2c.; ferner bei der Unterdrückung der Seeräuberei im Mittelmeere, den Demonstrationen gegen die Bar= baresken=Staaten, und hauptsächlich zum Schutze der französischen Kolonien in den überseeischen Ländern Verwendung. Die Auf= zählung der einzelnen Gefechte jedoch würde zu weit führen, um so mehr, als dieselben keine neuen Gesichtspunkte für die Kriegsführung zur See bieten.

Anfangs 1644 zählte die französische Flotte 30 Schiffe von 1000—2000 Tous, 30 Brander, 4 kleinere Kriegsschiffe, 30 Fahr= zeuge zum Schutz der Küsten und 27 Galeeren.

Ihren Glanzpunkt erreichte dieselbe unter Ludwig XIV. (1643 bis 1715) und dessen großen Minister Colbert. Ueber die Verwendung der französischen Flotte, bis zum Frieden von Nimwegen (siehe Kap. 28).

Zur Züchtigung der Barbaresken=Staaten, welche ihre Raub= züge bis nach den Küsten Frankreichs ausdehnten, wurde Tripolis 1681 sowie Algier 1682, 1683 und 1688 von der französischen Flotte bombardirt. Das erste Bombardement von Algier fand am 30. August 1682 unter Duquesne und Tourville statt, zu welchem 11 Schiffe, 15 Galeeren, 5 Gallioten und 2 Brander verwendet wurden; der Erfolg war kein bedeutender. Am 6. September folgte ein zweites Bombardement mit gleichem Resultate, denn auch die während der Nacht in die Stadt geworfenen 100 Bomben machten die Algerier

---

[1]) Du Sein sagt Buch II. S. 554. Die Schlacht am 1. September 1639 ist die letzte worin sich ausschließlich Ruderfahrzeuge gegenübergestanden haben.

nicht nachgiebiger, worauf ein Unwetter die französische Flotte veranlaßte, nach Toulon zurückzukehren.

Bombardement von Algier. Im Jahre 1683 am 20. Juni
erschien Duquesne abermals mit einer Flotte vor Algier und traf
sofort seine Dispositionen zum Angriff. Die Vertheilung seiner
Schiffe für denselben war folgende: den Moolen und den Batterien
zunächst wurden 4 Schaluppen mit einem schweren Geschütz im Bug,
auf 300 Toisen (à 12 Pariser Fuß) im Halbkreis postirt, das Heck
nach außen. Dann folgten in den Zwischenräumen der ersteren auf
600 Toisen, eine Reihe Galeeren ebenfalls im Halbkreise, das Heck
nach außen mit zwei Ankern vertäut, so daß die Buggeschütze den
Batterien und der Stadt voll zugekehrt waren. Zum bessern Fest-
liegen war vom Heck der Galeeren noch eine Trosse nach den in nächster
Reihe, mit der Breitseite der Stadt zugekehrt und im Halbkreise
vertäut liegenden größeren Schiffen gebracht. Die dritte Reihe, die
Batterieschiffe, lagen etwa auf 800 Toisen. Außerdem waren zwei Schiffe
auf etwa 600 Toisen an der Nord= und Südseite der Stadt resp. der
Moole, zur Abgabe von Flankenfeuer aus den Breitseiten, vertäut.
In der äußersten Reihe lagen gleichfalls im Halbkreise, die übrigen
Schiffe und 3 Galeeren.

Bis zum 26. Juni. waren alle Vorbereitungen getroffen, so daß
die ganze Flotte während der Nacht in ihre Gefechtsstellungen rücken
konnte. Am 27. Morgens eröffneten sämmtliche Geschütze derselben
das Feuer gegen die Stadt und die Hafenbatterien, und setzten es bis
zum Abend fort. Die Wirkung der Geschosse und der n Zerstörung in
der Stadt war eine furchtbare, so daß der Dey bald zwar zu
Unterhandlungen neigte, die jedoch durch eine inzwischen ausge-
brochene Revolution hintertrieben wurden, so daß das Bombardement
in Zwischenräumen bis zum 18. August fortdauerte und der Hafen
so lange blockirt wurde, bis es am 24. April 1684 zum Frieden
kam.

Das im Jahre 1688 gegen Tunis, Tripolis und Algier unter
Admiral d'Estrées erneuerte Bombardement, brach endlich den
Uebermuth der Barbaresken=Staaten auf längere Zeit.

Genua hatte während des letzten Krieges den Algeriern Munition
geliefert, und ließ außerdem für Spanien Kriegsschiffe bauen.
Ludwig XIV. erhob der genuesischen Regierung gegenüber hiergegen
Vorstellungen, und ließ, als dieselben unberücksichtigt blieben, die
Stadt von 14 Kriegsschiffen, 2 Galeeren und verschiedenen Gallioten,

unter Duquesne bombardiren. Nachdem in wenigen Tagen 14000 Bomben in dieselbe geworfen waren, und die Stadt arg gelitten hatte, ging man auf die Forderungen Frankreichs ein.

Bis Ende des Jahrhunderts war die französische Flotte an den Küsten Spaniens, Italiens, Portugals, Amerikas, und West-Indiens thätig, und sind die größern Schlachten derselben, besonders in Europa, Kap. 29. besprochen.

Dreiunddreißigstes Kapitel.
Schlachten, Gefechte und Expeditionen der spanischen und portugiesischen Flotte im 17. Jahrhundert.

Philipp IV. (1621—1665) bestieg mit seinem 16. Lebensjahre den Thron Spaniens und war noch zu jung, um die Zügel der Regierung selbst zu führen. Sein Minister, Gaspar de Guzmann Graf von Olivarez, stolz und hochfahrenden Charakters, vermochte trotz der traurigen finanziellen Verhältnisse des Landes, dennoch nicht mit den Nachbarstaaten in Frieden zu leben, sondern suchte überall Händel.

Nach Ablauf des Waffenstillstandes von Antwerpen, wurden die Feindseligkeiten gegen die Niederlande wieder eröffnet. Das Kriegsglück schien den kastilianischen Waffen Anfangs günstig zu sein; am 10. August 1621 wurde eine niederländische Flotte von 31 Schiffen in der Straße von Gibraltar von den Spaniern geschlagen, 20 Schiffe genommen oder zerstört, die übrigen in die Flucht gejagt. Allein zahlreiche Niederlagen folgten diesem kleinen Triumphe schon im folgenden Jahre, und zwar in Europa sowohl als in Amerika, Peru, Brasilien 2c., wo die Spanier trotz ihrer Tapferkeit überall geschlagen wurden, bis der Vertrag von Münster 1648 diesem für das Land so unheilvollen Kriegen Schranken setzte. Mehr als 300 Schiffe waren in dem niederländisch-spanischen Kriege von den Holländern entweder genommen oder zerstört worden. Im Kriege gegen Frankreich hatte die spanische Flotte ebenso wenig Erfolge aufzuweisen. Geschlagen bei der Insel St. Marguerita, vor Guetaria, Genua, an der Küste Kataloniens 2c. hatte sie überall bedeutende Verluste erlitten. Auch am Lande waren die Erfolge ebenso ungünstig und selbst Portugal schüttelte das spanische Joch ab, (1665) und fiel an das Haus Braganza.

Unter Carl II. (1665—1700) gingen auch die Besitzungen in Central-Amerika an England, Frankreich und Holland verloren und wurden die Verhältnisse nicht besser, bis der Friede von Ryswick (1697) den mannigfachen Uebeln an denen Spanien litt, glücklicherweise ein Ziel setzte, dasselbe jedoch, trotz der vielen Niederlagen ziemlich günstige Friedensbedingungen erzielte. Ueber die specielle Thätigkeit der spanischen Flotte (siehe Kap. 26 und 30).

Die portugiesische Flotte trat zwar im Laufe des 17. Jahrhunderts in den überseeischen Besitzungen noch aktiv auf, allein mit dem successiven Verlust der Kolonien verlor sie gänzlich ihre Bedeutung.

Vierunddreißigstes Kapitel.

Actionen der dänischen und schwedischen Flotten im 17. Jahrhundert.

Im 17. Jahrhundert wurde Dänemark durch Christian IV. (1648—1670) und Christian V. (1670—1699) regiert, während auf Schwedens Thron Gustav Adolf (1611—1632), Carl X. (1649—1660) und Carl XI. (1672—1697) residirten. Fast das ganze Jahrhundert bildete eine Reihe von Fehden zwischen diesen beiden Ländern sowohl, als auch zwischen Schweden und den übrigen Nachbarstaaten, die mit wechselndem Glücke geführt wurden.

Christian IV., obgleich noch jung auf den Thron gelangt, suchte, da er selbst in der Seekarriere aufgewachsen war, die dänische Marine nach Kräften zu heben, ließ große und bessere Kriegsschiffe bauen, das Arsenal von Kopenhagen, erweitern und schuf eine Seemacht. Schon 1613 besaß Dänemark 60 formidable Kriegsschiffe, von denen einige mit 80 Geschützen armirt waren. Gleichzeitig begünstigte er den Handel, protegirte die Expeditionen nach Grönland, West- und Ostindien und wurden während seiner Regierung sogar Besitzungen in Ostindien erworben.

Schweden sowohl als die Hansestädte, überwachten mit Eifersucht die Vergrößerung der dänischen Flotte, sowie die Zunahme und

Ausdehnung des Handelsverkehrs Dänemarks, und so konnten die Zwistigkeiten und Fehden zwischen ihnen nicht ausbleiben.

Von den mannigfachen Actionen und Gefechten zur See soll hier nur der hauptsächlichsten gedacht werden, in denen noch Ruder- und Segelschiffe vereint auftreten, obgleich sie im Uebrigen keine neuen Momente für die Kriegführung zur See bieten.

Seit 1610 führte Dänemark einen glücklichen Krieg, den sogenannten kalmarischen, gegen Carl IX. und dessen Nachfolger Gustav Adolf. Calmar wurde mit Hülfe der Flotte zur See und zu Lande zugleich angegriffen, und die schwedischen Schiffe welche den Hafen vertheidigten, von dem dänischen Admiral Lindenow theils genommen, theils zerstört. In einem Kampfe zwischen dänischen und schwedischen Schiffen unweit Elfborgs, erbeutete genannter Admiral 9 Schiffe ersten Ranges und brachte sie im Triumph nach Kopenhagen (1611). Die dänische Flotte beherrschte in Folge dessen die Ostsee, Christian IV. führte den Oberbefehl über seine Geschwader, verfolgte die schwedischen Schiffe selbst bis in die innern Scheeren vor Waxholm, wo ihm die Kanonen dieser Festung an dem weiteren Vordringen nach Stockholm halt geboten. Anfang des Jahres 1613 machte ein Friede diesen Fehden ein Ende.

Die glänzenden Waffenthaten Schwedens gegen Rußland und Polen erweckten die Eifersucht Dänemarks von Neuem, so daß Christian IV. während des 30jährigen Krieges (1618—1648) im Jahre 1625 die Vertheidigung des niedersächsischen Kreises gegen Ferdinand II., römisch-deutschen Kaiser, (1619—1637) übernahm. 1627 besetzten jedoch Wallenstein und Tilly Norddeutschland u. s. w. und Christian IV. wurde gezwungen, auf seine Inseln zu flüchten.

Ferdinand II. beschloß nun sich der Handelsherrschaft auf der Ostsee zu bemächtigen, welches bei den Hansestädten Unterstützung fand, ließ eine Anzahl Schiffe in den verschiedenen Häfen der Ostsee bauen, und ernannte 1628 Wallenstein zum Admiral in der Ostsee. Dieser Plan scheiterte jedoch an der Belagerung von Stralsund (1628) und dem kräftigen Auftreten der dänischen Flotte in den Belten sowohl als in der Ostsee, wo die kaiserliche Flotte in den verschiedenen Aktionen stets geschlagen wurde. Der Friede von Lübeck (1629) machte dem obigen Plane Ferdinands II. ein Ende.

1630 fand vor der Elbmündung zwischen einem dänischen Geschwader von 20 großen Schiffen und 10 Fregatten, und einem hanseatischen von 35 Segeln ein Gefecht statt, in welchem das letztere geschlagen, die Schiffe zerstört oder genommen und die Dänen Herr der unteren Elbe wurden.

Als die Schweden nach dem Tode Gustav Adolfs aus Deutschland zurückkehrend, plötzlich über die deutschen Herzogthümer herfielen, und Holstein, Schleswig und Jütland überschwemmten, während ihre Flotte die Inseln bedrohte, ging Christian IV. (1643) mit einer in aller Eile ausgerüsteten Flotte von 18 Schiffen in See, zwang eine holländische Hülfsflotte, welche in die Ostsee segeln wollte um sich mit der schwedischen bei Calmar zu vereinigen, in den Golf von Rinköping zu flüchten, zerstreute darauf 24 schwedische Schiffe, welche dahin geschickt waren um die Holländer zu befreien, und beschoß die letzteren 3 Tage hindurch, so daß sie schließlich froh waren, als sie wieder einen holländischen Hafen erreicht hatten. Gegen Ende Juni 1644 vereinigte Christian IV. seine sämmtlichen Seestreitkräfte und lieferte am 1. Juli einer 46 Segel starken schwedischen Flotte unter Flemming, bei Fehmern eine Schlacht. Beide Geschwader waren in je drei Treffen getheilt, und beschossen sich zehn Stunden hindurch ohne Unterbrechung. Das Resultat der Schlacht war der Rückzug der schwedischen Flotte nach Kiel, obgleich weder die Dänen noch die Schweden Schiffe verloren hatten.

Im September desselben Jahres stand abermals eine kombinirte schwedisch-holländische Flotte[1]) von 36 Segeln unter Wrangel, einer dänischen von 27 Schiffen gegenüber, in welchem Gefechte die Dänen trotz verzweifelter Gegenwehr, sich nach Wismar zurückziehen mußten.

Das Jahr 1645 bot des stets stürmischen Wetters halber den beiden Flotten keine Gelegenheit zum Kampfe, doch konnten die Dänen es nicht verhindern, daß ihre Gegner Kopenhagen cernirten und blockirten, und so den Handel außerordentlich schädigten, bis am 13. August des Jahres der Friede von Brömsebro, welcher für Dänemark nichts weniger als günstige Bedingungen enthielt, dem Kriege ein Ende machte.

Im Jahre 1657 entbrannte der Krieg zwischen Schweden und Dänemark abermals. König Carl Gustav von Schweden übernahm zu diesem Zwecke im Winter 1657—58 den berühmten Zug

---

[1]) Während der Minderjährigkeit Ludwig XIV. trat du Quesne in schwedische Dienste, wo er den Rang eines Vice-Admirals erhielt. Als solcher kämpfte er gegen die dänische Flotte bei Fehmern u. s. w. bis zum Frieden von Brömsebro (1645).

über das Eis des großen Belt, und zwang die bedrängten Dänen zu dem gewinnreichen Frieden von Roeskild. Aber damit nicht zufrieden, griff er sie im Sommer 1658 von Neuem an, sodaß Friedrich III. in seiner Noth die Niederlande um Hülfe bat. Diese schickte den Admiral Obdam von Wassenaar mit 40 Kriegsschiffen in die dänischen Gewässer, wo der Admiral Wrangel eine schwedische Flotte von 38 Kriegsschiffen kommandirte.

Seetreffen im Sunde. Am Südeingang des Sundes kam es am 20. Oktober zu einem harten Seekampfe, in welchem die Nieder= länder schließlich den Sieg behaupteten und ein Drittel der schwedischen Schiffe vernichteten oder wegnahmen. Der König von Schweden befand sich auf Helsingborg und war dort Zeuge des Kampfes.

Durch den Vertrag von Kopenhagen (1660) erhielt Schweden die sämmtlichen von Dänemark besetzten Provinzen östlich vom Sunde incl. Wheen; Dänemark die Insel Bornholm 2c.

Im ersten holländisch=englischen Kriege schickte Dänemark den Niederlanden zwar 10 Kriegsschiffe unter Admiral Adeler zu Hülfe, jedoch betheiligten dieselben sich nicht an den Seeschlachten gegen die Engländer, sondern suchten nur dem englischen Handel zu schaden.

Im Jahre 1676 nahm der dänische Admiral Juel Besitz von der Insel Gothland und griff sodann, verstärkt durch eine holländische Hülfsflotte unter Cornelius Tromp, eine 44 Segel starke schwedische Flotte unter Befehl von den Admiralen Kreuz und Ugla, in der Nähe der Inseln Ertholmen, (bei Bornholm) an. Kurze Zeit nach Eröffnung des Geschützkampfes flog das Flaggschiff von Kreuz (120 Kanonen) in die Luft, und überschüttete die übrigen Schiffe mit den Trümmern.

Dieser Verlust brachte Bestürzung und zugleich Verwirrung unter die übrigen Schiffe der schwedischen Flotte. Vergebens suchte Ugla durch sein energisches Draufgehen den Unfall wieder auszugleichen, vergebens war die Tapferkeit und Hingebung seiner Kapitäne; die Katastrophe hatte zu deprimirend auf die Mannschaft gewirkt. Als aber bald darauf auch das Schiff Ugla's, durch einen Brander angezündet, das Schicksal des Flaggschiffes von Kreuz theilte, war die Entscheidung der Schlacht nicht mehr zweifelhaft. Die schwedische Flotte, ihrer Führer beraubt, wurde total geschlagen und flüchtete sich in die nächsten Häfen. 5 Schiffe und eine große Zahl von Gefangenen fielen den Siegern in die Hände.

Am 11. Juni 1677 schlug der dänische Admiral Juel mit 11 Schiffen verschiedener Größe, in der Nähe von Warnemünde, 18 schwedische Schiffe in die Flucht und nahm 6 derselben.

Seegefecht bei Falsterbo. Einige Tage darauf erschien unter Führung der Admirale Horn, Clerk und Wachmeister eine Flotte Carls XI. an der Küste Schonens bestehend aus 37 Linienschiffen, 10 Fregatten und 2 Brandern. Dieser imposanten Flotte vermochten die Dänen unter Juel nur 24 Linienschiffe, 5 kleinere Kriegsfahrzeuge und 3 Brander entgegenzustellen. Dennoch zögerte der dänische Admiral keinen Augenblick die Schlacht anzunehmen. In der Nähe der südwestlichen Spitze, Schweden's, bei Falsterbo, kam es zum Kampfe, welcher von beiden Seiten mit gleicher Umsicht, aber auch mit gleicher Erbitterung geführt wurde. Der heftigste Angriff der Schweden war speziell gegen das dänische Flaggschiff gerichtet, so daß dasselbe mehrfach arg ins Gedränge gerieth und so zerschossen wurde, daß Admiral Juel drei Mal sein Schiff wechseln mußte. Dessenungeachtet gelang es ihm durch einen Windwechsel und ein hierbei vortrefflich ausgeführtes Manöver nach hartem Kampfe, die schwedische Schlachtlinie zu durchbrechen, einzelne Abtheilungen derselben mit Uebermacht anzugreifen und zu schlagen und 24 Schiffe zu zerstören oder zu nehmen. Die schwedische Flotte gerieth in Unordnung und mußte sich mit größter Eile nach Malmö, Calmar rc. zurückziehen. Der Sieger bei Falsterbo wurde von seinem Könige zum Admiral en Chef ernannt, und zum Andenken an diese Schlacht eine Medaille geschlagen.

Juel, nicht zufrieden mit diesem Siege, brandschatzte, sobald seine Schiffe wieder ausgebessert waren, die Küsten und Häfen Schwedens und nahm oder zerstörte eine große Anzahl feindlicher Schiffe.

Bis zu Ende des Jahrhunderts kam es zwischen beiden Ländern zu Feindseligkeiten zur See nicht mehr. Die Monarchen Dänemarks und Schwedens, deren Territorien durch den Frieden von Fontainebleau und Lund (September 1679) und später durch den Ryswicker Frieden (1697) gleichzeitig ihre Regelung fanden, bemühten sich, die Wunden welche die bisherigen Kriege den Ländern geschlagen hatten, nach Kräften wieder zu heilen.

Fünfunddreißigstes Kapitel.

Actionen der venetianischen Flotte im 17. und Anfang des 18. Jahrhunderts.

1617 fand im adriatischen Meere ein Gefecht zwischen 18 grö=
ßeren und kleineren spanischen Schiffen unter der Flagge des Herzogs
von Offuna, und einer venetianischen Flotte von 15 Gallionen,
6 Galleassen, 32 leichten Galeeren und 20 albanesischen Fahrzeugen
unter Venieri statt, in welchem die letztere, trotz ihrer bedeutenden
Uebermacht keinerlei Vortheile über die Gegner errang, sich vielmehr
nur auf eine Beschießung aus der Ferne beschränkte, bis stürmische
Witterung die streitenden Parteien trennte, und jede derselben Schutz
in den ihnen zunächst liegenden Häfen suchte.

Der Krieg der Türken um den Besitz Candia's (1645—69)
gelangte durch die Kriegserklärung im März 1645 zum Ausbruch.
Im April 1646 lief eine türkische Flotte unter Yuffuf aus den Dar=
danellen, kreuzte längere Zeit im Archipel, um den Zweck der Fahrt
zu cachiren, bis sie am 24. Juni plötzlich in der Bucht von Cogna
(auf Candia) Truppen landete. Unter dem Dunkel der Nacht wurden
dieselben bis Canea vorgeschoben, der Ort cernirt, während die Flotte
den Hafen blockirte, und die Stadt, nach tapferer Gegenwehr der
Christen, von den Ungläubigen genommen. Eine kombinirte christ=
liche Flotte von 100 Segeln erschien zwar am 4. September zur
Wiedereroberung Canea's, kehrte aber bald wieder nach Italien
zurück. Der türkische Oberbefehlshaber begab sich darauf, unter
Zurücklassung von nur 30 Schiffen mit einem entsprechenden Heere,
nach Constantinopel. Diesen Zeitpunkt benutzte Morosini, der Ge=
schwader=Chef der christlichen Flotte, um nach Canea zurückzukehren,
dasselbe zu blockiren, den Türken alle Zufuhr abzuschneiden, und
außerdem die Dardanellen am Südeingange durch 24 seiner besten
Schiffe zu schließen. Die den dortigen Schiffen entgegengesandten
türkischen Galeeren verhielten sich passiv, so daß es zu keinem Treffen
weiterkam.

Die venetianische Flotte war zwar unermüdlich in der Be=
kämpfung der Ungläubigen auf dem Meere; sie hatte auch 1647
bei Caristo einige Erfolge aufzuweisen, indem sie die Türken in die
Flucht schlug, allein die türkische Armee ließ sich auf Candia in

ihren Eroberungen nicht aufhalten, sondern erstürmte schon 1648 Suda.

Das Treffen von Foschia (1649) am Eingange der Dardanellen zwischen 20 venetianischen und 83 türkischen Schiffen fiel trotz des kräftigsten Widerstandes und der größten Tapferkeit der Venetianer nicht zu Gunsten der letzteren aus. Die Türken brachen sich Bahn, und landeten ihre Hülfstruppen ungehindert auf Candia.

In dem Gefecht bei Paros am 10. Juli 1651 wurde eine türkische Flotte von den Venetianern geschlagen; ein Schiff von 60 Kanonen und 9 andere von geringerer Größe fielen den Siegern in die Hände, während sich der Rest der türkischen Flotte nach Rettimo flüchtete.

Im Jahre 1654 erlitten dagegen die Venetianer unter Delfino am Eingange der Dardanellen eine Niederlage durch Capudan-Pascha Murad, der eine Transportflotte mit 45 Kriegsschiffen nach Candia escortirte. Diese Niederlage wurde jedoch einige Monate später wieder ausgeglichen, indem 40 venetianische Schiffe 100 türkische schlugen, 20 derselben verbrannten oder versenkten, die übrigen aber in Flucht jagten und bis Foschia verfolgten. Ebenso erfochten die Venetianer unter Marcello im Juni 1656 vor den Dardanellen einen bedeutenden Sieg über die türkische Flotte, eroberten 84 Schiffe, jagten die übrigen in die Flucht und besetzten Tenedos und andere Inseln des Archipels.

Die Türken ließen sich durch diese Niederlage, die bedeutendste seit Lepanto, dennoch nicht entmuthigen sondern rüsteten mit allem Eifer eine neue Flotte aus, so daß schon 1657 am 16. Juli 150 Schiffe von Constantinopel abfuhren, um den Eingang der Dardanellen von den venetianischen Schiffen zu säubern. Am nächsten Tage erfolgte der Zusammenstoß mit den Venetianern unter Moncenigo, jedoch widerstanden die letzteren dem Angriff der Türken mit solcher Energie, daß die Ungläubigen bis zum Abende 60 Schiffe, welche größtentheils den Siegern in die Hände fielen, verloren hatten. Die Absicht der Venetianer, ihren Sieg am nächsten Tage weiter zuverfolgen und bis Constantinopel vorzudringen, scheiterte theils an den ungünstigen Witterungsverhältnissen, besonders aber am Tode des Admirals, welcher beim Passiren des Schlosses Kumturni, von einer türkischen Kanonenkugel getödtet wurde. Zehn Jahre hindurch blockirten türkische Flotten die Insel Candia, bis der Groß- vezir Kiuperni am 22. Mai 1667 mit verdoppelter Macht zur Be-

lagerung der Hauptstadt der Insel (Candia) schritt. Zwar ver=
suchten venetianische Galeeren die Türken an der Landung neuer
Truppen zu hindern, doch vergebens; sie wurden zurückgedrängt,
während 10000 Türken in Canea landeten.   Trotz aller An=
strengungen der Christen, und selbst unter thätigster Mitwirkung
christlicher Flotten, ging durch die Kapitulation der Haupt=
stadt (Ende 1669) nicht allein diese, sondern auch noch vor Ab=
lauf des 17. Jahrhunderts, die ganze Insel Candia in den Besitz
der Türken über, wodurch Venedig eine seiner besten Kolonien ein=
büßte.   Der Besitz der 1687 durch Morosini unter Mitwirkung der
venetianischen Flotte wiedereroberten Morea mit Athen, durch den
Carlowitzer Frieden 1699 bestätigt, mußte im Passarowitzer Frieden
1718 wieder aufgegeben werden; doch vertheidigten die Venetianer
glücklich Corfu und Dalmatien.

Seetreffen und Belagerung von Corfu. Eine türkische Flotte
von 22 hochbordigen und einer Anzahl Truppenschiffen erschien am
5. Juli 1716 auf der Rhede von Corfu. Pisani, der venetianische
General=Kapitän, verfügte nur über eine geringe Anzahl Galeeren
und war außer Stande, mit diesen Streitkräften den Feind anzugreifen.
Um jedoch zu verhindern im Hafen eingeschlossen zu werden, ging
er eiligst unter Segel, um sich mit den ihm von Venedig in Aussicht
gestellten Schiffen auf See zu vereinigen. Cogia, der türkische
Capudan Pascha, statt ihn verfolgen zu lassen, bekümmerte sich
nicht weiter um ihn, sondern landete seine mitgebrachten Truppen
unweit der Stadt, und fuhr selbst ans Land, um bezüglich der
Cernirung derselben die nöthigen Anordnungen zu treffen.   Da
ertönte plötzlich von Norden her Geschützfeuer. Es war Pisani,
welcher am Nordeingange der Meerenge von Corfu dem Hülfsge=
schwader begegnet, umkehrt, und die Flagge des älteren Befehls=
habers begrüßt.   Cogia eilte hierauf sofort an Bord, gab seinen
Schiffen Befehl Anker zu lichten und fertig zum Gefecht zu machen,
während die leichten Ruderfahrzeuge in die Bucht von Butrinto
geschickt wurden. Die Manöver, in Uebereilung ausgeführt, ver=
ursachten Unordnungen, und so kam es, daß die türkischen Schiffe
noch nicht in die Schlachtlinie eingerückt waren, als schon die Venetianer
mit frischem Winde auf sie zusteuerten und sie angriffen. Das
Geschützfeuer war lebhaft auf beiden Seiten. Zwar erlitten die
türkischen Schiffe arge Havarien und wurden tüchtig zerschossen, doch
büßten sie kein Schiff ein, und suchten unter dem Dunkel der Nacht

die Küste von Epirus zu erreichen. Unterdessen schritt das türkische Landungs=Corps unbekümmert zur Belagerung der Hauptstadt und bemächtigte sich zunächst der die Stadt dominirenden Höhen, von wo es dieselbe beschoß, wiederholt bis unter die Mauern der Festungswerke vordrang, aber stets mit bedeutenden Verlusten zurückgeschlagen wurde. Ein am 18. August unternommener allgemeiner Angriff war von gleichem Mißerfolge und kostete 2000 Mann, so daß die Türken nach vielen Verlusten die Belagerung aufgaben und nach Constantinopel zurückkehrten. Die venetianische Flotte war während der nächsten Jahre zwar nicht unthätig, sondern bekämpfte die Türken wiederholt, bestand am 16. Juni und 19. Juli 1717 verschiedene glückliche Gefechte mit den Ungläubigen vor den Dardanellen und bei der Insel Cerigo, doch spielte sie von dieser Zeit an keine hervorragende Rolle mehr.

Sechsunddreißigstes Kapitel.

Die Schrift von Paul Hoste und die Entwickelung der Seetaktik im Allgemeinen.

Im Jahre 1690 erschien vom Jesuitenpater Paul Hoste, Professor der Mathematik am Seminar zu Toulon, ein Werk, betitelt: „L'art des armées navales", welches den Beweis liefert, wie sehr sich die Flottentaktik in den letzten Jahren des 17. Jahrhunderts schon vervollkommnet hatte. Der erste Theil: „Théorie de la Construction des vaisseaux" behandelt den Schiffbau. In dem zweiten Theil: „L'art des armées navales ou Traité des Evolutions navales" des sehr umfangreichen Werkes, sind eine große Anzahl Regeln und Vorschriften, erläutert durch Skizzen und Beispiele für taktische Manöver der Segelflotten enthalten, welche, wie lehrreich und interessant sie auch für Fachleute sind, hier aufzuführen es nicht allein an Raum gebricht, sondern auch für unsere Zwecke insofern weniger wichtig erscheinen, als dieselben nach Einführung des Dampfes im Wesentlichen kein besonderes Interesse mehr für die Kriegführung zur See der Gegenwart bieten. Dennoch aber unterliegt es keinem Zweifel, und wird wohl kein Fachmann in Abrede stellen können, daß ein elegantes Manövriren mit Segelflotten mehr Intelligenz, Umsicht und Erfahrung der einzelnen Schiffskommandanten beanspruchte, als

die jetzige sogenannte Dampffahrkunde, welche, unabhängig von
Wind und Wetter, einen großen Theil der Verantwortlichkeit und
der präcisen Ausführung von Evolutionen, sowohl in der Schlacht, als
auf dem Manöverplatz mit auf die Schultern der betreffenden Maschi-
nisten wälzt und der Commandant eines Dampfschiffes bei Ausführung von Manövern stets von der prompten Bedienung der Maschine
abhängig ist. Es mag daher genügen, hier nur die hauptsächlichsten
Momente aus obigem Werke zu berühren, und nur besonders solche
hervorzuheben, welche bei den späteren Schlachten mit Segelschiffen
zur Anwendung gekommen sind.

Immerhin bleibt es eine eigenthümliche Erscheinung, solche Arbeit
aus der Feder eines Nichtfachmannes hervorgehen zu sehen, und
mag hier zur Klärung des Sachverhalts hinzufügt werden, daß Paul
Hoste längere Zeit Kaplan beim Admiral de Tourville war, und es
daher höchst wahrscheinlich ist, daß letzterer den Verfasser bewogen
hat, seine Ansichten der Oeffentlichkeit zu übergeben, weil es zu seiner
Zeit nur selten vorkam, daß sich Edelleute zur Herausgabe von
literarischen Arbeiten hergaben. Gleichzeitig mag hier nicht unbemerkt
bleiben, daß die Zeitgenossen Tourville's nicht überall auf gleichem
Standpunkte mit den von Paul Hoste entwickelten Ansichten standen,
vielmehr manche Seeoffiziere lange noch mit einer gewissen Geringschätzung auf die Theorie herabsahen.

In dem Werke Paul Hoste's ist ebenso wie es früher schon bei
den Holländern und Engländern erwähnt wurde, die Eintheilung
einer Flotte in drei Geschwader vorgesehen, von denen bis zu 60 Schiffen,
jedes wieder in drei Divisionen zu theilen vorgeschlagen wird.[1]) Der
Geschwader=Chef soll die Tête bilden, eine Regel, die wohl für alle
Zeiten ihre Gültigkeit behalten wird; während dem Divisions=Chef
in der Mitte der Abtheilung sein Platz angewiesen ist, um von hier
aus die ihm unterstellten Schiffe besser übersehen und leiten zu können.

Als die beste Schlachtordnung bezeichnet Hoste „die Kiellinie,"
dicht am Winde unter kleinen Segeln, mit einer Kabellänge Distance,

---

[1]) Die Avantgarde sollte weiß-blaue, das Centrum weiße, die Arrièregarde
blaue Flaggen führen.

Bei den Engländern führte, wie schon früher bemerkt, die Avantgarde weiße,
das Centrum rothe, die Arrièregarde blaue Flaggen. Durch die Farbe der Flaggen,
welche sie führten, war gleichzeitig die Ancienität der Admiräle bezeichnet und
zwar in der Reihenfolge roth, weiß und blau; eine Vorschrift, welche sich noch bis
in die zweite Hälfte des 19. Jahrhunderts in der englischen Marine erhalten hat.

während Transport= und Krankenschiffe sowie Brander, eine See=
meile auf der vom Feinde abgekehrten Seite zu placiren sind. Ver=
fasser legt übrigens großes Gewicht auf eine zweckmäßige Formation
der Flotten und deren Unterabtheilungen, und stellt als Hauptbedin=
gungeiner guten Schlacht= resp. Marschordnung 2c. hin, daß sie für
Erreichung des vorliegenden Zweckes geeignet sein muß, die Schiffe zu=
sammenhält und diese sich leicht in jede beliebige andere Ordnung
überführen läßt.

Es ist die eben bezeichnete Schlachtordnung (Kiellinie) in der
That diejenige, welche in den meisten Seeschlachten zur Zeit der
Segelschiffe gewählt wurde und welche zum ersten Male in der Schlacht
von Lowestoff (1665) zur Anwendung kam.

Im Uebrigen huldigt der Verfasser keineswegs beschränkten An=
sichten, vielmehr zeichnet sich seine Schrift durch Vielseitigkeit aus.
Ebensowenig beschränkt sich seine Taktik auf nur eine Formation
„die Kiellinie" als Schlachtordnung, sondern sie stellt auch andere zur
Auswahl, welche in korrektester Weise begründet werden.

Als Vorzüge der „Kiellinie" beim Winde führt Verfasser so=
wohl solche für die Luv= als auch für die Leeseite an, indem er von
der Voraussetzung ausgeht, daß sich beide Gegner über gleichen
Bug rangiren und zwei parallele Linien bilden werden.

Vorzüge der Luvflotte:

1) Sie kann nach eigener Wahl, entweder die ganze feindliche Flotte
   oder einen Theil derselben zum Kampfe zwingen oder denselben
   abbrechen. Ihr bleibt die Bestimmung des Abstandes, in dem
   sie sich schlagen will, und kann mit dem Ferngefecht beginnen
   oder sofort zum Nahkampf übergehen. (Schlacht bei Lowestoff
   1665.)

2) Die Luvflotte kann, falls sie in der Uebermacht ist, die letzten
   Schiffe der feindlichen Arrièregarde zwischen zwei Feuer nehmen,
   so daß die Uebermacht gegen einen Theil des Gegners erdrückend
   zur Wirkung kommt.

3) Die Luvflotte ist in der Lage, sobald beim Gegner Lücken ent=
   stehen, diese leicht zu durchbrechen[1]) und so die einzelnen Abthei=
   lungen von einander zu trennen.

---

[1]) Diese von Hoste aufgestellte Regel, die feindliche Flotte zu theilen und sich
auf eine Abtheilung derselben zu werfen, ist eigentlich der Grundgedanke aller Taktik,
indeß, mit wirklichem Erfolge von ebenbürtigen Gegnern in der Praxis selten ange=

4) Ist die Luvflotte schwächer, so kann der in Lee befindliche Gegner nicht immer seine Uebermacht zur Geltung bringen, (Schlacht bei Agosta, 1676).

5) Brander, die etwa 1½ Seemeilen an der vom Feinde abgekehrten Seite sich aufhalten, können zu jeder Zeit und an jeder beliebigen Stelle gegen den Feind verwendet werden.

6) Der Wind treibt den Pulverrauch von der Luvflotte weg und der Leeflotte in die Pforten, nimmt dieser die Aussicht und erschwert die schnelle und präcise Abgabe des Feuers.

7) Bei frischer Brise treibt der Wind das unverbrannte Pulver und die glimmenden Vorschläge auf die Leeschiffe, setzt, wie dies in mehreren Schlachten vorgekommen ist, deren Segel und Takelage in Brand, und begünstigt die Treffer unter der Wasserlinie.

Vortheile der Leeflotte:

1) Bei frischer Brise und entsprechend hohem Seegange kann die Leeflotte die Schiffe des Gegners mit sämmtlichen Geschützen ihrer Luvseite unter Feuer nehmen und die Decks und Takelage derselben ohne kräftige Erwiderung wirksam bestreichen, besonders, wenn wie zu jener Zeit, die untersten Geschützpforten nur niedrig über Wasser lagen.

2) Die zerschossenen resp. havarirten Schiffe lassen sich leichter als diejenigen der Luvflotte bergen, da sie sich nur nach Lee treiben lassen brauchen, um, wenn erforderlich, aus dem Schußbereich des Feindes zu kommen.

3) Die Leeflotte kann sich, ähnlich wie ein einzelnes beschädigtes Schiff derselben, leichter aus dem Kampfe ziehen, da sie nur abzuhalten braucht, während die Luvflotte vielleicht nicht folgen kann oder will, die Verfolgung unerwünscht erscheinen läßt, oder die Luvflotte besondere Aufgaben zu erfüllen hat (Bantry Bay 1689).

Die Hauptmomente der von Paul Hoste verfaßten Schrift für die Taktik lassen sich wie folgt zusammenfassen:

1. Die Bildung der Kiellinie (Schlachtlinie) unter kleinen Segeln beim Winde, so daß die Gegner zwei parallele Linien bildend, sich Schiff gegen Schiff legen.

Auf die Bewegung in der Schlacht, besonders bei Einführung dieser Taktik wurde weniger Rücksicht genommen, und scheint selbst

---

wendet worden, und dürfte auch, nicht ohne andere Nachtheile im Gefolge zu haben, schwierig durchzuführen sein.

in dem uns vorliegenden Werke diesem Faktor nicht genügend Rechnung getragen worden zu sein. Die Engländer hielten etwa bis gegen Ende des 18. Jahrhunderts starr an dieser Schlachtordnung fest, während bei den Franzosen ein Verständniß für die Seetaktik sich successive Bahn brach, und diese nach und nach planmäßig und mit Erfolg durchgeführt wurde. Die Franzosen suchten nämlich möglichst den Angriff zu vermeiden, legten auch keinen großen Werth darauf die Luvseite des Feindes zu gewinnen; sie beschränkten sich vielmehr auf das Abschlagen eines Angriffs, indem sie dabei ihre Kräfte in geschickter Weise zu verwenden und dem Angreifer möglichst viel Schaden zuzufügen suchten. Hierzu war es aber nöthig, nicht bewegungslos liegen zu bleiben, sondern ihre Segel zu benutzen, sich mit Hülfe derselben auf einen Theil der feindlichen Schlachtlinie zu werfen, ohne dabei streng an der einmal formirten Ordnung festzuhalten, vielmehr wenn erforderlich, eine neue zu bilden, um event. in dieser eine Wiederholung des Angriffs abzuwarten.

2. Der Oberbefehlshaber einer Flotte soll, besonders wenn er der feindlichen an Zahl überlegen ist, danach streben, die Luvseite des Gegners zu gewinnen; mit seiner Uebermacht die Arrieregarde theilweise zwischen zwei Feuer zu nehmen, oder aber mit seiner Tête nur bis zur Queue der feindlichen Avantgarde vorzugehen und Centrum und Arrieregarde gleichzeitig anzugreifen; die Avantgarde dagegen, da die Seeschlachten größtentheils bei ruhigem Wetter und leichtem Winde geschlagen wurden, möglichst zur Unthätigkeit zwingen, bis sie sich entschließt, zu wenden oder zu halsen.

3. Soll der Oberbefehlshaber die feindliche Linie zu durchbrechen, die einzelnen Abtheilungen zu isoliren, mit Uebermacht angreifen und sie zu schlagen suchen; Dispositionen, wie sie sowohl in den früher beschriebenen Schlachten als auch später noch von Nelson bei Trafalgar zur Ausführung gelangten. Paul Hoste behauptet, daß diese Kampfesweise übrigens schon von de Ruiter und van Tromp in der Schlacht von Texel 1653 angewendet worden sei, indem die holländische Flotte, mit den Führern an der Tête, in drei Kolonnen auf die feindliche Schlachtlinie losgesteuert sein soll.

Auffallend ist es übrigens, daß der Verfasser nur geringes Gewicht auf das enge Schließen der Schiffe und auf das Vermeiden von Lücken in der Schlachtlinie zu legen scheint; eine Maßnahme, welche später von Flottenbefehlshabern mit der größten Peinlichkeit gefordert wurde, so daß ein Durchbrechen der Schlachtlinie häufig die kriegsgerichtliche Vernehmung der betreffenden Kommandanten zu Folge hatte.

4. Marschordnungen sind in dem Werke Hoste's mehrere ange= führt. In erster Reihe wird von ihm als Hauptordnung, die Schlacht= ordnung, d. i. die „Kiellinie" anempfohlen; ein sehr wichtiger Grund= satz, der schon deshalb für Segelschiffe geboten war, um nicht im gegebenen Moment durch Windrichtung, Windstille, Strömung 2c. an der Formation der Schlachtlinie behindert zu sein vielmehr sich stets an= nähernd in der Ordnung zu befinden, in welcher man sich zu schlagen beabsichtigte.

Diese Marschordnung ist jedoch bei großen Flotten nicht immer anwendbar, weil bei so langen Linien der Ueberblick verloren geht: es stellte sich daher die Nothwendigkeit heraus, Flotten in 3 Kolonnen und zwar in solchen Abständen zu rangiren und zu manövriren, daß die einzelnen Kolonnen in den verschiedenen Stellungen zu einander sich möglichst wenig in der freien Bewegung hinderten: etwa $1\frac{1}{2}$ bis 2 Kabellängen Abstände und 3 Kabellängen Intervalle wurden als ausreichend erachtet. Die Leiter der Kolonnen hatten sich quer ab von einander zu peilen, das Schlußschiff der nächsten Kolonne etwa zwei Strich vom Kurse. Auf diese Weise konnten die Kolonnen einzeln durch den Contremarsch wenden und halsen, sowie überhaupt die in der Marschordnung erforderlichen Manöver bei der nöthigen Aufmerksam= keit bequem ausführen.

5. Als Retraitordnung empfiehlt Hoste die Formation eines ein= springenden Winkels, von etwa 70°, indem er annimmt, daß der Rück= zug vorwiegend mit raumen Winde geschehen wird; wie solcher be= reits 1653 durch van Tromp ausgeführt, als er mit dem in die Mitte genommenen Convoy, am 28. Februar von Blake durch den ganzen englischen Kanal verfolgt wurde.

6. Als Ankerordnung glaubt der Verfasser eine Formation in einer oder mehreren Kolonnen empfehlen zu müssen, um aus dieser in möglichst kurzer Zeit die Schlachtlinie bilden zu können, etwa wie die Engländer im Juni 1672 in Solebay.

Eine andere Taktik als die bisher erwähnte, kam in Einzel= gefechten zur Anwendung, und ist es besonders die Zeit Ludwig XIV., welche sich hierdurch auszeichnet. In diesen Einzelgefechten war es namentlich die Enterung, welche eine Hauptrolle spielte, während dieselbe in den größeren Schlachten im Allgemeinen nur selten vorkam.

Diese Einzelgefechte wurden aber weniger von berufsmäßigen See-
offizieren, als namentlich von Kapern[1]) ausgeführt.

Die Führung des sogenannten kleinen Krieges, welcher von
einer geringen Anzahl tüchtiger, verwegener Freibeuter betrieben wurde,
namentlich von St. Malo und Dünkirchen aus, war für Englands
Handel außerordentlich nachtheilig, und sollen nach uns überkommenen
Mittheilungen, von Dünkirchener Kreuzern 35000 (?) Gefangene gemacht und circa 4300 Handelsschiffe 2c. versenkt resp. genommen
worden sein.

Um das Jahr 1804 übergab der Schotte Clerk of Eldin seine
Gedanken über Taktik von Segelschiffen der Oeffentlichkeit, und ge-
langte dabei, obgleich er völlig unbekannt mit der Arbeit Paul
Hoste's war, fast zu gleichen Regeln bezüglich des Angriffs 2c. wie
Letzterer. Auch er empfiehlt z. B. der Luvflotte, die Arrieregarde des
Feindes zu doubliren, die Leeflotte zu durchbrechen und das Ab-
schneiden eines Theils der feindlichen Streitkräfte anzustreben, die-
selben fernzuhalten und die übrigen durch Uebermacht zu erdrücken 2c.

In der Zeit von 1740—1782 machen sich die ersten Anfänge

---

[1]) Es dürfte vielleicht für unsere geehrten Leser von Interesse sein, die Schicksale eines der berühmtesten Führer von Kaperschiffen kennen zu lernen, und gestatten
wir uns, obgleich dieselben der Geschichte angehören, solche hier in gedrängter
Kürze wiederzugeben. Jean Barth oder Bart wurde als Sohn eines Fischers 1652
in Dünkirchen, nach Anderen aber in den Niederlanden geboren. Von Jugend an
befand er sich auf dem Wasser, trat früh in die holländische Marine und machte
unter de Ruiter mehrere Seeschlachten, so die Expedition in die Themse bis Poorsleet
mit. Im Beginn der Kriege gegen Holland ging er nach Frankreich und trat dort
in die Marine, wo seine Fähigkeiten sowohl als seine Verdienste bald Anerkennung
fanden, so daß er, obgleich er nur wenig Schulkenntnisse besaß, in das Seeoffizier-
Corps Aufnahme fand und sogar successive bis zum Admiral avancirte. Die von
ihm befolgte Kampfesweise, obgleich sie völlig abweichend von jeder Taktik war,
wurde fast stets von Erfolg gekrönt. Mit vollen Segeln steuerte er auf sein Ziel
los; auf Pistolenschußweise angelangt, ging er dann zum Geschützkampf über und
schritt nach Abgabe einiger Breitseiten sofort zur Enterung. Er selbst besaß eine
außerordentliche Bravour, und verstand es gleichzeitig seine Untergebenen zu den
kühnsten Unternehmungen anzufeuern, so daß er fast in allen Actionen Sieger blieb,
selbst wenn er sich mit einem überlegenen Gegner engagirte. Dieselbe Kampfesweise
befolgte er auch später, als er größere Kriegsschiffe und Geschwader kommandirte.
Seine rauhe Freimüthigkeit und sein derber Witz, womit er weder Hohe noch
Niedrige verschonte, machten ihn nicht weniger populär als seine Kühnheit und
Schlagfertigkeit. In einer Action gegen englische Uebermacht ward Barth gefangen
genommen und nach Plymouth gebracht. Hier entwich er in einem Fischerboote
nach Frankreich, wo ihn der König nun zum Kapitän ernannte 2c.

einer wirklichen Taktik, ein planmäßiges systematisches Verfahren in den Seegefechten bemerkbar. Die Waffen, welche zur Anwendung kommen, waren ausschließlich das Geschütz; die Geschosse Vollkugeln, Stangen- und Kettenkugeln; die Brander verschwanden nach und nach oder wurden nur vereinzelt angewandt und von Flotten selten noch mitgeführt. In Betreff des Geschützfeuers wurde namentlich von den Franzosen der Grundsatz befolgt, in erster Reihe die Takelage und dadurch den Motor des Gegners zu zerstören, und erst nachdem das gelungen, dasselbe gegen den Rumpf der feindlichen Schiffe zu richten. Bei den Engländern dagegen war die Neigung vorherrschend, möglichst bald zum Nahkampf (close action) zu schreiten und nicht eher einen Schuß abzugeben, bis man auf Pistolenschußweite an den Feind herangekommen war. Die Franzosen, deren Schiffe im Allgemeinen schneller als die der Engländer waren, scheinen zu jener Zeit den letzteren auch im Manövriren überlegen gewesen zu sein, und zogen daher das Ferngefecht vor. Interessant ist es, die Ansichten des französischen Admirals Jurien de la Gravière (Nelson und die Seekriege von 1789—1813) hierüber in Folgendem zu hören: „In Wahrheit," sagte Forfait in einer damals allzu wenig beachteten Flugschrift, „macht doch allein das Geschütz auf dem Meer das Gewaltrecht geltend." „Es ist wirklich recht spaßhaft," fügt er sehr richtig hinzu, „oft weitläufig hin- und herreden zu hören, um für die Ueberlegenheit der Engländer Gründe aufzufinden   Dies ist mit ein Paar Worten gethan   . Ihre Schiffe sind gut eingerichtet; sie haben eine gut bediente Artillerie und sie manövriren gut .   Bei Euch findet gerade das Gegentheil statt .   Wenn Ihr ihnen gleichen werdet, könnt Ihr ihnen auch die Spitze bieten. Ihr werdet sie schlagen, sobald Ihr den Sturmschritt zur See erlernt habt." Wer sich die vernichtenden Wirkungen vorstellt, die von einer Masse von Eisen zu erwarten sind, deren Gesammtgewicht oft mehr als 3000 Pfund beträgt und die mit einer fast doppelt so großen Geschwindigkeit als die des Schalles dahin fährt und in ihrem Fluge plötzlich auf einen durchdringbaren Gegenstand trifft, der in Stücke zerbricht und Splitter umherwirft, die noch mörderischer wirken als selbst eine Kugel: der wird die furchtbare Gewalt der ersten Lagen eines Linienschiffes zu würdigen im Stande sein. Anstatt diese unwiderstehliche Kraft, in der Hoffnung, einige dünne Seile zu zerreißen, höchst zufälliger Weise irgend ein wichtiges Tau zu treffen oder einmal einen Mast zu ritzen, im leeren Raum zu vergeuden, wie die

Franzosen es damals machten, concentrirten die Engländer sie, besser berathen, ganz und gar gegen ein sicheres Ziel: die Batterien des Feindes. Sie füllten das Verdeck ihrer Gegner mit niedergestreckten Feinden, während deren Kugeln über ihre Köpfe hingingen. Außerdem waren die englischen Kanoniere geübter als die französischen. Mit der Genauigkeit des Treffens verbanden sie eine Schnelligkeit im Schießen, die Letzteren noch lange Zeit fern blieb. Bereits im Jahre 1805 hatten sie es, wenn auch nicht auf allen, so doch auf den gut befehligten Schiffen, wie z. B. auf dem Foudroyant, den Nelson geführt 2c., so weit gebracht, aus jedem Geschütz fast jede Minute einen Schuß zu thun. Die am vorzüglichsten bedienten Geschütze der Franzosen machten damals nach jedem Schusse eine Pause von mehr als 3 Minuten. „Dem Kugelhagel", wie Nelson sich ausdrückte, verdankte England damals die unbedingte Herrschaft zur See, verdankte er selbst den Sieg bei Abukir . . Viceadmiral Emérian war einer der Ersten, welche die Bemerkung machten, daß die Unsicherheit der Schüsse gegen das Takelwerk erwiesen sei. Er ertheilte den jetzt von ihm befehligten Linienschiffen die Vorschrift „ins dicke Holz hineinzuschießen, um Verwirrung in den Batterien des Feindes anzurichten." Ungefähr um dieselbe Zeit gab einer von den jungen Kapitänen des Nachwuchses vor einem glänzenden Gefechte seinen Kanonieren mit echt gallischer Laune den verständigen Rath: „Kinder, zielt niedrig die Engländer sehen es nicht gerne, daß man sie todtschießt. 2c." (So weit de la Gravière.)

Nachdem in den vielfachen Gefechten und Actionen, namentlich im Unabhängigkeitskriege Nordamerikas, noch nach der alten Taktik verfahren wurde, kommt fast zu gleicher Zeit (1782) auffallender Weise eine neue Taktik zur Anwendung: „Das Durchbrechen der feindlichen Linien und Vernichtung des einen Theils derselben", so daß mit jenem Tage die Glanzperiode der Kriegführung mit Segelschiffen beginnt.

Siebenunddreißigstes Kapitel.

Hauptactionen der englischen, französischen, spanischen und niederländischen Flotten im 18. Jahrhundert resp. bis nach der Schlacht von Trafalgar (21. Oktober 1805).

Wir möchten zur Behebung von Zweifeln nochmals erklären, daß es nicht in der Absicht liegt, sämmtliche Seeschlachten und Gefechte dieser Periode hier einzeln aufzuführen, vielmehr nur solche Momente näher zu beleuchten, bei denen die Segelschiffe durch geschicktes Manövriren oder in sonstiger hervorragender Weise Verwendung gefunden haben.

Die folgenden Angaben über die Stärke der einzelnen Marinen von J. F. von Kronenfels k. k. Hauptmann d. R. betitelt: „das schwimmende Flottenmaterial der Seemächte" mögen hier am Platze sein.

1. **England.** Bei der Vertreibung Jakobs II. (1676) war die Flotte 173 Kriegsschiffe mit 6930 Kanonen und 43000 Mann Besatzung stark. 1800 zählte sie: 293 Linienschiffe, 258 Fregatten, 557 kleinere Schiffe, mit 29000 Kanonen und 175000 Mann Besatzung.

2. **Frankreich.** Ludwig XIV. hinterließ 1715 dem französischen Staate, trotz seiner bedeutenden Verluste zur See, eine Flotte von 150 Segeln. 1755 bestand sie aus 71 Linienschiffen von 54—84 Kanonen und 32 Fregatten. Den größten Stand erreichte die Flotte während des nordamerikanischen Freiheitskrieges. 1779 war sie schon 89 Linienschiffe und 60 Fregatten stark.

Im Jahre 1793 besaß Frankreich 81 Linienschiffe, 68 Fregatten und 141 kleinere Kriegsfahrzeuge mit 14000 Kanonen und etwa 78000 Matrosen (d. h. conscribirte Matrosen).

3. **Spanien.** Im Jahre 1739 zählte die spanische Flotte 31 Linienschiffe und 15 Fregatten. Von 1746—1759 stieg sie auf 60 Linienschiffe und 65 Fregatten. Im Jahre 1795, als der unermüdliche Valdez das Ministerium niederlegte, bestand die Flotte aus 76 Linienschiffen, 52 Fregatten, 79 Corvetten und Briggs, 17 Schebecken, 4 Packetboten, 25 Bomben- und 74 kleineren Fahrzeugen, zusammen: 327 Schiffe und Fahrzeuge mit etwa 10000 Kanonen, von welchen Schiffen und Fahrzeugen damals 195 völlig segelfertig lagen.

4. Holland. Im Jahre 1790 besaß die Niederlande: 44 Linienschiffe von 56 bis 74 Kanonen, 43 Fregatten von 24 bis 40 Kanonen,
100 kleinere Fahrzeuge.

Seegefecht im Hafen von Vigo. Die 1702 in West-Indien
zwischen englischen und französisch-spanischen Geschwadern statt ge-
habten Gefechte hier einfach registrirend, bot sich dem englischen Admiral Sir George Rook im Oktober 1702, als er auf seiner Fahrt
von Cadix nach England die Meldung erhielt, daß eine sehr werth-
volle Flotte spanischer Handelsschiffe, begleitet von einem starken
französischen Geschwader unter Kommando des Admiral Châteaurenault in Vigo eingelaufen sei, eine Gelegenheit, mit seinen Schiffen
eine befestigte Hafeneinfahrt zu forciren, und die feindlichen Schiffe
zu nehmen. Vor dem Hafen angelangt, beschloß er trotz aller sich
ihm entgegenstellenden Hindernisse den sofortigen Angriff. Am 12. Oktober mit Tagesanbruch wurde bereits das Landungscorps des Geschwaders, in einer Bucht, südlich von Vigo mit der Weisung ausgeschifft, gegen das südlich von Renondello gelegene Fort zu marschiren und dasselbe auf ein gegebenes Signal zu berennen. Um
9 Uhr erfolgte für die Flotte das Signal zur Bildung zweier Kolonnen behufs Forcirung der Hafeneinfahrt. Kurz darauf wurde der
Wind jedoch ganz still, so daß die Avantgarde unter Admiral Hopson
auf Schußweite von den feindlichen Batterien ankern mußte, und auch
die übrigen Schiffe in ihrer augenblicklichen Stellung ein Gleiches zu
thun gezwungen waren. Um 1 Uhr erhielt Admiral Rook die Meldung, daß der Eingang des Hafens als sehr eng ermittelt worden,
und beide Seiten dessen stark befestigt seien. Der Oberbefehlshaber begab sich, um persönlich die ihm gemeldeten Hindernisse in
Augenschein zu nehmen, zur Avantgarde, fand jedoch nach seinem
Dafürhalten, daß das ½ Seemeile breite Fahrwasser unmöglich
durch eine Balkenreihe dermaßen gesperrt werden könne, als daß die
einsegelnden Schiffe dieselbe nicht leicht zu beseitigen im Stande
wären. Er überzeugte sich ferner, daß die Batterien an der linken
Seite offen, und die der rechten nicht so stark armirt seien, als ihm
gemeldet war; ebenso schienen ihm die Schiffe des Feindes auf einen
energischen Angriff nicht vorbereitet, vielmehr Verwirrung und Bestürzung auf dem französischen Geschwader zu herrschen.

Admiral Rook gab daher der Avantgarde den Befehl zum sofortigen Forciren des Einganges und zum Angriff auf die feindliche
Flotte. Admiral Hopson nahm die Tête und lief mit frischem Winde

in Doppelkolonne, unter Abgabe von Breitseiten auf die Forts, durch die Enge, während Admiral Rook mit dem Gros der Flotte vor dem Eingange zurückblieb.   Sobald die englischen Schiffe der Avant-garde den Eingang passirt hatten, wendeten sie sich nach beiden Seiten, um die feindliche Flotte zu umklammern und auf diese Weise die Schiffe des Gegners einzeln zu bekämpfen, die etwa nicht treffenden Geschosse aber in die zusammengedrängten feindlichen Schiffe zu schleudern, ohne deren Feuer voll ausgesetzt zu sein.   Die Franzosen schickten den einsegelnden englischen Schiffen zwar Brander entgegen, doch mußten die letzteren diesen geschickt auszuweichen.

Admiral Châteaurenault erkannte bald, daß weder Raum zur vollständigen Entwickelung seiner Streitkräfte vorhanden, noch der Kampf vor Anker zur Bewältigung des Feindes führen würde.   Er ließ daher einen Theil seiner Schiffe in Brand stecken, während andere auf den Strand gesetzt wurden.

Sir George Rook äußerte sich in seinem Berichte über dies Gefecht wie folgt: „Der Angriff erfolgte mit solcher Umsicht und Entschlossenheit, wie ich selten gesehen habe, während die Vertheidigung des Feindes nichts weniger als glänzend war; nur 2 oder 3 Schiffe fochten und benahmen sich ehrenvoll im Kampfe.   Selbst Châteaurenaults Benehmen zeigte von keiner besondern Energie; denn kaum hatten seine Geschütze ein Mal gefeuert, so ließ er sein Schiff in Brand stecken und floh so eilig als möglich.   Daß das Fort an der rechten Seite des Einganges so leicht zum Schweigen gebracht wurde, ist dem gleichzeitigen Angriffe des Landungscorps zuzuschreiben, während die Breitseiten unserer Schiffe ein mörderisches Feuer eröffneten, so daß der Feind sich schon nach einer Viertelstunde auf Gnade und Ungnade ergab.   Unsere Verluste sind nur gering, doch würden mehrere unserer Schiffe durch die in Brand gesteckten feindlichen, welche mit der Ebbe auf sie getrieben wurden, bedeutenden Schaden erlitten haben, wenn sie nicht, um aus dem Bereich der brennenden Schiffstrümmer zu kommen, wiederholentlich ihre Taue gekappt hätten.   Die Einfahrt bei Renondello mit dem ganzen Geschwader zu forciren, wie mir anfangs gerathen wurde, hielt ich deshalb für unpraktisch, weil hierbei unzweifelhaft eine große Zahl von Schiffen mit einander kollidirt und in Unordnung gekommen, ja möglicherweise ein großer Theil derselben in Brand gerathen, und unser Sieg dadurch gewiß zu theuer bezahlt worden wäre.   Deshalb halte ich es zur See als Regel ohne Ausnahme fest, daß ein „Durcheinander unter allen Umständen vermieden werden muß" 2c. — Zwanzig Kriegsschiffe, unter diesen 15 Zweidecker und 13 Galeeren wurden bei dieser Affaire zerstört und genommen; außerdem repräsentirten die erbeuteten und verlorenen Schätze einen Werth von 4 bis 5 Millionen Pfund Sterling.

Seeschlacht bei Malaga. Am 24. August 1704 kam es unter Sir George Rook, zwischen der combinirten englisch-holländischen und der französischen Flotte, bei Malaga zu einem hartnäckigen Kampfe. Der englische Admiral berichtet darüber Folgendes: „Am 13. August Morgens waren wir 9 Seemeilen luvwärts vom Feinde entfernt, der mit östlichem Winde nach Süden steuernd, in Schlachtlinie lag. Wir hielten bis gegen 10 Uhr auf ihn zu, wo wir auf Musketenschußweite herangekommen waren, und ich das Signal zur Eröffnung des Feuers gab. Der Feind setzte Segel und schien sich vor unserer Avantgarde sammeln und sie mit Uebermacht angreifen zu wollen. Während dreier Stunden wurde das Gefecht auf beiden Seiten mit ungeheurer Hartnäckigkeit geführt, als die feindliche Avantgarde zu weichen begann, welcher etwas später auch die Arrièregarde folgte. Mehrere unserer Schiffe, das meinige sowohl wie die der rothen und weißen Division, waren gezwungen, die Linie zu verlassen, einige, weil sie kampfunfähig waren, die meisten aber aus Mangel an Munition, so daß das Gros der feindlichen Flotte auf unser Centrum drängte und es so zerschoß, daß dasselbe fast zu erliegen drohte. Die feindliche Flotte unter dem Kommando des Grafen von Toulouse bestand aus 52 Linienschiffen und 24 Galleassen; die letzteren waren im Allgemeinen von bedeutender Größe, die im Centrum besonders schwer armirt. Die leichteren Schiffe der Avant- und Arrièregarde suchte der Feind durch Beigabe von Galleassen zu verstärken. Unsere vereinigte Flotte bestand nur aus 50 Segeln, von denen ²/₅ kleinere Fahrzeuge waren (namentlich die holländische Division), und doch muß ich gestehen, daß auch diese mit großem Muthe focht. Dieser Tag war der heißeste und schwerste, den ich im Dienst erlebt habe: jeder Offizier that mit der größten Aufopferung seine Pflicht und nie sah ich den Geist und den Muth unserer Matrosen belebter und reger als in diesem Treffen. Das Gefecht dauerte bis 7 Uhr Abends, als der Feind abhielt und uns verließ. Unsererseits ist nur der Verlust des Albemarle, (64 Kanonen) vom holländischen Geschwader zu beklagen, der jedoch nicht durch den Feind, sondern durch Mißgeschick in die Luft flog. Fast sämmtliche Rund-

hölzer in der Flotte waren total havarirt; 3 Kapitäns getödtet, 5 ver=
wundet, die Zahl der übrigen gefallenen und verwundeten Offiziere,
Deckoffiziere und Mannschaften nicht unbedeutend. Nach den Aussagen
der Flaggoffiziere der Avant= und Arrièregarde soll sich der Feind
diesen gegenüber nicht gerade glänzend geschlagen haben, dagegen wurde
im Centrum tapfer gekämpft. SeinVerlust war jedoch nicht so bedeutend
als der, welchen er in der Schlacht bei Cap la Hogue erlitten hat.
Während der Nacht lagen wir beigedreht und besserten unsere Havarien
aus. Um 12 Uhr Uhr Mittags peilten Cap Malaga N. z. O.
21 Seemeilen Entfernung 2c."

Die Thätigkeit der englischen Flotte im Jahre 1705 unter
Admiral Sir John Leak u. A. gegen die Franzosen vor Gibraltar;
1706 bei der Entsetzung von Barcellona; der Belagerung von Toulon;
der Einnahme von Carthagena 2c.; 1713 beim Transport von
30000 Mann von Spanien nach Italien; ferner bei der Expedition
nach der Ostsee 1716 und 1717 unter George Byng und Norris
gegen Karl XII. von Schweden; (in Verbindung mit Holland, Däne=
mark und Rußland) und 1720 gegen Peter den Großen, wollen wir
hier nur einfach registriren.

1718 griff ein englisches Geschwader unter Admiral George
Byng (Lord Vicomte Torrington) die Spanier in den Gewässern von
Sicilien (unweit Syracus) an, bei welcher Gelegenheit 13 feindliche
Schiffe einschließlich drei Flaggschiffe in die Hände der Engländer
fielen und ein großer Theil der spanischen Schiffe zerstört wurde.

Von den mannigfachen kleineren Expeditionen und Engagements
der englischen Flotte während der nächsten 30 Jahre soll hier nur
der Forcirung des Hafens von Porto Bello (Süd=Amerika) und
Wegnahme der denselben beherrschenden übrigen Forts durch Admiral
Vernon im November 1739 gedacht werden. Er kreuzte mit seinen
Schiffen in die Bucht hinein, eröffnete, sobald die Geschütze seiner
Breitseiten das sogenannte „eiserne Fort“, welches den Eingang der
Bucht vertheidigte, wirksam erreichen konnten, ein so lebhaftes
Feuer gegen dasselbe, daß die Spanier schon nach der zweiten Salbe
von den Geschützen liefen. Darauf befahl er zu landen, und ließ
das Fort stürmen noch ehe Bresche gelegt war, segelte dann weiter
in die Bucht hinein, postirte eine Anzahl seiner Schiffe vor jedes der
übrigen Forts und nahm nach heftigem Bombardement die sämmtlichen
Werke. Das Glück begünstigte ihn, denn wären die Spanier nicht

feige davon gelaufen, so würde ihm die zu früh erfolgte Landung wahr= scheinlich übel bekommen sein.

Seeschlacht bei Minorca. Diese Schlacht bietet in sofern ein größeres Interesse, als die von der englischen und französischen Flotte befolgte Taktik in derselben von verschiedenen Principien ausging.

Die Franzosen unter Richelieu rüsteten in Toulon ein bedeutende Flotte mit einer entsprechenden Zahl von Transportschiffen aus, um sich der Insel Minorca zu bemächtigen. Die Engländer, trotzdem sie schon Ende des Jahres 1755 durch ihre Agenten und Consuln aus Spanien und Italien Anzeige von diesen Rüstungen und dem Ziel der Expedition erhalten hatten, trafen nicht früher Gegenmaß= regeln, bis die Franzosen ihre Rüstungen vollständig beendet hatten, und die Landungstruppen bereits aus dem Innern nach Toulon dirigirt waren.

Erst Anfang des Jahres 1756 wurde Admiral Byng (vierter Sohn des Lord Vicomte Torrington) zum Kommandanten der Ex= pedition ernannt, welche Minorca zu Hüfe geschickt werden sollte. Aber auch dann wurde die Fertigstellung der hierfür bestimmten Kriegsschiffe nicht mit der nöthigen Energie gefördert, so daß Admiral Byng erst am 10. April 1756 Portsmouth verlassen konnte. Am 2. Mai, als das englische Geschwader in Gibraltar ankam, erhielt Admiral Byng die Nachricht, daß das unter Kommando vom Admiral la Galissonière stehende Geschwader: 13 Linienschiffe und 6 Fregatten nebst einer bedeutenden Anzahl Transportschiffen, nnd 15000 Mann Landungstruppen am 10. April Toulon verlassen habe, und schon auf der Insel Minorca eingetroffen sei. Admiral Byng meldete dies sofort der englischen Admiralität mit dem Hinzufügen, daß er unter solchen Umständen wohl kaum noch im Stande sein würde, dem Fort St. Philip (auf Minorca) die nöthige Hülfe zu bringen. Gleichzeitig beklagte er sich über den mangelhaften Zustand seiner Schiffe, und hob besonders hervor, daß in Gibraltar nicht einmal die erforderlichen Vorräthe vorhanden seien, das Geschwader mit dem Nöthigen zu versorgen. Auch wies er auf die Verzögerung hin, welche die Aus= rüstung des Geschwaders in Portsmouth erfahren habe, durch welche ihm die Gelegenheit benommen worden, die Landung der französischen Armee auf Minorca zu verhindern 2c.

Am 8. Mai verließ das aus 13 Linienschiffen nnd 4 Fregatten bestehende englische Geschwader Gibraltar, wurde jedoch durch conträre Winde während der Fahrt aufgehalten, so daß es erst am

18. Mai Minorca erreichte. Gleich nach Ankunft daselbst ließ der Admiral seine Fregatten zur Recognoscirung vorausſegeln, um möglichen Falls mit der belagerten Garnison von Mahon zu communiciren. Bald darauf erschien jedoch die französische Flotte, so daß die Fregatten zurückſignaliſirt werden mußten, und das Geſchwader Befehl erhielt, auf die feindlichen Schiffe loszuſteuern. Am Morgen des 20. Mai war es neblig, die feindliche Flotte nicht ſichtbar. Erſt gegen Mittag klarte es auf, und gegen 2 Uhr Nachmittags konnten beide Flotten bei leichtem, nördlichem Winde die Schlachtlinien formiren. Das französische Geſchwader beſtand aus 12 Linienschiffen und 6 Fregatten mit circa 1000 Geſchützen; das britiſche aus 13 Linienschiffen, 4 Fregatten und einer Corvette, mit 948 Geſchützen. Beide Geſchwader lagen mit B. B. Halſen beim Winde, die englische Flotte die Luvſeite einnehmend.

Admiral Byng gab seinen Schiffen Signal, zwei Striche abzuhalten und den Feind anzugreifen resp. ſich ſeinen zufälligen Gegnern gegenüberzulegen. Die Avantgarde unter Contre-Admiral Weſt, dem das Abhalten von zwei Strichen nicht genug erschien, braff'te, um eher an den Feind zu kommen mehr auf, und hielt auf die französische Vorhut los. Durch dies Manöver wurden jedoch ſeine Schiffe enfilirt, während er das Feuer des Gegners nur aus den Buggeſchützen schwach erwidern konnte; einem ſeiner Schiffe wurde ferner der Fockmaſt über Bord geschossen, ſo daß er ſich im schnellen Vorgehen gehindert ſah. Als darauf Admiral Byng mit dem Gros der Flotte auf den Feind abhielt, nahm derselbe die Arrièregarde dermaßen unter Feuer und brachte ſie ſo in Unordnung, daß die Avantgarde ſehr lange den überlegenen feindlichen Geschossen ausgeſetzt blieb, ohne auch nur die geringſten Unterſtützung von den übrigen Schiffen zu erhalten. Admiral Byng vermochte in Folge des Pulverdampfes die prekäre Lage der Avantgarde nicht zu überſehen, gab aber, ſobald er ſie erkannte, den vorderſten Schiffen des Centrums das Signal, der Avantgarde zu Hülfe zu eilen, und das Nahgefecht mit Nachdruck aufzunehmen. La Galiſſonière ließ indeß im Contremarsch halſen, von jedem Schiff beim Paſſiren des Feindes Breitſeiten abgeben, und völlig intact, in Lee von Neuem die Schlachtordnung wieder formiren. Admiral Byng hielt abermals auf die feindliche Linie ab. Der französische Geſchwaderchef, als er dies bemerkte, zog ſich mit ſeinen beſſer ſegelnden Schiffen vom Kampfplatze zurück. Admiral Byng ſuchte zwar den Feind zu verfolgen, und sich ihm auf Schußweite zu nähern, jedoch gelang ihm dies nicht. Er gab deshalb Ordre, unverzüglich alle Schäden auszubessern. Bei näherer Untersuchung stellte es sich heraus, daß zwei seiner Schiffe, welche Masten verloren, und ein drittes, das in seiner Takelage entsetzlich zerschossen war, nicht mehr mit Sicherheit See halten konnten; ebenso waren die Mannschaften sehr mitgenommen. Der übliche Kriegs= rath, bestehend aus den Generalen Stuart und Effingham, Lord Bertie und Oberst Cornwallis, wurde zusammenberufen und erklärte derselbe einstimmig, daß er es nicht für rathsam halte, mit der so geschwächten Flotte den Kampf von Neuem mit Aussicht auf Erfolg, aufzunehmen. In Folge dieses Beschlusses segelte Admiral Byng nach Gibraltar zurück, um dort die Reparatur seiner Schiffe vornehmen zu lassen. Port Mahon fiel so den Franzosen in die Hände. Admiral Byng wurde vor ein Kriegsgericht gestellt, verurtheilt und am 14. März 1757 im Hafen von Portsmouth auf dem Linienschiff „Monarch" erschossen. Die Hauptanklage lautete: „daß er während des Kampfes nicht sein Aeußerstes gethan habe, die feindlichen Schiffe zu nehmen oder zu zerstören, und seinen eigenen Schiffen im Gefechte nicht die nöthige Unterstützung und Hülfe habe angedeihen lassen.

Das Glück begünstigte die französischen Waffen jedoch nicht lange, denn die Engländer nahmen schon 1758—1759 mehrere westindische Inseln, einen Theil von Kanada; und in Ostindien das wichtige Surato in Besitz. Gleichzeitig war es dem englischen Admiral Hawke vergönnt, die Niederlage bei Minorca durch die großen Verluste, welche er den Franzosen in der Schlacht auf der Höhe von Quiberon (Belleisle) am 20. November 1759 beibrachte, wo fast der größte Tgeil der aus 21 Linienschiffen und 3 Fregatten unter dem Marschall Conflans bestehenden französischen Flotte theils durch englische Breitseiten, und was von diesen ver= schont blieb, durch Sturm und Unwetter verloren ging, zu rächen. Von 1759—1763 verlor die französische Flotte 30 große Schiffe.

Im Juli 1759 erhielt Admiral Rodney den Befehl mit einer Flotte nebst der nöthigen Zahl Mörserbooten nach Hâvre be Grâce zu segeln, um die dort zu einer in England beabsichtigten Landung aufgestapelten Vorräthe und Fahrzeuge zu zerstören. Die Arran= gements waren englischerseits so geschickt getroffen, daß der beab= sichtigte Zweck nach 52stünbiger Beschießung schon vollständig erreicht, und Stadt und Hafen dermaßen verheert war, daß die Pläne Frank= reichs dadurch vollständig vereitelt wurden.

Seeschlacht bei Ouessant (27. Juli 1778). Eine Flotte von 32 Linienschiffen und 16 Fregatten war am 8. Juli unter Kommando des Grafen d'Orvilliers aus Brest gesegelt und traf am 23 desselben Monats nördlich von der Insel Ouessant auf eine 30 Linienschiffe, 6 Fregatten, 2 Kutter und 2 Brander starke englische Flotte unter Admiral Keppel. D'Orvilliers welcher nur 20 englische Schiffe zu treffen glaubte, beabsichtigte anfangs den Kampf nicht aufnehmen und hielt während der Nacht vom Feinde weg. Keppel hielt es dagegen gerathen, während der Nacht in Schlachtlinie zu bleiben und es dem Feinde zu überlassen den Kampf zu beginnen. Doch erst nach einer Verzögerung von mehreren Tagen, während welcher orkanartige Stürme wehten, kamen sich die Flotten so nahe, daß der Kampf unvermeidlich ward. Gegen 11 Uhr Morgens am 27. Juli griff die englische Vorhut die französische Arrièregarde in der Absicht an, die feindliche Linie zu durchbrechen und die letztere vom Gros zu trennen. Die französische Schlachtlinie war aber so eng geschlossen, daß der Durchbruch mißlang und die Engländer, nach zweistündigem Geschützkampfe arg zerschossen, von ihrem Vorhaben abstehen mußten. Die englische Schlachtlinie war durch dieses Manöver jedoch vollständig gelockert worden; ein Theil derselben lag über den andern Bug; ein anderer Theil luvwärts, so daß Admiral Keppel, da seine Signale außerdem nicht prompt ausgeführt wurden, nur 12 Schiffe in Linie bringen konnte, um den Kampf von Neuem aufzunehmen. Die Kanonade wurde jedoch, sobald sich die feindlichen Breitseiten erreichen konnten, mit Lebhaftigkeit unterhalten. Um 2 Uhr glaubte d'Orvilliers die Möglichkeit zu haben, die englische Nachhut abschneiden und doubliren zu können; er gab deshalb das Signal: eng zu schließen und zugleich zu wenden. Dies wurde aber vom Kommandeur der Avantgarde, Herzog von Chartres (Louis Philipp v. Orleans), nicht verstanden, so daß er sich erst vom Oberbefehlshaber Instruktionen einholte. Hierdurch wurde der günstige Moment der Ausführung verzögert und hatte das Manöver nicht den Erfolg, welchen man sich davon versprach. Admiral Keppel, dem die Absicht des Feindes nicht entgangen war, suchte von dieser Verzögerung Vortheil zu ziehen, halste im Contremarsch, um sich mit Uebermacht auf die Arrièregarde des Gegners zu werfen. Allein der französische Oberbefehlshaber, dessen Schiffe bessere Segler und auch nicht in der Takelage so zerschossen waren wie die Engländer, kam durch ein geschicktes Manöver der Absicht des englischen Admirals zuvor und formirte die B. B. Beimwindlinie. Auf diese Weise kamen die Flotten auseinander, so daß mit Einbruch der Nacht das Geschützfeuer verstummte. Die Engländer traten ihren Rückweg nach der Heimat an, während die Franzosen nach Brest zurückkehrten. Die Schlacht blieb für beide Theile unentschieden, führte aber zu kriegsgerichtlichen Untersuchungen sowohl über den Herzog von Chartres als über den Admiral Keppel.

Das von den Franzosen in der Schlacht von Minorca beobachtete Verfahren wurde in der Folge von ihnen in einer bedeutenden Anzahl Actionen angewendet, besonders aber in den Kämpfen gegen die englische Flotte während des amerikanischen Freiheitskrieges, so am 9. Juli 1779 bei Granada, wo der englische Admiral Byron gegen den französischen Admiral d'Estaing focht. Auch hier hielten die Engländer mit raumem Winde ab, die Vorhut engagirte sich mit der des Feindes, letzterer schoß sie arg zusammen, worauf die französische Flotte halfte. Das Schiff der Tête wurde hier von Suffren, dem s. Z. auf taktischem Gebiete bedeutendsten französischen Admirale befehligt.

Seit dem Erscheinen der von dem Schotten Clerk of Eldin entwickelten Gedanken über Seetaktik, schien man auch Seitens der englischen Seeofficiere diesem wichtigen Factor der Kriegswissenschaft mehr Beachtung zuzuwenden und war es Admiral Sir George Rodney, welcher die Principien derselben in dem nordamerikanischen Unabhängigkeitskriege zuerst gegen die französische Flotte anwendete.

Wenn, wie bekannt, die mit den Amerikanern verbündeten Franzosen den ersteren zwar keine bedeutende Truppenzahl zur Verfügung stellten, so wurde doch ein großer Theil der französischen Flotte zur Unterstützung derselben verwendet, und entspann sich auf diese Weise zwischen Frankreich und England ein Seekrieg.

Die englische Flotte war durch die langen, anhaltenden Kriege zur Zeit sehr geschwächt, die Disciplin auf derselben seit der Schlacht von Minorca nicht die beste. Während die seit Anfangs 1779 verbündeten Spanier und Franzosen 100 Segel unter denen sich 70 Linienschiffe befanden zählten, vermochten ihnen die Engländer in Europa nur 40 in nicht allzu brauchbarem Zustande befindliche Schiffe entgegenzustellen. Die letzteren konnten es daher nicht verhindern, daß im Jahre 1779 die verbündeten Flotten zeitweise eine Promenade zur See, Angesichts der britischen Küste durch den englischen Kanal unternahmen, bei welcher Herausforderung die Engländer sich nur defensiv verhalten konnten. Erfolge hatten diese Promenaden zwar nicht, denn beide verbündete Flotten kehrten unverrichteter Sache in ihre Häfen zurück.

Das erste Jahr des nordmerikanischen Unabhängigkeits-Krieges war nicht günstig für die Engländer; jedoch gestalteten sich die Verhältnisse anders, als Admiral Sir George Rodney Ende des Jahres 1779 das Ober-Kommando der westindischen Station erhielt. Die dort unter Contre-Admiral Parker stationirte Flotte bestand aus 18 Linienschiffen, welche bei seiner Ankunft durch das Flaggschiff „Sandwich" von 90 Kanonen und noch drei andere von 74 Kanonen verstärkt wurde. Zu gleicher Zeit sollten für Gibraltar, das von der Land- und Seeseite von den Spaniern und Franzosen belagert war, Verstärkungen und Proviant abgesandt werden, und hatten die Admirale Digby und Roß mit 18 Linienschiffen und einer bedeutenden Transportflotte die Ordre, mit diesem Geschwader dahin abzugehen. Sir George Rodney erhielt Befehl, als Oberbefehlshaber dieses Geschwaders zu fungiren, dasselbe nach Gibraltar zu geleiten, und dann erst nach Westindien zu segeln.

Am 29. Dezember 1779 ging Rodney mit den obigen Kriegs- und Transportschiffen von Spithead in See, stieß am 8. Januar 1780 in der Nähe von Kap Finisterrä auf eine von 15 Kriegsschiffen begleitete, nach Amerika bestimmte spanische Handelsflotte, die er, nachdem er die Begleitschiffe in die Flucht gejagt hatte, wegnahm; schlug am 16. Januar ein bei Kap St. Vincent kreuzendes spanisches Geschwader von 11 Linienschiffen und 2 Fregatten, erbeutete hierbei 4 Linienschiffe von 70 Kanonen, während 4 andere versenkt wurden resp. in die Luft flogen, und segelte dann nach Gibraltar; entsetzte dasselbe, ging am 13. Februar wieder aus der Bay und traf im März wohlbehalten in Barbados ein. Nachdem er dort den Oberbefehl über die Flotte übernommen hatte, ging er nordwärts, blockirte die französische Flotte bei Martinique und legte sich ihr am 27. März gegenüber bei Santa Lucia. Den Oberbefehl über die französischen Streitkräfte in Westindien hatte Graf Guichen, ein auf taktischem Gebiet hervorragender Führer, welcher, wie Rodney, mit einer Flotte zur Verstärkung nach Westindien gekommen war.

Am 15. April entwischte die französische Flotte unter dem Schutze der Dunkelheit mit einem bedeutenden Landungscorps, um Sanct Domingo zu besetzen. Die englische Flotte, durch ihre Fregatten

hiervon unterrichtet folgte und war Rodney am Abend des 16. April
dem Gegner so nahe gekommen, daß er die Stärke desselben genau
ermitteln konnte. Sie bestand aus 23 Linienschiffen, 4 Fregatten,
1 Lugger und 1 Kutter, überhaupt aus einer größeren Macht als
seine eigene, welche sich theilweise schon in defektem Zustande befand.
Während des ganzen Tages des 16. versuchte Rodney es zum Gefecht
zu bringen resp. die Luvseite zu gewinnen, doch vergebens.

Am 17. Morgens gegen 7 Uhr gab Rodney seinen Schiffen das
Signal: die Schlachtlinie eng zu schließen und die feindliche Arrièregarde anzugreifen. Gegen 9 Uhr hielt die englische Flotte zugleich
auf den Feind ab. Sobald der französische Admiral die Absicht des
Gegners erkannte, ließ er seine Schiffe zugleich halsen und über
St. B. wieder die Schlachtlinie formiren, so daß auf diese Weise
die Absicht Rodney's vereitelt wurde. Dieser ließ jedoch ohne Zeitverlust an den Wind luven, wendete und formirte über den gleichen Bug
ebenfalls die Schlachtlinie. Es erfolgte darauf vom englischen Admiral
das Signal: zum Nahgefecht, und ging derselbe als er sah, daß
sein Befehl nicht mit der nöthigen Präzision ausgeführt wurde,
unverweilt auf das französische Admiralschiff los, wurde aber, da das
Gros fern blieb und er bei seinen Schiffen nur wenig Unterstützung
fand, arg zusammengeschossen und außer Gefecht gesetzt, so daß beim
englischen Geschwader Lücken in der Schlachtlinie entstanden. Unbegreiflicherweise errangen die Franzosen dennoch keine Vortheile über
die Engländer, sondern entfernten sich vom Kampfplatze. Vom Flaggschiff Rodney's waren während dieses Gefechts 160 Tonnen Pulver
und 3500 Kugeln verfeuert worden. Die Indisciplin und laxe
Haltung welche sich in dieser Affaire bei den englischen Kommandanten
zur Evidenz herausgestellt hatte, gab Rodney Veranlassung, zur
Purificirung des Offiziercorps mit eiserner Hand einzugreifen. Mehrere
der Kapitäne wurden vor ein Kriegsgericht gestellt, einer derselben
kassirt, andere nach England zurückgeschickt.

Rodney selbst mußte, seiner angegriffenen Gesundheit halber
nach England zurück, avancirte im November 1781 zum Vice-
Admiral von Großbritannien und erhielt sodann wiederum den
Oberbefehl in Westindien. Am 19. Februar 1782 erreichte er
mit seinem Geschwader Barbados und trafen am 25. desselben
Monats auch die übrigen Verstärkungen unter Sir Samuel Hood
mit ihm zusammen, so daß die ihm unterstellte Flotte nun aus 36
Linienschiffen bestand. Auch die Franzosen hatten mittlerweile bedeutende

Verstärkungen herangezogen, welche unter Befehl des Admiral be Grasse etwa 36 bis 38 Linienschiffe zählten, und sich in Martinique gesammelt hatten.

Am 5. April erfuhr Admiral Rodney, daß der Feind Truppen embarquire. Sofort gab er Befehl Anker zu lichten, um die Bewegungen des Feindes zu überwachen. Am 9. April traf die britische Flotte unter Dominique mit dem französischen Convoy zusammen; es kam zwischen den Schlachtschiffen der beiden Gegner zu einer heftigen Kanonade, die aber zu keiner Entscheidung führte, nur mußten einige französische Schiffe zur Reparatur weggeschickt werden.

Seeschlacht bei den Saints (Guadeloupe). Von da ab kreuzten beide Flotten, um die Windseite der Inseln zu erreichen. Am Abend des 11. April drehte der Passat etwas nördlich. Rodney ließ SO. steuern und gab Befehl, da er mit Sicherheit annehmen durfte am andern Tage die Franzosen zu treffen, die Lichter zu löschen, und um 2 Uhr Morgens ohne Signal im Contremarsch zu wenden. Am 12. bei Tagesanbruch befand er sich soweit luvwärts vom Feinde, daß die Franzosen das Gefecht nicht vermeiden konnten. Es war leichte Brise aus Ost. Die Franzosen segelten mit B. B. Halsen; die Engländer kamen mit St. B. Halsen heran. Als der französische Admiral die englischen Schiffe mit raumem Winde auf sich abhalten sah und eine Schlacht nicht zu vermeiden war, schien sich bei ihm eine gewisse Unsicherheit geltend zu machen, die sich auch auf seine Unterbefehlshaber ausdehnte; er gab verschiedene Signale, welche jedoch entweder nicht verstanden oder unausgeführt blieben, so daß selbst die Schlachtlinie nicht eng geschlossen wurde.

Gegen 7½ Uhr Morgens war der Leiter der englischen Vorhut dem fünften Schiffe der feindlichen Avantgarde so nahe gekommen, daß ein wirksames Feuer gegen dasselbe eröffnet werden konnte. Die Unsicherheit in der französischen Oberleitung erkennend und benutzend, begnügte sich der Admiral jedoch nicht mit der bloßen Beschießung aus der Ferne, sondern segelte auf Pistolenschußweite an den Gegner heran, gefolgt von den nächsten Schiffen, und lief dann unter Abgabe eines Kugelhagels an der Leeseite der feindlichen Linie entlang, so daß bereits die Hälfte der englischen Flotte die französische Schlachtlinie passirt hatte, ehe Rodney selbst herankam. Gegen Mittag raumte der Wind. Dies benutzte Rodney um zu luven, die feindliche Linie mit dem Rest seiner Flotte beim dritten Schiff von der „Ville de Paris", das französische Centrum zu durchbrechen, und die feind=

lichen Schiffe beim Passiren durch ein verheerendes Feuer der Länge
nach zu bestreichen. Bald war die Verwirrung in der französischen
Linie allgemein; die Vorhut des Feindes hielt ab und versuchte noch
einmal die Schlachtlinie zu formiren, wurde jedoch durch das Nach-
drängen der Engländer daran verhindert. Sir Samuel Hood, der
mit seiner Division während des größten Theils des Tages in Windstille gelegen hatte, kam jetzt auch heran und half den Sieg ver-
vollständigen. Die französische Flotte wurde auf diese Weise in drei
Theile getheilt und jede Abtheilung getrennt, von den Engländern mit
Uebermacht angegriffen. Das Bestreben der französischen Admirale,
sich wieder zu vereinigen, blieb resultatlos; man hatte den Kopf
verloren und schickte sich zur Flucht an, gefolgt von den noch intakten
Schiffen Rodney's.

Die Erfolge dieser Schlacht waren die Wegnahme des französischen
Flaggschiffes „Ville de Paris" von 110, und noch fünf anderer von
74 und 64 Geschützen: ein Linienschiff von 74 Geschützen sank, ein
anderes flog in die Luft. Die Franzosen verloren außer den Schiffsbesatzungen noch etwa 3000 Mann Landungstruppen, welche sie für
Jamaica an Bord hatten, während die Engländer nur 337 Todte
und 766 Verwundete zählten.

Hervorzuheben ist, daß in diesem Gefecht von den Engländern
die Vorzüge der Theilung und der Angriff auf einzelne Abtheilungen
des Feindes mit Uebermacht nicht sowohl erkannt, als auch in
richtiger Weise ausgenutzt wurden, und diese Taktik die Engländer
zum Siege führte.

Durch ähnliches gleichzeitiges Vorgehen des französischen Admirals
Suffren, der gleichsam die Seetaktik von den Fesseln subjectiver Ansichten frei machen wollte und mit einem kühnen Sprunge die Bahn
des Schlendrians verließ, war gewissermaßen der Bann gebrochen,
der bis dahin auf dem Geist der Seeoffiziere gelastet hatte, und war
jeder Führer einer Flotte fortan bestrebt, sich durch taktische Manöver
den Sieg zu sichern.

Die englische Flotte in Toulon. Beim Beginn des Kampfes
Englands gegen die französische Republik erhielt Vice-Admiral Hood
den Oberbefehl über das Mittelmeer-Geschwader, und erschien Ende
Mai 1793 mit 19 Linienschiffen und 9 Fregatten vor Toulon; sein
Flaggschiff war die „Victory" von 120 Kanonen. — Auf der Rhede-
lagen 20 ausgerüstete und bemannte französische Linienschiffe und
6 Fregatten; im Hafen abgerüstet, 9 Linienschiffe und 2 Fregatten.

Am 27. August 1793 nahm er, mit dem spanischen Admiral Langara auf Grund eines stipulirten Vertrages, das gegen den Convent empörte Toulon in Besitz. Die Uneinigkeit der Royalisten und der Neid der Spanier hemmten jedoch die weiteren Operationen. Gedrängt von dem republikanischen Belagerungsheer durch die Energie des jungen Bonaparte, mußte die englische Flotte schon am 18. Dezember die Rhede von Toulon wieder verlassen. Admiral Hood ließ indeß vorher die Arsenale, 11 französische Linienschiffe und 9 Fregatten und Corvetten in Brand stecken; die übrigen Schiffe 2c. führte er mit fort.

Seeschlacht in der Bucht von Biscaya (47° 48′ N. B. und 18° 30′ W. L.). Am 28. Mai 1794 kreuzte eine englische Flotte unter Admiral Howe, bestehend aus 26 Linienschiffen und 6 Fregatten mit 1087 Geschützen (22976 Pf. schwer) und etwa 17240 Mann Besatzung in der Bucht von Biscaya, als eine französische Flotte unter Admiral Villarez de Joyeuse von 26 Linienschiffen und einigen Fregatten, mit 1107 Geschützen (28,126 Pf. schwer) und etwa 19990 Mann Besatzung, von Brest kommend, auf dem Kampfplatz erschien. Schon am 28. Mai kam es zum Gefecht, jedoch ohne Entscheidung, da Nebel und darauf stürmisches Wetter die Gegner trennte. Erst am 1. Juni trafen beide Flotten wieder auf einander, und war der Verlauf der Schlacht folgender: Gegen 7 Uhr Morgens lagen beide Flotten in Schlachtlinie bei frischem Winde und unruhiger See mit kleinen Segeln; die englische auf der Luvseite. Um 8 Uhr signalisirte Admiral Howe, daß er beabsichtige auf den Feind abzuhalten, das Centrum desselben anzugreifen, seine Schlachtlinie zu durchbrechen und ihn von Lee zu beschießen; die übrigen Schiffe sollten dem entsprechend handeln und auf kürzestem Wege an den Feind heranzukommen suchen und ihn angreifen. Gegen 9½ Uhr eröffnete die französische Avantgarde auf die englische Vorhut das Feuer, welches die Engländer lebhaft erwiderten. Darauf erfolgte von den englischen Admiralschiffen das Signal zum Nahgefecht (close action) und der Kampf wurde allgemein. Einige der englischen Schiffe, und unter diesen „Queen Charlotte", (Flaggschiff vom Admiral Howe) hatten bereits die Linie durchbrochen und griffen die Franzosen aus Lee heftig an, andere dagegen begnügten sich nur, aus näherer oder weiterer Entfernung ihre Breitseiten abzugeben. Als etwas nach 10 Uhr der Kampf am heißesten war, manche Schiffe schon entmastet, andere mit heruntergekommenen Stängen und Raaen dalagen und auch Admiral Howe von beiden Seiten angegriffen, nahe daran war, zu erliegen, ließ der französische Admiral, dessen Mannschaft zwar sehr decimirt, seine Takelage aber noch ziemlich gut erhalten war, Segel setzen, um mit den noch intakten Schiffen die englische Nachhut zwischen zwei Feuer zu nehmen. Gegen 11½ Uhr wurde das Geschützfeuer im Centrum geringer und Admiral Howe machte Signal, der Nachhut zu Hülfe zu eilen. Der Plan der Franzosen wurde vereitelt und gegen 1 Uhr war das Geschützfeuer fast verstummt. Die Engländer hatten 11, die Franzosen 12 vollständig entmastete Schiffe; trotzdem war aber von keinem derselben die Flagge gestrichen worden. Gegen 6 Uhr Abends war der Kampf beendet: 6 französische Schiffe blieben in den Händen der Engländer, während ein anderes „le Vengeur" sich so brav, so lange vertheidigt hatte, bis es kurz nach der Enterung durch die Engländer sank. Der Verlust der Franzosen betrug etwa 7000 Todte, Verwundete oder Gefangene; auf englischer Seite 290 Todte und 858 Verwundete. Beide Flotten kehrten nach ihren Häfen Brest resp. Portsmouth zurück. Es macht sich in dieser Schlacht auf beiden Seiten das Bestreben geltend, die Schiffe des Gegners zu isoliren und einzelne Abtheilungen mit Uebermacht anzugreifen und zu erdrücken.

Seeschlacht bei Cap St. Vincent. Durch das zwischen Frankreich und Spanien abgeschlossene Bündniß gegen England (1796) erhielt die französische Flotte eine bedeutende Verstärkung, was England zu der Maßnahme veranlaßte, die spanischen Häfen an der Südküste streng zu überwachen, um die Vereinigung der beiden Flotten möglichst zu verhindern.

Am 13. Februar 1797 war eine englische Flotte unter Admiral Jervis, bestehend aus 15 Linienschiffen (2 à 100; 3 à 98; 1 à 90; 9 à 74 und 1 à 64 Kanonen), 4 Fregatten und 2 Corvetten, auf der Höhe von Cap St. Vincent angekommen, als am Nachmittage die Fregatte Minerva (Commodore Nelson) bei demselben mit der Nachricht eintraf, daß vor zwei Tagen die spanische Flotte außerhalb der Straße von Gibraltar gesehen worden sei.

Noch vor Sonnenuntergang ließ Admiral Jervis daher seine Flotte in zwei Kolonnen formiren und gab Befehl, während der Nacht in enggeschlossener Ordnung zu bleiben, und die Schiffe schlagfertig zu halten Diese Dispositionen erwiesen sich als durchaus berechtigt, denn schon während der Nacht kamen die beiden Flotten einander so nahe, daß auf der englischen die Signalschüsse des Feindes gehört wurden. Der 14. Februar (Valentine's day), ein für die spanische Marine äußerst unglücklicher Tag, brach düster und neblig für beide Flotten an. Der Wind war westlich; die britische Flotte lag mit B. B. Halsen in zwei Kolonnen (Treffen) enggeschlossen nach Süden beim Winde steuernd. Das Cap. St. Vincent im Oz N. etwa 24 Seemeilen entfernt. Um 9 Uhr Morgens wurden vom Top des Victory (Flaggschiff von Admiral Jervis) 20 Linienschiffe gezählt, und um 11 Uhr signalisirten die englischen Fregatten zwischen S. W. und Süden 25 fremde Linienschiffe. Es waren dies die Schiffe der unter Admiral José de Cordova stehenden spanischen Flotte und zwar: 1 à 130 Kanonen, 6 à 112, 2 à 80, 18 à 74 und außerdem 12 Fregatten à 34 Kanonen, welche durch Nachlässigkeit bei Innehaltung der Marschordnung während der Nacht, jetzt in zwei Gruppen getheilt war.

Admiral Jervis hatte zwar auf eine so bedeutende Uebermacht nicht gerechnet, war aber trotzdem zur Annahme der Schlacht bereit.

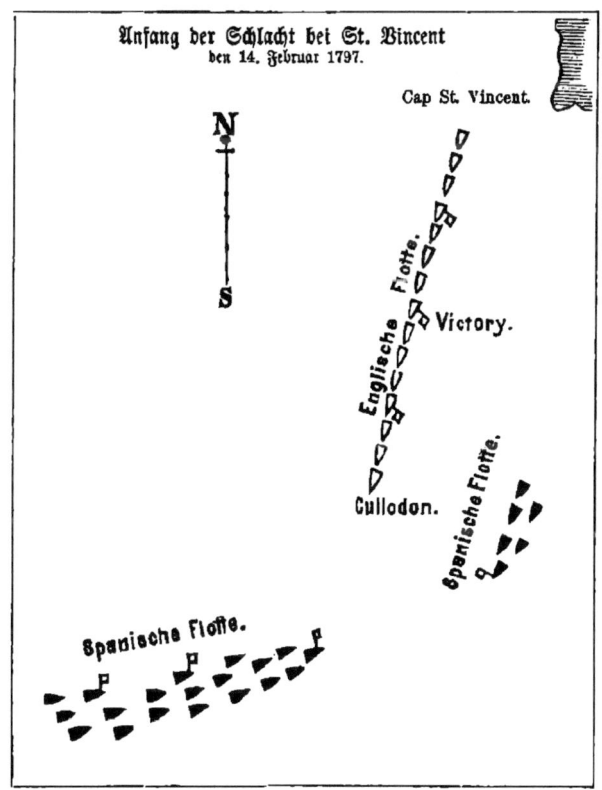

Wußte er doch, wie sehr England in diesem Augenblick eines Sieges bedürfe, und erwartete man diesen Sieg von der Sorgfalt, die er seit zwei Jahren auf seine Schiffe verwendet hatte. Er beschloß daher aus dem Fehler seines Gegners Nutzen zu ziehen und traf Anordnungen, die beiden Abtheilungen einzeln anzugreifen. Die eine im S. W. befindliche Gruppe bestand aus 19 Linienschiffen und bildete das Gros der Flotte; die andere, in Lee befindliche, zählte nur 6 Linien= schiffe. Um aber den während der Nacht begangenen Fehler wieder gut zu machen, setzten beide spanische Abtheilungen soviel Segel als möglich, (die erstere raum, die andere beim Winde mit B. B. Halsen) um eine Vereinigung zu bewerkstelligen. Admiral Jervis dagegen gab um 11 Uhr seiner Flotte den Befehl die Schlachtlinie vor und hinter seinem Flaggschiff in kürzester Frist zu formiren und S. S. W. auf die Lücke zu steuern, durch welche die beiden feindlichen Gruppen getrennt waren, die jeden Augenblick aber kleiner wurde.

Die Tête bildete der Culloden (Capt. Troubridge), welcher schon am Morgen mit 3 andern Schiffen vorausgeschickt war. Um 11¼ Uhr war die englische Vorhut der spanischen Luvflotte so nahe gekommen, daß dieselbe das Feuer eröffnete. Der spanische Admiral mußte bei seiner Annäherung an den Gegner bald erkennen, daß es ihm nicht gelingen würde, mit seinen 19 in wenig guter Ordnung (zuweilen zwei und drei nebeneinander) rangirten Schiffen vor dem englischen Geschwader vorüber zu kommen; er ließ daher in dem Augenblick mit B. B. Halsen an den Wind holen, als die Tête des englischen Geschwaders in seiner unmittelbaren Nähe war. Vor der Ausführung dieses Manövers, gelang es jedoch drei spanischen Schiffen noch vor der Tête der englischen Vorhut vorüberzukommen, und der schwächeren Leeabtheilung zuzusteuern, so daß das Gros der spanischen Flotte nunmehr aus 16 Linienschiffen bestand.

Kaum hatte Cordova diese Wendung ausführen lassen, so gab auch Jervis dem Culloden das Signal nach Norden zu wenden, welchem Manöver die übrigen englischen Schiffe bis zum Victory successive folgten. Auf dem Victory, in der Mitte seines Geschwaders, überwachte Admiral Jervis jede Bewegung des Feindes mit unruhigem Blicke. Denn die spanische Lee=Gruppe hatte die Absicht die englische Linie zu durchbrechen, noch keineswegs aufgegeben. Sie fuhr fort, unter Leitung des Flaggschiffes „Prinz von Asturien" mit Ent= schlossenheit gegen die zwischen ihr und dem spanischen Admiral einge= schobene englische Flotte vorzudringen, fand jedoch, als sie beim Victory die feindliche Schlachtlinie erreicht hatte, dieselbe eng geschlossen, und wurde von einem so wirksamen Geschützfeuer der englischen Schiffe empfangen, daß sie in der größten Verwirrung wendete und davon segelte, nachdem sie aufs Gerathewohl mit der feindlichen Arrière= garde noch einige Schüsse gewechselt hatte. Cordova sah sich auf diese Weise in die Nothwendigkeit versetzt, mit 16 Linienschiffen einen Angriff von 15 englischen auszuhalten. Die Stellung der beiden Flotten war in diesem entscheidenden Augenblick folgende: die englische Vorhut segelte in Verfolgung des spanischen Gros unter Cordova, mit B. B. Halsen. Die Schiffe des englischen Centrums mit dem Victory hatten ebenfalls dahin gewendet und folgten der Vorhut. Die Nachhut dagegen lag mit St. B. Halsen noch weiter, um mehr die Luvseite zu gewinnen, dann ebenfalls zu wenden, und dem Victory zu folgen. Der spanische Admiral beschloß, noch eine letzte Anstrengung zu versuchen, um sich mit den übrigen Schiffen seiner Flotte zu vereinigen. Seine Absicht war, zu halsen und in Lee längs der englischen Schlachtlinie zu laufen, indem er hoffte, dieses Manöver im Pulverdampfe den Blicken Jervis zu ent= ziehen und ihn zu überlisten. Schon war das Halsen ausgeführt, und steuerte Cordova bereits an der Tête auf die englische Arrière= garde los. Allein Nelson sollte das Schicksal der Schlacht dies Mal überwachen; er befand sich auf dem „Captain" von 74 Kanonen, dem dritten Schiffe der Arrièregarde, hinter ihm waren nur noch zwei Linienschiffe von 74 und 64 Kanonen, (auf dem vorletzten, dem „Excellent", war Collingwood.) Kaum sah Nelson das Manöver Cordova's, so errieth er auch dessen Absicht. Die Zeit drängte, der Augenblick war entscheidend. Ohne daher die Genehmigung des Admiral Jervis vorher einzuholen, verließ Nelson seinen Posten in der Linie, hielt ab und legte sich dem spanischen Flaggschiffe (Santissima Trinidad von 130 Kanonen) quer vor den Bug, versperrte ihm den Weg, nöthigte dasselbe umzukehren und warf es auf die englische Avant= garde zurück.

Ein Theil der englischen Vorhut hielt nun ebenfalls ab, und lief in Lee längs der spanischen Linie, um eventuell einem ähnlichen Manöver wie Nelson es bereits abgewendet hatte, vorzubeugen. Die übrigen englischen Schiffe mit dem Victory an der Spitze, doublirten Cordova's Arrièregarde und nahmen dieselbe zwischen zwei Feuer. Nelsons kühnes Manöver war somit vollständig geglückt; wurde aber durch dasselbe gleichzeitig von den übrigen Schiffen getrennt, und dem heftigen Feuer mehrerer spanischer Linienschiffe ausgesetzt. Zwar deckten ihn Culloden und andere Schiffe im Vorübersegeln, überließen ihn aber dann seinen zahlreichen Gegnern. Die Kugelvorräthe in den Batterien, durch die Schnelligkeit des Feuers erschöpft, machten ein beschwerliches Heranschaffen von Munition erforderlich. Das Feuer des „Captain" wurde dadurch langsamer und zwar in einem Augenblick, wo sich Nelson im Bereich des San Nicolas, eines 80 Kanonenschiffes, befand. Die Verwirrung, welche in der spanischen Linie herrschte, hatte 3 bis 4 Schiffe auf einen Punkt zusammen= geführt, und da sie keinen andern Gegner zu bekämpfen fanden, so richteten sie ihr Feuer gleichfalls gegen den „Captain". Nelsons Lage ward eine höchst prekäre; seine Takelage hatte während dieses Rencontres arg gelitten, seine Masten waren zerschossen, und drohten jeden Augen= blick über Bord zu gehen, etwa 80 Mann außer Gefecht gesetzt. Während die englische Vorhut unter Führung des Culloden die Spanier in Lee anzugreifen fortfuhr, bekämpfte Admiral Jervis dieselbe windwärts. Das Melée wird mit jeder Minute ärger, eine oberste Leitung schwierig, jeder englische Kapitän aber findet seinen Gegner und sucht ihn zu überwältigen. Die Tête der spanischen Linie hat bereits gegen 2 Uhr alle Segel gesetzt und scheint die von den Engländer umzingelten Schiffe preisgeben zu wollen. Noch einmal suchten die Engländer dem spanischen Admiral den Weg zu verlegen; sie segeln in die engsten Zwischenräume; es kommt zu Enterungen und ist auf beiden Seiten fast kein Schifft, welches nicht arge Beschädigung aufzuweisen hat. Um 4 Uhr zog sich die spanische Flotte, vom Gegner unbelästigt, in der Richtung nach Cadix und Algesiras zurück, während die englische zunächst nach Lagos und dann nach Lissabon steuerte, um die Havarien wieder aus= zubessern. Nelson gebührt einen Theil des Ruhmes, den die englische Flagge in dieser denkwürdige Schlacht errungen. Die spanische Flotte hatte 4 Linienschiffe verloren. Das Charakteristische dieser Schlacht und dieses Sieges ist der rasche, kühne Entschluß, mit welchem, unbeschadet der Uebermacht des Feindes, (fast 1 : 2) der englische Admiral mit 15 Linienschiffen mitten unter 25 feindliche Schiffe segelte und den Gegner angriff. Eine Stunde oder vielleicht eine halbe Stunde Ueberlegung hätte genügt, die zerstreut und un= geordnet segelnde spanische Flotte zu vereinigen, und deren Schlacht= linie so compakt zu machen, daß ein Angriff mit Aussicht auf Erfolg schwer zu unternehmen gewesen wäre. Es war, ohne Zweifel ein kühner

Entschluß, ausgeführt vom Admiral Jervis im Vertrauen auf die Tüchtigkeit seiner Offiziere und Mannschaft, und unter Berücksichtigung der wenig geschickten Leitung des Feindes, welche dem Auge eines so erfahrenen See-Offiziers nicht entgangen war. Die Wahl des Kapitän Troubridge als Leiter der Avantgarde war eine glückliche, denn dieser zögerte keinen Augenblick, die Befehle seines Vorgesetzten mit der ihm inne wohnenden Energie auszuführen. Waren aber die Spanier schon vor der Schlacht in Verwirrung, so vermehrte sich dieselbe noch in dem Augenblick, als die Absicht des englischen Admirals, die getheilten spanischen Streitkräfte einzeln anzugreifen und zu vernichten, erkannt und durchgeführt wurde. Anders wäre das Resultat allerdings gewesen, wenn die spanischen Schiffe, an Zahl sowohl als an Geschützen den Engländern überlegen, besser bemannt gewesen wären: die 60—80 Matrosen pro Schiff reichten aber lange nicht aus, die übrigen, aus geworbenen Landleuten und Soldaten bestehende Besatzung für den Seekrieg tüchtig zu machen. Die spanischen Offiziere schlugen sich brav, allein sie besaßen nicht die Mittel, die ungeübte, nicht seegewohnte Mannschaft zur Erfüllung ihrer Pflicht zu zwingen: Bei den eroberten Schiffen sollen die Engländer noch Geschütze mit eingesteckten Mundpfropfen gefunden haben. Doch, „dem Kühnen gehört die Welt", und so blieb auch Admiral Jervis der muthige, glückliche Sieger.

Seeschlacht bei Camperdown. Am 11. Oktober 1797 standen 16 englische Linienschiffe unter Admiral Duncan, welche einige Tage vorher von Yarmouth Rhede nach der niederländischen Küste abgegangen waren, 15 holländischen unter Admiral de Winter vor Camperdown, zwischen dem Texel und Rotterdam, gegenüber. Die Holländer hatten ihre Schlachtlinie noch nicht schließen können, als schon dieselbe von den Engländern durchbrochen und die Schiffe in Lee angegriffen wurden. Es war eine der blutigsten Seeschlachten, in welcher 1040 Mann auf der englischen, 1160 auf der holländischen Flotte außer Gefecht gesetzt wurden und welche mit dem vollen Siege der Engländer und der Eroberung von 8 Linienschiffen und 2 Fregatten endete. Die geringen Segeleigenschaften der holländischen Schiffe sollen hauptsächlich zu dem unglücklichen Ausgange beigetragen haben.

Die französische Marine, durch den Stolz Ludwigs XIV., durch sein tiefes Gefühl für die Größe der Nation geschaffen, vermochte, trotzdem diese königliche Hinterlassenschaft durch Gleichgiltigkeit einer schwachen Regierung theilweise zu Grunde gegangen war, dennoch unter Ludwig XVI., im Bunde mit Spanien, England zur Ein=willigung in die Emancipation des amerikanischen Festlandes zu zwingen. Großbritanniens Ansprüche auf die unbedingte Herrschaft des Meeres hatten demnach eine arge Niederlage erfahren. Diese volle Herrschaft zur See dem stolzen Albion wieder zu gewinnen, war daher die Aufgabe der englischen Regierung und sollte der Sohn eines Landpfarrers dazu berufen sein, ehe er seinen Geist aufgab, von Trafalgars Fluthen die traurigen Ueberreste der Seestreit=kräfte zweier großer Nationen verschlungen und gemeinsam unter=gehen zu sehen. Die Begebenheiten, deren unabwendbare Kette ver=hängnißvollerweise zu diesem Unglückstage führen sollten, lassen sich — nach dem Urtheile Jurien de la Gravière's — in drei verschiedene Gruppen sondern.

„Die Kämpfe der Lords Howe und Hood, der Admirale Hotham und Bridport bilden den ersten Akt dieses blutigen Dramas und reichen bis zum amerikanischen Freiheitskriege hinauf. Dies ist der Zeitraum, in welchem die französische Marine unter der unauf=hörlichen Einwirkung einer inneren Krankheit langsam zerfällt. Die zweite Periode gehört unbestritten Lord Jervis an, dem Sieger von Cap St. Vincent. (14. Februar 1797). Er beschäftigte sich zuerst angelegentlich damit, die untergrabene Mannszucht wieder herzu=stellen, das Unkraut, das durch offene Empörung auf der englischen Flotte bei Spithead zur Frucht zu reifen drohte, wieder auszurotten und der englischen Marine eine Organisation zu geben. In der dritten Periode, der trübseligsten, aber auch der glänzendsten, trugen Lord Jervis' Bemühungen ihre Früchte. Mit den Waffen, die er geschmiedet, begründete Nelson die Herrschaft des Meeres. Während dieser Periode, von 1798 bis 1805, ist die Geschichte des Siegers von Abukir auch die Geschichte der englischen Marine. Nelson selbst steht im Vordergrunde, umstrahlt von dem Ruhmesglanze, der ihm im vollsten Maaße gebührt. Große Wichtigkeit in dieser Periode be=sitzen namentlich die Schlachten bei Abukir und Trafalgar. Von diesen bietet die erstere, obwohl vielleicht die glänzendste Waffenthat Nelsons, doch weniger Interesse als Trafalgar, da die französische Flotte völlig auf die Bewegung verzichtete und dem Angreifer es überließ, seine Streitkräfte zu vertheilen."

Im Mai 1798 erhielt Contre=Admiral Nelson die Ordre: mit 2 Linienschiffen, 4 Fregatten und einer Corvette nach dem Mittel=

meere zu segeln, um an der französischen Südküste die Bewegungen der in Toulon versammelten Flotte der Republik zu beobachten. Auf dem Wege dahin wurde durch eine plötzlich sehr heftig einsetzende Böe sein Flaggschiff „Vanguard" am 20. Mai im Golfe von Lyon überrascht und verlor Fockmast, Bugspriet und Großstänge, sodaß dasselbe in den Hafen von St. Pietro (an der SW. Küste Sardinien's) geschleppt werden mußte. Während der Ausbesserung dieser Havarie war General Bonaparte auf 350 Transportschiffen mit einer Armee von 25,000 Mann von Toulon nach Aegypten unterwegs, ohne daß Nelson hiervon Kunde erhielt. Erst am 8. Juni erging an Nelson, dessen Geschwader mittlerweile um 10 Linienschiffe und eine Fregatte verstärkt worden war, der Befehl, seine Recognoscirung nach dem östlichen Theil des Mittelmeeres auszudehnen. Als er aber am 28. Juni vor Alexandrien ankam und die französische Flotte dort nicht fand, segelte er sofort wieder nach Sicilien. In der Hoffnung, die französische Flotte mit dem von Bonaparte geführten Landungs-Korps unterwegs anzutreffen, theilte Nelson seine Schiffe in drei Angriffskolonnen und traf für dieselben folgende Dispositionen: Die beiden schweren Kolonnen sollten die 13 Linienschiffe des Admiral Brueys bekämpfen, während die leichte Kolonne dazu bestimmt war, sich auf die Transportflotte zu werfen, dieselbe niederzurennen oder zu vernichten. Nelson wollte also mit ⅔ seiner Flotte die französische solange beschäftigen, bis die leichte Kolonne ihr Werk, das die Hauptaufgabe bildete, beendet hatte. Dieser Plan kam indeß nicht zur Ausführung, da ihm die französische Flotte gleichsam durch ein Wunder entging. Erst gegen Ende Juli erfuhr er in der Morea, daß dieselbe vor etwa einem Monat, einen Südost-Kurs steuernd, gesehen worden sei. Ohne Zeitverlust segelte Nelson nunmehr nach Alexandrien und sandte am 31. Juli zwei Linienschiffe zum Recognosciren voraus. Dieselben kehrten am nächsten Morgen mit der Meldung zurück, daß der Feind in der Bucht von Abukir vor Anker liege.

Seeschlacht von Trafalgar (1. August 1798) Bereits am 1. Juli hatte die französische Flotte die ägyptische Küste erreicht. Dieselbe war nachdem Bonaparte erfahren, daß englische Schiffe zwar in der Nähe gewesen, aber wieder in See gegangen seien, eiligst in den Hafen von Alexandrien gesegelt, und hatte dort die Truppen gelandet. Darauf fuhren die Linienschiffe und Fregatten nach der Bai von Abukir, landeten dort die Artillerie, und schon am 5. Juli waren die Kapitulations-Verhandlungen mit Alexandrien unterzeichnet. Die Flotte, bestehend aus den Linienschiffen: Guerrier, Conquérant, Spartiate, Aquilon, Peuple-Souverain à 74 Kanonen, Franklin 80, Heureux 74, L'Orient 120, Tonnant 80, Généreux 74, Guillaume Tell 80 Kanonen, Mercure und Timoléon à 74 Kanonen, war daselbst in obiger Reihenfolge in einer NW.= und SO.=Richtung, dicht bei der 5 Faden=Linie geankert. Ferner lagen die Fregatten Sérieuse und Artémise à 36 Kanonen, Diane und Justice à 40 Kanonen in obiger Ordnung, innerhalb der Schlachtlinie, vom Centrum nach der Arrièregarde in SOstlicher Richtung, sowie einige kleinere Fahrzeuge SW. von der Arrièregarde.

Die Seekarten waren zu jener Zeit noch sehr mangelhaft; Nelson selbst soll keine genaue Karte von der Bai gehabt haben. Das weit vorgestreckte Riff war nicht ungefährlich; der gewählte Ankerplatz nicht ungünstig.

Am 1. August Mittags erreichte die britische Flotte das Land von Alexandrien, und wurde einige Stunden später die Tricolore der französischen Schiffe von derselben mit Jubel begrüßt. Die Franzosen waren auf diese unerwartete Ankunft Nelsons nicht vorbereitet, denn von den Fregatten war nicht eine dazu verwendet worden, in See zu kreuzen, um das Erscheinen des Feindes rechtzeitig zu melden. Die Boote der Linienschiffe waren zur Er- gänzung des Wasservorraths entsendet und befanden sich mit einem Theile der Mannschaft am Lande. Wie ein Blitzschlag traf daher das überraschte französische Geschwader die Doppelmeldung: „Der Feind ist in Sicht! Der Feind nähert sich und steuert auf die Bai los!" Was war zu thun? Den Feind unter Segel zu bekämpfen? Doch nein, dieser Rath der beiden französischen Contre=Admirale Blanquet=Duchayla und Dupetit=Thouars wurde nicht acceptirt; es wird beschlossen, das englische Geschwader vor Anker zu erwarten, aus Furcht, daß es an Matrosen fehlen würde, um gleichzeitig manövriren und kämpfen zu können. Man ruft zwar die Boote zurück. Der Zustand der See, die Entfernung des Ufers und verschiedene andere Umstände verhindern sie jedoch größtentheils, ihre Schiffe schnell zu erreichen. Um die Abwesenheit einer so großen Anzahl von Kom- battanten zu ersetzen, befiehlt der Admiral den Fregatten, einen Theil ihrer Bemannung auf die Linienschiffe zu schicken. In Er- mangelung der Boote und jeden Augenblick Gegenbefehl erwartend, werden diese Anordnungen entweder gar nicht oder nur unvollständig

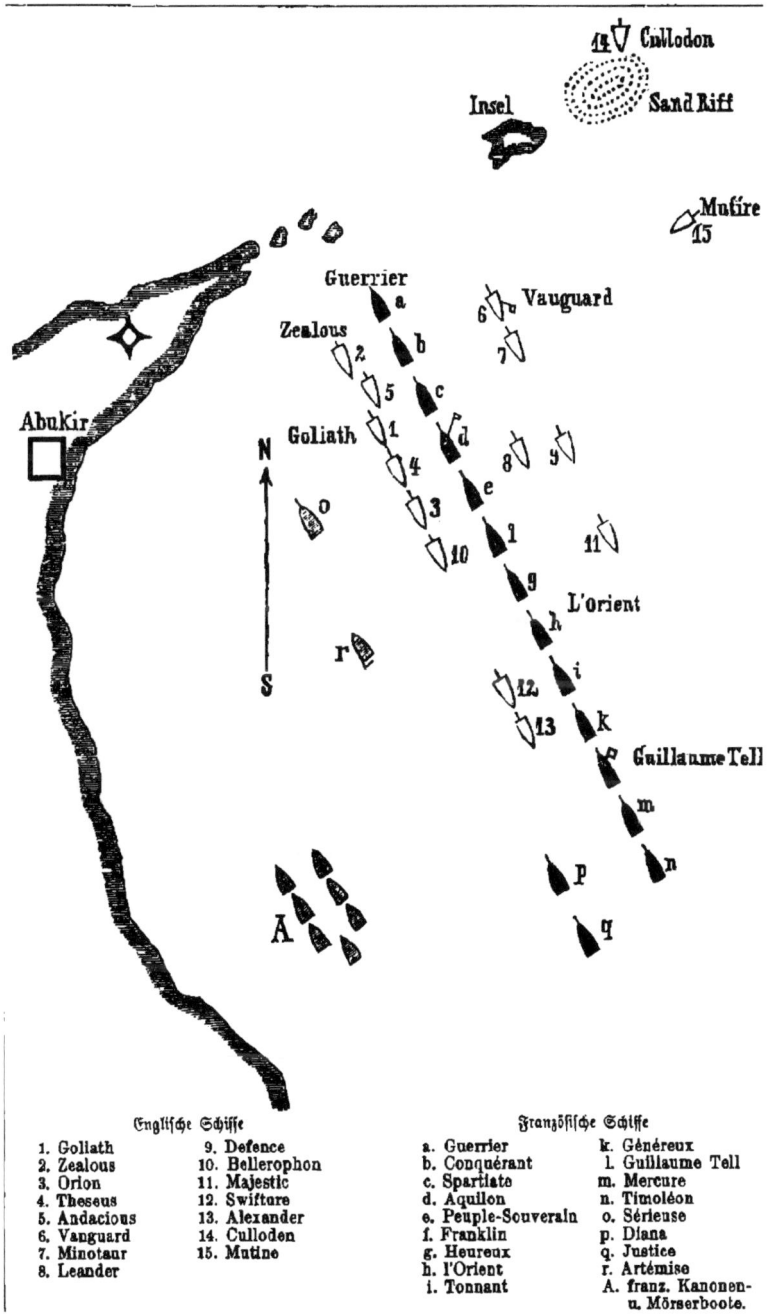

zur Ausführung gebracht. Während dieser Verwirrung kommt das englische Geschwader, bestehend aus den Linienschiffen: Goliath, Zealous, Orion, Theseus, Audacious, Vanguard, Minotaur à 74 Kanonen, Leander 50, Defence, Bellerophon, Majestic, Swifture, Alexander à 74 Kanonen, Culloden 74 Kanonen — (auf dem Riff fest gerathen) — und Korvette Mutine 14 Kanonen, mit vollen Segeln heran und läßt in seinen Bewegungen keine Unentschlossenheit blicken.

Durch frischen Nordwestwind begünstigt, ist Nelson bereits um 6 Uhr Abends am Eingang der Bai. Nun wird, um den Feind zu verleiten, auf das oben bezeichnete Riff welches die äußere Spitze der kleinen Insel von Abukir weithin verlängert, aufzulaufen, von dem französischen Admiral Bruehs eine Brigg entsandt, die auf einer flachen Stelle ankern soll. Doch Nelson erkannte die List und beauftragte das Leitschiff, um die Spitze des Riffs herumzulothen, machte gleichzeitig das Signal: die Schlachtlinie zu formiren und auf die Avantgarde des Feindes loszusteuern. Um indessen keine Minute zu verlieren und die Franzosen noch vor Anker anzugreifen, zumal da sich der Tag neigte, verzichtete er darauf, selbst die Tête zu nehmen, da sein Flaggschiff „Vanguard" das sechste war. Er befahl vielmehr den vordersten 5 Schiffen unter Beisetzung aller Segel, ohne Innehaltung der Reihenfolge, ihre Fahrt zu beschleunigen und die feindliche Vorhut von der Landseite anzugreifen. Jetzt gab auch Admiral Bruehs seinen Schiffen das Signal: zur Eröffnung des Feuers, sobald der Feind in deren Bereich kommen würde. Um 6³/₄ Uhr segelte der „Goliath" als Leitschiff der englischen Avantgarde, vor dem Guerrier vorüber, enfilirte ihn beim Passiren mit seiner ganzen B.B. Breitseite und ankerte, den erhaltenen Weisungen entsprechend, innerhalb der französischen Vorhut mit dem Heckanker um beim Aufschwingen nicht ebenfalls von den Gegnern enfilirt zu werden. Vier andere Schiffe: Zealous, Orion, Theseus, Audacious folgten dem Goliath und nahmen nach einander an B.B. des Guerrier, Conquérant, Spartiate, Aquilon und Peuple-Souverain auf Musketenschußweite Stellung, indem sie unverweilt das Feuer ihrer Breitseiten auf ihre Gegner eröffneten, so daß die Fregatte „Sèrieuse" schon nach der zweiten Lage des Orion zum Sinken gebracht wird. Aber auch die Franzosen bleiben den eisernen Gruß nicht schuldig. Nelson ist der Erste, welcher außerhalb der französischen Schlachtlinie mit dem Heckanker ankert. Auf Pistolenschußweite giebt der „Vanguard" seine Breitseiten ab, erhält aber gleichzeitig ein so heftiges Feuer vom

„Spartiate", daß ersterer nicht allein bedeutende Verluste erleidet, sondern auch Nelson selbst verwundet wird. Minotaur und Defence kommen ihm zur rechten Zeit zu Hülfe, und treten mit frischen Kräften ein.

Fünf Schiffe der französischen Avantgarde haben in diesem Augenblick das Feuer von acht englischen Schiffen gegen sich während Centrum und Arrièregarde noch keinen Schuß abgegeben haben. Bellerophon war das erste englische Schiff, welches auf den „l'Orient", (Flaggschiff des Admiral Brueys,) lossteuerte, um am Bug desselben zu ankern. Der frische Wind verhinderte aber das rechtzeitige Stoppen des Ankertaues, und so trieb er bis quer ab vom „L'Orient" und erhielt von diesem unverweilt die vollen Lagen aus 60 Geschützen. Innerhalb einer Stunde hatte er zwei Masten verloren und waren ihm 200 Mann getödtet oder außer Gefecht gesetzt. Kapitän Derby war daher genöthigt, die Ankertaue zu kappen und trieb in Folge dessen ganz aus der Bucht hinaus. Defence ankerte vor dem Minotaur und richtete sein Feuer gegen den ihm an St. B. Bug liegenden Franklin; dann folgte Majestic, der sich den Heureur als Gegner wählte, gleichzeitig aber vom L'Orient heftiges Feuer erhielt.

Gegen 8 Uhr Abends verstummte successive das Feuer der von beiden Seiten angegriffenen französischen Avantgarde und wird Jeder, der bei den alten Linienschiffen die schwache Bedienungsmannschaft der Geschütze sobald beide Seiten bemannt werden mußten, gekannt hat, dies begreiflich finden. Im Centrum dagegen war der Vortheil noch auf Seite der Franzosen. Rasch gewechselte Lagen zeigten, daß dort ein hartnäckiger Kampf stattfindet. Es ist mittlerweile dunkel geworden und Finsterniß umhüllt die Kämpfenden. Swiftsure und Alexander, die am Morgen zur Recognoscirung des Hafens von Alexandrien entsendet worden, sind noch zurück und konnten erst später in das Gefecht eingreifen. Swiftsure ankerte beim Eintreffen fast auf derselben Stelle, wo Bellerophon gelegen hatte. Erst nachdem er seine Segel festgemacht, eröffnete er das Feuer gegen den Bug des l'Orient und gegen das Achterschiff des Franklin, erhielt aber zu Anfang des Kampfes einen Schuß unterhalb der Wasserlinie, so daß die Pumpen während der ganzen Dauer des Gefechtes beständig in Thätigkeit bleiben mußten. Ihm zu Hilfe kam Alexander, der unter dem Heck des französischen Admiralschiffes vorbeisegelnd sich innerhalb der Linie, an Backbord seitwärts vom Achterschiff desselben vor Anker legte. Leander, welcher dem Culloden zu Hilfe geeilt, kehrte, als er sah, daß diesem nicht eher zu helfen sei, bis das Schiff leichter gemacht war, wieder zum Kampfplatze zurück, legte sich dem Franklin vor den Bug und eröffnete gegen diesen das Feuer. So hatte sich die ganze englische Flotte auf einen Theil der französischen geworfen und erhielt durch Doubliren die Oberhand über dieselbe. Um 9 Uhr brach am Bord des l'Orient Feuer aus, das mit einer ungeheueren Schnelligkeit um sich griff. Der französische Admiral, bereits zweifach verwundet, weigerte sich dennoch das Deck zu verlassen, bis ihm eine neue Kugel den Schmerz, das bevorstehende Unglück mit ansehen zu müssen, erspart. Um 10 Uhr verkündet eine Explosion, welche die benachbarten Schiffe erschüttert, daß l'Orient gesunken ist und wurde das Geschützfeuer überall schwächer. Die französische Avant= garde, von allen Seiten angegriffen, erliegt zuerst. Von 400 Mann sind dem Conquérant nach einer Stunde schon die Hälfte außer Gefecht gesetzt; Aquilon und Spartiate zählen 150 Todte und 350 Verwundete; Guerrier hat seine drei Masten verloren; Peuple-Souverain seine Ankertaue ge= kappt und ist aus der Linie getrieben. Im Centrum, wo die Explosion des l'Orient Schrecken und Verwirrung hervorgerufen hat, sind die Schiffe zerstreut oder vom Feinde überwältigt. Mercure und Heureux haben sich vom brennenden l'Orient entfernt und sind auf den Grund getrieben. Beim Aufgehen der Sonne sieht man den größten Theil der französischen Flotte entweder stark havarirt oder arg zerschossen. Zwar entbrennt der Kampf zwischen Tonnant, Guillaume Tell, Généreux und Timoléon auf der einen Seite und Alexander, Majestic, Theseus und Goliath auf der andern Seite von Neuem, doch hatte sich das Geschick bereits gegen die Franzosen entschieden. „Seit dem Beginn des Gefechts ist Alles dem individuellen Vermögen jedes einzelnen Schiffes überlassen gewesen." Um 11 Uhr Morgens am 2. August lichtete Contre=Admiral Villeneuve auf dem Guillaume Tell Anker, um mit den Trümmern der französischen Flotte in See zu gehen.

Von den 13 Linienschiffen und 4 Fregatten, die Nelson in der Bai von Abukir bekämpft hatte, fielen 9 in seine Hände. Die Er= oberung oder Vernichtung von 11 Linienschiffen und 2 Fregatten war für die Engländer der Lohn des Kampfes. Nelsons Hoffnung war nicht getäuscht worden. „Das wußte ich wohl," sagte er einige Monate später, „wenn ich die Avantgarde und das Centrum des französischen Geschwaders mit einem Winde, der in der Richtung ihrer

Ankerlinie weht, angreifen würde, daß ich dann meine Streitkräfte nach eigenem Belieben gegen eine kleine Zahl ihrer Schiffe concentriren könne." (de la Gravière).

Doch auch von Nelsons Schiffen war nur eins im Stande (Zealous) den fliehenden Feinden zu folgen, woraus zu ersehen ist, daß auf beiden Seiten mit großer Tapferkeit und Ausdauer selbst bis zur Verzweiflung gekämpft worden ist. Nelson hatte auf seinen Schiffen bei diesem Kampfe 218 Todte und 677 Verwundete. Das Glück hatte sich somit für Englands Waffen entschieden. Nelsons kühner Entschluß war mit Erfolg gekrönt. Fragt man sich aber: Welches Verhängniß hatte denn in dieser Unglücksnacht Villeneuve's Schiffe auf ihrem Ankerplatz festgehalten, daß sie so lange Zeit hindurch theilnahmlose Zuschauer eines unglücklichen Kampfes blieben, während das englische Geschwader die französische Schlachtlinie auf verschiedenen Stellen durchbrach und ihre Geschosse aus nächster Nähe, Verderben bringend, von beiden Seiten in die Batterien des Gegners sandten? Waren Nelsons Absichten nicht schon gegen 6¾ Uhr durchschaut? Ist nicht ein geschickter Angriff oft die beste Vertheidigung? Warum lichteten die französischen Schiffe des Centrums und der Arrièregarde nicht um 7 Uhr noch Anker oder kappten, wenn die Zeit drängte, ihre Taue und gingen unter Segel, um sich 1½ Seemeilen bis zur Tête der Avantgarde aufzukreuzen, den Culloden auf dem Riff zu zerstören und Swiftsure und Alexander vom Eingreifen in das Gefecht abzuhalten? Konnten die französischen Schiffe und besonders die leichten Schiffe besser verwendet werden? Und welchen Eindruck würde dies auf Nelson gemacht, welche Gegenmaßregeln würde er dann ergriffen haben? Sollte man da nicht etwa zu glauben geneigt sein, daß die französischen Befehlshaber bei dem plötzlichen Erscheinen der englischen Flotte den Kopf verloren hätten? Doch die Thatsachen sprechen und muß man glauben, daß der Name Nelsons, dem der Himmel ein Kampfgenie verliehen, genügte, um eine so heillose Verwirrung beim Gegner hervorzurufen.

Seeschlacht bei Kopenhagen. Die nordischen Mächte hatten, durch eine gemeinsame Beschwerde verbunden, die durch die Anmaßungen Englands schwer verletzten Interessen der Neutralen und das allzu lange mißachtete Ansehen der Seemächte zweiten Ranges unter Rußlands Schutz gestellt. Die Seestreitkräfte, welche dem obigen Bunde zur Verfügung standen, berechnete man nach den von England im Geheimen angestellten Ermittelungen: in Rußland auf 82, in Dänemark auf 23, und in Schweden auf 18 Linienschiffe. Von diesen konnten jedoch in der Wirklichkeit Rußland augenblicklich nur 20 Linienschiffe (die allerdings noch im Eise lagen), Schweden 11 und Dänemark 10 als kriegs- und kampfbereit stellen.

Zur Bekämpfung dieser Seestreitkräfte erhielt Admiral Sir Hyde Parker Ende Februar 1801 den Befehl, mit 11 Linienschiffen von 74 Kanonen, 5 von 64 und 2 von 50 Kanonen, dazu einige Fregatten, Brander, Mörserboote und Transportfahrzeuge, in Summa 53 Segel nach der Ostsee abzufahren. Die größte Eile war ihm zur Pflicht gemacht, um die Vereinigung der drei Flotten zu verhindern. Unter ihm, der seine Flagge auf der „London" gehißt hatte, stand „Nelson", der zum Vice-Admiral der blauen Flagge befördert auf dem „St. George", und Admiral Graves auf der Defiance. Am 30. März bei Tagesanbruch ließ Admiral Parker Helsingoer und Kronburg von Norden durch Granaten der Mörserboote bewerfen und benutzte einen frischen N. N. W. Wind, um mit der Flotte in Schlachtordnung bei Kronberg vorbei zu segeln, hielt sich aber, da von Helsingborg keine Beschießung seiner Schiffe erfolgte, der schwedischen Küste so nahe, daß die dänischen Geschosse von Kronburg alle zu kurz gingen. Um 12 Uhr Mittags schon ankerte die englische Flotte bei der Insel „Hveen", 16 Seemeilen nördlich von Kopenhagen. Die von den drei Admiralen sofort unternommene Recognoscirung ergab, daß die von den Dänen getroffenen Defensivmaßregeln nicht allein sehr zweck-mäßig ausgeführt waren, sondern es überhaupt schwer hielt, einen Angriffsplan ausfindig zu machen, der nicht die mit seiner Aus-führung beauftragten Schiffe den größten Gefahren aussetzte.

Nelson erklärte sich dennoch bereit, mit 10 Linienschiffen den An-griff auf Kopenhagen zu unternehmen, welches die Zustimmung des Admirals Parker erhielt, der ihm außer den geforderten noch zwei Schiffe von 50 Kanonen zur Verfügung stellte.

Den Angriff von Norden her durch das „Königstief" zu unter-nehmen, schien unausführbar und erhielt Nelson den Befehl, mit 12 Linienschiffen, 5 Fregatten, den Mörserbooten und Brandern 2c. unter Benutzung des nördlichen Windes, durch das „Mitteltief" (zwischen Saltholm und dem Mittelgrunde) bis gegenüber der Insel Amak oder Amages zu segeln und bei genannter Insel so lange zu ankern, bis ein südlicher Wind ihm gestatte, von Süden her das Königstief zu forciren. Admiral Parker sollte mit den noch übrigen 8 Linienschiffen sich nördlich vom Mittelgrunde vor Anker legen, um die Drei-Kronen-Batterie im N. O. anzugreifen, und die Schiffe Nelsons nach dem Forciren der Passage, wenn erforderlich, aufzunehmen. Die nördliche Einfahrt des „Königstiefs" war gesperrt und durch die mit dreißig 24 Pfündern und achtundbreißig 36 Pfündern, sowie mit einer 96 pfündigen Caronade armirte Drei-Kronen-Batterie, neben welcher noch zwei alte mastlose Linienschiffe lagen, vertheidigt. Von da nach Süden am westlichen Rande des Königstiefs lagen zur Deckung Kopenhagens etwa 18—20 Pontons und alte Linienschiffe hinter einander vertäut, die mit 628 Kanonen und mit 4850 Mann besetzt waren. Südlich von Kopenhagen befand sich ebenfalls eine Batterie.

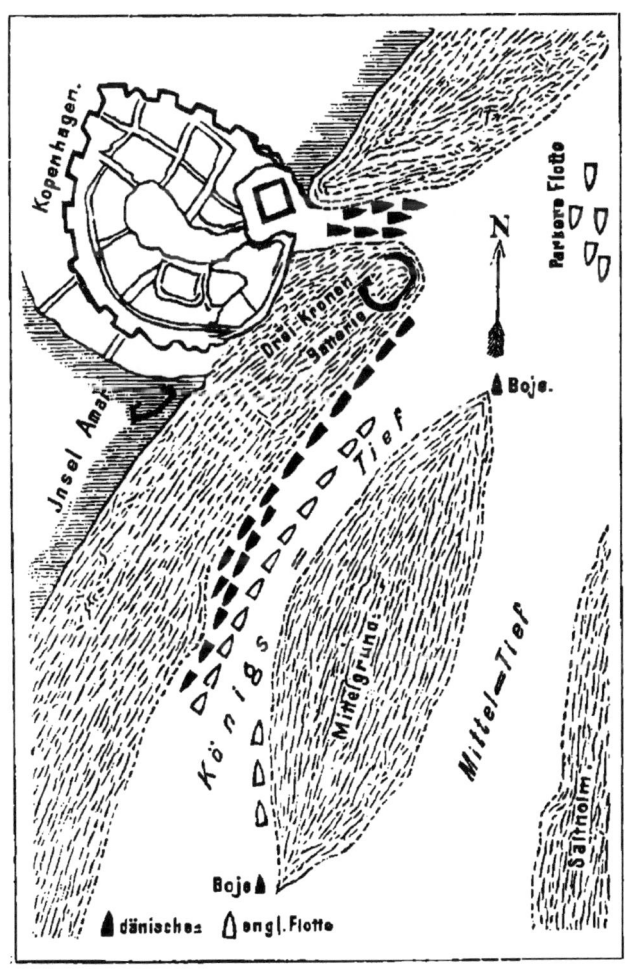

Nelson benutzte die darauf folgende Nacht dazu, in eigener Person den Rand des Mittelgrundes mit Baaken und Bojen zu bezeichnen, ohne von den Dänen, aus Mangel an Wachsamkeit daran verhindert worden zu sein. Am folgenden Tage Mittags segelte Nelsons Geschwader durch das Mitteltief und ankerte Abends ½ Meile südlich von den dänischen Vertheidigungswerken, bereit mit nächstem Winde gegen die dänische Vertheidigungslinie vorzugehen. Die darauf folgende Nacht wurde zum Auspeilen und Ausbojen des Königstiefs benutzt. Nelsons Dispositionen für den Angriff waren dahin getroffen: daß die Linienschiffe längs der dänischen Vertheidigungslinie segeln und sobald sie den Ort, der ihnen im Voraus bei jedem feindlichen Schiffe angewiesen war, erreicht hatten, mit dem Heckanker ankern sollten. Die Fregatten fanden an der Tête und am Queue der Linie Verwendung. Um 9 Uhr Morgens am 2. April steuerte Nelsons Flotte, bei südlichem Winde und starker Strömung nach Norden, in das Königstief hinein. Agamemnon, Bellona und Russel wurden durch unrichtiges Manöver von der Strömung auf den Mittelgrund getrieben, ein Unfall, welcher für die englische Flotte leicht hätte verderblich werden können. Allein Nelsons Glücksstern wachte über dieselbe denn es gelang ihm, mit seinem Schiffe ungefähr eine Kabellänge vom Danebrog, dem dänischen Flaggschiff des Admiral Fischer, zu ankern. Die Arrièregarde folgte seinem Beispiele und gegen Mittag lagen, mit Ausnahme der drei obigen, die englischen Schiffe in Schlachtordnung.

Admiral Parker war mit seinen Schiffen zwar gleichfalls am Morgen unter Segel gegangen, wurde aber durch südliche Winde und harte nach Norden setzende Strömung abgehalten, zur rechten Zeit auf dem Kampfplatze zu erscheinen, um Nelson zu unterstützen. Der Kampf begann gegen Mittag auf der ganzen Linie, und wurde Angriff sowohl als Vertheidigung mit gleicher Energie geführt. Zwar versuchte man englischerseits Brander und Mörserboote mit in das Gefecht eingreifen zu lassen, jedoch nur mit geringem Erfolge. Die Dänen fochten an diesem Tage mit heldenmüthiger Tapferkeit und Ausdauer. Das Gefecht dauerte bereits über 2 Stunden, ohne daß ihr Feuer schwächer zu werden schien. Die Engländer wurden hart bedrängt und erlitten bedeutende Verluste. Schon gab Admiral Parker das Signal zum Abbruch des Gefechts an Nelson, allein es ist bekannt, wie der Befehl von diesem Heißsporn aufgenommen wurde. „Foley" sagte Nelson zu seinem Flaggkapitän: „Sie wissen, daß ich nur ein Auge, — und daher ein Recht habe, zuweilen blind zu sein." Indem er darauf sein Fernrohr vor das Auge schob, welches er bei Calvi verloren hatte, fügte er hinzu: „ich sehe Parkers Signal nicht!" — Gleichzeitig aber befahl er, sein Signal „zum Nahekampf" wehen zu lassen und es, wenn erforderlich, an den Mast zu nageln. (James Vol. III. S. 52).

Erst gegen 2 Uhr Nachmittags schien sich die Wagschale des Glücks auf Seite der Engländer zu neigen: Die Ankertaue des dänischen Linienschiffes Sjelland, sowie anderer kleinerer Schiffe und Pontons waren weggeschossen und trieben letztere in Folge dessen auf den Strand oder wurden angezündet. Bald darauf brach auch auf dem Danebrog, das drei englische Linienschiffe gegen sich hatte, Feuer aus; die Taue wurden gekappt, es strandete, und fanden beim um sich greifenden Brande viele der Matrosen ihren Tod. Manche der dänischen Schiffe strichen die Flagge, allein die vom Lande kommende Ablösung erneuerte von denselben trotzdem wieder das Feuer. Auch die Engländer hatten viele Verluste, und Nelson sah ein, daß es ihm schwer werden würde, unter dem Feuer der Drei-Kronen-Batterie mit seinen arg zerschossenen Schiffen den nördlichen Ausgang zu erzwingen. Er benutzte daher die Wiedereröffnung des Feuers von solchen dänischen Schiffen, welche die Flagge bereits gestrichen hatten, zu einer schriftlichen Beschwerde an den Kronprinzen von Dänemark, die er unter Parlamentair-Flagge nach Kopenhagen schickte, indem er darauf hinwies, daß seine Mörserboote jetzt in der Lage wären, die Stadt mit Granaten zu bewerfen; er also aus Menschlichkeit die Stadt schonen wolle, wenn die Feindseligkeiten eingestellt würden zc. Diese von Nelson wohl überlegte Beschwerde (oder List) gelang, und führte bekanntlich zu weitern Unterhandlungen, zum Waffenstillstand und schließlich zum Frieden. Noch am Abend des 2. April und während der Nacht gelang es Nelson, seine sämmtlichen Schiffe sammt den genommenen dänischen durch die Nordpassage des Königstiefs zu dirigiren, oder was nicht transportabel war, zu zerstören, und so glücklich aus einem Mauseloche zu entkommen, welches bei ruhiger Ueberlegung der Dänen, ehe sie sich auf Unterhandlungen einließen, höchst gefährlich für ihn werden konnte.

Nach einem 4stündigen Kampfe hatten die Dänen 6 Linienschiffe, 7 Fahrzeuge von geringerer Größe und 1800 Mann auf dem Kampfplatze gelassen. Das englische Geschwader zählte 1200 Mann, die außer Gefecht gesetzt waren. Kaum hatten die Engländer früher ein so mörderisches Gefecht geliefert. Ihre Masten, ihre Segel, ihre

Takelage war zerhackt und voll Löcher, allein ihr Sieg war ein vollständiger. Das Resultat der Schlacht und der darauf folgenden Friedensbedingungen war fast der gänzliche Verlust der dänischen Flotte.

Wie kühn und verwegen diese Waffenthat Nelsons unter so schwierigen Verhältnissen auch war, und mit welcher Energie, That= kraft und Verwegenheit dieselbe von ihm durchgeführt ward, so bietet sie für die Taktik keine neuen Momente, und kann nur das Glück bewundert werden, mit welchem diese Schlacht sich zu Gunsten Nelsons wendete. Andererseits war es ein großer Fehler auf Seite der Dänen, daß, aus Mangel an Wachsamkeit derselben, es den Eng= ländern gelang, während der Nacht das Fahrwasser auszuloten und mit Marken zu versehen.

Seegefecht vor Boulogne 16. August 1801. Bonaparte hatte den Plan gefaßt, mit einer Armee nach England überzusetzen. Nach der Nordküste Frankreichs wurden Truppen dirigirt; Boulogne war der Sammelplatz, von wo aus die Expedition über den Kanal erfolgen sollte. Eine Flottille unter Admiral Latouche=Tréville lag im Hafen bereit. Diese Absicht Bonaparte's war in England nicht un= bekannt geblieben und verursachte daselbst eine Aufregung, wesentlich stärker, als man es eingestehen wollte. Man übertrug die Ver= theidigung der Südküste dem Sieger von Abukir. Doch war die öffentliche Meinung in England nicht bloß mit den Defensivmaß= regeln zufrieden; man verlangte die Offensive zu ergreifen. Die Admiralität sah sich daher genöthigt, Nelson die Weisung zugehen zu lassen, daß er den Hafen von Boulogne bombardiren solle. Ad= miral Latouche erhielt aber Nachricht von diesem Plane. Er ließ daher seine Flotille aus dem Hafen auslaufen, wo dieselbe großen Gefahren ausgesetzt gewesen wäre, und vor dem Hafendamme eine lange Schlachtlinie, die aus 6 Briggs, 2 Galleassen, 20 Kanonen= Schaluppen und einer großen Anzahl flacher Fahrzeuge bestand, formiren. Am 4. August bei Tagesanbruch traf Nelson vor Boulogne ein und ließ seine Mörserboote vor der französischen Linie ankern. Er hoffte, die feindliche Flotille werde, um dem Angriff zu ent= gehen, wieder in den Hafen flüchten, und beabsichtigte dann in der folgenden Nacht, gegen die dort eng zusammengedrängte Menge von Fahrzeugen seine Brander in Wirksamkeit treten, und dieselben mit der Fluth in den Hafen dirigiren zu lassen. Gegen 9 Uhr Morgens begann das Bombardement, jedoch blieb dasselbe ohne Erfolg, denn die englischen Geschosse waren wenig wirksam und vermochten die französische Linie nicht zu erschüttern.

Am 15. August machte Nelson einen zweiten Versuch, indem er seine 57 Fahrzeuge in vier Abtheilungen theilte, und sie unter die Befehle der Kapitäne Sommerville, Parker, Cotgrave und Jones stellte. Der Verlust seines Armes hinderte ihn, an der Expedition persönlich thätigen Antheil zu nehmen. Jeder dieser Abtheilungen waren Boote zugetheilt, welche den Auftrag hatten, sich an die Fahrzeuge, welche man angreifen wollte, heranzuschleichen, ihnen die Ankertaue zu kappen; sodann ein Tau mit einem Haken an Bord zu werfen und zu versuchen, sie aus der Linie herauszuschleppen. Sobald dies geschehen, sollten sie von anderen Booten angegriffen und genommen werden. Jedes Boot war außerdem mit Brandkugeln 2c. versehen, um event. die feindlichen Fahrzeuge anzuzünden. Um 10¹/₂ Uhr wurden die Boote bemannt, und erfolgte der Angriff der englischen Abtheilung an vier verschiedenen Punkten. Doch waren die französischen Schiffe nicht unvorbereitet; sie hatten ihre Enternetze ausgeholt, und dahinter standen die mit Gewehren und Enterpiken bewaffneten Leute. Auf allen vier Punkten wurde der Angriff unter ziemlich bedeutenden Verlusten zurückgeschlagen, und fiel dies Gefecht Mann gegen Mann dennoch gänzlich zum Vortheil der Franzosen aus. Es kostete den Engländern 170 Offiziere und Leute, die außer Gefecht gesetzt worden, und machte jenseits des Kanals einen tiefen Eindruck. Dies war die zweite Schlappe solcher Art (Teneriffe), welche Nelson erlitt, und trug dazu bei, das Kabinet von St. James zum Abschluß des Friedens von Amiens (25. März 1802) gefügiger zu machen.

Von größerem Interesse in taktischer Beziehung als die Schlachten bei Abukir und Kopenhagen ist:

Die Seeschlacht von Trafalgar 21. Oktober 1805. Nelson war am 29. September auf der Victory[1]) vor Cadix eingetroffen. Seine Schiffe blieben etwa 15 Seemeilen von der Rhede entfernt, während die im Hafen liegende französisch-spanische Flotte durch das vom Admiral Louis befehligte Beobachtungs-Geschwader streng bewacht,

---

[1]) Nelson nahm beim Abgange von England außer seinen nothwendigen Effekten auch den Sarg mit an Bord, welcher aus einem Stücke des großen Mastes des bei Abukir verbrannten französischen Schiffes „L'Orient" gemacht und ihm vom Kapitän Hallowell vom Swiftfure zum Geschenk gemacht war.

und jede Bewegung der feindlichen Flotte an Nelson sofort gemeldet wurde. Sobald die aus England erwarteten Verstärkungen zum Geschwader Nelson's gestoßen, und er den Entschluß zu einem Ent= scheidungskampfe mit der französisch=spanischen Flotte gefaßt hatte, erließ Nelson am 18. Oktober den ewig denkwürdigen Geschwader= Befehl (cfr. James Bol. III. Seite 381 und 382), welcher in der Annahme, daß die kombinirte französisch=spanische Flotte aus 46, seine eigene aus 40 Linienschiffen bestehen werde, etwa in Folgendem gipfelt: Von dem Gedanken ausgehend, daß eine so große Flotte schwer zu handhaben sei, und Manöver mit derselben lange Zeit erforderten, bestimmte er, daß die Segelordnung (Marsch= ordnung) zugleich Schlachtordnung sein solle, damit dem Feinde durch event. vorzunehmende Evolutionen keine Zeit gegeben würde, auszu= weichen. Er war ferner der Ueberzeugung, daß ein Flottenführer nicht im Stande sei, eine so große Zahl von Schiffen zu übersehen. Es sollten daher 3 Kolonnen formirt werden: zwei zu je 16 Schiffen, die dritte aus den 8 schnellsten Zweideckern bestehend, so daß, wenn erforderlich, durch Vereinigung der letzteren mit einer der Kolonnen von 16 Schiffen, eine Schlachtlinie von 24 Schiffen in kürzester Zeit formirt werden könnte. Die Führer der beiden andern Kolonnen sollten in ihren Bewegungen durchaus selbstständig sein und nur den Intentionen Nelsons entsprechen. Doch müßten sie darauf achten, daß die Schlachtlinien, soweit es die Umstände zuließen, möglichst ge= schlossen blieben. Auch den einzelnen Kommandanten legte er dies letztere ans Herz, mit dem Hinzufügen, daß in solchen Fällen, wo sie die Signale nicht erkennen, oder deutlich verstehen konnten, kein Kapitän falsch handeln würde, wenn er sein Schiff längsseit eines feindlichen lege. Würde der Feind leewärts in Sicht kommen, so sollten die drei Kolonnen außerhalb Kanonenschußweite bis quer ab vom feindlichen Centrum vorgehen, dann abhalten, die letzten 12 Schiffe des Feindes abschneiden und vernichten. Nelson behielt sich vor, die feindliche Linie im Centrum mit seinem Flaggschiffe zu durchbrechen, um sich mit deren Oberbefehlshaber zu messen, während die dritte Kolonne drei oder vier Schiffe vor dem Centrum gleichfalls ein Durchbrechen der Linie des Gegners forciren sollte, um dessen Avantgarde zu isoliren, oder es ihr zu überlassen, zu halsen und sich am Kampfe zu betheiligen. Weitere Direktiven von Bedeutung gab Nelson nicht. Es sollten die übrigen Schiffe den Rest des Feindes

nur aufhalten und beschäftigen, damit die anderen in ihrem Zerstörungs=
werk nicht gehindert würden.

Der obige Befehl, welcher vielfach commentirt worden, wird
häufig als die vollendeteste Darlegung der Seetaktik, als das
militärische Testament des glorreichsten Admiral Altenglands ge=
priesen; und dennoch werden wir finden, welche bedeutende Aenderungen
Nelsons aufbrausende Hitze und die in einem Seekampf nie vorher
zusehenden Umstände, bei der Ausführung eintreten ließ.   Die obige
Taktik wurde zwar in der Schlacht von Trafalgar befolgt; da die
Zahl der englischen Schiffe aber geringer als 40 war, statt der
der beabsichtigten drei, nur zwei Kolonnen gebildet.

Auch auf der französisch=spanischen Flotte bereitete man sich zum
Kampfe vor. Nach den mannigfachen Berathungen der Befehlshaber,
kam der französische Admiral Villeneuve schließlich zu dem Ent=
schluß, die alte Schlachtordnung beizubehalten, und richtete an sein
Geschwader dem entsprechend die folgende kurze Ordre: „Alle Be=
mühungen unserer Linienschiffe müssen darauf gerichtet sein, den an=
gegriffenen Schiffen zu Hilfe zu eilen und sich dem Admiralschiffe zu
nähern, das ihnen dabei als Muster dienen wird.   Der Befehlshaber
eines Schiffes muß sich weit mehr seinen Muth und seine Liebe zum
Ruhme, als die Signale des Admirals zur Richtschnur dienen lassen,
denn für diesen, der selbst am Gefecht Theil nimmt, und von Rauch
umhüllt ist, wird das Signalisiren vielleicht schwierig .   Jeder
Kapitän, der nicht im Gefecht wäre, würde nicht auf seinem Posten
sein . . und ein Signal, um ihn dahin zurückzurufen, würde eine
entehrende Schmach für ihn bilden." 2c. 2c.

Auf diese Weise rüstete man sich auf beiden Seiten zu dem blutigen
Tagewerk von Trafalgar. Am 20. Oktober war der französische
Admiral Villeneuve mit der combinirten Flotte in See gegangen, um
möglicherweise die Scharte von Abukir wieder auszuwetzen.

Nelson erhielt durch seine den Hafen von Cadix bewachende
Fregatte sofort Meldung hiervon, und traf seine Anordnungen.

Der folgende Tag, der 21. Oktober, fand beide Geschwader
auf der Höhe des Caps Trafalgar. Als der Morgen graute,
konnte man vom Deck des Victory die feindliche Flotte in einer
Entfernung von 8—10 Seemeilen sehen; sie war über B. B. in
Schlachtordnung rangirt und stand südwärts; der Wind war WNW.,
bei leichter Brise aber bewegter See. Die verbündete Flotte, be=
stehend aus 18 französischen und 15 spanischen Linienschiffen von

74—130 Kanonen, 4 Fregatten und 2 Briggs, war bemüht, die während der Nacht in Unordnung gerathene Schlachtlinie zu schließen resp. zu corrigiren. Um 8 Uhr wendete dieselbe, und lag mit B. B. Halsen nach dem Lande zu.

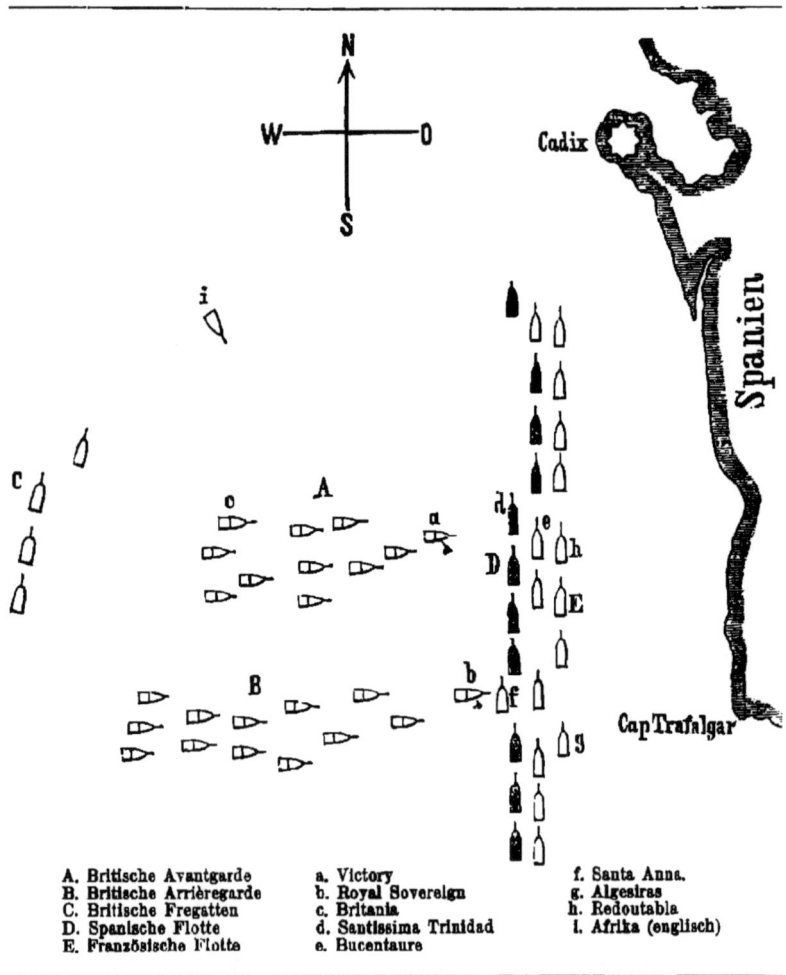

A. Britische Avantgarde
B. Britische Arrièregarde
C. Britische Fregatten
D. Spanische Flotte
E. Französische Flotte

a. Victory
b. Royal Sovereign
c. Britania
d. Santissima Trinidad
e. Bucentaure

f. Santa Anna.
g. Algesiras
h. Redoutabla
i. Afrika (englisch)

Sie befand sich, obgleich sie etwa eine Strecke von 5—6 See-meilen einnahm und durch leichte Winde und hohe Dünung in ihren Bewegungen theils gehemmt ward, dennoch in verhältnißmäßig besserer Position, als Nelson angenommen hatte, nämlich nicht in langer Kiellinie, sondern in theils doppelter, theils dreifacher Kolonnenformation, halbwinds auf Cadix zusteuernd, um den Hafen für event. Fälle in Lee zu haben. 10 Linienschiffe unter Admiral Dumanoir bildeten die Avantgarde; 10 Linienschiffe die zu weit nach Lee gekommen waren, eine zweite Kolonne oder Schlachtlinie leewärts von der ersteren. Die Santissima Trinidad mit 130 Kanonen segelte vor dem französischen Admiralschiff „Bucentaure", mit der Flagge Villeneuve's, der Redoutable hinter demselben, und der Neptun in Lee der Schlachtlinie zwischen den beiden oben genannten Schiffen. Auf diese Gruppe folgte ein weiter Zwischenraum, den 3 leewärts getriebene Linienschiffe einnehmen sollten. Er bildete eine bereits offene Bresche in diesem schwimmenden Wall. Die Santa Anna von 112 Kanonen mit der Flagge des Admiral Alava, befand sich an der Spitze dieser zweiten Abtheilung.

Die englische Flotte aus 27 Linienschiffen und 4 Fregatten bestehend, steuerte in zwei Kolonnen mit Leesegeln an beiden Seiten auf den Feind zu. Der „Victory" an der Spitze der ersten, der „Royal Sovereign", gleich dem Victory ein Linienschiff von 100 Kanonen mit dem Vice-Admiral Collingwood, segelte an der Spitze der zweiten Kolonne. Um 11³/₄ Uhr signalisirte Nelson „die Flotte solle sich bereit halten, noch vor Anbruch der Nacht zu ankern." Kurz darauf folgte das telegraphische Signal an Collingwood „ich habe die Absicht, quer durch die feindliche Avantgarde zu segeln, um sie am Einlaufen bei Cadix zu verhindern. Schneiden Sie beim zwölften Linienschiff, von hinten an gerechnet, die Arrièregarde ab." Der Schluß war das berühmte Signal „England erwartet, daß Jeder seine Pflicht thut". — Um 12 Uhr Mittags hißten die Engländer die weiße Nationalflagge, während die Franzosen die Tricolore, und die Spanier die Flagge beider Sicilien und unter derselben ein langes hölzernes Kreuz aufzogen. Die alliirten Flotten lagen in dieser Zeit in einer unregelmäßigen Curve etwa von Nord nach Süd rangirt, und steuerten mit B. B. Halsen beim Winde. Cap Trafalgar lag im OSO. 21 Seemeilen entfernt. Das Signal zum Angriff erfolgte vom französischen Oberbefehlshaber; der erste Kanonenschuß vom französischen Linienschiff „Fougueux" gegen den „Royal Sovereign", und gleich darauf ein Rollfeuer. Collingwood, ohne einen Schuß zu erwidern, setzte seinen Cours fort, bis er beim zwölften Schiffe der Arrièregarde vom Queue gerechnet, die Linie durchbrach, und in diesem Augenblick seine mit Doppelkugeln geladene Breitseite die Decks der „Santa Anna" enfilirte, wodurch

400 Mann des Gegners außer Gefecht gesetzt wurden. Kurz darauf durchbrach auch Nelson beim zehnten Schiff der Avantgarde die Linie, so daß 11 dazwischenliegende Schiffe vorläufig dem Kampfe fern blieben. Als sich der Victory dem französischen Admiralschiff Bucentaure näherte, drängte sich Redoutable zwischen beide, legte sich gegen das Hinter= schiff des Victory, und eröffnete ein lebhaftes Feuer. Zu gleicher Zeit nähert sich die Santissima Trinidad, und richtet in Verbindung mit dem Bucentaure, ihr Feuer gleichfalls gegen den Victory, so daß Nelson von 3 Gegnern umgeben ist. Es war 1 Uhr Nachmittags, als 50 Geschütze des Victory, die mit doppelten Kugeln geladen sind, das Heck des Bucentaure zerschmettern, ihm 20 Geschütze demontiren, und seine Batterien mit Todten und Verwundeten füllen. Langsam segelt der Victory durch die bereits von ihm durchbrochene feindliche Schlachtlinie, und empfängt ein mörderisches Feuer vom „Neptun" ohne es zu erwidern. Nachdem der Bucentaure kampfunfähig ge= worden, sein Feuer eingestellt hat, richtete Victory seine Geschütze wieder gegen Redoutable; beide treiben zusammen, und jetzt entspinnt sich ein wüthender Kampf aus nächster Nähe. Aus den Marsen, sowie aus den Batterien, wird das Feuer mit gleicher Hartnäckigkeit erwidert und in wenigen Minuten liegen die beiderseitigen Decks voller Leichen. Mitten im Pulverdampf und unter dem Hagel von Musketen= kugeln ertheilen Nelson und sein Kapitän vom Achterdeck ihre Befehle, als plötzlich der Admiral wankt, und von einer Musketenkugel aus dem Kreuz=Mars des Redoutable tödlich getroffen, niedersinkt.

Mittlerweile hatte Collingwood bei der Arrièregarde 15 Minuten hindurch allein gekämpft, denn der Wind war fast still geworden und die übrigen Schiffe konnten nicht sobald an den Feind herankommen. Nach ihm brach zunächst „Belleisle" hinter der Santa Anna durch die feindliche Linie, dann folgten 3 andere englische Schiffe; hinter diesen bahnten sich Bellerophon, Achilles und Colossus den Weg durch dieselbe, gefolgt von 3 anderen, während 5 englische Linienschiffe nach Süden abhielten, die Arrièregarde des Feindes umsegeln und sie zwischen zwei Feuer nahmen. In diesem Theile der Schlachtlinie ist das Gefecht bereits allgemein geworden, während bei der Avantgarde und im Centrum noch einzeln gekämpft wird; denn diese, vom französischen Admiral Dumanoir befehligten Schiffe sind noch nicht angegriffen. Die successive heran= segelnden Schiffe der ersten englischen (Nelsons) Kolonne werden von den französischen aus der Ferne beschossen. Der Redoutable ist noch mit dem Victory im heftigsten Kampf begriffen. Auf dem Oberdeck des letzteren ist fast kein Mann mehr kampffähig; schon bereitet man sich auf dem Redoutable zur Enterung vor und ist eben im Begriff, in Massen auf das englische Admiralschiff überzugehen, als plötzlich eine furchtbare Lage von Kanonen= und Kartätschkugeln das Deck des Redoutable bestreicht. Der Temeraire hatte die Schlachtlinie durch= brochen und sich vor den Bug desselben gelegt. Seine erste Lage hatte 200 Mann niedergestreckt; einen Theil seiner Geschütze demontirt,, den Großmast weggeschossen, und als darauf noch zwei andere Gegner auf ihn eindringen, ist jede weitere Gegenwehr vergebens. Um 2 Uhr ergiebt sich der Kommandant des Redoutable, nachdem 522 Mann außer Gefecht gesetzt sind. Durch die abgeschossenen Masten und das herabgefallene Takelwerk, welche auf die zusammen= liegenden Schiffe theilweise gefallen sind, bilden Redoutable, Victory und Temeraire ein Knäul und treiben zusammen auf die Arrière= garde zu, wo sie mit dem französischen Schiffe Fougueux zusammen= kommen, und diesem, nach verzweifeltem Kampfe, die Flagge nieder= holen. In demselben Augenblick ergiebt sich „Santa Anna" dem tapfern Collingwood, nachdem ihr sämmtliche Masten abgeschossen sind. Dies war der erste Sieg, welcher bei der Arrièregarde gewonnen wurde. Das englische Schiff „Belleisle" muß, vereinzelt unter die fran= zösischen Schiffe gerathen, das Feuer dreier derselben aushalten; es verliert dabei alle drei Masten und ist fast unter seinem Tauwerk begraben, dennoch führt es am Stumpf des Besanmastes seine Flagge, ist aber bald auf dem Punkte, genommen zu werden, als plötzlich drei seiner Kameraden die Franzosen so heftig beschießen, daß sie vom Entern abstehen müssen, und ihn so aus seiner gefahrvollen Lage retten.

Luvwärts von diesen Schiffen wüthet zwischen den englischen Schiffen Mars und Tonnant, und den französischen Pluton und Algesiras ein furchtbarer Kampf, in welchem letzteres, nachdem der Admiral Mahon und der größte Theil seiner Besatzung todt oder verwundet, und alle 3 Masten weggeschossen sind, genommen wird. In der Nähe dieses Kampfplatzes geräth das französische Linienschiff Achille in Brand und fliegt in die Luft.

Schon lange vor dieser entsetzlichen Katastrophe ist die franzö= sische Arrièregarde vollständig in Unordnung gerathen; überall durch= brochen, ist sie nur noch ein von britischen Schiffen umzingeltes Ge= wirre. 7 französische und 5 spanische Schiffe haben bereits unter=

liegen, andererseits aber 10 englische Schiffe diesen Sieg mit entsetz=
lichem Menschenverlust erkaufen müssen.

Fast unlenksam treibt ein großer Theil der Schiffe zwischen den
Besiegten umher, während sich noch eine gewaltige Reserve der
Engländer dem Kampfplatz nähert. In Collingwood's Kolonne
allein besteht diese Reserve aus 6 völlig unversehrten Schiffen; diese
wenden sich nun auf allen Punkten gegen die Arrièregarde. Eine
letzte Gruppe von französischen und spanischen Schiffen hat sich um
den Admiral Gravina gesammelt, um den Kampf mit dieser feind=
lichen Reserve aufzunehmen, aber auch in dieser muß das spanische
Schiff „San Ildefonso" seine Flagge streichen. Endlich wird Gravina
im „Principe de Asturias" aus der Schlachtlinie geschleppt und giebt
seinen Schiffen kurz darauf das Signal „sich um ihn zu sammeln",
um mit 7 andern seinen Cours nach Cadix zu nehmen.

Bei der französischen Avantgarde war der Kampf noch nicht
entbrannt, da die Schiffe durch die eingetretene Windstille weit vom
Kampfplatz geblieben waren, und finden dieselben, als sie endlich das
Schlachtfeld erreichen, statt erschöpfter, thatkräftige Gegner zu ihrem
Empfange bereit. Die 10 Schiffe dieser Vorhut theilen sich in zwei
Abtheilungen, eine sucht sich der Schlachtlinie luvwärts zu nähern,
die andere steuert auf den Bucentaure los. Hier werden sie von vier
englischen Schiffen empfangen, welche letztere soeben zwei spanische
Schiffe in die Flucht gejagt haben, während der „San Augustino" von
ihnen geentert und genommen wird. In diesem Augenblick sind auch
„Bucentaure" und „Santissima Trinidad" völlig kampfunfähig, so daß
der französische Admiral Villeneuve jetzt dem Schicksal weichen muß, und
sich dem englischen Linienschiff „Conqueror" ergiebt. Nelson auf seinem
Sterbelager hört den Jubelruf, mit welchem seine Mannschaft diesen
Moment begrüßt und giebt, nachdem ihm der Sieg der englischen
Flagge gemeldet und er die Nachricht erhalten, daß keins seiner
Schiffe die Flagge gestrichen hat, bald darauf seinen Geist auf.

Von den 33 Schiffen der vereinigten Flotten, die noch am
Morgen den britischen Schiffen den Kampf angeboten hatten, waren
11 auf der Flucht nach Cadix, 4 folgten dem französischen Admiral
Dumanoir seewärts; 18 hatten, von Kugeln durchlöchert, den Eng=
ländern unterliegen müssen. Dies war zwar ein bedeutender Erfolg,
allein die Früchte desselben konnten jeden Augenblick den Siegern
unter den Füßen wegsinken. Achille war bereits gesunken, Redoutable
dem Sinken nahe. 8 Schiffe waren vollständig entmastet, 8 andere

kampfunfähig. Aber auch 8 der englischen Schiffe hatten ebenso ge=
litten und waren kaum noch lenkbar, 6 andere hatten theils Masten
oder Raaen verloren, fast allen aber war die Takelage und Segel
so arg zerschossen, daß sie theilweise momentan kampfunfähig waren:
jedoch gehörte der Sieg den Engländern. Ihr Verlust betrug
1690 Todte und Verwundete.

Der von Nelson in Aussicht genommene Schlachtplan, kam im
Allgemeinen seinen Ansichten entsprechend zur Durchführung, indem
12 Schiffe abgetrennt wurden und Nelson sich vor dem Centrum
befand. Ebenso war der Verlauf der Schlacht. Wie bei Abukir
die Nachhut, so kam hier die Vorhut nicht mehr wirksam ins
Gefecht. Der Führer der letzteren wendete erst, als die Schlacht bereits
einen für die Engländer günstigen Verlauf genommen hatte, und
blieb auch dann noch weit von der Schlachtlinie ab.

Nelsons Genie bestand darin, daß er die Schwäche seiner Gegner
erkannte; das Geheimniß seiner Siege beruhte darauf, daß er die
Feinde angriff. Bei gleichgeübten Flotten eine so exzentrische Taktik
befolgen zu wollen, wie sie aus Nelsons Beispielen noch mehr als
aus seinen Vorschriften zu entnehmen ist, würde zu einer, wie man
wohl zu behaupten berechtigt sein darf, ganz sichern Niederlage ge=
führt haben. Aber Nelsons Fehler schlugen sämmtlich zu seinem
Vortheil aus. Die Linienschiffe, welche er umzingeln ließ, oder ver=
einzelt auf dem Kampfplatz erschienen, vermochten allerdings das
Feuer einer weniger gut bedienten Artillerie auszuhalten, ohne allzu
sehr darunter zu leiden. Dagegen gewährten ihm die Linienschiffe,
welche er hinter sich zurückließ und denen jeder Windwechsel die
Theilnahme am Kampfe hätte event. unmöglich machen können, eine
starke unerwartete Reserve. Nelson war, — wie Jurien de la
Gravière sagt, — weit mehr dazu geschaffen, das Glück durch seine
Kühnheit zu erobern, als es durch seine Dispositionen zu fesseln.
Er nahm die französischen Geschwader gleichsam mit dem Bajonett
und war also der Suwarow, nicht aber, wie behauptet worden ist,
der Bonaparte des Meeres[1]).

Dieser glänzende Sieg beendete für eine lange Zeit die See=
kriege, denn mit Trafalgar schließen die großen Actionen ab, keine
größere französische oder spanische Flotte wagte mehr der englischen
entgegen zu treten, denn Navarin ist wegen der großen Ungleichheit

---

[1]) Stehe Nelson und seine Seekriege von Jurien de la Gravière.

der verschiedenen Seestreitkräfte nicht in Betracht zu ziehen. Napoleon wandte sich in Folge jener unerwarteten Niederlagen ab von dem einzigen Kampfplatze, wo das Glück ihm untreu war. Trotzdem hörte die Thätigkeit in den französischen Arsenalen keineswegs auf, sondern verdoppelte sich vielmehr, so daß Frankreichs Seemacht im Jahre 1815 noch immer 103 Linienschiffe und 55 Fregatten zählte; und im März 1817 machte der Marine-Minister der Kammer die Mittheilung, daß Frankreich noch 68 Linienschiffe, 38 Fregatten und 271 Kriegsfahrzeuge verschiedener Größe besitze.

Achtunddreißigstes Kapitel.

Die russische Marine von ihrer Entstehung bis zur Schlacht von Navarin (20. Oktober 1827).

Die ältesten Bewohner Rußlands sind, soweit die historischen Forschungen zurückgehen, die Scythen und die Sarmaten, nomadische Stämme, welche die von Herodot beschriebenen Gegenden zwischen Don und Dniepr bewohnten. Schon zu den Zeiten der Griechen und Römer drangen sie bis an die Grenzen der letzteren vor und schon vor Cyrus beunruhigten sie vorzüglich Vorderasien durch ihre häufigen Einfälle. Strabo und Tacitus heben aus diesen Stämmen die Roxolanen heraus, ein scythisches Volk in Sarmatien, welches die südlichen Theile des heutigen Rußlands westlich vom Don bewohnten, mit welchem die Griechen in Handelsverbindungen traten und dort auch einige Kolonien und Handelsemporien anlegten. Im 2. Jahrhundert n. Chr. zogen von der Ostsee her die Gothen in die Gegenden vom Don bis an die Donau. Im 6. Jahrhundert n. Chr. kamen die Chazaren in die Länder zwischen Wolga und dem Don, rückten nach und nach bis an die Donau, eroberten die Krim und standen dadurch mit den Byzantinern in Verbindung. Im nördlichen Rußland wohnten die Tschuden, scythisch-finnische Völker. Alle diese Stämme führten ein nomadisches Hirten- oder Jägerleben. Erst später gelangten einige derselben dadurch, daß sie in ehemalige römische Provinzen rückten oder mit den Byzantinern in Verbindung traten, zu einiger Bildung. Im 7. Jahrhundert wurde der Norden Rußlands durch Skandinavier oder warägische Normänner, gemischt mit Slawen, welche mitten unter finniſchen Völkern auftauchten, bevölkert, und kann der Urſprung des Reichs bis dahin zurückgeführt werden. Als Begründer derſelben wird Rurik, ein Waräger (regierte bis 879 n. Chr.) genannt, welcher 864 ſeinen Herrſcherſitz in Nowgorod aufſchlug.

Im 9. Jahrhundert eroberten jene Wäringer die heutigen Gegenden von Reval, Petersburg und Archangel, wo damals ein den Warägern wahrſcheinlich ſtammverwandtes, nordiſch=gothiſches Volk, die Ruſſen, deren Namen zuerſt in dieſem Jahrhundert auf= taucht, wohnten.

Oleg, Ruriks Nachfolger, war gleichfalls warägiſchen Ur= ſprungs und erhob Kiew zu ſeiner Reſidenz. Er gründete Städte, leitete Handelsverbindungen ein und gab dem jungen Reiche Geſetze. Unter ihm brandſchatzten und plünderten die als Piraten berüchtigten Waräger auf ihren Expeditionen in der Oſtſee alle diejenigen Küſten= bewohner, welche nicht die Kraft oder den Muth hatten, ſie mit den Waffen in der Hand zurückzuweiſen. Oleg ſelbſt unternahm einen Zug gegen Conſtantinopel und fuhr auf 2000 kleinen Fahrzeugen von der Mündung des Dniepr mit 80000 Mann nach dem Bos= porus hinüber. Zwar erreichte er im Juni 941 mit dieſer Flottille ſein Ziel, beſiegte auch die ſich ihm entgegenſtellenden griechiſchen Schiffe, nahm Conſtantinopel und verheerte daſſelbe; dennoch war die ganze Expedition ohne weſentlichen Erfolg.

Wir glaubten die obigen geſchichtlichen Daten hier vorausſchicken zu müſſen, um darzuthun, daß die Ruſſen ſchon lange vor der Gründung Petersburg's, ſowohl im Süden als im Norden des Reiches, kriegeriſche Expeditionen zur See unternommen haben, und daher mit Recht hieraus gefolgert werden muß, daß ihr Seeweſen ſich mit dem der ihnen benachbarten Völker in gleicher Weiſe ent= wickelt hat.

Die jetzige Dynaſtie gelangte 1613 am 21. Februar mit dem 17jährigen Jüngling Michael, Feodorowitſch Romanow auf den Thron Rußlands. Er ſtarb 1645.

Peter I., der Große, Zar von Rußland (1682—1725), der Schöpfer von Rußland's Größe und eine der eminenteſten Herrſcher= naturen aller Zeiten, war der Begründer der ruſſiſchen Marine. Er ſcheute ſich nicht ins Ausland zu gehen und unter dem Namen Peter Michaelof in Holland den Schiffbau praktiſch zu erlernen. Nach Rußland zurückgekehrt, ſuchte er den Handelsverkehr nach der

Ostsee und dem schwarzen Meere zu kultiviren, ließ in Holland und England Kriegsschiffe bauen; vertrieb 1696 die Türken aus Südrußland, und zwang die Festung Asow zur Uebergabe. Während der Regierung Peters gehörte Apraxin (geb. 1671) seit 1700 zu den wichtigsten und einflußreichsten Persönlichkeiten. Zum General-Admiral befördert, wurde er der eigentliche Schöpfer der russischen Flotte. 1703 wurde, um den Lieblingsplan des Zaren die Gründung einer Hafen- und Handelsstadt ins Leben zu rufen, der Grund zur Festung „Petersburg" gelegt, die Peter I. sich bald zur bleibenden Residenz erkor. Im Kriege mit Karl XII. wurde durch die Schlacht von Pultawa (8. Juli 1709) die Macht Schwedens un-schädlich gemacht. Schon 1711 eroberte Peter unter Apraxin: Riga, Wiborg, Pernau und Reval und gelangte 1721 durch den Frieden von Nystadt in den Besitz von ganz Livland und Karelien.

In Kronstadt schuf er Werften und Marine-Etablissements; auf dem Don und den Werften von Woronesch wurden Flottillen erbaut. Beim Tode Peters bestand die russische Flotte aus 30 größeren Schiffen und einer starken Ruderflottille, von denen erstere größten-theils in Holland und England angekauft waren.

Katharina II. (1762—1796) that gleichfalls außerordentlich viel für die Vermehrung der Seemacht. 1791 bestand die russische Flotte in der Ostsee aus: 52 Linienschiffen, 50 Fregatten, Corvetten 2c., und einer zahlreichen Scheerenflotte. Im schwarzen Meere befanden sich 33 Linienschiffe, 95 Fregatten, Corvetten 2c. nebst einer Ruder-flottille von 224 Kanonenbooten.[1]

Im Jahre 1827 war der russische Flottenbestand: 32 Linien-schiffe, 25 Fregatten, 25 schwimmende Batterien, 87 Corvetten, Briggs, Kutter 2c.., 20 Galeeren, 45 kleinere Fahrzeuge und 121 Kanonenboote mit 5824 Kanonen, 32000 Matrosen, 8268 See-soldaten und 4460 See-Artilleristen.

Seeschlacht bei den Alands-Inseln. Am 15. Juli 1714 lichtete eine russische Flotte unter dem General-Admiral Apraxin in Kron-stadt Anker, um sich mit der schwedischen zu messen. Sie bestand aus 30 Schiffen von 80 Kanonen und 100 Fahrzeugen geringerer Größe. Der Zar Peter befehligte als Contre-Admiral einen Theil

---

[1] Nach Capefigue: „L'Europe pendant la Revolution" (T. III. p. 56) besaß Rußland 1793: 67 Linienschiffe, 36 Fregatten und 700 kleinere Fahrzeuge, zusammen 803 Schiffe und Fahrzeuge mit 9000 Kanonen und 21000 Mann Be-satzung (cfr. v. Kronenfels schwimmendes Flottenmaterial).

derselben. In der Gegend der Alands-Inseln, deren Besitzergreifung Rußlands Kaiser bereits ins Auge gefaßt hatte, traf sie mit einer schwedischen Flotte unter Ehrenskiöld zusammen. Trotzdem die letztere kaum ⅔ so stark war als die russische, kam es dennoch zur Schlacht, in welcher die Schweden, ungeachtet der numerischen Ueber= legenheit des Feindes, die äußerste Gegenwehr leisteten und tapfer dreinschlugen. Dennoch mußten sie schließlich unterliegen. Zar Peter steuerte auf das Flaggschiff des schwedischen Oberbefehlshabers los, griff dasselbe an, nahm es nach hartnäckigem Kampfe und führte es nach Beendigung der Schlacht und dem Rückzuge der schwedischen Flotte mit drei andern, einer Fregatte und 6 Galeeren, im Triumph nach Kronstadt und Petersburg.

Seetreffen bei Tschesme. Im Jahre 1768 wurde General Orlow, welcher einen Operationsplan für die Flotte in den Gewässern des griechischen Archipels gegen die Türken entworfen hatte, von Katharina II. zum General=Admiral der russischen Seemacht im schwarzen Meere, mit unumschränkter Vollmacht, befördert. Als solcher erfocht er mit Spiridow und den in der russischen Marine angestellten Engländern Elphinstone und Greigh am 5. Juli 1770 einen vollständigen Sieg über die ottomanische Flotte bei Tschesme, der Insel Chios gegenüber. Angriff sowohl als Vertheidigung wurde auf beiden Seiten mit gleicher Energie geführt und flogen während des Kampfes zwei Admiralschiffe in die Luft; dennoch wurden die Ungläubigen zum Rückzuge in die Bucht von Tschesme gezwungen. Während der darauf folgenden Nacht gelang es den Russen, eine Anzahl ihrer Brander unbemerkt in die Reihen der eng zusammen= liegenden türkischen Schiffe zu dirigiren und dieselben anzuzünden, so daß beim Anblick derselben die Verwirrung unter den Türken eine unbeschreibliche, das Entkommen aber unmöglich war, und ihre sämmtlichen Schiffe ein Raub der Flammen wurden.

Seetreffen bei Bornholm. Am 30. Mai 1789 lief eine aus 21 Linienschiffen bestehende schwedische Flotte unter Befehl des Herzogs von Südermannland aus Carlscrona und stieß am 26. Juni bei Bornholm auf eine russische unter dem Prinzen von Nassau= Siegen. Es kam zur Schlacht, in welcher auf beiden Seiten mit gleichem Muthe, mit gleicher Hingebung gekämpft wurde, doch blieb der Sieg unentschieden, da die Nacht die Gegner trennte. Die Schweden hatten aber am nächsten Morgen den Kampfplatz ge=

räumt, und sich nach Carlscrona zurückgezogen, so daß es scheint, als wären sie aus der Schlacht nicht als Sieger hervorgegangen.

Während der Jahre 1790—1793 bildete der Golf von Finnland das Hauptkriegstheater im Norden. Cederström zerstörte die Magazine bei Baltischport; der Herzog von Südermannland lief am 30. April 1790 mit 23 Linienschiffen, 16 Fregatten und mehreren kleinern Schiffen, im Ganzen 52 Segel, aus Carlscrona und griff am 14. Mai zehn russische Schiffe, die bei Reval unter dem Schutz der Landbatterien lagen, an. Das Unternehmen verlief für die Schweden jedoch ungünstig, denn sie verloren dabei 3 Schiffe, von denen eins dem Feinde in die Hände fiel.

Seeschlacht bei Frederikshaven. Gustav III. von Schweden (1771—1792) übernahm hierauf selbst das Kommando über eine aus 19 Linienschiffen, 27 Galeeren und 236 Kanonenbooten bestehenden Flotte mit etwa 200 Geschützen und einem Landungs-Corps. Am 15. Mai 1790 griff er eine russische Scheerenflotte unter dem Prinzen von Nassau-Siegen bei Frederikshaven an, nahm oder zerstörte 30 Fahrzeuge und zwang den Gegner, sich in den Hafen zurückzuziehen. Darauf landete er seine Truppen etwa 10 Meilen von Petersburg, während seine Flotte vor Wiborg ankerte. Der Herzog von Südermannland befand sich nach dem mißglückten Angriff von Reval mit seinen Schiffen auf der Fahrt nach Wiborg, um sich mit der Flotte des Königs zu vereinigen, als er am 3. Juni von einer aus Kronstadt kommenden russischen Flotte von 17 Linienschiffen und 7 Fregatten unter Admiral Kruse angegriffen wurde. Es kam während des 3. 4. und 5. Juni zu einer heftigen Kanonade zwischen den beiderseitigen Schiffen, jedoch blieb dieselbe ohne Erfolg, bis es am 6. Juni einer aus Reval kommenden russischen Flotte von 13 Linienschiffen und 11 Fregatten gelang, sich mit der unter Kruse stehenden zu vereinigen, und die Schweden sich vor der Uebermacht nach Wiborg zurückziehen mußten.

Der Operationsplan Gustav's wurde hierdurch vollständig vereitelt, da die ganze schwedische Flotte nun im Golf von Wiborg von der russischen eng blockirt war, so daß dem Könige, als sich auf den Schiffen auch Mangel an Lebensmitteln einstellte, nur übrig blieb, sich entweder zu ergeben oder auf jede Gefahr hin, die feindliche Blockade zu durchbrechen und sich durchzuschlagen. Gustav wählte das letztere; aber nur mit den schwersten Verlusten gelang der Durchbruch. Einen frischen günstigen Wind benutzend, wurden am 3. Juli von den Schweden 4 Brander vor die vom Admiral Tſchichakoff befehligte ruſſiſche Flotte geſchleppt, angezündet und ſo auf die feindlichen Schiffe los gelaſſen. Die durch die Annäherung der Brander unter den Ruſſen entſtehende Verwirrung benutzend, ſuchte König Guſtav alsdann, mit günſtigem Winde die Blockade zu brechen und die freie Bewegung wieder zu erlangen. Dies gelang doch nur theilweiſe, denn er wurde von den Ruſſen verfolgt und verlor faſt ¹/₉ ſeiner Flotte (7 Linienſchiffe, 3 Fregatten und 5000 Mann.) Der Herzog von Südermannland zog ſich mit ſeinen Schiffen nach Sweaborg, König Guſtav nach Swenskaſunde zurück. Der blutige Sieg der Scheerenflotte am 9. Juli bei Swenskaſunde über den Prinzen von Naſſau-Siegen führte zum Frieden von Werela am Kymeneflluſſe (14 Auguſt 1790).

Seeſchlacht bei Navarino. (20. Oktober 1827.). Seit zehn Jahren waren die Beſtrebungen der Griechen darauf gerichtet, das Joch der Türken abzuſchütteln, und Europa war Zeuge dieſes Kampfes ohne zu interveniren. Endlich vereinigten im Jahre 1827 England, Rußland und Frankreich ihre Flotten zu Gunſten der Hellenen unter dem Oberbefehl des engliſchen Vice-Admirals Sir Edward Codrington. Die Verletzung des Waffenſtillſtandes und die wenig würdige Haltung Ibrahim Paſcha's, ſowohl den Griechen als den verbündeten Flottenbefehlshabern gegenüber, veranlaßte Admiral Codrington mit den alliirten Geſchwadern in die Bucht von Navarino zu ſegeln, wo die kombinirte türkiſch-ägyptiſche Flotte unter Ibrahim Paſcha in einer Stärke von 3 Linienſchiffen, 15 Fregatten, 18 Corvetten und einer großen Anzahl kleiner Schiffe hufeiſenförmig hinter der Inſel Sphagia oder Sphakteria vor Anker lag.

Das engliſche Geſchwader zählte 3 Linienſchiffe, 4 Fregatten und 4 kleinere Fahrzeuge; das ruſſiſche unter Admiral Graf von Heyden 4 Linienſchiffe und 4 Fregatten; das franzöſiſche unter Admiral Chevalier de Rigny 4 Linienſchiffe, 1 Fregatte und ein kleineres Fahrzeug. Die alliirten Flotten hatten 1324, die kombinirte türkiſche 2240 Kanonen an Bord.

Es war am 20. Oktober 1827, einem ſchönen klaren Tage, als die vereinigten Flotten mit friſchem weſtlichen Winde in die Bucht von Navarino hineinſtanden. Admiral Codrington hatte ſeine Diſpoſitionen ſo getroffen, daß die Segelordnung gleichzeitig die Schlachtordnung war, das engliſche und franzöſiſche Geſchwader die St. B. Kolonne, das ruſſiſche die B. B. Kolonne bildete.

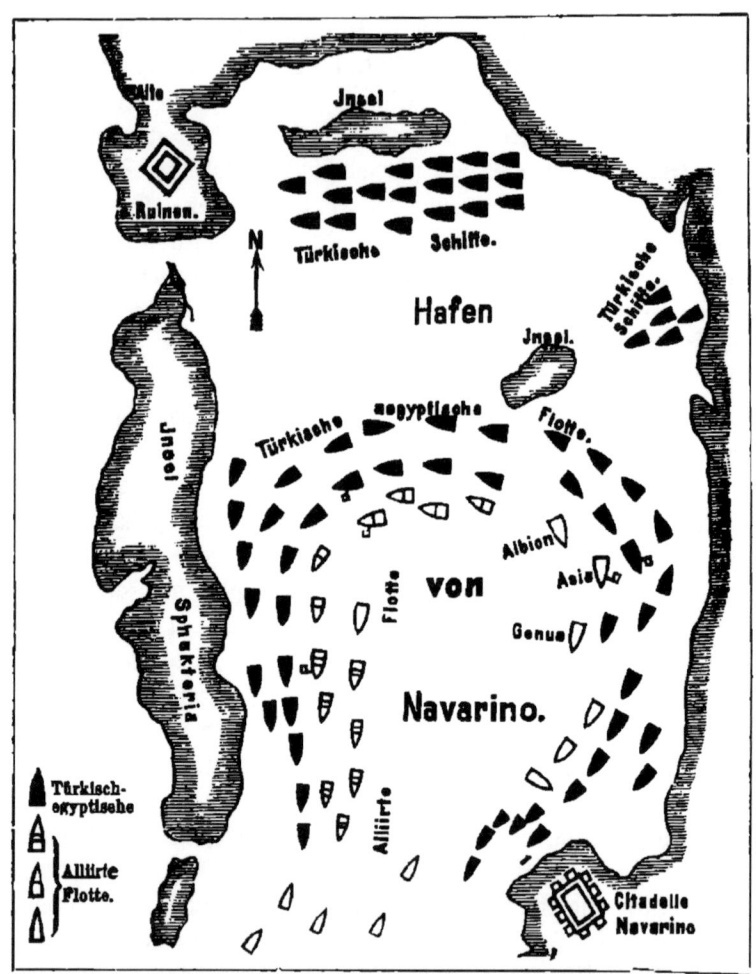

Sämmtliche Schiffe hatten gefechtsklar gemacht; die „Asia", das Flaggschiff des Oberbefehlshabers, war Leiter, gefolgt von den Linienschiffen „Genua" und „Albion". Alle drei legten sich dem Flaggschiffe Ibrahim Pascha's und zwei anderen türkischen Linienschiffen gegenüber vor Anker. Den 4 Schiffen der ägyptischen Flotte gegenüber ankerte das französische; westlich in der Bucht das russische Geschwader. Die französische Fregatte „Armide" sollte sich an den westlichen Eingang der Bucht legen, die englische Fregatte Dartmouth mit den Briggs Rose, Mosquito, Brisk und Philomel endlich die 6 Brander, welche am Eingange der Bay lagen, überwachen. Die allirten Geschwader hatten den gemessensten Befehl, unter keiner Bedingung den ersten Schuß zu feuern, vielmehr die Eröffnung der Feindseligkeiten durch die Türken abzuwarten.

Die türkischen Schiffe waren durchaus nicht unvorbereitet; sie hatten bei der Annäherung der Alliirten ihre Schiffe auf Spring gelegt, und dieselben gefechtsbereit gemacht.

Während Cobrington mit der Flotte einlief und die einzelnen Schiffe im Begriff waren ihre resp. Ankerplätze einzunehmen, wurde von der Citadelle ein Boot an ihn mit der Erklärung entsendet: „daß Ibrahim Pascha den fremden Flotten bis jetzt noch keine Erlaubniß zum Einsegeln ertheilt habe, und er den Admiral auffordern lasse, wieder in See zu gehen." — Sir Edward ließ Ibrahim Pascha darauf erwidern: „er wäre nicht hierher gekommen, Befehle zu empfangen, sondern nur solche zu ertheilen, und sollte von den Türken auch nur ein Schuß gegen die vereinigten Flotten abgefeuert werden, so würde er die ganze türkische Flotte vernichten." Inzwischen hatten die Geschwader ihre Ankerplätze eingenommen, die Segel festgemacht, und schien das Ganze einen friedlichen Charakter annehmen zu wollen, als plötzlich eins der Boote der „Dartmouth", welches mit dem Auftrage an die Türken abgeschickt war, die Brander weiter von der Flotte entfernen zu lassen, von einem türkischen Schiffe Gewehrfeuer erhielt und der Offizier sowohl als die Bootsbesatzung verwundet wurde. Gleichzeitig eröffneten die Türken auch gegen die „Sirène" das Feuer und schossen derselben das Ankertau weg. Dies war das Signal zum allgemeinen Geschützkampf, welcher nun auf beiden Seiten mit der größten Erbitterung geführt wurde, bis er nach anhaltender vierstündiger Kanonade, etwa um 5 Uhr Nachmittags, mit der vollständigen Vernichtung der türkisch=aegyptischen Flotte endete. Die „Asia" hatte bald nach Eröffnung des Kampfes das Feuer des türkischen Flaggschiffes zum Schweigen gebracht, und den Admiral zum Streichen seiner Flagge gezwungen. Von den übrigen türkischen Schiffen war jedes fast zum Wrack geworden, denn schon während des Kampfes hatten sich die Mannschaften durch Schwimmen zu retten gesucht, so daß der Widerstand nur äußerst gering war; manche lagen versenkt, andere waren verbrannt oder auf den Strand gelaufen. Auch die Brander traten in Thätigkeit und wurden von den Türken mit vielem Geschick gegen die feindlichen Schiffe dirigirt, ohne jedoch denselben nennenswerthen Schaden zuzufügen. Der Verlust der Alliirten

20*

betrug 177 Todte und 469 Verwundete; der der Ungläubigen dagegen 1109 Todte und 3000 Verwundete.

Eine bestimmte Taktik ist in dieser Aktion nicht ersichtlich; die ganze Schlacht bildet vielmehr eine große Zahl Artillerie=Duelle, welche zum Nachtheil der wenig ausgebildeten und nur höchst mangel= haft armirten türkisch=ägyptischen Flotte endeten.

Neununddreißigstes Kapitel.

Bemerkungen über den amerikanischen Anabhängigkeits-Krieg.
(1812—1815.)

Die mannigfachen Härten in der Verwaltung, die Beschrän= kungen welche die Engländer dem Handel ihrer nordamerikanischen Kolonien auferlegten, und besonders das Pressen der Matrosen auf amerikanischen Schiffen, führte im Jahre 1812 zum offenen Kriege zwischen dem Mutterlande und den Kolonien, welcher den auf= blühenden Wohlstand der Vereinigten Staaten außerordentlich stören sollte. Schon im Juli 1812 erschien der Admiral Hope mit einem britischen Geschwader, um die Küsten Amerika's zu blockiren. Die Amerikaner vermochten dem Feinde nur wenige Kriegsschiffe entgegenzustellen, rüsteten aber eine Menge schnellsegelnder Handels= schiffe als Kaper aus, die mit außerordentlichem Glück und Kühn= heit die britischen Handelsflotten schädigten.

Als daher, wie de la Gravière sagt: „der Kongreß der Ver= einigten Staaten 1812 den Engländern den Krieg erklärte, hatte es zwar den Anschein, daß dieser ungleiche Kampf die nordamerikanische Seemacht in der Geburt ersticken werde, und doch sind die Vereinigten Staaten gerade damals in die Reihe der Seemächte eingetreten." Zwar waren es keine großen Seeschlachten, in welchen sich nur un= gleiche Kräfte hätten messen können, sondern nur Einzelgefechte zwischen Fregatten, Corvetten und Briggs, die hinsichtlich ihrer materiellen Ergebnisse allerdings keine Bedeutung hatten, allein sie waren hinreichend, den Zauber zu brechen, welcher bisher die britische Flagge umgab. Sie lehrten Europa die Wahrheit kennen, daß zur See nur gute Seeleute den Sieg erringen, nur seegewohnte Geschützkommandeure und Geschützbedienungsmannschaften bei be=

wegtem Meere ihre Geschosse sicher in die Batterien ihres Gegners senden und denselben kampfunfähig machen können. Der atlantische Ocean war mit englischen Kreuzern bedeckt, als eine bis dahin unbekannte Flotte, aus 6 Fregatten und einigen fast gar nicht beachteten Fahrzeugen bestehend, im Mittelpunkte der englischen Macht, am Eingange des Kanals zu kreuzen begann. Aber schon hatte die amerikanische Fregatte „Constitution" die englischen Fregatten „Guerriere nnd Java genommen; die „United States" hatten sich der Macedonienne, die „Wasp" der Frolic, die „Hornet" der Peacock bemächtigt. England fühlte sich gedemüthigt, und suchte die vielfachen Niederlagen die es erlitt, der ungewöhnlichen Größe der Schiffe zuzuschreiben, die der Kongreß im Jahre 1799 hatte erbauen lassen. Es versagte ihnen den Namen Fregatten und nannte sie „verkleidete Linienschiffe". Seitdem haben alle Seemächte jene riesigen Modelle nachbilden lassen, und dieser Krieg hatte zur Folge, daß auch England seine Flotte reformirte. Die amerikanischen Fregatten vermochten allerdings durch eine einzige Breitseite gegen 800 Pfund Eisen zu schleudern, während die englischen nur 500 Pfund schossen; sie hatten auch eine um beinahe $\frac{1}{3}$ stärkere Bemannung als die von ihnen genommenen Fahrzeuge; ihre Tragkraft war größer, ihre Seitenwände waren dicker. Nichtsdestoweniger vermag jedoch nur ihre Schnelligkeit im Schießen, ihre Sicherheit im Treffen den Unterschied zwischen den beiderseitigen Verlusten zu erklären. In dem oben erwähnten Gefechte zwischen Guerriere und Constitution am 19. August 1812, welches kaum eine halbe Stunde währte, wurde erstere vollständig entmastet, hatte 15 Todte und 63 Verwundete, und war von mehr als 30 Kugeln unter der Wasserlinie getroffen. Zwölf Stunden nach dem Gefecht sank sie. Constitution hatte dagegen nur 7 Todte und 7 Verwundete, verlor auch nicht einen Mast, und war, selbst nach dem Eingeständniß der Engländer, schon nach wenigen Stunden der Ausbesserung ihrer Havarien in der Takelage, wieder im Stande es mit einer andern Fregatte aufzunehmen. Die „United States" brauchte $1\frac{1}{2}$ Stunden zur Bewältigung der englischen Fregatte „Macedonienne" und zwischen den Beschädigungen, welche beide Schiffe erlitten, waltete etwa dasselbe Verhältniß ob. Der letzteren waren die Masten zum Theil weggeschossen, 2 Geschütze in der Batterie und sämmtliche Oberdecks-Geschütze demontirt. Ueber 100 Geschosse hatten den Rumpf getroffen und über $\frac{1}{3}$ der Besatzung war todt oder verwundet. Die „United

States" dagegen zählte nur 5 Todte und 7 Verwundete. Sie hatte
76 Schuß aus jedem Geschütz gethan, ihr Gegner dagegen nur 36.
Das Gefecht zwischen der „Java" und „Constitution" dauerte
2 Stunden und war das blutigste unter diesen drei Fregatten=Duellen.
Die „Java" strich ihre Flagge erst nachdem sie wie ein Blockschiff
rasirt war und 22 Todte und 102 Verwundete zählte. Die „Consti=
tution" verlor weder Masten noch Raaen, ihr wurden nur 9 Mann
getödtet und 25 verwundet.

Während der ganzen Dauer dieses Krieges schossen die Amerikaner
ebenso sicher als schnell. Selbst bei bewegter See blieb die Wirkung
ihrer Geschütze ebenso mörderisch, wie unter gewöhnlichen Umständen.
Die Korvette „Wasp" war bei sehr hoher See unter nur kleinen
Segeln mit der englischen Brigg „Frolic" im Kampf, und dennoch
fanden die Amerikaner 40 Minuten nach Beginn des Gefechtes, als
beide Schiffe zusammenstießen und sie die Brigg enterten, unter den
Todten und Verwundeten nur einen unverwundete Matrosen, der das
Ruder nicht verlassen hatte, und 3 Offiziere, die blutbedeckt den
Siegern ihre Degen vor die Füße warfen. Von der 92 Köpfe
zählenden Besatzung des „Frolic" waren 58 todt oder verwundet.
Beide Masten derselben fielen wenige Minuten nach Streichung der
Flagge über Bord.

Die Geschicklichkeit der Kanoniere war übrigens nicht der einzige
Vorzug, dem die Amerikaner ihren Erfolg zu verdanken hatten. Ihre
Schiffe segelten vortrefflich; ihre Mannschaft, die aus erlesenen Leuten
bestand, war gut geschult; ihre Kapitäns besaßen praktische Kenntnisse,
welche nur durch die Erfahrung auf See zu erwerben sind und ma=
növrirten vorzüglich, so daß es nicht Wunder nehmen kann, die
durch 4 englische Fregatten vier Tage lang verfolgte „Constitution"
glücklich entkommen zu sehen, weil sie ihre Verfolger im Manövriren
u. f. w. übertraf. Nur ein Gefecht schlug in diesem höchst ungleichen
Kampfe zu Gunsten der englischen Waffen aus. Die amerikanische
Fregatte „Chesapeake" wurde durch die englische Fregatte „Shannon"
binnen 15 Minuten genommen. Ohne aber den Ruhm dieses Ge=
fechtes, das ganz den Charakter eines ritterlichen Zweikampfes trug,
im Geringsten verkleinern zu wollen, liefert die Wegnahme der
„Chesapeake" einen neuen Beweis, daß mit gut armirten und bemannten
Schiffen, wenn sie durch eine Indiensthaltung von mehreren Jahren
die Weihe empfangen haben, das Möglichste zu erreichen ist. In
diesem Kampfe standen sich zwei ebenbürtige Kapitäne, der Stolz

ihrer Flotten, auf zwei Schiffen von gleicher Größe und gleicher Geschützzahl einander gegenüber. Wohl nie waren die Eigenschaften der beiden Kommandanten (Lawrence Amerikaner, Brooke Engländer) gleichmäßiger abgewogen. Letzterer kommandirte die Shannon 7 Jahre, während Lawrence erst wenige Tage vor dem Gefecht Kommandant der Chesapeake geworden war; die englische Fregatte kreuzte seit 18 Monaten an den Küsten von Amerika, die amerikanische kam aus dem Hafen; die eine hatte eine schon längst an passiven Gehorsam gewöhnte Besatzung, die andere war mit Seeleuten bemannt, die unmittelbar vorher Meuterer gewesen. Die „Shannon" nahm die „Chesapeake" am 1. Juni 1813 und erkaufte ihren Sieg mit 23 Todten und 50 Verwundeten; unter den letzteren war auch ihr tapferer Kommandant. Die Chesapeake, welche durch ein unbeabsichtigtes Manöver mit der englischen Fregatte zusammenstieß, und auf diese Weise den Ausgang des Gefechts beschleunigte, hatte bei einer Bemannung von 376 Köpfen, 48 Todte und 98 Verwundete.

Vierzigstes Kapitel.

Die Entwickelung des Seekriegswesens von der Einführung des Dampfes bis jetzt.

Die Kunst, Kriegsschiffe geschickt unter Segel zu manövriren, war Ende des 18. und Anfang des 19. Jahrhunderts zu einer hohen Vollkommenheit gelangt. Dessen ungeachtet blieben alle Manöver vom Winde abhängig und stand die Seetaktik dieser Periode der des Alterthums im Wesentlichen nach.

Die Nutzbarmachung des Dampfes als Treibkraft mußte daher außerordentlichen Einfluß, sowohl was die Bauart und die Formen der Kriegsschiffe betrifft, als auch bezüglich der Taktik ausüben, da man in letzter Beziehung wieder die volle Unabhängigkeit vom Winde erreichte.

Die Idee, den Dampf als Motor für die Schiffe zu verwenden, war schon im 16. Jahrhundert bekannt. Auf Befehl Carls V. wurde 1545 im Hafen von Barcellona eine von Blasco de Garay erfundene Maschine, Schiffe ohne Riemen und Segel zu treiben, erprobt. Der Erfinder wurde belohnt, seine Erfindung blieb aber

liegen. Seit dieser Zeit stritten sich bekanntlich England und Frank=
reich um die Erfindung der Dampfmaschinen. Man kennt die tra=
gische Geschichte jenes de Caux, des Wahnsinnigen von Vicêtre, aus
dessen 1614 erschienenem Werke: „Raisons des forces mouvantes"
ein Marquis von Worcester das Projekt entnommen haben will, die
Expansion des Dampfes zum Betriebe von Maschinen zu benutzen.
Wie dem auch sei, so hat James Watt, der Vater der modernen
Dampfmaschine jedenfalls brauchbare Rudimente vorgefunden, und
war es erst nach dem epochemachenden Auftreten von Descartes,
Galilei, Torricelli und Keppler, als er im Verein mit Roebuck und
Boulton die sich ihm entgegenstellenden Schwierigkeiten soweit über=
wand, daß er im Jahre 1769 mit der Erfindung des Condensators
ein Patent auf eine einfach wirkende Dampfmaschine erwarb. 1780
baute Perier in Frankreich die erste Dampfmaschine nach Watts
System.

Die Dampfmaschine war zwar im Anfange sowohl den Arbeitern,
als den höhern Lebenskreisen ein Gräuel. Selbst ein Napoleon I.
konnte sich von diesem Vorurtheil nicht freihalten. Denn als im
Jahre 1804 der amerikanische Ingenieur Fulton ihm den Plan von
Dampfschiffen vorlegte, welche ihn in den Stand setzen sollten, die
Flotte von Boulogne innerhalb weniger Stunden an die englische
Küste zu bringen, schien er zwar anfangs die volle Bedeutung des
Projektes zu erfassen, verlor jedoch bald darauf alles Vertrauen in
ein solches Unternehmen und bezeichnete Fulton als einen Charlatan,
der lediglich Gelderpressungen vor Augen habe. Fulton kehrte nach
Amerika zurück und schon 1807 gelang es ihm, mit dem Dampf=
schiff „Clermont" von 160 Tons Größe und einer Watt=Boulton=
Maschine von 20 Pferdekraft, günstige Resultate zu erreichen. Das=
selbe war ein Raddampfer, nur zu Fahrten auf Flüssen bestimmt,
dessen Konstruktion, namentlich das Verhältniß der Breite zur
Länge (1 : 9), von den sonstigen Regeln des Schiffbaus gewaltig ab=
wich. Von da ab entwickelte sich die Dampfschifffahrt in Nord=
amerika außerordentlich schnell und schon 1815 lief die Dampffregatte
„Fulton" von 32 Kanonen vom Stapel. Dies reizte zur Nach=
ahmung, und in wenigen Jahren hatten auch die großen Staaten
Europas Dampfschiffe in Menge. Die ersten Kriegsdampfer waren
Radschiffe. Dies schloß so hohe Schiffe wie Linienschiffe aus, weil
sonst die Räder einen zu großen Durchmesser bekommen hätten. Es
gab deshalb nur Raddampffregatten, Corvetten und Avisos. 1820

machte das Dampfschiff „Savannah" in 20 Tagen die erste Reise
über den Ocean und hat sich seit dieser Zeit der Dampf im See=
wesen schnell Eingang zu schaffen gewußt. Doch zeigten die Schaufel=
räder, als Motor für Kriegsschiffe, bald ihre großen Schattenseiten.
Die Zerbrechlichkeit, das ungleiche Arbeiten der Räder bei hohem
Seegange machte sich bald bemerkbar. Die Takelage wurde theils
wegen der geringeren Stabilität der Schiffe, theils ihres zweifel=
haften Werthes halber bedeutend verringert. Bei bestimmten Wind=
richtungen zum Course neigte ein großer Segeldruck die Radschiffe
zu sehr auf die Seite, machte das Leerad zu tief eintauchen, während
das Luvrad aus dem Wasser gehoben wurde, und beeinträchtigte so=
wohl die Geschwindigkeit als auch die Steuerfähigkeit der Schiffe.
Die Radkasten nahmen auf Kosten der Geschützaufstellung einen be=
deutenden Raum in der Mitte des Schiffes in Anspruch und boten
dem feindlichen Feuer eine außerordentliche Zielfläche. Ein einziger
Schuß, der die Maschine traf, genügte, den Motor des Fahrzeuges
außer Funktion zu setzen und dasselbe hinsichtlich seiner Manövrir=
fähigkeit kampfunfähig zu machen. Man mußte daher dem Gedanken
näher treten, die Schaufelräder durch einen mehr zweckentsprechenden
Bewegungsmechanismus zu ersetzen. Schon im Jahre 1793 wurde
von einem französischen Mathematiker die sogenannte archimedische
Schraube als Motor für Schiffe in Vorschlag gebracht; Delisle und
Savage stellten 1813 zwei verschiedene Konstruktionen solcher
Schraubenmaschinen auf. Allein zu einer bedeutend spätern Zeit
gelangte erst die Herstellung einer solchen durch die Engländer
Smith und Ericson, welche auf dieselbe ein Patent nahmen, zur
Ausführung. Der bei den Schiffen gebräuchliche „Propeller" mit
seinen 2, 3 und 4 Flügeln, hat einen, dem hintern Tiefgange des
Schiffes entsprechenden Durchmesser und wendet man in neuester Zeit
auf Kriegsschiffen häufig zwei Schrauben, — zu beiden Seiten des
Hinterschiffes, — an, die ihre Umdrehungen durch lange, in Rotation
gesetzte Wellen (Schraubenwellen) erhalten.

Mit der Einführung der Schraube, mit dem Verlegen der Ma=
schine unter die Wasserlinie fielen die bei den Schaufelrädern hervorge=
tretenen Uebelstände größtentheils fort. Es wurde hierdurch wenigstens
ein ziemlicher Schutz gegen direkte Treffer gefunden, obgleich die Spreng=
stücke von Granaten, die im Innern der Schiffe krepirten, für die
Maschinen gleich verderblich blieben. Die früheren Kriegsschiffsformen
(Linienschiffe, Fregatten 2c.) konnten wieder verwerthet werden, man

verlängerte die Schiffe höchstens, um Raum für Maschine, Kessel und Kohlen zu gewinnen. Die bisherige Takelage der Segelschiffe wurde beibehalten, um die billige Kraft des Windes soweit als angängig auszu= nützen, und den mehr kostspieligen Dampf für das Gefecht und besondere Fälle aufzusparen. In allen Marinen wurden fortan (seit 1840) fast nur noch Schraubenschiffe gebaut.[1])

Die Stärke der Schraubenschiffe blieb wie bei den Segelschiffen in ihrer Breitseite, weil sie hier ihre sämmtlichen Kampfmittel, die Geschütze, concentrirten. Nur waren sie den Segelschiffen gegenüber durch ihre Unabhängigkeit vom Winde überlegen. Denn um die Geschütze voll zur Geltung zu bringen, mußten die Holzschiffe (ob Segel, ob Dampf) dem Feinde immer die Breitseite zukehren und beruhte die Taktik auf diesem Grundsatze. Sich vom Feinde enfi= liren, d. h. der Länge nach aus den Breitseiten beschießen zu lassen, (in welcher Richtung man ihm nur die wenigen Buggeschütze entgegen= stellen konnte, während die feindlichen Geschosse die mit den Geschütz= mannschaften dicht besetzten Batterien bestrichen,) mußte ängstlich ver= mieden werden, was den Dampfschiffen gegenüber bei Segelschiffen nicht immer möglich war.

Aber auch auf anderen Gebieten war die Wissenschaft thätig. So fanden 1797 in Cherbourg Versuche über das Eindringen von Granaten in Schiffswände statt; die vom Kaliber der 24 pfündigen Kugel gaben 8—12 Zoll große Löcher, gingen 20 Zoll tief und riffen Spalten bis 12 Zoll weit.[2]) In der Schlacht von Copen= hagen (1801) wurde die Stadt von den Engländern mit Raketen beschossen und Mörser von bedeutender Größe verwendet, von denen ein 13 zölliger sprang. 1805 führte „Shrapnel" dem Könige von England Versuche mit seinen „Geschossen", „Congrave" der englischen Admiralität seine „Raketen" vor.

Im Oktober 1810 beauftragte Napoleon I. seinen Kriegsminister, Geschütze konstruiren zu lassen, aus denen 8 zöllige Granaten ge= schossen werden könnten. Es geschah, und wurde ein Geschütz von 7500 Pfd. Rohrgewicht, das mit einer Pulverladung von 20 Pfd. 8 zöllige Hohlgeschosse in horizontaler Richtung resp. mit mäßiger

---

[1]) Raddampfschiffe werden größtentheils nur noch als Passagierschiffe auf Flüssen ꝛc. in der Kriegsmarine, zuweilen noch als Avisos oder als Königliche Lust= fahrzeuge verwendet, weil sie bei großer Schnelligkeit und geringerem Tiefgange mehr Comfort gewähren als Schraubenschiffe.

[2]) Siehe Dr. Moritz Meyer.

Elevation fortschleudern sollte, in Douai gefertigt. Unterdessen verlor Napoleon seinen Thron, und die ihm folgende Regierung ließ die Sache fallen. Später nahm der französische Artillerie-Oberst Paixhans den Gedanken Napoleons wieder auf, und so entstand im Jahre 1822 die nach ihrem Erfinder benannte Bombenkanone, welche sich nach und nach den Weg in alle Marinen und Küstenbefestigungen bahnte, und zur allgemeinen Verwendung jener für die hölzernen Schiffe so verheerenden Hohlgeschosse mit Sprengladung führte.

Ueberzeugend wurde die geringe „Widerstandsfähigkeit" der Holzschiffe gegen die vervollkommnete „Artillerie", besonders gegen die Wirkung der Granaten in den Gefechten des Krimkrieges speziell durch die Zerstörung der türkischen Flotte bei „Sinope" (30. November 1853) und die Beschießung von „Sewastopol" durch die englisch-französische Flotte, dargethan. Die russischen Granaten richteten in beiden Aktionen auf den Schiffen ihrer Gegner Verheerungen an, die die absolute Nothwendigkeit darlegten, gegen die Wirkung derartiger Geschosse die Schiffe besser zu schützen. Diese Waffe war es daher, welche zur Verwendung des Eisenpanzers bei Kriegsschiffen führte, und hat dieselbe unter den maritim-technischen Wissenschaften (Bau von Kriegsschiffen und Artillerie) in verhältnißmäßig kurzer Zeit den gewaltigsten Umschwung hervorgerufen. Beides sind Antagonisten und beide kämpfen schon seit Alters her um den Sieg. Die „Trieren" und „Penteren" der alten Griechen und Römer haben sich in „Warriors", „Solferinos", „Monitors", „Inflexibles", „Duilios", und „Dandolos"; die Ballisten und Katapulten in „Armstrong"-, „Withworth"-, „Dahlgren"-, „Robmann"-, „Krupp"-, und „Palliser-Kanonen" 2c. verwandelt, aber noch immer ist der Kampf nicht entschieden, obwohl er mit einer Energie und Ausdauer geführt wird, welche die höchste Bewunderung verdient. Dazu sind, selbst für die stärksten Panzerschiffe, deren Schiffsböden ungepanzert sind, Verderben bringende Waffen, die „Seeminen" und die „Offensiv"- resp. „Fischtorpedos" gekommen, welche ebenfalls nicht ohne Einfluß auf die Construction und die Taktik der Kriegsschiffe geblieben sind. Die „Seeminen" sind wohl auf das von einem Griechen „Kallinikos" im 7. Jahrhundert erfundene sogenannte „Griechische Feuer", dessen schon früher Erwähnung geschehen ist, zurückzuführen. Soviel man weiß, soll dasselbe zuerst von Kaiser

„Konstantin IV. bei der Vertheidigung von Konstantinopel 687,
später (1218) bei Damiette von den Sarazenen gegen die Schiffe der
Kreuzfahrer, und 1453 bei der Vertheidigung von Konstantinopel
gegen die Türken angewendet worden sein. Dann verschwindet es
aus der Geschichte und ist das Geheimniß seiner Anfertigung ver=
loren gegangen. Die wichtigste Eigenschaft des „Griechischen
Feuers" soll, nach den Ueberlieferungen, dessen Fortbrennen unter
Wasser gewesen sein. Die Seekriegsgeschichte giebt dann aus dem
16. 17. und 18. Jahrhundert zahlreiche Beispiele, wo zum Füllen
von Brandern außer Brennstoffen auch Schießpulver angewendet und
außer den Brandern noch besondere Holz= oder Metallgefäße aus=
schließlich zu Sprengkörpern, also zu „Wasser= oder Seeminen"
(Explosionsschiffe, Höllenmaschinen oder Catamarans) hergerichtet
wurden. So fanden nach geschichtlichen Ueberlieferungen, während
der Belagerung von Antwerpen durch den Herzog Alexander von
Parma (1584—1585) die ersten Seeminen mit 6000 und 7500 Pfd.
Pulver gefüllt, zur Wegräumung einer Sperre, Verwendnng.

In England fertigte gegen Ende des 17. Jahrhunderts ein
Mr. Meesters „Seeminen", welchen man den Namen „Höllen=
maschinen" (infernal machines) beilegte und die zu jener Zeit mit
Vortheil gegen französische Festungen zur Verwendung kamen.[1]) So
im Jahre 1693 von Commodore John Benbow gegen die Be=
festigungen von St. Malo; 1694 von Admiral Lord Berkeley und
Lord Camorthen beim Bombardement von Dieppe am 12. Juli ꝛc.
Die Wirkung dieser mit großen Kosten hergestellten Minenschiffe
war jedoch keine so außerordentliche, und mag dies der Grund gewesen
sein, daß man ihrer Vervollkommnung wenig Aufmerksamkeit zuwandte,
und man die Idee erst in der zweiten Hälfte des 18. Jahrhunderts
wieder aufnahm.

Während des Nordamerikanischen Befreiungskrieges erfand ein
Amerikaner David Bushnell[2]) ein unterseeisches Boot, durch welches
mit Pulver gefüllte Gefäße (See= oder Wasserminen), deren Ent=
zündung durch ein Uhrwerk bewerkstelligt, an den Boden feindlicher
Kriegsschiffe mittelst Schraubbolzen befestigt werden sollten. Wie
sinnreich dies unterseeische Boot, sowie andere von Bushnell erfundene

---

[1]) Siehe Allen, battles of the British navy.

[2]) Siehe Commander Barnes „submarine Warfare offensive and defensive"
enthaltend eine von Bushnell 1787 verfaßte Schrift, welche detaillirte Beschreibungen
sowohl über den Apparat selbst, als die mit demselben angestellten Versuche enthält.

submarine Zerstörungsapparate auch konstruirt waren, so entsprach das erstere wenigstens, aus Mangel an Geschwindigkeit und ungenügender Luftversorgung der Besatzung, nicht den Anforderungen, so daß das Projekt fast zwei Jahrzehnte ruhte.

Erst zu Anfang des 19. Jahrhunderts wurden die obigen Ideen Bushnells von Fulton, dem Erfinder der Dampfmaschinen, wieder von Neuem aufgenommen. Im Juli 1801 stellte er mit einem unterseeischen Boote im Hafen von Brest Versuche an, welche günstig ausfielen. Er konnte mit demselben sich nicht allein in jeder Richtung, — wenn auch nur mit mäßiger Geschwindigkeit — fortbewegen, sondern auch bis zu 4 Stunden unter Wasser bleiben. Die Zuführung der Luft zum Athmen für die Insassen erfolgte aus einem besonderen Reservoir, in welches ein bedeutendes Quantum comprimirter Luft hineingepumpt werden konnte. Fulton nannte seine submarinen Minen „Torpedos." Trotz dieser anscheinend günstigen Erfolge reüssirte er mit seiner Erfindung in Frankreich nicht, sondern begab sich im Mai 1804 nach England, wo seine unterseeischen Minenprojekte eine günstigere Aufnahme fanden. Schon im September desselben Jahres rüstete man daselbst ein Geschwader aus, welches lediglich den Zweck hatte, die bei Boulogne sich sammelnde französische Invasionsflotte mittelst Seeminen, sogenannter „Catamaran's", nach dem Projekte Fultons konstruirt, zu vernichten.[1] Die aus 52 Schiffen bestehende Expedition — unter dem Namen „Catamaran-Expedition" in der Geschichte bekannt —, wurde vom Admiral Lord Keith befehligt, und ankerte am 1. Oktober etwa 5 Seemeilen von den vor Boulogne liegenden französischen Schiffen. Den Franzosen war jedoch die Absicht der Engländer verrathen worden. Als daher am 2. Oktober die Catamarans von Barkassen in die Nähe der französischen Linie geschleppt wurden, erfolgte sofort ein Angriff gegen die englischen Boote, so daß die Minen zwar mit der Strömung durch die französische Flotte trieben und dort explodirten, der Verlust auf derselben jedoch nur 14 Todte und 7 Verwundete betrug und dieser kostspielige Versuch den Franzosen nur geringen Schaden zufügte.

---

[1] Siehe Commander Barnes submarine warfare. Die Catamarans bestanden aus Kasten von etwa 21 Fuß Länge und $3\frac{1}{2}$ Fuß Durchmesser, an beiden Enden zugespitzt, mit Pulver gefüllt, welche mittelst eines Uhrwerks entzündet wurden. Jeder Catamaran wog ungefähr 2 Tons, der oberste Rand des Kastens schnitt mit der Oberfläche des Wassers ab.

Fulton kehrte im December 1806 nach Amerika zurück und wußte die dortige Marinebehörden für seine Projekte zu interessiren. Im Jahre 1807 sprengte er ein kleines Fahrzeug durch eine See= mine, welche er mit seinem submarinen Boote unter dem Schiffs= boden angebracht hatte. Die wichtigsten Projekte Fultons waren: 1) die „Seeminen" zum Sperren von Häfen oder Fluß= mündungen, unter der Oberfläche verankert und durch den Stoß eines Schiffes zur Explosion gebracht, 2) die „Harpunentorpedos" zum Angriff gegen verankerte Schiffe, 3) ein „Torpedoboot" (mit Spierentorpedo's.) Man betrachtete diese Projekte in Amerika jedoch sämmtlich als verfehlt.

Von einigem Interesse mit Bezug auf die Verwendung von Torpedo= und Explosionsschiffen ist der Angriff der Engländer auf die französische Flotte bei île d'Aix[1]) 1809. Eine französische Flotte von 11 Linienschiffen und 4 Fregatten unter Admiral Allemand lag zu Anfang des Jahres in der engen, von Klippen und Untiefen umgebenen Passage in der Nähe jener Insel, und war durch ein britisches Geschwader von 11 Linienschiffen, 6 Fregatten 11 Corvetten und einer Anzahl kleinerer Fahrzeuge unter Admiral Lord Gambier blockirt. Ein direkter Angriff auf die französische Flotte war mit Rücksicht auf die hochgelegenen, gut armirten Forts der Insel wenig Erfolg versprechend. Lord Gambier erhielt daher von der Admiralität den Befehl, die feindliche Flotte durch Brander und Explosionsschiffe zu zerstören. Die Zahl der letzt genannten beiden Klassen von Fahrzeugen wurde auf 20 gebracht, darunter mehrere mit Brenn= stoffen und congraveschen Raketen. Das größte der Explosionsschiffe hatte 1500 Fässer Pulver an Bord, deren Zwischenräume mit Lehm vollgestampft waren. Darüber lagen 300—400 mit Zündern ver= sehene Hohlgeschosse und mehrere tausend Handgranaten.

Dem französischen Admiral war jedoch die Absicht der Engländer nicht unbekannt geblieben und hatte derselbe außer anderen Vorsichts= maßregeln auch den Eingang der Passage mit einer Tausperre, welche durch Bojen an der Oberfläche gehalten wurde, verbarrikadirt, ohne daß die Engländer es erfuhren. Am 11. April Abends sollte der Angriff zur Ausführung kommen. Das Wetter war dem Unternehmen günstig. Die Brander und Explosionsschiffe wurden gegen 9 Uhr

---

[1]) Siehe Naval history of great Britain, by James — battles of the British navy, by Allen, — batailles navales de la France, par Troude, — the history of the British navy, by Yonge.

durch Boote in die Nähe der feindlichen Flotte geschleppt, dann an=
gezündet und durch die Gezeitenströmung auf den Gegner getrieben.
Doch kamen sie nur bis zur Sperre, wo sie aufgehalten wurden, die
Catamarans mit furchtbarem Gekrach explodirten, ohne jedoch der
feindlichen Flotte Schaden zuzufügen, da selbst die Brander nach der
Zerstörung der Sperre entweder zu spät die französischen Schiffe er=
reichten, oder schon vorher versanken.   Dennoch wurde der Zweck der
Expedition in sofern erreicht, als die verschiedenen Explosionen Ver=
wirrung auf der französischen Flotte hervorriefen, die Schiffe theils
ihre Taue kappten und auf die Klippen trieben, theils verbrannt
oder von den Engländern genommen wurden.   Ein energischer Angriff
Seitens der englischen Flotte erfolgte wegen des ungünstigen Windes
und des hohen Seeganges nicht; 4 französische Linienschiffe und
1 Fregatte gingen verloren.

    Nach Fulton war es der französische General Paixhans, welcher
sich ebenfalls mit der Herstellung von Seeminen für offensive Zwecke
beschäftigte.   1811 versuchte derselbe mit Hülfe von Raketen von
großen Dimensionen, mit Sprengstoffen geladene Boote fortzubewegen.
Ein Italiener Reveroni wollte mit einer Höllenmaschine, die unter
Wasser fahren sollte und mit einer aufrecht stehenden Kanone (?) armirt
war, feindliche Schiffe von unten durchbohren.   Später soll ein
Franzose Namens Brûlard in Hamburg Versuche mit submarinen
Raketen für Seekriegszwecke angestellt haben.   In den zwanziger
Jahren wurde von einem Amerikaner Blair, einem Franzosen
Montgery und einem Engländer Lancaster mit ähnlichen Apparaten
experimentirt.   Bei allen derartigen Versuchen und Bestrebungen sind
jedoch niemals kriegsbrauchbare Apparate zu Stande gekommen.   In
allen Seekriegen des 19. Jahrhunderts haben dennoch sowohl die
Seeminen, als auch die Offensiv=Torpedos verschiedener Konstruktion
eine Rolle gespielt und sind dieselben besonders im amerikanischen
Bürgerkriege mit großem Erfolg verwendet worden.   Man ist daher
bis heute noch auf die Vervollkommnung dieser heimtückischen Waffe
bedacht.   Gegen Ende der sechziger Jahre wurde von einem Engländer
Whitehead der sogenannte „Fischtorpedo", eines der sinnreichsten
Kriegsinstrumente mit eigener Bewegungskraft versehen, zu Fiume
konstruirt, mit dem man vom Lande oder von Schiffen oder Booten
aus schießen kann.[1])   Die erste Anregung dazu soll von einem öster=

---

[1]) Die Lancirung der Fischtorpedos aus einer gewissen Höhe (der Batterie oder
dem Zwischendeck) wird wohl noch sehr der Vervollkommnung bedürfen, wenn die

reichischen Kapitän Lupis ausgegangen sein, weshalb man denselben bisweilen auch „Lupis-Whiteheab-Torpebo" nennen hört.

Das Gefäß selbst, welches in seiner äußern Form viele Aehnlichkeit mit einer Cigarre oder mehr noch mit einem Fisch hat, woher auch der Name „Fischtorpebo" entstanden ist, besteht zum größten Theil aus Stahl, dessen vorderes Ende eine scharfe Spitze bildet. Der Körper ist burchschnittlich 14 und 19 Fuß lang, und hat einen größten Durchmesser von 14 und 16 Zoll; das Gewicht einschließlich der Sprenglabung 5 und 7 Centner. Das Innere des Torpebokörpers ist der Länge nach in 4 wohl verschraubte Abtheilungen geschieben, welche die einzelnen Bewegungs- und Thätigkeitsorgane in sich führen. Die vorderste konische Abtheilung zunächst der scharfen Spitze, der Kopf, enthält in einer Sprengbüchse die Zündvorrichtung nebst Sprenglabung. Die Entzündung der ersteren erfolgt durch einen Stoß gegen einen festen Körper resp. gegen den Boden eines Schiffes. Die dem ersten Theile folgende zweite Abtheilung bildet den sogenannten sekreten Theil. In der hintersten Abtheilung des Torpebos befindet sich eine kleine Maschine, welche durch den Druck komprimirter Luft in Bewegung gesetzt wird und dann die am Ende befindlichen Schraubenflügel dreht. Die Fisch-Torpebos erreichen auf 200 Meter Entfernung eine Geschwindigkeit von 24 Knoten, welche successive abnimmt, so baß sie etwa bei 750m. Entfernung auf resp. 16 Knoten verringert wird. Die von ihnen beschriebenen Bahnen variiren oft bebeutend von einander.[1])

Die Erfindung der Panzerschiffe gehört Frankreich an. Derselbe Oberst Paixhans hat auch die Priorität der Erfindung der Panzerschiffe, und Napoleon III, dem sie allgemein zugeschrieben wird, darf wohl nur das Verdienst ihrer ersten Ausführung beanspruchen. Die Idee des Panzerns von Fahrzeugen, wenn auch nicht mit Eisen, ist jedoch im Grunde schon älter. Durch eine Art von Panzer geschützte Fahrzeuge traten schon als „schwimmende Batterien" bei der Belagerung von Gibraltar 1782 auf. Ihr Erfinder war ein Franzose. Die Wände dieser Schiffe waren aus schweren Balken konstruirt und mit 3 Fuß dicken Korklagen gedeckt, beren Elasticität die Perkussionskraft der Kugeln brechen sollte. Um die glühenden Kugeln unschäblich

---

Waffe selbst unter Umständen, nicht für das elgene Schiff gefährlich werden soll. Nach einer Mittheilung der Times werden in England beim Inflexible Versuche gemacht, Lancirrohre im Bug unter der Wasserlinie anzubringen.

[1]) Näheres barüber siehe: Fisch-Torpebos von F. von Ehrenkroof.

zu machen, hatte man im Innern der Wände, mit Wasser gefüllte Zwischenräume anbringen lassen. Ein Mangel in deren Konstruktion ließ jedoch ihren Zweck verfehlen, denn die sämmtlichen Batterien dieser Art wurden durch die glühenden Kugeln der Engländer in Brand geschossen.

Erst siebenzig Jahre später wurde bei Ausbruch des orientalischen Krieges die Paixhans'sche Idee eines Eisenpanzers von Napoleon III. wieder aufgenommen und gepanzerte sogenannte schwimmende Batterien, welche im Stande waren, auf kurzer Entfernung den Granaten zu widerstehen in Frankreich und England gebaut, um dieselben im Norden und im Süden gegen Rußland zur Verwendung zu bringen. Im September 1854 setzte man in Frankreich 5 auf Stapel und im Juli des darauf folgenden Jahres wurden sie fertig. 3 derselben schickte man unverweilt nach dem schwarzen Meere, wo sie bei der Beschießung und Einnahme von Kinburn 18. Oktober 1855 so über= aus günstige Erfolge aufzuweisen hatten. Jedes dieser Fahrzeuge war 165 Fuß lang, führte 16 Stück 50pfündige Bombenkanonen, hatte eine Schraubenmaschine von 150 Pferdekraft, eine Geschwindigkeit von 4 Knoten und 300 Mann Besatzung. Der Panzer bestand aus 3¹/₂zölligen Eisenplatten, die bis unter die Wasserlinie reichten und die auf 26zölligen Holzwänden befestigt waren. Der Ausgang des Kampfes vor Kinburn entschied zu Gunsten der Panzerfahrzeuge. Die russischen Kugeln hinterließen auf den Eisenplatten zwar tiefe Eindrücke, keine der Platten war aber so bedeutend beschädigt, als daß die Fahrzeuge nicht hätten den Kampf noch weiter fortführen können.

Obschon man geneigt war, dieses für die Franzosen und ihr neues System so günstige Resultat größtentheils auf das kleine Kaliber und das schlechte Zielen der Russen zu schieben, so bedarf es nur eines Rückblicks auf das Gefecht bei Eckernförde, wo 6 Geschütze von weit kleinerem Kaliber ein dänisches Linienschiff und eine Fregatte von zusammen über 100 Geschützen, wenn zwar unter äußerst günstigen Verhältnissen, mittelst Granaten zerstörten resp. kampfun= fähig machten, um anzuerkennen, daß durch das Gefecht bei Kinburn, wenn nicht das Uebergewicht, so doch wenigstens die Gleichstellung von Panzerfahrzeugen mit Landbatterien ausgesprochen wird.

Napoleon III. zog daher aus den gemachten Erfahrungen Nutzen, und gab damit das Signal zu einer vollständigen Revolution im Schiffbau und in der ganzen Kriegsführung zur See, wobei noch ein wichtiger Faktor in Rechnung zu ziehen war, nämlich die inzwischen vollzogene Einreihung der gezogenen Geschütze in die Schiffsartillerie.

Wenn schon die Granaten aus den glatten Geschützen durch ihre Wirkung das bisherige System des Baues von Kriegsschiffen erschüttert hatten, so mußte man nach Einführung der gezogenen Geschütze, nothgedrungen auf eine gänzliche Aenderung desselben Bedacht nehmen. Die gesteigerte Treffwirkung der Geschütze wies darauf hin, die durch die großen Linienschiffe dargebotene Scheibe zu verkleinern, da an eine Panzerung derartig großer Flächen kaum zu denken, ein solcher Schutz, gegenüber den Granaten aus gezogenen Geschützen, für die eigentlichen Schlachtschiffe aber nicht mehr zu entbehren war. Die Wirkung der Granaten war gegen die glatten Geschütze deshalb so ungemein gesteigert, weil man durch die Einführung der Langgeschosse sowohl den Granaten Sprengladung geben konnte, welche das Drei= und Vierfache der bisher gebrauchten betrugen, als es auch möglich war, die Granaten mit Zündern zu versehen, welche das Krepiren der Geschosse in der Bordwand sicherten, so daß sie arge Löcher in die Schiffsseiten rissen und durch die ins Innere geschleuderten Sprengstücke, Holzsplitter 2c. die Maschine, Geschütze und sonstige für die Gefechtsfähigkeit wesentlichen Theile bedrohten, wie auch die Besatzungen der Schiffe enormen Verlusten aussetzen.

Unter diesen Verhältnissen enstand 1860 das erste seegehende Panzerschiff als Schlachtschiff: die von Frankreich gebaute Fregatte „Gloire,“ welche mit der „Invincible“ und „Normandie“ am 20. März 1858 auf Stapel gesetzt wurde. Alle drei waren Fregatten nach gleichem Modell aus Holz gebaut, hatten eine Länge von 77 m. zwischen den Perpendikeln, eine Breite von 17 m. in der Wasserlinie, 5618 Tonnen Deplacement, 800 nomineller Pferdekraft, 36 gezogene Geschütze, einen Panzer von 12 cm. (4½ Zoll) und eine Geschwindigkeit von 12½ Knoten. In England, woselbst noch eine starke Strömung gegen den Bau der Panzerschiffe bestand, wo „the weather beaten old sailors“ sich unschwer von den wooden walls ihrer ships of the line zu trennen vermochten, konnte man sich doch der Ueberzeugung nicht verschließen, daß die im Bau begriffenen französischen Panzerschiffe eine Offensiv= und Defensivkraft besaßen, wie sie keins der hölzernen englischen Schiffe aufweisen konnte. Man begann daher auch dort den Bau zweier mächtiger Panzerschiffe „Warrior“ und „Black Prince“ die 1860 und 1861 fertig wurden, jedoch ging man bei diesen gleich zur Eisenkonstruktion über, weil das Holz nicht allein eine verhältnißmäßige kurze Dauer versprach, sondern auch die nöthigen Verbände in Eisen stärker und zweckmäßiger hergestellt werden konnten. Mit dem Bau dieser Schiffe war der Stab über das System der bisherigen Schlachtschiffe gebrochen, und alle europäischen Seemächte folgten mehr oder minder schnell dem Beispiele Frankreichs und Englands; doch bedurfte der Schiffbau noch eines länger Experimentirens, um die richtigen Verhältnisse zu finden, um den Panzerschiffen die erforderlichen nautischen Eigenschaften zu geben. Während aber noch die Meinungen über den Werth der Panzerschiffe und die Nothwendigkeit ihrer Einführung in die Flotten getheilt waren, sollten die Wirren des nordamerikanischen Bürgerkrieges, auf welchen wir später noch zurückkommen werden, weiteres schätzbares Material zur Klärung der Panzerfrage, wichtige Anhaltspunkte für den künftigen Kriegsschiffsbau liefern.

Sprach doch das Gefecht auf „Hampton Rhede" (8. und 9. März 1862) zwischen dem gepanzerten südstaatlichen „Merrimac" und den ungepanzerten Unionsschiffen „Cumberland" und „Congreß," sowie der Panzerbatterie „Monitor" schon in beredten Worten für die gewaltige Ueberlegenheit der gepanzerten Schiffe den nicht gepanzerten gegenüber, wie unvollkommen die Panzerung auch noch war. Der Eindruck dieses Gefechtes und sein Einfluß auf den Bau der Kriegsschiffe war ein außerordentlicher. Es ergab sich hieraus zweierlei: die Nothwendigkeit des Panzerschutzes für Schlachtschiffe und die Armirung derselben mit Geschützen möglichst großen Kalibers und hoher Durchschlagskraft der Geschosse.

War es daher zu verwundern, wenn die Seemächte sich mehr oder weniger beeilten, ihre Flotten nach den während jenes Krieges gemachten Erfahrungen umzugestalten? Und wiederum waren es besonders die beiden maritimen Rivalen „Frankreich" und „England", bei denen sich der Wettstreit zwischen Panzer und Artillerie entspann, wo Schiffbau und Geschütz-Konstruktion in kurzer Zeit einen so hohen Grad der Entwickelung erreichte. Hierbei zeigte sich aber sehr bald, daß ein absoluter Schutz der Schiffe durch Eisenpanzer nicht erzielt werden konnte. Die Artillerie behielt die Oberhand, obgleich die Ueberlegenheit der Geschütze unter Verhältnissen, wie sie in einer Seeschlacht vorkommen, immerhin auf ein gewisses Maß beschränkt blieb und bleiben wird. Denn zum Durchschlagen der Schiffspanzer gehören entweder Vollgeschosse oder Granaten (Langgeschosse) mit so starken Wandungen, daß sie nur eine geringe Sprengladung aufzunehmen im Stande sind, mithin der von ihnen verursachte Schaden, wenn sie die Bordwand durchbringen, kein so überaus großer zu nennen ist. Kugeln aus glatten Rohren, selbst von großen Kalibern, hinterlassen nur geringe Eindrücke auf Panzerplatten.

Wenige Jahre nach Beendigung des nordamerikanischen Bürgerkrieges aber sollte die Seeschlacht von Lissa (20. Juli 1866) deren später noch ausführlich Erwähnung geschehen wird, nicht sowohl weitere Aufschlüsse über die Offensiv= und Defensivstärke der Panzerschiffe und den hohen Werth des Panzers liefern, sondern auch zum beredten Fürsprecher für die Nothwendigkeit des beim Kriegsschiffsbau in neuester Zeit angewandten Princips, die Eintheilung der Schiffe in zahlreiche, wasserdichte Abtheilungen und Zellen zum Schutz gegen die Wirkung des Sporns und der Torpedos werden, um Katastrophen, wie sie den „Re d'Italia" in jener Schlacht betroffen, möglichst vorzubeugen.*)

Sehr lehrreich war ferner das Schicksal des österreichischen Schrauben=Linienschiffes „Kaiser" von 90 Geschützen und einer Maschine von 2900 indicirter Pferdekraft, das den Typus der bisherigen Schlachtschiffe darstellte. Gleich zu Anfang der Schlacht wurde es von mehreren italienischen Panzerschiffen angegriffen, verlor hierbei Bugspriet, Fockmast und Schornstein, und mußte sich, momentan gefechtsunfähig vom Kampfplatz zurückziehen.

Von gleich hohem Interesse in dieser Schlacht war die Wirkung der Artillerie gegen die Panzer sowohl als gegen die Holzschiffe. Die italienische Flotte hatte im Ganzen einen Verlust von 740 Mann an Todten und Verwundeten; hiervon waren etwa 400 Mann bei

---

*) Der österreichischen Panzerfregatte „Erzherzog Ferdinand Max" gelang es, die italienische Panzerfregatte „Re d'Italia" mit ihrem Sporn ziemlich rechtwinklich in die Seite zu treffen als letztere in Folge irgend welchen Umstandes fast bewegungslos dalag. Die Wirkung war furchtbar. In wenigen Minuten sank das getroffene Schiff mit fast seiner ganzen Besatzung in die Tiefe, während der Gegner nur geringen Schaden am Bug davon trug.

Es darf hier gleichzeitig an den Untergang des englischen Panzerschiffes „Vanguard" und an den Zusammenstoß des „König Wilhem" und des „Großen Kurfürsten" erinnert und bezüglich der letztgenannten Katastrophe bemerkt werden, daß bei einer drehenden Bewegung des Gerammten, der Stoß für die Rammenden ebensowenig ohne Gefahr ist, und im Schlachtgewühl auch der „König Wilhelm," zweifellos verloren gewesen wäre.

dem Untergang des „Re d'Italia" ertrunken, und 230 Mann
kamen bei der Explosion des „Palestro" um; rechnet man diese
630 Mann ab, so bleiben als durch feindliches Feuer verursachte
Verluste 110 Mann, eine sehr geringe Zahl gegenüber der Gesammt-
mannschaftsstärke, selbst wenn man die Holzschiffe gar nicht in Betracht
zieht und nur die Besatzungen der Panzerschiffe rechnet, die über
5000 Mann zählten. Der verhältnißmäßig geringe Verlust tritt um
so deutlicher hervor, wenn man erwägt, daß die Schiffe in der etwa
zwei Stunden währenden Schlacht sich meistens aus nächster Nähe
beschossen. Nur in dem wirksamen Schutz, den der Panzer gewährte,
ist die Erklärung zu finden. Würde man dagegen einwenden, daß
der „Palestro" durch feindliche Geschosse in Brand gerieth und in
diesem Falle der Panzer keinen Schutz gewährte, so ist dem gegenüber zu bemerken, daß der Brand durch Granaten entstand, die in
den nicht gepanzerten Theil einschlugen und krepirten, und die
nöthigen Vorkehrungen zur Beseitigung der Feuersgefahr bei dem
damaligen Stande des Schiffbaues noch unvollkommen waren. Die
Schiffe selbst hatten, wie es bei der Beschaffenheit der österreichischen
Geschütze zu erwarten war, wenig durch die feindlichen Geschosse gelitten und waren nach der Schlacht vollständig gefechtsfähig.

Was nun die österreichischen Verluste an Material und Menschenleben betrifft, so sollte man meinen, daß dieselben, da die italienischen
Geschütze durchaus fähig waren, die Panzer zu durchschlagen, beträchtlich hätten sein müssen. Doch war dem nicht so. Der Gesammt-
verlust der österreichischen Flotte betrug bei etwa 7000 Mann Besatzung nur 33 Todte und 124 Verwundete, und hiervon kamen auf
den „Kaiser" allein 22 Todte und 82 Verwundete, mithin ⅔ des
Verlustes der ganzen Flotte. Die Verluste der österreichischen Panzerschiffe wie ihre Beschädigungen durch die feindlichen Geschosse waren
daher äußerst gering. Nur wenige der letzteren hatten überhaupt
den Panzer durchschlagen, und keines war durch Panzer und Holz-
hinterlage gegangen.

Das Zeitalter des Panzerschiffbaues, wie dieser im modernen
Sinne zu nehmen ist, zerfällt in zwei Hauptabschnitte; der erstere
derselben charakterisirt sich dadurch, daß in ihm nur Panzerschiffe
gebaut wurden, welche die Geschütze in Batterien führten, und diese
selbst, also die Schiffswände, mit einem ganz über sie weglaufenden,
bis einige Fuß unterhalb der Wasserlinie reichenden Panzer geschützt
wurden. Das Charakteristische des zweiten ist die Panzerung der nur

vitalsten Theile des Schiffes resp. dessen Wände und die Installirung der Geschütze, sei es in gepanzerten Thürmen, sei es hinter Brust=wehren. Man konnte nur so dem zunehmenden Kaliber der gezogenen Geschütze eine gleiche Verstärkung des Panzers entgegensetzen, indem man die zu panzernde Fläche immer mehr verkleinerte und sich darauf beschränkte, die zur Erhaltung der Schwimm= und Gefechtsfähigkeit des Schiffes unbedingt nothwendigen Theile, Wasserlinie, Pulver=kammern, Maschine, Steuerapparate und Geschütze mit einem wirk=samen Schutze zu umgeben, während man die übrigen Theile des Schiffes ungepanzert ließ und nur darauf bedacht nahm, sie durch Vermeiden möglichst aller feuergefährlichen Materialien bei der Kon=struktion und bei der Unterbringung der Vorräthe gegen Feuersgefahr durch eindringende und krepirende Granaten zu schützen.

Der Urtyp, welcher die zweite Periode des Panzerschiffbaues eröffnete, ist bekanntlich das von „Kapitän Coles" ausgeführte Thurmschiffsystem, bei welchem über dem Oberdeck zwei und mehr drehbare, stark gepanzerte Thürme hervorragen, von denen jeder mit zwei parallel nebeneinanderstehenden schweren resp. schwersten Geschützen in Minimalpforten, armirt ist.

Es würde jedoch zu weit führen, die einzelnen Stadien der Entwickelung des Panzerschiffbaues hier aufzuzählen und sei nur als Resultat bemerkt, daß man bei den neusten Konstruktionen schon einzelne Theile der Schiffe, deren Erhaltung als unbedingt noth=wendig angesehen wird, mit einem Panzerschutz bis zu 60cm. (beinahe 2 Fuß) Stärke umgeben hat.

Dem gegenüber haben die Geschütze der neuern Schiffe Kaliber bis zu 34cm. und schießen Geschosse bis zu 400 kg. Gewicht. Es existiren außerdem schon Geschütze von weit höherem Leistungsver=mögen, und sind ferner noch solche in verschiedenen Ländern bis zu 45 cm. Kaliber und Geschosse von 900 kg. Gewicht in der Kon=struktion begriffen, deren Einführung in die Schiffsartillerie jedoch nur als ein event. Experiment von zweifelhaftem Werthe bezeichnet werden kann, weil in Folge der gewaltigen Gewichte die Bedienung so erschwert und das Geschützfeuer verlangsamt wird, daß es event. zweifelhaft erscheint, ob sie einer größeren Anzahl etwas leichteren aber immerhin noch wirksamen Geschützen gegenüber im Vortheil sind. Im Durchschnitt wird man annehmen können, daß Schiffe neuster Konstruktion mit Geschützen von 26 bis 32 cm. Kaliber und Geschoßgewichten von 200 bis 400 kg. armirt werden. Die Geschosse dieser Geschütze sind nun je nach der Beschaffenheit des feindlichen Objektes sehr verschieden. Während man zur Durchschießung eines starken Panzers entweder Vollgeschosse anwenden muß, oder doch wenigstens Granaten mit starken Wänden, so daß sie beim Durch=schlagen des Panzers nicht zerbrechen, haben die für Beschießung von ungepanzerten Schiffen 2c. bestimmten Geschosse, die sogenannten Langgranaten nur ganz schwache Wände, eben nur stark genug, um den Stoß der Pulvergase im Geschütz auszuhalten, und in Folge dessen enorme Sprengladungen, bei den oben erwähnten Geschossen bis zu 20 kg. Trifft ein solches Geschoß ein ungepanzertes Schiff im Moment des Durchschlagens der Bordwand, etwa in der Nähe der Wasserlinie und krepirt dort, so ist die Zerstörung eine derartige, daß sie das Schiff zum Sinken bringen, oder kampfunfähig machen kann. Trifft es in der Nähe der Batterie, so werden die Wirkungen kaum minder verheerend sein. Die Eisensplitter des Geschosses selbst, die ins Innere geschleuderten Theile und Splitter der zerstörten Schiffswand verursachen enorme Verluste unter der Besatzung und dem Artilleriematerial und sind geeignet, Maschinentheile oder sonstige für die Lebensfähigkeit des Schiffes nothwendigen Ein=richtungen unbrauchbar zu machen. Mit einem Worte: vielmehr als „eines guten Treffers" bedarf es nicht, um ein ungepanzertes Schiff außer Gefecht zu setzen.

Hatten aber schon in der Schlacht von Lissa das österreichische hölzerne Linienschiff „Kaiser" die Unfähigkeit ungepanzerter Schiffe gepanzerten gegenüber zur Genüge bewiesen, so liefert hierfür 1878 der Kampf des peruanischen Monitors „Huascar" gegen die eng=lische ungepanzerte Fregatte „Shah" und eine Korvette einen neuen Beweis. Der „Huascar" ist 2000 Tons groß, an den wichtigsten Theilen mit 114 mm. starken Platten gepanzert, mit zwei 300 Pfündern Armstrong=Geschützen armirt und hat eine Geschwindigkeit von 11 Knoten. Die englische Fregatte „Shah" ist 6040 Tons groß, mit 24 gezogenen Kanonen, darunter zwei 300 Pfünder, die auf beträchtliche Entfernungen, und vierzehn 7 zöllige Kanonen, die auf nahe Distancen den Panzer des „Huascar" durchschießen konnten, ferner mit Torpedos armirt. Ihre Geschwindigkeit beträgt etwa 16 Knoten. Die ungepanzerte Korvette hatte eine Größe von 1900 Tons, mit 13 Knoten Ge=schwindigkeit und 14 Geschützen, die allerdings zu schwach waren, die wesentlichen Theile des feindlichen Panzers zu durchschlagen. Das zwischen diesen Gegnern sich entwickelnde Gefecht endete in so=

fern für die Engländer ungünstig, als sie Mühe hatten, sich dem An=
griff ihres kleinen Gegners zu erwehren und ihn schließlich unbe=
lästigt ziehen lassen mußten. Dazu kam, daß die Manschaften der
englischen Schiffe vollständig ausgebildet, während die des Peruaners
zusammengeraffte Leute waren, die weder für das Gefecht vollkommen
einexerziert, noch ihre Geschütze gefechtsmäßig bedienen konnten.

Die sogenannten „Monitors," kleinere, niedrig über Wasser
liegende Panzerfahrzeuge mit schweren Kanonen in festen oder dreh=
baren Thürmen, eine amerikanische Erfindung, welche im Secessions=
kriege hauptsächlich an der Küste und in den Flußmündungen zum
Angriff sowohl als zur Vertheidigung verwendet wurden, bilden eine
Unterabtheilung der Thurmschiffe. Ericsohns Monitor in jenem Kriege
war 172 Fuß lang, mit einer gepanzerten Plattform nur 2 Fuß
über Wasser, mit überragenden Seiten, so daß er fast völlig gegen
einen Spornangriff gesichert war. Er führte einen Thurm von
9 Fuß Höhe und etwa 20 Fuß Durchmesser mit 8zölligem Lamellen=
panzer; (aus 8 einzölligen Eisenblechen zusammengesetzt) ähnlich die
8zöllige Panzerung der Seiten. Geschwindigkeit 9 Knoten, Tiefgang
10 Fuß. Der Thurm war drehbar, so daß er mit seinen zwei
parallel stehenden 11zölligen Dahlgren=Geschützen den ganzen Horizont
bestreichen konnte. Der Monitor selbst war gegen glatte Geschütze
größeren Kalibers fast unverwundbar. Der Rumpf ragte nur wenig
aus dem Wasser, das Ziel daher klein; eine Enterung desselben der
vergitterten Niedergänge halber ausgeschlossen. Die Defensivkraft des
Monitors trat namentlich bei der Beschießung von Charleston wieder=
holt zu Tage. Ein Schwesterschiff dieses Monitor erhielt 214 Treffer,
darunter eine Anzahl 10zölliger glatter Geschosse, ohne kampfunfähig
geworden zu sein. Er selbst feuerte 900 Schuß, ein Beweis für die
große Offensivstärke, so daß diese Schiffsklasse für den Küstenkrieg
eine formidable Waffe genannt werden kann.

Die großen Panzerschiffe besitzen außer den Schiffsmaschinen
noch eine Menge anderer Dampfmaschinen, zum Steuern, Anker=
lichten, Ventiliren, Pumpen, zum Laden der Geschütze, zur Bereitung
von Trinkwasser 2c., so daß dieselben schwimmenden Festungen
gleichen, wenn sie auf dem Wasser liegen; Dampfgeschöpfe, ohne
Takelage, Masten, Segel. Denn die Takelage der Panzerschiffe
wenn sie überhaupt eine solche haben, ist bedeutend kleiner, als sie
ihren sonstigen Dimensionen nach sein könnte; viele sind sogar ohne

Takelage,*) um das Schußfeld so wenig als möglich zu beengen. Die Form der Vorsteven der Panzerschiffe ist größtentheils der Art, daß sie unterhalb der Wasserlinie eine Art Sporn bildet, der bei einigen englischen Schiffen abnehmbar ist. Ihre Geschwindigkeit beträgt bis zu 15 Knoten. Wenn, wie schon früher erwähnt, der Tag von „Kinburn" die Ohnmacht der damaligen glatten Geschütze gegen gepanzerte Schiffe bewiesen und den Riesenkampf zwischen Panzer und Artillerie hervorgerufen hat, der heute noch nicht beendet ist, so zeigte der Tag von Hampton Rhede und von Lissa der Welt die Wirkung des Schiffssporns.

Mit der Einführung des Dampfers als Treibkraft, mit der Erbauung eiserner Schiffe mit dem Sporn, hatte das Seekriegswesen einen Kreislauf vollendet, zu dem es nahezu ein Jahrtausend gebrauchte; die Schiffe selbst wurden wieder wie im klassischen Alterthum und noch bis zum Mittelalter als Waffe verwendet. Hierzu kommt die Erfindung der Fischtorpedos und deren Verwendung auf Schlachtschiffen, die Seeminen als Hafensperren 2c., so daß man meinen sollte, all diese mörderischen Waffen neben der Artillerie müßten dazu angethan sein, jeden Kampf zur See zu einem Vernichtungskampf in kürzester Zeit zu stempeln und für die Länder welche große Flotten besitzen, außerordentliche, kaum zu erschwingende finanzielle Verluste im Gefolge haben, welche auf die Dauer kaum zu bewältigen sind.

War es da nicht erklärlich, daß bei der Einführung all dieser Zerstörungsmittel in den Marinekreisen sich ein gewisses Unbehagen bemerkbar machte? Im Kampfgewühl, mit dem Säbel oder dem gespannten Revolver in der Faust zu fallen, war unter Umständen das Loos jedes braven Kriegsschiffsmannes, vom Admiral bis zum Schiffsjungen, denn ein Entrinnen, ein Anhalten und Aussteigen auf dem Meere ist nicht möglich. Allein die Aussicht, durch ungeahntes Lanciren eines Torpedos, durch ein kaltblütiges Niederrennen in die Luft gesprengt oder in die Tiefe expedirt zu werden, wehrlos, ohne Kampf, ohne Geschützfeuer und Pulverdampf, war keine heroische Art auf

*) Panzerschiffe bei langen Friedens-Indiensthaltungen ohne Takelage zu lassen, ist weder für die seemännisch-militärische Ausbildung, noch für die Aufrechthaltung eines belebenden seemännischen Geistes der Besatzung förderlich, sondern wirkt erschlaffend auf die Seeleute von Beruf. Dies hat sich wenigstens in der englischen Marine bemerkbar gemacht und hat man in Folge dessen selbst den Thurmschiffen eine mäßig große Takelage gegeben.

dem Felde der Ehre sein Leben zu lassen. Allein „bange machen gilt nicht," wie banal auch die Redensart klingen mag. Denn kurze Zeit nach dieser Erregung brach sich schon ein ruhiges Nachdenken in den zunächst betheiligten Kreisen Bahn. Die Bestrebungen der Fachleute waren zunächst darauf gerichtet, die Schwimmfähigkeit der Schlachtschiffe für den Fall von Beschädigungen der eingetauchten Theile durch doppelte Böden, wasserdichte Querschotten, eingerichtete Zellensysteme im Innern, großartige Pumpenanlagen zu erhöhen. Und da die Konstruktion der Schiffe allein nicht gegen den Stoß un= verwundbar machte, so fand man, daß die Intelligenz, daß geschicktes Manövriren einen äußerst wirksamen Schutz gegen den Spornangriff bilden mußte, wenn auch, so lange man sich zur See bekriegt, so lange Schlachtschiffe überhaupt konstruirt werden, immer, wie seit der Zeit des klassischen Alterthums, Vernichtungen der Schiffe durch die zeitweiligen Waffen vorkommen werden.

Mit der Einführung des Dampfes und der oben erwähnten Zerstörungsmittel ist daher auch eine vollständige Umwälzung der Seetaktik hervorgerufen worden, so daß es von der größten Wichtig= keit ist, zu untersuchen und zu erörtern, wie weit die Seetaktik von all diesen Neuerungen berührt wird. Die Erörterung dieser Frage bleibt jedoch späteren Betrachtungen vorbehalten.

Am Schlusse dieses Kapitels folgt eine Liste der modernen Kriegsschiffe der einzelnen europäischen Flotten unter Angabe von Details besonders großer und anderer Schiffe 2c.

Alle Schiffsklassen und Typen hier anzuführen würde den Rahmen des vorliegenden Buches weit überschreiten und müssen wir auf die Beschreibung derselben Verzicht leisten. Dies kann aber um so leichter geschehen, als ohnehin im modernen Schiffswesen eine Er= findung die andere überstürzt und diejenige Konstruktion, welche heute noch als vorzüglich gepriesen, schon vielleicht in ganz kurzer Zeit als ein überwundener Standpunkt bezeichnet wird.

A. **England.** 1855 zählte die englische Flotte: 302 Segelschiffe mit 11473 Kanonen, 289 Dampfschiffe mit 5818 Kanonen und 69989 Pferdekraft.

Im Mai 1860 war der Bestand derselben: 60 Schrauben= Linienschiffe, 50 Fregatten, 9 Blockschiffe, 4 Panzerschiffe, 21 Kor= vetten, 95 Sloops, 27 kleinere Fahrzeuge, 192 Kanonenbote, 15 Trans= portschiffe, 4 Bombenschiffe. Ferner 16 Segel=Linienschiffe, 13 Fre= gatten, 3 Korvetten. In Summa 517 Dampf= und Segelschiffe.

Ende des Jahres 1880 zählte England einschließlich der im Bau begriffenen: 39 Schlachtschiffe (Panzerschiffe), 46 Küstenvertheidigungs-Fahrzeuge, 196 Kreuzer und 100 Torpedoboote (System Thornykroft mit einer Geschwindigkeit von 17 Knoten.) Außerdem eine große Anzahl Transportschiffe, Avisos, Hafenwacht-, Schul- und Kasernschiffe rc. In dem Zeitraum von 1860—1880 wurden im Ganzen 52 Panzerschiffe gebaut, nachdem 11 der älteren (hölzernen) als unbrauchbar ausrangirt werden mußten. Die Schlachtschiffe bestehen aus: Batterie-, Kasematt-, Thurm- und Gürtelpanzerschiffen. Die Küstenvertheidigungs-Fahrzeuge aus: 18 Panzerfahrzeugen und 28 ungepanzerten Kanonenbooten der „Staunch-Klasse" (letztere schwimmende Laffetten mit einer 9zölligen Armstrong-Kanone von 12¼ Tons Rohrgewicht im Bug.) Die Kreuzerflotte besteht aus: 15 Fregatten, 44 Korvetten, 32 Avisos, 105 Kanonenbooten.[*)]

Von den fertigen Schlachtschiffen ist die „Alexandra" eins der formidabelsten. Ein Kasemattschiff von 99,06 m. Länge zwischen den Perpendikeln, 19,20 m. Breite in der Wasserlinie, 9492 Tonnen Deplacement, mit 7,92 m. und 8,08 m. Tiefgang vorne und achter, und einem Panzergürtel, dessen größte Stärke 305mm. (sehr nahe 1 Fuß) beträgt. Sie hat Zwillingsschrauben-Compound-Maschinen von 8000 indicirten Pferden, eine Geschwindigkeit von 19 Knoten, und einen solchen Vorrath an Kohlen, daß sie mit 10 Knoten 2000 Seemeilen zurücklegen kann. In der untern Batterie führt sie acht 10Zöller (18 Tons Rohrgewicht), in der obern zwei 12Zöller (15 Tons Rohrgewicht) und zwei 10Zöller; ist außerdem mit Einrichtungen für Breitseit-Lancir-Apparate zu Whitehead-Torpedos versehen, mit 12 solcher Torpedos armirt, und als Bark getakelt. Das Innere ist durch 6 wasserdichte Quer- und 3 Längsschotten in Abtheilungen und Zellen getheilt.

Im Bau waren begriffen: 1. „Inflexible" (Thurmschiff mit excentrisch placirten Thürmen), das größte und stärkste englische Panzerschiff mit einer Länge von 97,5 m. zwischen den Perpendikeln, 22,87 m. größter Breite, 11400 Tonnen Deplacement, und einem Tiefgange von 7,14 m. und 7,45 m. vorne und achter. Dasselbe hat Zwillingsschrauben und Maschinen von 8000 Pferden mit etwa 14 bis 15 Knoten Geschwindigkeit. Die Panzerstärke beträgt 40 bis

---

*) Siehe „das schwimmende Flottenmaterial der Seemächte" von J. F. von Kronenfels k. k. Hauptmann d. R.

60 cm und ist hier außer den wasserdichten Längs= und Querschotten die erste praktische Anwendung des Zellensystems, welches noch an den von den Kohlenbunkern eingenommenen Räumen durch eine Korkfütterung der längs der Bordwand befindlichen Zellen vervoll= ständigt ist, zu Geltung gekommen. Auf diese Art hat man einen Rettungsgürtel von 5,27 □ m. hergestellt. Die Armirung besteht aus vier 16 Zöllern (42 cm. Geschützen von 81 Tons Rohrgewicht) und einer Anzahl Nordenfeld=Mitrailleusen, und ist ferner mit Torpedo=Lancir=Apparaten für Whitehead Torpedos im Bug und in den Breitseiten eingerichtet. Das Schiff ist als Brigg getakelt.

2. „Ajax und Agamemnon" Schwesterschiffe, einen verkleinerten Inflexible=Typ. darstellend. Sie haben eine Länge von 85,3 m., eine Breite von 20,12 m. und sollen mit Maschinen von 6000 effektiver Pferdekraft 13 bis 14 Knoten Geschwindigkeit erreichen. Der Seiten= panzer (compound) von 42 bis 45 cm. Stärke wird in zwei Lagen durch Teakholz getrennt. Die Thürme erhalten 406 mm. dicken Panzer; die Decke, welche die Schiffsenden, sowie die Citadelle gegen Vertikal= schüsse zu schützen haben, erhalten 76 mm. dicke Panzerplatten. Die Armirung wird aus vier 12¹/₂ Zöllern (32 cm. Geschützen von 38,6 Tons Rohrgewicht) bestehen. Die Citadellen sind in den Breitseiten mit Torpedo=Lancir=Apparaten versehen. Beide Schiffe zeigen die An= ordnungen schwer gepanzerter, mittschiffs aufgestellter Citadellen, welche die Maschinen und Munitionsräume bergen, während die Schiffsenden lediglich durch ein Panzerdeck geschützt sind.

3. „Colossus und Majestic" Doppelthurmschiffe von 99,06 m. Länge, 20,73 m. größter Breite, Tiefgang 7,7 m. und 8,00 m. vorne und achter, 9000 Tons Größe, mit Zwillingsschrauben= Maschinen von 6000 Pferden, die dem Schiffe 14 bis 15 Knoten Geschwindigkeit geben sollen. Panzerstärke 40 bis 45 cm. (compound); Armirung vier 45 cm. Geschütze, 6 leichte Granatkanonen und eine Anzahl Nordenfelde Mitrailleusen zur Abwehr von Torpedobooten. Die Einrichtungen im Innern sind ähnlich wie beim „Inflexible." Die Schiffe sollen keine Takelagen erhalten, ausgenommen einen Signalmast mit einem Derrick zum Ein= und Aussetzen der Schiffs= und zweier Torpedoboote des Thornycroft=Typus. Colossus ist das erste Kriegsschiff, bei welchem in England Stahl verwendet, und 1879 in Portsmouth auf Stapel gestellt wurde.

4. „Collingwood." Größe 9000 Tons, Maschine für 15 Knoten Geschwindigkeit, Panzer 40 bis 45 cm. (compound), Armirung vier

35 cm. Geschütze in 2 Barbette=Thürmen und sechs 15 cm. Ge=
schütze.

5. „Conqueror" Thurmschiff, Größe 6000 Tons, Maschine
4500 Pferdekraft, Panzer 30,5 cm. (compound), Armirung zwei
30,4 cm. Geschütze (12 Zöller) in einem Drehthurm. Das Schiff
soll einen abnehmbaren Sporn bekommen.

6. Polyphemus" Torpedo=Widderschiff, ein Experiment, welches
als Armirung nur Ramme und Fischtorpedos und einige Mitrail=
leusen zur Abwehr gegen Torpedoboote erhalten soll. Das convexe
Deck ist ganz mit 7,5 cm. Stahlplatten gepanzert. Größe 2600 Tons,
Maschine 5500 Pferdekraft, auf 17 Knoten Geschwindigkeit be=
rechnet 2c.

Von den Kreuzern ist der „Shah" die größte Fregatte der
englischen Flotte. Derselbe ist aus Eisen gebaut und darüber mit
einer doppelten Teakholzbeplankung versehen, an deren äußerer Haut
die Bekupferung angebracht ist. (An iron chip cased with wood).
Die Länge zwischen den Perpendikeln beträgt 104,34 m., die größte
Breite 15,85 m., der Tiefgang 6,7 und 7,77 m vorne und achter,
Deplacement 6040 Tonnen.

Die Armirung besteht aus vierzehn 7 Zöllern, zwei 10 Zöllern und
acht 64 pfündigen Kanonen; die letzteren Geschütze sind auf dem
Oberdeck aufgestellt. Der Shah ist mit Breitseit=Lancir=Apparaten
für Whithread=Torpedos ausgerüstet. Die Maschine von 7500 Pferde=
kraft liefert eine Geschwindigkeit bis zu 16 Knoten. Das Schiff
ist voll getakelt und hat ein Segelareal von 2387 ☐m. Die
neuesten Avisos der englischen Flotte sind „Iris und Mercury,"
die ersten Schiffe, welche ganz aus weichem Stahl gebaut wurden,
und die schnellsten Schiffe, welche die englische Flotte besitzt. Die
Länge zwischen den Perpendikeln beträgt 91,44 m., die größte Breite
14,02 m., größter Tiefgang 6,7 m., Deplacement 3735 Tons. Das
Mittel der auf der Probefahrt geleisteten indicirten Pferdekräfte der
Doppelmaschinen betrug 7550 bei einer Geschwindigkeit von 18,75
Knoten; mithin die schnellsten Schiffe der Welt. Die Armirung
besteht aus je zehn 64 pfündigen Geschützen, und sind die Schiffe
außerdem mit Breitseit=Lancir=Apparaten für Whitehead=Torpedos
versehen.

B. Frankreich 1852 zählte die französische Flotte: 252 Segel=
schiffe, 112 Dampfschiffe mit 29,352 Pferdekräften.

Im Mai 1861 war der Bestand derselben: 50 Schrauben=

Linienschiffe, 20 Panzerschiffe, 47 Fregatten, 22 Korvetten, 115 Avisos und kleinere Fahrzeuge, 39 Kanonenboote, 9 schwimmende Batterien, 41 Transportschiffe; ferner 9 Segel-Linienschiffe, 28 Fregatten, 13 Korvetten, 46 Avisos und kleinere Fahrzeuge und 49 Transportschiffe. In Summa 488 Dampf- und Segelschiffe.

Am 1. Januar 1880 zählte Frankreich einschließlich der im Bau begriffenen: 25 Panzerschiffe ersten, 15 zweiten Ranges, 16 Küstenvertheidigungs-Fahrzeuge, 7 schwimmende Batterien, 51 Kreuzer, 19 Avisos, 17 Kanonenboote, 41 Transportschiffe, 47 Kanonen-Schaluppen und kleinere Fahrzeuge und 50 Torpedoboote. (theils Thornycroft-Typus). Die französische Marine hat ihre Schlachtschiffe in zwei Rangklassen geschieden, und bestehen dieselben aus Batterie-, Kasematt- und Thurmschiffen, wie in England. Die Panzerschiffe ersten Ranges sind die eigentlichen Schlachtschiffe, während die Panzerschiffe zweiten Ranges für auswärtige Stationen bestimmt sind. Im Jahre 1872 wurden die neuen Grundlagen geregelt, nach welchem die Marine zu konstituiren war. Im Verfolge eines vom Admiralitätsrathe geprüften und vom Marine-Minister sanktionirten Flotten-Programms wurde der Conseil des traveaux damit beauftragt, die Grundzüge der verschiedenen Schiffstypen festzustellen, die den Anforderungen der heutigen Seekämpfe entsprechen. Der Réedoutable, Dévastation und Foudroyant sind die ersten Schiffe, welche nach den 1872 bestimmten Principien gebaut wurden, jedoch weichen dieselben im Bau 2c. von einander ab.

1., Der „Réedoutable," welcher im Jahre 1876 vom Stapel lief, war das erste Schiff der französischen Marine, bei welchem Stahl ausgedehnte Verwendung fand, doch sind die Bodenbleche von Eisen. Die Länge in der Wasserlinie beträgt 97 m., die größte Breite 19,76 m., Deplacement 8854 Tonnen, größter Tiefgang 7,63 m. Die größte Dicke der Platten des Gürtelpanzers, welcher um das ganze Schiff reicht, beträgt 355 mm. Im mittleren Theile des Schiffes befindet sich eine mit 240 mm. dicken Platten gepanzerte achteckige Kasematte, welche vom Gürtelpanzer bis zum Oberdeck reicht. Der Deckpanzer ist vorne 50 bis 60, achter 40 bis 50 mm. stark.

Die Armirung des Réedoutable ist folgende; vier 27 cm. Geschütze stehen in der Kasematte, zwei 27 cm. Geschütze sind auf dem Oberdeck in Halbthürmen, aus welchem die Geschütze en barbette feuern, installirt; zwei weitere 27 cm. Geschütze stehen im Bug und am Heck, letzteres auf einer drehbaren Plattform; ferner sind noch sechs 14 cm. Kanonen in der Breitseite auf dem Oberdeck aufgestellt. Die Maschine von 6000 Pferdekraft giebt dem Schiffe etwa 15 Knoten Geschwindigkeit. Das Schiff hat nur eine einfache Schraube und volle Takelage.

2. das Panzerschiff „Admiral Duperré" bildet mit den noch im Bau befindlichen Panzerschiffen „Admiral Baudin" und „Formidable" die sechste Gruppe der französischen Panzerschiffe ersten Ranges. Die Länge in der Wasserlinie beträgt 97,50 m., größte Breite 20,40 m., Deplacement 10,486 Tonnen, größter Tiefgang 8,15 m. Das Konstruktions-System des Schiffskörpers ist jenem des englischen Panzerschiffes „Inflexible" ähnlich, soll jedoch noch stärker sein. Mit Ausnahme des Vor= und Achterstevens und der Bodenbeplattung ist das Gebäude ganz aus Stahl und enthält nahezu 200 wasserdichte Abtheilungen und Zellen.

Der „Admiral Duperré" besitzt in der Wasserlinie einen von vorn bis achter reichenden Gürtelpanzer, von 2,4 m. Breite und 550 mm. Dicke mittschiffs, der sich nach den Enden verjüngt.

Von den Geschützen sind vierzehn 14 cm. in einer ungepanzerten Batterie installirt. Auf dem Oberdeck befinden sich 4 Barbette= Thürme, von welchen einer an jeder Seite vor den Schornsteinen placirt ist und über die Bordwand hinausragt; ein Thurm ist in der Mitte des Achterdecks und einer hinter dem Kreuzmaste installirt. Alle diese Thürme sind mit 300 mm. dicken Platten gepanzert, und jeder derselben ist mit einem 34 cm. Geschütze armirt. Diese 4 Ge= schütze stehen auf Drehscheiben und feuern en barbette über die Panzerwand des Thurmes 2c.

Die Maschine (Zwillingsschrauben) indiciren bis 8000 Pferde und erzeugen eine Geschwindigkeit von 14 bis 15 Knoten. Das Schiff hat eine volle Takelage mit einer Segelfläche von 2400 ☐ m.

Torpedoboote. Die französische Regierung hat in jüngster Zeit auf der Werft zu La Seyne eine Anzahl von Torpedobooten be= stellt, die mit Whitehead=Torpedos armirt werden sollen. Diese Boote sind 28 m. lang, 3,6 m. breit und 1,5 m. tief im Raume und haben ein Deplacement von 33 Tonnen. Der Bootskörper ist aus 3 bis 5 mm. dicken Stahlblechen hergestellt. Die Maschine hat 500 indicirte Pferdekraft und soll dem Boote 19 bis 20 Knoten Geschwindigkeit geben.

C. **Rußland**. 1854 zählte die russische Flotte: 51 Linienschiffe (darunter 4 Schrauben-Linienschiffe), 19 Fregatten, 15 Korvetten und Briggs, 40 Schoner, Transportschiffe rc., 48 Dampfer und 95 Kanonenboote. Der gegenwärtige Stand derselben ist folgender: 6 Panzerschiffe, 25 gepanzerte und 9 ungepanzerte Küsten-vertheidigungs-Fahrzeuge, 66 Kreuzer, 4 Kanonenboote 100 Torpeboboote. Die „Schlachtschiffe" bestehen aus Batterie-, Kasematt-, Thurm- und Gürtelpanzerschiffen; die Küstenvertheidigungs-Fahrzeuge aus Kanonenbooten, Monitors und kreisrunden Schiffen rc.. Das stärkste Panzerschiff der russischen Flotten ist: „Peter der Große." Seine größte Länge beträgt 101,56 m., Breite in der Wasserlinie 19,25 m., Deplacement 9820 Tonnen, Tiefgang 6,94 und 7,54 m. vorne und achter. Der Gürtelpanzer reicht von 1,83 m. unter der Wasserlinie bis 91 cm. über der Wasserlinie und ist in der Mitte 355 mm. stark. Die Brustwehr ist ebenfalls mit 355 mm. dicken Platten gepanzert. Der Thurmpanzer ist 203 + 152 mm., der Deckpanzer 76 mm. stark. Das Schiff hat wie die englischen, eine Anzahl wasserdichter Abtheilungen und Zellen, ist mit Zwillings-schrauben-Maschinen von 8700 Pferden, die eine Geschwindigkeit von 12 bis 13 Knoten erzeugt haben, versehen. Die Armirung besteht aus vier 13 Zöllern (Gußstahl Hinterladern von 40,59 Tonnen Rohrgewicht), die in zwei Coles'schen Drehthürmen stehen, ferner eine Anzahl Mitrailleusen nach Palmkranz und Vorrichtungen zum Lanciren von Spieren-Tropedos. Es ist ein Brustwehr-Monitor ohne Masten, dessen Kohlenvorrath bei 9 Knoten Geschwindigkeit zur Zurücklegung von 3700 Seemeilen ausreichen soll.

Von den übrigen Schiffen sind die gepanzerten Kreuzer „General Admiral" und „Herzog von Edinburg" bemerkenswerth, deren Wasserlinie mit 15 cm. starken Panzerplatten belegt ist. Die Länge zwischen den Perpendikeln beträgt 85,75 m., Breite in der Wasserlinie 14,62 m., Deplacement 4650 Tonnen, Tiefgang vorne und hinten 5,80 und 7,02 m. Der eiserne Rumpf ist mit Holz beplankt; der Bug hat keinen Sporn. Die ausschließlich auf Deck placirte Armirung besteht aus vier 8 zölligen und zwei 6 zölligen Geschützen (gezogenen Hinterladern) und befindet sich im mittleren Theile des Schiffes in einer Barbette-Batterie. Diese offene Kasematte ist mit einem 152 mm. starken Panzergürtel von 76 cm. Höhe umgeben. Der 152 mm. starke Gürtelpanzer reicht bis 1,52 m., unter die Wasserlinie.

Die Zwillingsschrauben-Maschinen indiciren 6300 Pferde und geben den Schiffen eine Geschwindigkeit von 13 Knoten. Die Schiffe sind voll getakelt.

D. **Türkei.** Im Mai 1859 war der Flottenbestand der Türkei: 8 Segel-Linienschiffe, 12 Fregatten, 4 Korvetten, 8 Briggs, 9 Schoner, 23 Dampfer. Zusammen 64 Schiffe und Fahrzeuge.

Gegenwärtig zählt die türkische Flotte: 15 Panzerschiffe, und 37 Kreuzer; außerdem ist noch eine aus 7 Fahrzeugen (worunter 4 gepanzerte) bestehende Flottille vorhanden.

E. **Spanien.** 1861 zählte die spanische Flotte: 5 Schrauben-Fregatten, 1 Korvette, 14 Schoner, 18 Kanonenboote, 24 Radbampfer, 9 Transportschiffe. Im Bau befanden sich: 1 Schrauben-Linienschiff, 6 Fregatten, 7 Schoner; ferner besaß die Flotte 2 Segel-Linien-schiffe, 2 Fregatten, 4 Korvetten, 8 Schoner, 39 Feluden, Schebacken 2c.

Der Bestand der spanischen Flotte ist gegenwärtig: 5 Schlacht-schiffe, 60 Küstenvertheidigungs-Fahrzeuge und 34 Kreuzer.

F. **Niederlande.** 1860 zählte die niederländische Flotte: 5 Schrauben-Fregatten, 2 Corvetten, 10 Schoner, 11 Kanonenboote, 14 Radbampfer; ferner 2 Segel-Linienschiffe, 8 Fregatten, 6 Cor-vetten, 7 Briggs, 11 Schoner, 45 Kanonen-Schaluppen, 12 Kanonen-Jollen, 6 schwimmende Batterien, 6 Wacht- und Schulschiffe. Zu-sammen 42 Dampfer und 103 Segelschiffe.

Gegenwärtig besteht die niederländische Seemacht aus: 2 Panzer-schiffen (Schlachtschiffen), 60 Küstenvertheidigungs-Fahrzeugen (darunter 14 ungepanzerte Kanonenboote), 31 Kreuzer und 12 Torpe-doboote (nach Thornycroft System).

G. **Schweden.** 1854 war der Flottenbestand: 10 Segel-Linienschiffe, 8 Fregatten, 8 Corvetten und Briggs, 6 Schoner, 8 Mörserboote, 256 Kanonen-Schaluppen und Jollen, 22 Transport-fahrzeuge, 12 Dampfer. Zusammen 330 Schiffe und Fahrzeuge.

Nach dem Flottenplane, welcher dem Reichstage 1876 vorgelegt wurde, soll die schwedische Flotte künftig bestehen aus: 6 Widder-schiffen, 20 gepanzerten, 20 ungepanzerten Kanonenbooten, 4 Minenschiffen, 5 Uebungsschiffen und mehreren Transportfahr-zeugen 2c.

Gegenwärtig besitzt die schwedische Kriegsmarine: 4 Monitors, 10 gepanzerte, 18 ungepanzerte Kanonenboote, 5 Kreuzer und 8 Tropedoboote (nach Thornycroft System).

H., **Norwegen.** 1855 war der Flottenbestand: 3 Fregatten (davon eine mit Schraube), 5 Corvetten (davon zwei mit Schrauben), 1 Brigg, 5 Schoner (davon 2 mit Schrauben), 5 Raddampfer, 80 Kanonen-Schaluppen, 43 Kanonen-Jollen (Scheerenflotte).

Gegenwärtig besitzt Norwegen: 4 Monitors, 2 ungepanzerte Schrauben-Fregatten, 2 Corvetten, 21 Kanonenboote; außerdem sind mehrere Torpedoboote vorhanden.

I., **Dänemark.** 1845 zählte die dänische Flotte: 6 Segel-Linienschiffe, 1 Blockschiff, 8 Fregatten, 4 Corvetten, 6 Briggs, 2 Schoner, 3 Kutter, 3 Dampfer, 18 Bomben-Schaluppen, 48 Kanonen-Schaluppen, 18 Kanonen-Jollen.

1860 zählte dieselbe: 1 Schrauben-Linienschiff, 4 Fregatten, 3 Corvetten, 6 Kanonenboote, 6 Raddampfer; ferner 3 Segel-Linienschiffe, 6 Fregatten, 4 Corvetten, 3 Briggs, 2 Schoner, 9 Transportschiffe, 40 Ruder-Kanonenschaluppen, und 17 Kanonen-jollen.

Nach dem, dem dänischen Reichstage 1879 vorgelegten Flotten-programme soll die dänische Flotte künftig bestehen aus: 8 Panzer-Batterien, 4 gepanzerte, 8 ungepanzerten Kanonenbooten, 14 ungepanzerten Kreuzern, 30 Tropedobooten. (Nach Thornycroft System.)

Gegenwärtig besteht die dänische Panzerflotte aus: 2 Panzer-Fregatten und 5 Panzer-Batterien; eine sechste Panzer-Batterie befindet sich im Bau.

K. **Portugal.** Im Jahre 1793 zählte die portugiesische Flotte: 12 Segel-Linienschiffe, 12 Fregatten, 10 Corvetten, 3 Briggs.

1856 zählte dieselbe: 1 Segel-Linienschiff, 1 Fregatte, 3 Corvetten, 3 Briggs, 13 Schoner, 17 kleinere Fahrzeuge, 12 Dampfer. Zusammen 50 Schiffe und Fahrzeuge.

Die portugiesische Flotte besitzt zur Zeit nur ein Panzerschiff (Vasco de Gama); von ungepanzerten Schiffen sind 8 Schrauben-Corvetten und 8 Schrauben-Kanonenboote vorhanden.

L. **Griechenland.** Die griechische Flotte ist eine der kleinsten Europas; sie zählt gegenwärtig: 1 Panzer-Corvette, 1 Panzer-fahrzeug, 2 Schrauben-Corvetten, 6 Schrauben-Kanonen-boote und 4 Dampfer.[1]

---

[1] Siehe das schwimmende Flottenmaterial der Seemächte von J. F. von Kronenfels k. k. Hauptmann d. R.

Anmerkung. Deutschland, Oesterreich, Italien, siehe Kapitel 43.

Einundvierzigstes Kapitel.

Thätigkeit der russischen, englischen, französischen und türkischen Flotte während des sogenannten Krim-Krieges 1853—1855.

Des sogenannten Krimkrieges mag hier nur insofern gedacht werden, als der Transport so bedeutender Truppenmassen, des Armee= und Kriegsmaterials sowie des Proviants, den verbündeten Flotten anheim fiel.

Die russische Flotte des schwarzen Meeres, nachdem am 30. November 1853 sechs Segel=Linienschiffe, 3 Fregatten und 3 Rad= dampfer derselben, in der Bucht von Sinope, 7 türkische Fregatten, 3 Corvetten und 3 Raddampfer überrumpelt und durch Beschießung mit Granaten, vollständig vernichtet hatten, kam aus Mangel an Dampfkraft nicht weiter zur Action, sondern verblieb in Sewastopol, wo die Linienschiffe als Hafensperre versenkt wurden.

Die verbündeten Flotten, welche die Truppen von Konstantinopel nach der Krim brachten, zählten 7 Schrauben=Linienschiffe, 27 Segel= Linienschiffe, 20 Dampf=Fregatten, 9 Segel=Fregatten, 25 Dampf= Corvetten und Avisos. Die Flotte der Ostsee war bedeutend ge= ringer und zählte im Verhältniß noch weniger Dampfschiffe. Zu Actionen zur See ist es, außer dem Bombardement von Odessa und Sewastopol durch englische und französische Kriegsdampfer, der Einnahme von Bomarsund und anderen kleineren Unternehmungen, weiter nicht gekommen. Die mit Dampfmaschinen versehenen Schiffe hatten die Aufgabe, so oft als erforderlich, resp. bei Windstille, die Segelschiffe zu bugsiren. Zu bemerken ist, daß die russischen Ostsee= küsten und Hafeneingänge schon mit Seeminen, meistens in Form von Zuckerhüten versehen waren, welche den verbündeten Geschwa= dern jedoch nur wenig Schaden zugefügt haben.

Die Eroberung von Sewastopol und die Vernichtung der russischen Seemacht im Schwarzen Meere, war die Hauptaufgabe der Alliirten, und ersteres das wichtigste Operationsobjekt für einen Angriff auf Rußland unter den gegebenen Verhältnissen. Es wurde daher vom französischen Marschall Saint=Arnaud (Oberbefehlshaber der alliirten Streitkräfte) die Landung in der „Krim" beschlossen. Zwar lag es in dessen Absicht, dieselbe an der „Katscha" mit Waffen= gewalt zu erzwingen, und dann gleich Sewastopol anzugreifen, ehe Fürst Menschikoff, der kommandirende General in der Krim, seine

22*

Truppen zusammenziehen konnte, jedoch wurde er im Kriegsrath überstimmt und geschah statt dessen die Landung bei „Alt=Fort", (nach einer alten Burgruine genannt) südlich von „Eupatoria", unterstützt durch eine Flotten=Demonstration gegen die „Katscha".

Am 12. September 1854 ankerte die alliirte Flotte, deren imposanter Mastenwald eine Breite von 8 Seemeilen einnahm, in der Bucht von „Kalamita", südlich der Stadt „Eupatoria." Nachdem sich am 13. September alle zurückgebliebenen Schiffe gesammelt hatten, wurde am 14. September die Landung an dem dazu ausersehenen Punkte bewirkt. Die französische Flotte formirte dazu drei Treffen, deren jedes eine Division Landungstruppen an Bord hatte, in gleicher Ordnung nördlich davon die englische. Um 7 Uhr Morgens setzte das erste französische Boot von der „Ville de Paris" den General Canrobert und den Contreadmiral Bouet=Willaumez mit geringer Escorte an das Land; der General pflanzte wenige Minuten später die französische Tricolore in der Krim auf, begrüßt von dem tausendstimmigen „Vive l'Empereur!" auf den Schiffen. Am vorigen Tage hatten sich auf der Hochebene einige Kosaken gezeigt, diese waren jetzt auch verschwunden. Die Stadt Eupatoria ergab sich ohne allen Widerstand den abgesendeten Parlamentären. Für die einzelnen Divisionen wurden nun durch Flaggen von verschiedenen Farben die Stellungen bezeichnet. Die französische Armee sollte die Stellung vom Salzsee, der sich rechts hin erstreckt, bis zum Dorfe „Alt=Fort" einnehmen, die drei ersten Divisionen das erste Treffen, die 4 Division, nachdem sie von ihrer Demonstration gegen die Katscha zurückgekehrt, die Reserve=Artillerie und die türkische Division das zweite Treffen bilden. Zur Linken, ebenfalls in zwei Treffen, sollten die Engländer im Haken Stellung nehmen. Die verbündete Armee sollte sonach eine Winkelstellung formiren, beide Schenkel an das Meer gelehnt, das Dorf in der vorgeschobenen Spitze. Kurz nach 8 Uhr Morgens erfolgte von der „Ville de Paris" das Signal zur Landung. Diese wurde mit musterhafter Ordnung und Schnelligkeit ins Werk gesetzt; in kaum einer halben Stunde war die französische erste Division gelandet, jedes Bataillon, sowie es formirt war, löste ein Peloton als Tirailleurs auf und rückte, durch dieselben gedeckt, in die bezeichnete Stellung. Bis Mittag waren auch die beiden andern Divisionen ausgeschifft und in die Position gerückt, Feldwachen mit ihrer Postenkette in angemessener Entfernung vorgeschoben. Etwas später landeten auch die Engländer. Die leichte Division formirte sich zuerst. Bis zur Dunkelheit war die ganze britische Infantrie gelandet, konnte aber zum Theil nicht mehr vorrücken und mußte am Strande bivouakiren; es war stürmisch geworden, der Wind nördlich, so daß die Landung unterbrochen werden musste. Beim Anbruch der Nacht traf das Geschwader mit der französischen Division ein. Dasselbe hatte südlich der „Alma" ein russisches Lager bemerkt, und Granaten dahin geworfen.

Am 15. bis 18. September wurde die Ausschiffung der Truppen und des Armee=Materials, ohne von den Russen belästigt zu werden, fortgesetzt. Das Landen erfolgte mittelst flachgehender, eiserner und hölzerner Fahrzeuge, welche an einander gelascht und mit Plattformen versehen waren, ohne Mühe. Die Landungsstelle war flacher Sandstrand 2c.

Zweiundvierzigstes Kapitel.

Thätigkeit der amerikanischen Flotte während des Bürgerkrieges 1861—1864.

Der Bruch zwischen dem Norden und dem Süden (April 1861) war so plötzlich eingetreten, daß beide Gegner, vorläufig noch überrascht von dem Ereignisse, sich beobachtend gegenüber standen und Zeit gebrauchten, sich auf den Kriegsfuß zu setzen und die Parteien zu organisiren. Die Unionsflotte zählte 69 Schiffe, darunter 35 Segel= schiffe, 26 Schraubendampfer, darunter 6 Fregatten, 13 Corvetten, und 8 Raddampfer. Von diesen waren 41 in Dienst gestellt und größtentheils über alle Meere zerstreut, so daß die Nordstaaten im ersten Augenblick etwa nur über 12 bis 18 Schiffe verfügen konnten.

Das erste nordische Seeunternehmen ging von Privatpersonen aus, die unter Zustimmung des Präsidenten Lincoln dem Fort Sumter, welches von Beauregard belagert wurde, Material und Verstärkungen zuführen wollten. „Der Dampfer Star of the West", ein Privatschiff, welches dies versuchte, wurde von den Batterien Charlestons scharf beschossen und mußte unberichteter Sache wieder zurückgehen. Diese Zurückweisung fachte den Groll des Nordens an und erweckte den natürlichen Trieb, um jeden Preis wenigstens auf dem Meere Herr der Südstaaten zu werden. Um den von der

Union in Aussicht genommenen Kriegsplan: „das Kriegstheater zu
umklammern, einzuschnüren und den Gegner zu erdrücken", durchzu=
führen, war die Blockirung einer Küste von mehr als tausend See=
meilen mit 130—140 größeren und kleineren Flußmündungen und
Einläufen von 6 Fuß Tiefe aufwärts, erforderlich, eine Aufgabe,
die bisher, abgesehen von der Continentalsperre der englischen Flotte,
nie einer anderen zugefallen ist. Außerdem hatte die Flotte den
theilweisen Transport des Heeres, der Munition, der Vorräthe 2c.
zu besorgen, selbstständige Angriffe auf Küstenpunkte, Forts, Batterien,
Sperren und selbst auf die Truppen des Gegners zu machen, ferner
die große, auf allen Meeren verbreitete Handelsflotte gegen süd=
staatliche Kreuzer zu schützen. Trotz all diesen Anforderungen ist es,
wenn auch die Flotte der Nordstaaten bei Ausbruch des Krieges
diesen Aufgaben nicht im Entferntesten gewachsen war, derselben den=
noch gelungen, nicht allein die Blockade nach kurzer Zeit mit wenigen
Ausnahmen effectiv zu machen, sondern auch den Südstaaten die Zufuhr
von Kriegsmaterial 2c. abzuschneiden, und auf diese Weise den unheil=
vollen Krieg zu Ende zu führen.

Es handelte sich zunächst um eine möglichst schnelle Vermehrung
der Seestreitkräfte und mußten hierzu alle Mittel aufgeboten werden.
Seetüchtige, schnelle Handelsschiffe wurden armirt und dem Blockade=
geschwader zugetheilt, so daß die Zahl derselben schon im Dezember
1861 bis auf 100 gewachsen war. Schnelle Kreuzer, theils gekauft,
gemiethet oder gebaut, wurden armirt und zum Schutze der Handels=
schiffe gegen die Kaper der Südstaaten ausgeschickt. Kanonenboote
und Raddampfer, letztere mit einem Ruder hinten, einem andern
vorn, zum Dienst auf den Flüssen, wurden in Bau genommen, in
wenigen Monaten beendet, armirt und bemannt. Gleichzeitig, wenn
auch nicht mit derselben Geschwindigkeit, schritt man zum Bau von
Panzerfahrzeugen, Panzer=Batterien und Monitors. Es war dies ein
kühner, gewagter Schritt, denn das einzige schwere Panzerschiff das
fertig erprobt war, war die französische Fregatte „Gloire". Der
englische „Warrior" war noch im Bau und die öffentliche Meinung
war gegen die Verwendbarkeit der Panzerschiffe. Dennoch ließ man
sich nicht beirren. Die Panzerung der hölzernen Schiffe bestand, in
Ermangelung stärkerer Platten, theils aus Eisenbahnschienen, theils
aus schweren Ankerketten. Als Geschütze gelangten meistens glatte Rohre
schweren Kalibers: 9, 10 bis 15 Zöller (Dahlgren), aber nur wenig
gezogene zur Verwendung.

Der Kampf des konföderirten Panzerschiffes „Merrimac" gegen die Unionsschiffe auf Hampton Rhede und das Gefecht zwischen ersterem und der Unionsbatterie „Monitor" am 8. und 9. März 1862 sollte in erster Reihe die gewaltige Ueberlegenheit der gepanzerten Schiffe überzeugend darlegen.

Die „Merrimac", eine hölzerne Fregatte, von etwa 3000 Tons Deplacement, 600 Pferdekraft, und 7 bis 8 Knoten Geschwindigkeit, die bei Ausbruch des Krieges von den Unionsbehörden in Norfolk versenkt, dann von den Conföderirten wieder gehoben worden, war zum Zweck der Panzerung bis auf 3 Fuß über der Wasserlinie rasirt und ihre Seiten, die mit 4½ zöllige Lamellenpanzer versehen waren, fielen unter einem Winkel von 35 Grad ein. Ueber dem Zwischendeck baute man ein bombenfestes eisernes Dach von etwa gleicher Stärke, das den Geschützen, 8 Dahlgren von 9 Zoll Kaliber und 2 gezogenen 7½ zölligen (100 Pfünder) Armstrong, Schutz gewährte. Dieselben feuerten durch Minimalpforten in dem schrägen Dach. Der Bug war mit einem eisernen Sporn versehen. Auf der Rhede von Hampton lagen 4 Holzfregatten der Union: „Congreß, St. Lawrence, Minnesota und Roanoke," letztere beiden Schraubendampfer, und eine Segel-Corvette „Cumberland", um den Hafen von Norfolk zu blockiren 2c.

Am 8. März dampfte die „Merrimac" in Begleitung zweier Kanonenboote aus dem Hafen von Norfolk gegen die Unionsschiffe. Sie traf zuerst auf „Cumberland" und „Congreß", lief bis auf 50 Yards an erstere heran, und feuerte auf dieselbe eine Breitseite ab, die unter der Mannschaft große Verluste verursachte, während die Geschosse des „Cumberland" vom Eisenpanzer der Merrimac abprallten. Kurze Zeit darauf ging Merrimac gegen Cumberland zum Stoß vor, und rannte letztere in den Grund. Darauf schoß sie sich eine Zeit lang mit den Uferbatterien herum, wandte sich dann gegen die mit fünfzig 8 und 10 zölligen Geschützen armirte Fregatte „Congreß", welche, um dem Schicksal der „Cumberland" zu entgehen, ihre Ketten schlippte und auf Grund lief, aber schon nach halbstündigem Kampfe die Flagge stretchen mußte, nachdem sie vollständig zum Wrack geworden und die Hälfte der Mannschaft todt oder verwundet war. Die „Minnesota" und „Roanoke" geriethen bei dem Versuch, sich wirksam am Kampfe zu betheiligen, auf Grund und konnten nur aus großer Entfernung ihr Geschützfeuer gegen den Feind richten. Gegen Abend dampfte die „Merrimac" nach

Norfolk zurück, ohne Verluste erlitten zu haben. Am nächsten Morgen erschien sie wieder, um ihr Zerstörungswerk zu vollenden, doch hatte sich inzwischen die Situation geändert. In der Nacht war die gepanzerte Batterie „Monitor" der Unionsflotte angekommen, von ähnlichen Dimensionen, wie solche S. 315 und 316 beschrieben, nur mit zwei 11zölligen Geschützen armirt, mit einem fünfzölligen Lamellenpanzer versehen, einer Geschwindigkeit von 6 Knoten, und das Deck etwa 22 Zoll über Wasser liegend.

Gegen 9 Uhr feuerte die „Merrimac" ihre erste Breitseite gegen den Monitor, und von diesem Augenblick an bis nach zwölf Uhr wüthete der Kampf ununterbrochen fort, während welcher Zeit die beiden Schiffe fast unausgesetzt Seite an Seite lagen. Die „Merrimac" endlich ungeduldig, daß das kleine Fahrzeug mit seinen zwei Geschützen ihm den Weg zu der hülflos am Strande liegenden Dampffregatte „Minnesota" verlegte, machte einen Rammversuch auf den Gegner, welcher ihr Tags zuvor gegen den „Cumberland" so vorzüglich gelungen war. Doch dieser Stoß mißglückte, indem der Sporn verletzt wurde, ohne den Gegner ernstlich zu beschädigen. Die Breitseiten der Merrimac verschlugen nichts, da von der Batterie nur der Thurm, das Steuerhäuschen und der 4 Fuß hohe Schornstein aus dem Wasser ragten. Der Thurm erwies sich als unverwundbar. Das Entern mißlang ebenfalls, da die mit Eisengitter geschlossenen Deckluken des Monitor nicht forcirt werden konnten und sämmtliche Mannschaften sich im Thurm oder unter Deck aufhielten. Zwar blieben auch beim Monitor die Ver= letzungen nicht aus, dessen Kapitän durch einen Schuß gegen das Steuerhaus fast erblindet war, allein er behauptete das Feld, bis die „Merrimac" einen Schuß unterhalb der Wasserlinie erhielt, was sie nöthigte, den Kampf aufzugeben und sich unter die Batterie von Norfolk zurückzuziehen.

Die Union besaß Anfang 1863 vierzehn gepanzerte Fahrzeuge: 12 Monitors und 2 Fregatten. Die Miantonomoklasse mit vier 15 Zöllern und 12 Zoll Panzer kam nicht mehr zur Verwendung. Die Seestreitkräfte des Südens waren im Verhältniß zu denen des Nordens weniger bedeutend. Mit der Beschlagnahme der Werft von Norfolk war, wie schon oben erwähnt, dem Süden die Fregatte „Merrimac" mit 40 Geschützen in die Hände gefallen. Im Uebrigen strebte man im In= und Auslande, mit allen zu Gebote stehenden Mitteln, den Bau von Kriegsfahrzeugen zu forciren und legte dieselbe Energie wie der Norden an den Tag. Zur Sicherung und Abwehr des Gegners wurden die Flußmündungen neben den Forts und Batterien durch mehrere Reihen Sperren und Seeminen verbarrikadirt und zur Zerstörung der Blockadeschiffe, Stangentorpedos angewendet. Zum ersten Male kamen die Minen auf dem Potamac, und zwar in Form von 2 mit Pulver gefüllten Doppelfässern mit Zündern versehen, in Anwendung, die durch eine Manillaleine mit einander verbunden waren und mit der Strömung fortgetrieben wurden. Sie wurden jedoch von den Blockirenden rechtzeitig bemerkt und durch Boote zerstört. Von den vielen Actionen der Schiffe der Union gegen die von den Südstaaten erbauten Forts, die Forcirung und Aufräumung von Passagen und Flußmündungen 2c. mag hier nur der folgenden gedacht werden:

Ueber den Kampf der Unionsflotte gegen das Widderschiff der Konföderirten „Tennessee" 5. August 1864 berichtet Admiral Farragut Folgendes:

„Nachdem die Forts — an der Einfahrt in die Bay — passirt und die feindlichen Kanonenboote zerstreut waren, hatte ich bereits der Mehrzahl der Schiffe den Befehl gegeben, zu ankern, als ich das Widderschiff „Tennessee" auf das Flaggschiff zukommen sah. Ich erkannte sofort seine Absicht dieses zu vernichten und befahl deshalb den Monitors[1]) und denjenigen Holzschiffen, welche ich für geeignet hielt, den Tennessee anzugreifen und zwar nicht nur mit den Geschützen, sondern auch mit dem Bug unter voll Dampf. Die Monongahela (Holzcorvette) rammte zuerst und erlitt dabei erhebliche Beschädigungen am Bug und an der Verschanzung, ohne dem Gegner viel Schaden zu thun. Die darauf folgende Holzcorvette rammte ebenfalls mit voll Dampf. Obgleich ihr Vorsteven bis auf die Planken gequetscht war, nahm man an dem Widderschiffe keine andere Wirkung als das Eintreten einer Schlagseite wahr. Das Flaggschiff „Hartford" (Holzcorvette) rammte demnächst. Durch ein schnelles Ruderlegen auf dem „Tennessee" wurde der Stoß schräge parirt. Während sich in Folge dessen beide Schiffe auf 10 Fuß Entfernung Seite an Seite passirten, feuerte der Hartford eine Breitseite 9zölliger Vollgeschosse gegen die Kasematte des Tennessee.

---

[1]) Das Geschwader bestand im Ganzen aus 7 Holzcorvetten, 7 hölzerne Kanonenboten und 3 Monitors. Ein vierter Monitor war bei der Einfahrt auf einen Torpedo (Mine) gelaufen und gesunken.

Die Monitors manövrirten langsam und beschränkten sich darauf, den Gegner zu beschießen. Ein 15zölliges Geschoß von Manhattan (Monitor) durchschlug seinen Eisenpanzer nebst Hinterlage. — Seit der vom Hartford abgegebenen Breitseite schwieg die Batterie des Tennessee. Bevor ein weiterer Stoß von jenem Schiffe aus geführt werden konnte, strich er die Flagge. Die Beschädigungen, welche die Kasematte des Tennessee durch Schüsse erhalten hat, sind sehr bedeutend. Die Zahl sämmtlicher Geschoßeindrücke und Spuren an dem Schiffskörper beträgt zwischen 40 und 50. Der Schornstein ist weggeschossen. — Der Panzer ist von einer 15zölligen Vollkugel so weit durchschlagen, daß Holzsplitter von 4 Fuß Breite abgespalten sind. Beschädigungen durch das Rammen sind äußerlich nicht wahrnehmbar 2c."

Mit dem Untergange des Monitor „Tennessee" war auch der Widerstand Mobiles gebrochen.

Diese beiden Episoden zeigen die Flotte in ihrer ausnahmsweisen Thätigkeit gegen südliche Panzerschiffe, sonst war die Marine der Nordstaaten fast immer gezwungen, sich gegen Landkräfte und Forts gewöhnlich in Verbindung mit Landtruppen zu schlagen. Dieser Verbindung von Flotte und Armee verdankt der Norden die Eroberung des Mississippistromes.

Zu allen größeren Unternehmungen, welche einen Kampf gegen Forts oder das Passiren von armirten Werken erforderten, wurden gewöhnlich die Fahrzeuge mit Ketten oder Eisenbahnschienen gepanzert, oder Baumwollballen, welche naß gemacht an den Seiten befestigt waren, versehen. Kühnheit, Energie und Glück mußten das Uebrige thun, so daß die Unions-Flotte manche Heldenthat aufzuweisen hat, die werth ist, in den Annalen der Geschichte verzeichnet zu werden. Als Beispiel, wie solche Unternehmungen auf Flüssen ausgeführt wurden und welche Schwierigkeiten dabei zu bekämpfen waren, möge die Expedition gegen New-Orleans, welche mit der Wegnahme desselben endete, hier Erwähnung finden.

Unter Oberleitung des Admiral Farragut wurde eine Flotte von 30 armirten Dampfern und 21 Mörserbooten am Mississippi formirt, welche den Angriff gegen die Befestigungen von New-Orleans unternehmen sollte.

Nachdem der Angriff vom See Ponchartrain aufgegeben war, wurde die Forcirung und Wegräumung der Sperre im Mississippi beschlossen, und zu diesem Zwecke die obigen Fahrzeuge durch die

Untiefen der Südwestpassage navigirt. Der Flußeingang wurde durch die beiden kleinen Forts, Jackson und St. Philippe, welche an einer Biegung desselben etwa 14 Meilen unterhalb New-Orleans lagen, vertheidigt. Zur Beunruhigung des Forts St. Philippe hatte Farragut von der Sable-Insel aus Truppen gelandet, während gegen Fort Jackson im Golf zwei Fahrzeuge postirt waren, welche von Westen aus mit ihren Geschützen bis dorthin reichten. Zwischen den beiden Forts hatten die Südstaaten eine Balkensperre, die durch Ketten befestigt war, hergerichtet; doch der starke Strom und die den Fluß herabtreibenden Gegenstände hatten dieselbe bald zerstört. In Folge dessen wurden Fahrzeuge quer über den Fluß verankert und versenkt. Doch hatte ein heftiger Sturm und die Strömung auch diese Sperre fast ganz untauglich gemacht. Dazu kam, daß die Brander, welche man gegen die Unionsschiffe treiben ließ, theils gegen die Sperre, theils gegen das hölzerne Bohlwerk des Forts Jackson geriethen, und letzteres dadurch im Moment des Kampfes in Brand kam.

Als weitere Vertheidigung der Flußmündung hatten die Südstaaten 7 gewöhnliche Flußdampfer mit Ketten gepanzert und die Seiten mit Baumwollballen versehen. Ein größeres Widderschiff „Louisiana" war im Bau nur soweit vorgeschritten, daß es allenfalls als schwimmende Batterie zu benutzen, sonst aber unfertig war; nur die Monitors „Manassa" und „Morgan" entsprachen den an Widderschiffen zu machenden Ansprüchen, doch waren ihre Maschinen nur schwach.

Die Unionsflotte passirte glücklich den südwestlichen flachen Eingang und dampfte dann langsam den Fluß hinauf, so daß am 16. April 1862 schon zwei Mörserboote das Bombardement gegen Fort Jackson beginnen konnten. Am 18. April war schon die ganze Mörserflotte mit Anschluß einiger Kanonenboote im Kampf. Die waldreichen Ufer gaben der größeren Mehrzahl der Schiffe gute Deckung, so daß nur einige derselben mitten im Strome zu ankern brauchten. Das Bombardement dauerte bis zum 23. ununterbrochen fort, und wurde von der noch unvollkommenen Artillerie der Konföderirten nur schwach erwidert. Im Fort Jackson, gegen welches sich das Feuer hauptsächlich concentrirte, geriethen die Baracken und Holzverkleidung mehrmals in Brand, welcher von den Mannschaften jedoch wieder gelöscht wurde. In der Nacht des 20. räumten die Unionisten unter dem Schutze der Dunkelheit und einem heftigen Feuer die noch übrigen Reste der Sperre weg, so daß am 23. Nach-

mittags schon die erste Division mit 6 Dampfern und 5 Mörser=
booten stromaufwärts dampfen konnte, um als Avantgarde Fort St.
Philippe zu engagiren. Dort traf dieselbe auf die feindliche Fluß=
flottille, nahm sofort den Kampf mit derselben auf und zwang 3 Ka=
nonenboote derselben nach kurzem Gefechte, die Flagge zu streichen. Der
Monitor „Morgan" wurde durch wirksame Schüsse aus nächster Nähe
kampfunfähig gemacht und mußte die Flagge streichen. Der Monitor
„Manassas", nachdem er die „Varuna" zum Sinken gebracht hatte,
wollte mit aller Gewalt gegen den Dampfer Mississsippi anlaufen;
da letzterer aber in der Strömung noch rechtzeitig ausbog, so lief das
von Schüssen arg zugerichtete Panzerfahrzeug auf das Ufer und
mußte von den Mannschaften verlassen werden. Bald darauf kam es
wieder flott, war aber in Brand gerathen und flog, stromabwärts
treibend, in die Luft.

Nachdem durch dieses Gefecht die Flottille der Südstaaten ver=
nichtet war, wurde mit wenigen Schüssen auch die zweite Vertheidigungs=
linie beseitigt und dampfte die Unionsflotte nun stromaufwärts. Zur
Vorsicht wurden zwei Kanonenboote vorangeschickt, um die beiderseitigen
Ufer unter Feuer zu halten; und am 25. April 1862 lief die ganze
Flotte bis New=Orleans, welches sich ebenso wie die beiden Forts
(am 28. April) ergeben mußte.

<hr />

Dreiundvierzigstes Kapitel.

Die preußische, die deutsche, die österreichische und die italienische Marine im 19. Jahrhundert.

Die Schöpfung des Großen Kurfürsten war zu Grabe getragen
und in die Hände der seinen Plänen mißgünstigen Staaten über=
gegangen. Bis zu ihrer Wiedergeburt ist nur das, in Kapitel 30
erwähnte Gefecht am 10. September 1759, zwischen preußischen und
schwedischen Kriegsfahrzeugen im Stettiner Haff bemerkenswerth, weil
auch in den Tagen Friedrichs des Großen etwas in Preußen geschah,
das den Anschein einer Wehrhaftigkeit zur See hatte. Der Ueber=
gang zur Geschichte der neuesten Zeit fehlt jedoch ganz. Es ist
zwischen der kurbrandenburgischen und der seit 1848 von Neuem ins
Leben getretenen preußisch=deutschen Marine eine nicht auszufüllende

Kluft, an deren diesseitigen Grenzen eine neue Schöpfung sich so herrlich entfaltet hat.

Preußen verkannte seit der Zeit des großen Friedrich keinen Augenblick die Nothwendigkeit einer seinen politischen Verhältnissen entsprechenden Seemacht, konnte aber, da es in erster Reihe seine Mittel für die Landmacht brauchte, nicht daran denken. Dennoch war es Preußen, obgleich es sich der Schwierigkeiten des Eintritts in die Reihe der Seemächte wohl bewußt war, welches, nachdem es als leitende Macht des Zollvereins die Bedeutung der Anforderungen an denselben begriffen, die nationale Aufgabe, den deutschen Handel unter eine gemeinsame Handelspolitik und unter den Schutz einer Flotte zu stellen, durchzuführen bestrebt war, indem es wiederholt den deutschen Küstenstaaten vorschlug, sich durch Annahme einer deutschen Flagge, gleiche Behandlung und Berechtigung der diesen Staatenvereinen angehörigen Schiffe und Ladungen, durch Anstellung gemeinschaftlicher Konsuln und Abschließung von Handels- und Schifffahrtsverträgen mit ihm zu vereinigen.[1]

Die Politik der Kleinstaaten aber legte den Hemmschuh an, und es geschah nichts.[2]

Es kam das Jahr 1848, — mit Verwirrungen der politischen und sozialen Zustände überfüllt, — eine Zeit, wo Schwärmer von Einheit, Größe und Macht Deutschlands träumten, als das winzige Dänemark mit wenigen theils mit deutschen Matrosen bemannten Kriegsschiffen die Küsten desselben blockirte, seinen Handel lahm legte. Neben den vielen bedauerlichen Ereignissen hatte es doch das eine Gute, daß die Begeisterung für die Einheit des Vaterlandes in den Herzen von Neuem erwachte, die Nothwendigkeit einer für die politische Machtstellung Deutschlands entsprechenden Flotte sich Bahn brach, und immer begeisterter der Ruf erscholl: eine deutsche Flotte! eine deutsche Flagge!

Wie schön, edel und groß der Gedanke alles dessen auch ist, was eben angedeutet worden, so schossen jene Schwärmer dennoch weit über das Ziel hinaus und verlangten eine schlagfertige Flotte, wie durch Zauberschlag, um sie den dänischen Schiffen ebenbürtig ent=

---

[1] 1843—1844 wurde zu Stettin Behufs Ausbildung der Navigationsschüler die Segelcorvette „Amazone" erbaut, mit zwölf 18 Pfündern armirt, und mit einer Besatzung von 5 Offizieren und 90 Mann 1845 unter dänischen See-Offizieren auf ihre erste Uebungsfahrt entsandt.

[2] Siehe Jordans Geschichte der Brandenburgisch-preußischen Marine.

gegenzustellen, ohne dabei die Schwierigkeiten der Beschaffung des schwimmenden Materials, besonders aber des zu einer Flotte er=forderlichen Personals zu berücksichtigen.

Fieberhaft waren zwar die Anstrengungen des Fünfziger=Aus=schusses (Duckwitz); bereitwillig erfolgte die Hergabe von 6 Millionen Thaler durch die National=Versammlung in Frankfurt, so wie der patriotischen Beiträge der gestifteten Flotten Comités, zur Gründung einer Reichsflotte, und mit wahrem Feuereifer schritt man zur Schaffung des Flottenmaterials.

An Se. Königliche Hoheit den hochseligen Prinzen „Adalbert" von Preußen richtete der Erzherzog=Reichsverweser selbst die dringende Bitte, die Flotten-Angelegenheit mit Rath und That fördern zu helfen. Von den in Deutschland vorhandenen See=Offizieren er=hielten der Kapitän Brommy und die Kapitän=Lieutenants Schröder und Donner einen Ruf nach Frankfurt, wo nach längeren Be=rathungen eine technische Marine=Kommission unter dem Vorsitze Sr. Königlichen Hoheit des Prinzen „Adalbert", und eine Marine=Ab=theilung gebildet wurde, deren nächste Aufgabe es sein sollte, geeignete Pläne für das zu gründende Werk vorzulegen.

Nach dem malmöer Waffenstillstande begann jedoch das über=eiferte Werk, welches den Todeskeim in sich trug, zu kränkeln; die Mittel flossen spärlicher, und daran ging die junge Flotte zu Grunde.

Was die schwärmerische Aufwallung des deutschen Volkes nicht vermochte, vollbrachte die Energie und Besonnenheit des preußischen Königthums. Denn wie in allen Zweigen des geistigen und materiellen Fortschritts war Preußen auch in der Flottenfrage dem übrigen Deutschland vorangegangen und mit dem malmöer Waffenstillstande richteten sich Aller Blicke auf dessen Entschlüsse. Die preußische Regierung hatte unter dem Vorsitze des hochseligen Prinzen Adalbert eine Kommission[1]) ernannt, deren Aufgabe es sein sollte, die Art und Ausdehnung der maritimen Mittel zu berathen, welche zur Verthei=bigung der preußischen Ostseeküste ausreichten. Es wurde der Bau von 18 Ruder=Kanonenbooten und 2 Jollen befohlen; ferner ein Marine=Bataillon gebildet, und ein Aufruf an die seemännische Bevölkerung erlassen, ihre Thätigkeit der aufstrebenden vaterländischen Kriegsmarine versuchsweise zu widmen.

---

[1]) Zu dieser Kommission gehörten: Generalmajor von Griesheim und Brese, Kapitän-Lieutenant Schröder, Major Gäde und Schiffbaumeister Elbertshagen.

Beim Ablauf des malmöer Waffenstillstandes bestanden die preußischen Seestreitkräfte aus: der Segelcorvette „Amazone“, den beiden armirten Raddampfern „Abler und Elisabeth“ (Postschiffe), 21 Ruder-Kanonenschaluppen und 6 Ruder-Kanonenjollen mit 67 Geschützen, 37 Offizieren und 1521 Mann. In der Formation begriffen: 2. und 3. Sektion der dritten Flottillen-Division mit 6 Schaluppen, so daß der summarische Bestand sich auf 3 größere armirte Fahrzeuge, 36 Schaluppen und 6 Jollen mit den dazu gehörigen Schleppdampfern ꝛc. belief. Dieselben wurden unter den Befehl des Commodore Schröder gestellt.

Durch Allerhöchste Ordre vom 1. März 1849 wurde die Errichtung des Ober-Kommandos der Marine, mit dessen Leitung Se. Königliche Hoheit der hochselige Prinz „Abalbert“ betraut wurde, befohlen, und trat gleichzeitig das Marine-Kommando in Stettin ins Leben. Das Ober-Kommando stand unmittelbar unter dem Befehl des Kriegs-Ministers.

Die Ratification des Waffenstillstandes mit Dänemark im August 1849 beendete die Operationen der Flottille,[1]) die Schiffe wurden abgerüstet, und der Mannschaftsbestand bis auf einen geringen Friedens-Etat reducirt.

Die Aufgabe der Marine-Behörden war nun in erster Reihe auf die Organisation und Heranbildung des Personals, sowie auf die Erwerbung von Schiffen gerichtet. Außer dem Kommodore Schröder traten 3 schwedische Kapitän-Lieutenants, 1 Schiffbau-Constructor und ein dänischer See-Offizier in den preußischen Marine-Dienst. Im Herbst 1852 konnten schon drei Schiffe (Gefion, Amazone und Merkur) unter dem Befehl des Kommodore Schröder nach Brasilien, West-Indien, Nordamerika und dem Mittelmeere entsendet werden, um die weltbekannten Farben auch in der Kriegsflagge den Völkern jenseits des Oceans zu zeigen.

Mittelst Allerhöchster Ordre vom 14. November 1853 wurde die Errichtung einer neuen Central-Behörde unter dem Namen „Admiralität“ und die Abzweigung der Geschäfte der Marine-Verwaltung vom Ressort des Kriegs-Ministeriums befohlen. Prinz Abalbert übernahm als Ober-Befehlshaber die specielle Führung der Geschäfte, der Minister-Präsident, Freiherr von Manteuffel, wurde zum Chef

---

[1]) Nur der „Abler“ fand Gelegenheit sich mit der dänischen Brigg „St. Croix“ bei Brüsterort zu messen.

der „Admiralität" ernannt. Das Ende des Jahres 1853 ist daher mit der Einsetzung der Admiralität, mit der Ratification des mit Olden=burg abgeschlossenen Vertrages: „wegen Ueberlassung einiger tausend Morgen Landes am Jadebusen zur Anlage eines Kriegshafens", un=zweifelhaft die Geburtsstunde der preußischen resp. der jetzigen kaiserlichen Kriegsmarine. So hatte die Aufgabe, welche Friedrich Wilhelm, der große Kurfürst, in rechter Würdigung der in der Gründung einer Kriegsflotte ruhenden Erfolge sich gestellt hatte, wieder in Preußens König ihren Meister gefunden, der den stolzen Bau auszuführen entschlossen war.

Mit der Errichtung der Admiralität ging die Umbildung der Unterbehörden Hand in Hand. Mit dem Abschlusse des Staats=Vertrages mit Oldenburg (20. Juli 1853) wurden die Küsten Preußens in Bezug auf den zu gewährenden See= und Küstenschutz, in 2 Stationen: die Marine=Station der Ostsee und die der Nord=see getheilt. Se. Königliche Hoheit der Prinz Adalbert wurde im März 1854 zum „Admiral" der Küsten ernannt. Nach erfolgter Konstituirung der vorgenannten Marine=Behörden, mußte auch die Vermehrung und Ausbildung des Personals und die Beschaffung Materials eintreten, und wurden durch Allerhöchste Ordres die be=treffenden Reglements zur Herstellung des Ersatzes 2c. emanirt. Es wurden junge Leute als Offizier=Aspiranten angenommen, Offiziere aus der Armee, später auch geeignete Offiziere aus der Handelsmarine auf die amerikanische, holländische und englische Flotte zur Erlernung des Kriegsschiffsdienstes geschickt, um zunächst die schwierigste Aufgabe, die Schaffung eines See=Offizier=Corps anzubahnen. Preußen hat somit seit der Zeit der Gründung einer Kriegsflotte viel des Außer=ordentlichen geleistet, und wieder reichen seine Grenzen von Livland bis in die Mitte der Nordseeküste, wie zur Zeit des ersten Erbauers kurbrandenburgischer Kriegsschiffe; doch weiter reicht sein Ruhm, der der Welt bekannt ist, nur reicher und vollendeter, nachdem Preußens „großer König", „Deutschlands sieggekrönter Kaiser" seinen Genius auf die Wagschale gelegt, mit welcher der Werth der Staaten und Völker gewogen wird. Vorwärts! ist die alte preußische Losung, und vorwärts strebt die emporstrebende preußische, die achtunggebie=tende deutsche Kriegsmarine zur Kräftigung der Wehrkraft, zum Schutze des überseeischen Handels des gemeinsamen Vaterlandes.

Am Schluß des Jahres 1860 bestand die preußische Marine bereits aus 26 Dampfschiffen und 9 Segelschiffen. Die Dampfer führten zusammen 212, die Segelschiffe 125 Kanonen. Hierzu kamen noch die schon früher erwähnten 36 Kanonenschaluppen und 6 Jollen, so daß die preußische Seemacht 77 Fahrzeuge mit 324 Geschützen um= faßte. Daß die Flotte von da ab stetig gewachsen ist, bedarf wohl weiterer Erwähnung nicht.

1864 am 17. März erhielt die preußische Marine unter dem Kapitän zur See Jachmann die Bluttaufe bei Rügen, wo derselbe mit wenigen, nur mit 43 Geschützen armirten Schiffen, einer mit 179 Kanonen bewaffneten dänischen Flotte entgegenfuhr.

Als Frankreich 1870 den Krieg erklärte, besaß Preußen: 3 Panzerschiffe mit 55 Geschützen und 16300 Pferdekräften; 2 Panzer= fahrzeuge mit 7 Geschützen und 2400 Pferden; 5 gedeckte hölzerne Corvetten mit 140 Geschützen und 8000 Pferden; 4 Glattdecks= Corvetten mit 54 Geschützen und 4200 Pferden; 8 Dampf=Kanonen= boote 1. und 14 zweiter Klasse mit 52 Geschützen und 5080 Pferden; 3 Avisos mit 11 Geschützen und 1070 Pferden; 3 Segel=Fregatten, 4 Briggs und die früher schon erwähnte Ruderflottille 2c.

Beim Ausbruch des Krieges schloß sich Se. Königliche Hoheit der hochselige Prinz Adalbert dem 1. Armee=Corps an und begab sich dann in das Hauptquartier nach Versailles, wo er bis zu Ende des Feldzuges blieb. Nach dem Kriege ernannte Se. Majestät der Kaiser den Prinzen zum General=Inspekteur der Marine, in welcher Stellung er bis zu seinem Tode verharrte. Bei seinem Dahinscheiden am 6. Juni 1873 heißt es am Schlusse des Necrologs, unter Auf= zählung Alles dessen, was bis 1870 von ihm geschaffen worden ist und werden konnte, gewiß mit vollem Recht: „die Marine verliert in dem Entschlafenen ein Herz voll der treusten Theilnahme an der Sache und an den Personen, hoch und niedrig. — Wie die Träume der Kindheit, so war die Sehnsucht des Jünglings, der Wunsch des Mannes, das Wollen und Wirken der letzten Jahrzehnte seines Lebens, der eine für ihn Alles erfüllende Gedanke, die vater= ländische Marine."

Der Vice=Admiral Jachmann kommandirte die preußischen Seestreitkräfte in der Nordsee während des Krieges, fürwahr, wie jedem Eingeweihten bekannt ist, keine leichte Aufgabe, die insofern noch erschwert wurde, als die Einfahrt zu dem Etablissement in Wilhelmshaven erst im Dezember 1870 den Schiffen zugänglich war. Am 21. August 1870 machte die Glattdecks=Corvette „Nymphe" einen Ausfall von Danzig gegen die in der Putziger Bucht vor

Anker liegende französische Panzerflotte und feuerte zwei Breitseiten gegen dieselbe. — Am 7. November 1870 bestand das Kanonenboot I. Klasse „Meteor" ein siegreiches Gefecht gegen den französischen Aviso „Bouvet" in West-Indien. Im Uebrigen kam die Flotte nicht zur Action.

Die Deutsche Marine besteht als solche erst seit 1871 und führten die von Frankreich gezahlten Kriegskosten dieselbe einer schnellern Entwickelung entgegen, so daß sie 1880 schon die weiter unten aufgeführte Stärke erreicht hatte. Ermöglicht wurde diese schnelle Entwickelung einerseits durch die gegen früher reichlicher fließenden Mittel, — andererseits aber dadurch, daß in der preußischen Marine schon die Basis, ein tüchtiges Offizier-Corps, geschaffen war, und die bereits im Ausbau begriffenen Etablissements ihrer Vollenduug entgegengingen.

Die Kaiserlich deutsche Flotte bestand im Jahre 1880 aus: 7 Panzer-Fregatten (3 Batterie-, 2 Kasematt- und 2 Thurmschiffen) 5 Panzer-Corvetten, 1 Panzerfahrzeug, 9 Panzer-Kanonenbooten, 11 ungepanzerten Gedeckten-Corvetten, 6 Glattdecks-Corvetten, 7 Avisos, 13 Kanonenbooten, 2 Torpedofahrzeugen, 1 Artillerie-Schiff, 4 Schulschiffen. Außerdem Minenleger, Minenprähme, 2 Transportfahrzeuge, 9 Dampfer zum Hafendienst, 2 Kasernenschiffe.

Die deutsche Flotte wird im Jahre 1883 nach dem Flottenprogramm folgenden Stand haben: 8 Panzer-Fregatten, 6 Panzer-Corvetten, 18 Küstenvertheidigungsfahrzeuge, 38 Kreuzer.

Die Oesterreichische Marine. Im Jahre 1814 wurden mit dem Arsenale zu Venedig von Seite Oesterreichs übernommen: 4 Linienschiffe, 2 Fregatten, 2 Corvetten, 7 Briggs, 1 Jacht, 7 Kanonenboote, 4 Bombarden und 22 Avisos und kleinere Fahrzeuge. Im Bau befanden sich: 6 Linienschiffe, 5 Fregatten, 6 Briggs.

Im Jahre 1857 war der Stand der Flotte: 1 Schrauben-Linienschiff (im Bau), 3 Schrauben-Fregatten, 5 Segel-Fregatten, 2 Schrauben- und 5 Segel-Corvetten, 11 Rabdampfer, 7 Briggs, 10 Schoner, 1 Bombarde, 52 Avisos und Kanonenboote c. Zusammen 108 Schiffe und Fahrzeuge mit 1001 Kanonen.

Am 1. Januar 1862 zählte die österreichische Flotte: 2 Panzerschiffe (im Bau), 1 Schrauben-Linienschiff, 3 Schrauben-Fregatten, 2 Corvetten, 13 Kanonenboote, 13 Rabdampfer. Zusammen 34 Dampfer mit 399 Kanonen; ferner 3 Segel-Fregatten, 3 Corvetten, 4 Briggs,

3 Schoner, 11 kleinere Fahrzeuge. Zusammen 24 Schiffe und Fahrzeuge mit 337 Kanonen. Außerdem war noch eine aus 45 Fahrzeugen mit 149 Kanonen bestehende Lagunen-Flottille zur Vertheidigung Benedigs vorhanden.

Gegenwärtig zählt die österreichische Flotte: 11 Schlachtschiffe
(Panzerschiffe) und 20 Kreuzer; Küstenvertheidigungs-Fahrzeuge sind
keine vorhanden.

Die Schlachtflotte besteht aus 3 Batterieschiffen: (offiziell
„Panzer-Fregatten" genannt) und 8 Kasemattschiffen; die Kreuzer
aus: 2 Schrauben Fregatten, 4 gedeckten, 5 Glattdecks-Corvetten und
9 Kanonenbooten.

Das größte und stärkste Panzerschiff der österreichischen Flotte
ist das Kasemattschiff „Tegetthoff" oder Tegetoff. Der Bau
wurde 1875 auf der Werft San Rocco begonnen und am 15. Oktober
1878 lief das Schiff vom Stapel.   Die Länge zwischen den Perpendikeln beträgt 87,46 m., größte Breite in der Wasserlinie 19,04 m.,
Breite der Kasematte außerhalb des Panzers 21,67 m., Deplacement 7390 Tonnen, Tiefgang vorne und achter 7,27 m. und 8,38 m.
Der Schiffskörper ist nach dem Zellensystem aus Eisen und Stahl
gebaut; (nur die Außenbeplattung und Winkel sind aus Eisen) derselbe
hat 8 wasserdichte Querschotten und ist ein Deck vor und hinter der
Maschine und den Kesseln wasserdicht absperrbar.   Die Höhe des
Panzergürtels beträgt 2,74 m., seine größte Stärke 369 mm; derselbe
reicht von 10 m. vom Bug nach hinten.   Am vordern Ende des
Gürtels ist ein Querschott, der vordere Raum selbst mit Korkholz
ausgefüllt.   Die Decke außerhalb der Kasematte sind mit 40 mm.
starker Panzerung versehen.

Die Maschine von 7200 effectiver Pferdekraft und zweiflügliger
Griffith-Schraube soll dem Schiffe eine Geschwindigkeit von 15 Knoten
geben.   Der Kohlenvorrath von 670 Tonnen macht es möglich, bei
Annahme eines stündlichen Verbrauchs von 1 kg. pro. Pferdekraft, einen
Weg von mehr als 3000 Seemeilen mit 10 Knoten Geschwindigkeit
zurückzulegen.   Seine Segelfläche beträgt nur 1130 □ m.

Die Armirung des „Tegetthoff" besteht aus sechs Krupp'schen
28 cm. Geschützen (27,5 Tonnen Rohrgewicht, Durchschlagsvermögen
gegen Panzer 376 mm.) Die Drehscheiben, welche auf der „Custozza"
angewendet sind, hat man vermieden, und jedes Geschütz kann nur
aus einer Pforte feuern.   Für die Breitseite stehen 3, für Bug-
feuer 2, und für Heckfeuer gleichfalls 2 Geschütze zur Verfügung.   Ein

Panzer=Querschott trennt, wie bei den neuen englischen Schiffen, die beiden vorderen von den übrigen Geschützen, um ein Bestreichen der ganzen Batterie beim Enfiliren zu verhüten. An leichten Geschützen sind sechs 9 cm. und zwei 7 cm. Uchatius=Kanonen, ferner sechs 25 mm. Palmkranz=Mitrailleusen vorhanden.

Italien. Die sardinische Flotte zählte im Jahre 1838 5 Segel=Fregatten, 3 Corvetten, 2 Briggs, 4 Schoner, 2 Dampfer und 12 Kanonenschaluppen. Zusammen 28 Schiffe und Fahrzeuge.

Im Jahre 1845 hatte dieselbe folgenden Stand: 5 Segel= Fregatten, 2 Korvetten, 2 Briggs, 4 Schoner, 3 Dampfer und 12 Kanonenschaluppen. Zusammen 28 Schiffe und Fahrzeuge.

Nach dem Budget des Jahres 1854 zählte sie: 6 Segel=Fregatten, 3 Corvetten, 6 Briggs und kleinere Fahrzeuge, 8 Radbampfer und 9 Kanonenschaluppen. Zusammen 32 Schiffe und Fahrzeuge mit 449 Kanonen und 2580 Pferdekraft.

Das Königreich Beider Sicilien (Neapel) besaß im Jahre 1793: 10 Segel=Linienschiffe, 10 Fregatten und 12 kleinere Kriegsfahrzeuge. Zusammen 32 Schiffe und Fahrzeuge mit etwa 1000 Kanonen und ungefähr 5000 Mann Besatzung.

Im Jahre 1854 zählte die neapolitanische Flotte: 2 Segel= Linienschiffe, 5 Fregatten, 2 Corvetten, 5 Briggs, 2 Schoner, 11 Rad= dampf=Corvetten, 4 Rad=Aviso's, 12 Transportdampfer, 10 Kanonen= schaluppen, 30 kleinere Fahrzeuge. Zusammen 83 Schiffe und Fahr= zeuge mit 792 Kanonen und 4590 Pferdekraft.

1860 bis 1861 als die zwei Flotten Sardiniens und Neapels sich vereinigten, zählte die „italienische Flotte": 1 Schrauben= Linienschiff, 5 Fregatten, 8 Kanonenboote, 17 Radbampf=Corvetten, 7 Rad=Avisos, 22 Dampfschiffe zum Transportdienst und 5 Schlepp= schiffe; ferner 3 Segel=Fregatten, 10 Korvetten, 4 Briggs.

1877 wurde das Programm für die italienische Flotte auf: 16 Schlachtschiffe (Panzerschiffe) I. Klasse, 10 Schiffe II. Klasse für specielle Zweige der Seekriegsführung, Küstenvertheidigungs=Fahrzeuge, Kreuzer, Stationsschiffe 2c., 20 Schiffe III. Klasse: Avisos, Torpedo= schiffe, Kanonenboote 2c., 14 Transportschiffe von 200 bis über 3000 Tonnen und 12 Hafenschiffe unter 200 Tonnen festgestellt. Als Beendigung der Bauperiode zur Erreichung dieses Flottenstandes wurde der 1. Januar 1888 angenommen.

Von den Schlachtschiffen neuen Typus sind die Panzerschiffe „Duilio und Dandolo" bemerkenswerth. Die italienische Marine scheint hierbei von dem Bestreben geleitet worden zu sein, Schiffe zu schaffen, welche selbst bei großen Entfernungen von der eigenen Küste im Mittelmeer mit Nachdruck einzeln gegen feindliche Etablissements vorzugehen im Stande sind. Hierzu war ein Maximum an Offensiv- und Defensivkraft conditio sine qua non.

Die Hauptdimensionen des Duilio sind folgende: Länge zwischen den Perpendikeln 103,50m., größte Breite 19,70m., Deplacement 10,650 Tonnen, Tiefgang 7,62m. und 7,74m. vorne und achter. Er besitzt zwei in der Diagonale stehende Drehthürme, deren Centren 2,3m. von der Mittellinie des Schiffes entfernt, mit einem Panzer von 45cm. auf Teakholz und Eisenunterlage von 50cm. versehen sind. Der über das Oberdeck hervorragende Theil der Thürme ist elliptisch geformt mit einer großen Achse von 10m. und einer kleinen von 9,46m. Die Höhe des Thurmes über Deck beträgt 3m. die Höhe der Rohrachsen über der Wasserlinie 4,80 m. Jeder Thurm ist mit zwei 100Tonnen-Geschützen (Armstrong 450,8mm. Kaliber und 101,05 Tonnen Rohrgewicht) armirt. Außerdem sind noch vier 12cm. Armstrong-Geschütze und vier Mitrailleusen vorhanden.

Der Verticalpanzer ist auf den mittleren Theil des Schiffes beschränkt und erscheint im Aufrisse als aus zwei übereinander liegenden Rechtecken bestehend, welche zwei gepanzerte Reduits bilden, die auch querschiffs durch Panzerwände von einander getrennt sind. Das untere oder Zwischendeck-Reduit ist 25m. lang, schließt oben an das Batterie-Reduit an, reicht 1,8m. unter die normale Wasserlinie und dient zum Schutze der Thurm-Drehapparate, der Maschine, Kessel, Pulver- und Granaträume. Die Panzerstärke des Reduits beträgt 55cm. in der Wasserlinie und nimmt successive bis 45cm. ab.

Das Zwischendeck liegt 1,5m. unter der Wasserlinie. Soweit es nicht durch das Panzer-Reduit geschützt ist, wird es von drei übereinander liegenden Reihen wasserdichter Zellen ausgefüllt, welche als Horizontalpanzer des unteren Schiffstheils zu betrachten sind. Der zwischen den Panzer-Querschotten der beiden Reduits liegende Theil des Batteriedecks trägt ebenfalls einen Horizontalpanzer von drei Lagen Eisen- und Stahlplatten, und endlich wird der Schutz gegen Vertikalfeuer dadurch vervollständigt, daß das Oberdeck soweit es das Batterie-Reduit bedeckt, einen Horizontalpanzer von 7mm. besitzt.

Der „Duilio" ist mit einem Sporn und einem Apparate zum Lanciren der Whitehead-Torpedos (im Bug) versehen. Die von J. Penn und Sons in London gelieferten Zwillingsmaschinen mit

zwei vierflügligen Griffith=Schrauben von 7500 indicirten Pferde=
kräften sollen das Schiff auf 14 Knoten Geschwindigkeit bringen, und
kann dasselbe mit vollen Kohlenbunkern bei 10 Knoten Geschwindig=
keit 3760 Seemeilen zurücklegen.[1]

Ueber das neueste italienische Panzerschiff „Italia" siehe Bei=
heft zum Marine=Verordnungsblatt Nr. 29. (1880.)

Stand der italienischen und österreichischen Flotte vor der Seeschlacht von Lissa.

Seitdem das durch den Vertrag von Villafranca (11. Juli 1859)
geschaffene junge Königreich Italien begann festen Fuß zu fassen und
sich seines Zieles und Dranges bewußt zu sein, fühlte es auch
das Bedürfniß einer Seemacht, die fähig wäre, seine Küsten zu
schirmen und Oesterreich zu bedrohen.   Königin der Adria zu werden,
die alte Dogenstadt italienisch zu sehen, war Italiens erster Traum.
Was fehlte ihm hierzu? Eine Flotte.   An Matrosen hatte es
keinen Mangel; die Seeleute der Genueser Küste stehen sogar wegen
ihrer Gewandtheit und Tüchtigkeit bei den seefahrenden Völkern des
Südens in einem gewissen Ansehen.

Seine Arsenale boten ihm allerdings keine durch lange Zeit
aufgehäuften Mittel; allein gerade darin lag ein günstiger Zufall.
Man fühlte sich beinahe versucht zu sagen: glücklich die Nationen, die
nicht an altes Kriegsmaterial gefesselt sind! Schiffe, Maschinen, Ge=
schütze, Seetaktik, alles war neu.   Es genügte ihm daher zunächst,
Geld zu haben.   Und dem jungen Italien gelang es, Geld zu be=
schaffen, um binnen fünf Jahren in den Besitz einer Seemacht zu
gelangen.   Die Werften und Gießereien Englands, Frankreichs,
ja selbst der vereinigten Staaten Nordamerika's wurden in Anspruch
genommen und als Preußen durch den Krieg 1866 die Suprematie
in Deutschland erlangte, konnte Italien in der Adria eine Flotte
vereinigen, wie sie nur die großen Seemächte z. Z. aufzustellen ver=
mochten.   Ihr Stand war folgender: 2 Panzer=Fregatten I. Ranges
(Rè di Portugallo und Rè d'Italia) mit 36 Geschützen, (darunter
zwei 300Pfünder Armstrong) Maschinen von 800 Pferden, 550 Mann
Besatzung; 2 Panzer=Corvetten (Formidabile und Terribile) mit 20 Ge=

---

[1] Siehe das schwimmende Flottenmaterial der Seemächte von J. J. von
Kronenfels k. k. Hauptmann d. R.

schützen, Maschinen von 480 Pferden, 356 Mann Besatzung; 5 Fre=
gatten II. Ranges mit theilweiser Panzerung (Principe di Carignano,
Ancona, Castelfidardo, Maria Pia, San Martino) davon die vier
letzten mit 26 Geschützen, 700pferdigen Maschinen und 486 Mann
Besatzung, die erstere mit 22 Geschützen, 600pferdigen Maschinen und
450 Mann Besatzung; 2 gepanzerte Kanonenboote (Palestro und
Verese) mit 4 Geschützen, 300pferdigen Maschinen und 250 Mann
Besatzung; 1 Thurmschiff (Monitor Affondatore) mit zwei 300pfün=
digen Armstrong=Geschützen, einer Maschine von 700 Pferdekräften
und 290 Mann Besatzung.[1])

Ungepanzerten Schiffen besaß die italienische Flotte:
4 Schrauben=Fregatten von 600 Pferdekraft und 580 Mann Be=
satzung, mit 50 Geschützen; 2 von 450 Pferdekraft und 580 Mann,
mit 54 Geschützen; 1 mit 600 Pferdekraft, 550 Mann mit 32 Ge=
schützen; 1 mit 220 Pferden, 345 Mann und 20 Geschützen; ferner
1 Schrauben=Corvette von 220pferdigen Maschinen, 345 Mann, mit
20 Geschützen; 10 Radbampfer von 220 bis 350 Pferdekraft, 100 bis
350 Mann Besatzung und 2 bis 20 Geschützen; 4 Kanonenboote
II. Ranges mit je 2 bis 4 Geschützen.

Nur eins aber fehlte dem jungen Königreiche, das sich nicht
kaufen, nicht aus dem Stegreif schaffen läßt, das die Völker blos
um den Preis großer Opfer und Mühen erwerben: ein genügend
zahlreiches Seeoffizier=Corps, dem das Seeleben zur zweiten Natur
geworden, geschult und durchdrungen von jenem tiefinneren Gefühl
der Disciplin, und der Zusammengehörigkeit, welche die Seele des
Ganzen bildet.

Was hatte dagegen Oesterreich dieser, dem Anscheine nach so furcht=
baren Macht gegenüber zu stellen? An der Spitze des Seewesens stand
der Erzherzog Maximilian, dessen Schöpfung Pola ist. Mit ganzer
Seele der Marine angehörig, standen ihm leider keine großen Summen
zu Gebote, um durch die Industrie des Auslandes die Flotte in
demselben raschen Tempo wie die Italiener zu vervollkommnen. Die
Oesterreicher waren vielmehr darauf angewiesen, mit ihren eigenen
Hülfsmitteln, mit ihren technischen Arbeitskräften, ihren balmatinischen
Matrosen, mit ihrem steierischen Eisen, ihrem eigenen Holze, mit ihren
größtentheils glatten Kanonen und ihren alten Schiffen, die man zer=

---

[1]) Die Geschütze auf der Flotte bestanden fast durchgehends aus Armstrong= und
Cavalli= oder aus französischen gezogenen Kanonen.

schnitt und mit Panzer versah, ihre Küsten zu vertheidigen und schließlich auf der Rhede von Pola, im Augenblick, da der Krieg entbrannte, ein Geschwader zu sammeln, dessen Stärke sich aus folgenden Schiffen zusammensetzte: 7 Panzerschiffe (Ferdinand Max, Habsburg, Juan d'Austria, Kaiser Max, Prinz Eugen, Salamander, Drache.) Von diesen hatten die beiden ersten Maschinen von je 800 Pferdekraft und 434 Mann Besatzung, und waren mit 16 resp. 15 glatten 48 Pfündern nnd 1 gezogenen Kruppschen 24 Pfünder armirt; die drei nächsten jedes mit 650 pferdigen Maschinen, 366 Mann Besatzung, 16 glatten 48 Pfündern und 12 resp. 14 gezogenen 24 Pfündern; die beiden letzten jedes mit 500 pferdigen Maschinen, 313 Mann Be= satzung, 10 glatten 48 Pfündern und 16 resp. 17 gezogenen 24 Pfündern versehen.

Den italienischen ungepanzerten Schiffen standen gegenüber: 1 Schrauben=Linienschiff „Kaiser" mit einer Maschinenkraft von 800 Pferden, 892 Mann Besatzung, sechzehn glatten 60, vierund= siebzig 30, und 2 gezogenen 24 Pfündern; ferner zwei Schrauben= Fregatten mit je 4 glatten 60, vierundvierzig resp. zweiundvierzig 30, und 3 resp. 2 gezogenen 24 Pfündern, 500 resp. 400 Pferdekraft und 538 resp. 535 Mann Besatzung; drei Schrauben=Fregatten mit je 4 glatten 60, vierundzwanzig 30, und 3 gezogenen 24 Pfündern, Maschinen von je 300 Pferden und einer Besatzung von je 368 Mann; 1 Schrauben=Corvette mit 4 glatten 60, sechzehn 30, und 3 gezogenen 24 Pfündern, mit einer 230 pferdigen Maschine und 274 Mann Besatzung.

An Schrauben=Kanonenbooten besaß die österreichische Marine 9, von denen 7 Maschinen von je 230, zwei solche von je 90 Pferde= kräften hatten und die ersteren eine Besatzung von 140, die letzteren eine solche von 100 Mann zählten. Armirt waren 6 mit je 4 glatten 48 Pfündern, und 3 mit 2 gezogenen 24 Pfündern neben 2 glatten 48 resp. 30 Pfündern. Dazu kamen 4 Radschiffe mit 10 Geschützen, 930 Pferdekräften und 377 Mann Besatzung.

Durch die obigen Zusammenstellungen wird man die Streitkräfte der Gegner ziemlich genau beurtheilen und aus denselben ersehen können, um wieviel die italienische Flotte der österreichischen an Zahl und Größe der Schiffe überlegen war. Für den oberflächlichen Beobachter konnte der Ausgang des Zusammenstoßes der beiden ein= ander so ungleichen Streitkräfte nicht einen Augenblick zweifelhaft sein. Erzählte man sich doch in Venedig, Admiral Persano werde, wie einst Tromp durch den englischen Kanal mit dem Besen im Top, seine Flotte durch die Adria spazieren führen. In ihrer Unkenntniß der Bedingungen, welche die Schlachten entscheiden, rechneten sie dabei aber ohne die Menschen. Gab sich Admiral „von Tegetthoff" auch sicherlich keiner Täuschung hin über die Inferiorität seiner Flotte, so übte er doch, sobald er das Kommando über dieselbe übernommen hatte, Tag und Nacht Offiziere und Mannschaften im Handhaben von Schiffen und Kanonen. In unausgesetzten Konferenzen mit seinen Kapitänen weihte er dieselben in seine Schlachtpläne ein, ordnete er an, die Seiten der Holzschiffe mit Ankerketten zu panzern; allerdings eine armselige Vorsichtsmaßregel, da aus der Entfernung, in der er zu kämpfen gedachte, jedes Geschoß Kette und Schiffswand durch= schlagen mußte, aber beruhigend für solche Gemüther, die dahinter einen Schirm zu finden vermeinten 2c. Sodann, und das war sein fruchtbringender Gedanke, bemühte er sich seinen Kapitänen die Ueberzeugung beizubringen, daß der Kampf, in den er sie führte, weniger durch die Kanone als durch den Stoß entschieden werden müsse, indem sich immer zwei bis drei gegen ein feindliches wenden müßten, um den Bug ihrer Schiffe in die Flanke des Gegners zu rennen. Endlich entflammte er sie durch seinen Enthu= siasmus und seine Zuversicht.

Was that dagegen „Persano" seinerseits? Seine Flotte war ebensowenig vollkommen ausgerüstet; auch seine Offiziere und Mann= schaften waren unbekannt mit der Handhabung der Schiffe, mit dem neuartigen Geschützmaterial 2c. Dessen unbeachtet wurden die Lücken in der Kenntniß des Schiffsdienstes nicht mit dem nöthigen Eifer beseitigt. Statt seine Unterbefehlshaber, seine Kapitäne um sich zu versammeln, sie mit seinen Absichten vertraut zu machen, sie in seine Schlachtpläne einzuweihen 2c., machte er ihnen schlechterdings gar keine Mittheilung. Gewiß wird wohl Niemand den persönlichen Muth des Admirals und seine Verachtung der Gefahr auch nur einen Augenblick in Zweifel ziehen, aber manche Stimmen werden sich doch wohl gegen den Oberbefehlshaber erheben, der es nicht ver= standen, den wahren kriegerischen Geist den Seinen einzuhauchen.

Die italienische Flotte war, wie aus dem Obigen ersichtlich noch lange nicht schlagfertig, als schon die Stimme des Volkes zur Action trieb, denn es bedurfte einer Genugthuung für Custozza. Die wohlberechtigten Einwürfe des Admirals blieben unberücksichtigt. Es wurde befohlen, die Insel Lissa zu nehmen, um durch deren

Besitz inmitten der Adria die Herrschaft über dieses Meer zu erlangen.

Am 16. Juli verließ eine mit dieser Aufgabe betraute italienische Flotte unter Kommando des Admiral „Persano" den Hafen von Ancona. Sie bestand aus 11 Panzerschiffen und 6 Holzfregatten, zu denen sich noch 3 Radschiffe, 2 Kanonenboote und mehrere Avisos gesellten. Die Occupation der Insel gelang jedoch nicht. Die vier Panzerfregatten, welche am 19. in die Bucht von Lissa eingelaufen waren, wurden durch das wohlgezielte Feuer der feindlichen Strand=batterien unter Verlust von 16 Todten und 95 Verwundeten, sammt anderweitigen Havarien an den Schiffen, zurückgewiesen. Und was die mit der Forcirung des Hafens gleichzeitig ausgeführte Landung betrifft, ein jederzeit Vorsicht gebietendes Unternehmen selbst unter günstigen Umständen und mit wohlgeschulter Mannschaft, so ver=einigten sich Wind und Seegang, welches beides, besonders aber bei diesen ungeübten Besatzungen, die Ausschiffung schwierig machte, um schon nach den ersten Versuchen, bei welchen die Avantgarde von den gedeckt aufgestellten Oesterreichern zurückgewiesen war, davon abzu=stehen und sie auf den nächsten Tag zu verschieben

Am 20. Juli Morgens gab Admiral Persano, ungeachtet des stürmischen Wetters und hohen Seeganges aus S. O. dem Contre=admiral „Vacca" den Befehl, die am Abend des 19. unterbrochenen Operationen gegen Porto San Giorgio wieder aufzunehmen, mit zwei Panzerschiffen die Beschießung von Porto=Camisa zu erneuern; Viceadmiral „Albini" erhielt die Ordre, mit seinen Mannschaften in kurzer Entfernung von jenem Hafen zu landen. Man war theil=weise mit der Ausführung dieser Pläne beschäftigt, als die italienischen Eclaireurs die Annäherung einer von N. W. he.randampfenden österreichischen Flotte meldeten.

Admiral Persano befahl auf diese Meldung dem Terribile und Varese, welche Porto=Camisa beschießen sollten, sich ihm anzuschließen; Admiral Albini, seine Truppen wieder einzuschiffen; dem Admiral Vacca, der mit seiner Abtheilung im Osten die Vorhut bildete, sich zu sammeln, um auf den Feind loszugehen. Um die Manöver, welche nun folgten, zu verstehen, mag hier vorangeschickt werden, um was es sich handelte. Das österreichische Geschwader eilte zum Entsatze von Lissa herbei; das Ziel der italienischen Flotte mußte sein, jenes daran zu verhindern, indem sie ihm den Weg ver=legte. Gegen 9 Uhr gab Persano dem Panzer=Geschwader das

Signal „die Kiellinie (Schlachtlinie) mit einem Westkurse zu formiren und klar zum Gefecht zu machen." Die Tête bildete Principe di Carignano, dann folgte Castelfidardo, Ancona, Rè d'Italia, Palestro, San Martino, Terribile, Maria Pia, Varese, Rè di Portugallo; Affondatore lag zwischen Palästro und San Martino, an St. B. der Linie. Contreadmiral Vacca kommandirte die Avantgarde, der Oberbefehlshaber im Centrum, Commodore Ribotti die Arrièregarde. Viceadmiral Albini mit den 8 Holzfregatten und den kleinen Fahrzeugen bildete das zweite Treffen, etwa 9 Kabellängen von der Panzerflotte entfernt. Dies war der Augenblick, wo Admiral Persano, der bis dahin seine Flagge auf dem Rè d'Italia gehißt hatte, mit seinem Chef des Stabes auf den Monitor „Affondatore" überschiffte und auf diesem seine Flagge hißte, ohne den Admirälen und Kommandanten seines Geschwaders hiervon Kenntniß zu geben.

Nach den allgemein getroffenen Dispositionen war Admiral Persano der Meinung, das Holzgeschwader werde, sobald es die Truppen wieder an Bord genommen, den Kanonenbooten die Sorge für das Bergen des Landungsmaterials überlassen, und in Befolgung des Schlachtsignals, in zweiter Linie zu seiner Rechten Stellung nehmen. Allein Viceadmiral „Albini" scheint diese Ansicht nicht getheilt zu haben, sondern suchte zunächst das Ausschiffungsmaterial wieder in Sicherheit zu bringen. Was den „Formidabile" betrifft, welcher Tags zuvor von den österreichischen Hafenbatterien sehr stark beschädigt worden war, so erbat er sich durch Signal die Erlaubniß, nach Ancona zu gehen und dampfte, ohne weitere Befehle abzuwarten, dahin ab.

Die Seeschlacht bei Lissa 20. Juli 1866.[1] Wie aber kam es, daß das österreichische Geschwader so ganz im rechten Augenblick erschien? War sich Contreadmiral von Tegetthoff doch, wie früher schon bemerkt worden ist, der Mangelhaftigkeit seiner Flotte gegenüber der feindlichen, wohl bewußt, aber dennoch bereit, jeder ernstlichen Unternehmung, welche die italienische Flotte, in Verbindung mit dem Landheere im Norden der Abria gegen Venedig oder Triest etwa versuchen sollte, entgegenzutreten. Bei der ersten Meldung, die er von dem Angriff auf Lissa erhielt, dachte er anfangs, es handle sich blos um eine Diversion, dazu bestimmt, ihn

---

[1] Die bezügliche Skizze ist dem Archiv für Seewesen entnommen.

von seiner Operationsbasis wegzudrängen. Allein die nachfolgenden
Depeschen mußten ihn bald überzeugen, daß Admiral Persano in
der That die Absicht hatte, Lissa zu besetzen. Jetzt entschloß er sich
der Insel zu Hilfe zu eilen und deren Besitznahme dem Gegner
theuer zu verkaufen.

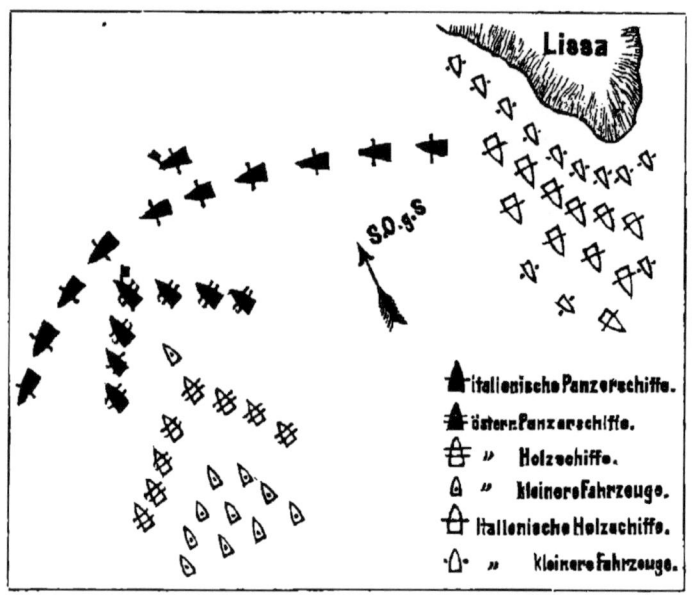

Am 19. Juli gegen 10 Uhr Vormittags gab er das
Signal „Feuervorschieben" und um 11 Uhr setzte sich die
Flotte in Bewegung und steuerte bei frischem südöstlichem Winde
gerade auf Lissa los. Dieselbe war in „Keilform" in 3 Treffen
(Abtheilungen) hinter einander rangirt; das erste bildeten die
7 Panzerschiffe mit dem Ferdinand Max (Admiralschiff) an der
Spitze, an St. B. von demselben Don Juan d'Austria, Drache,
Prinz Eugen; an B. B. Habsburg, Salamander, Kaiser
Max; das zweite Treffen bildeten die schweren Holzschiffe mit dem
Linienschiffe Kaiser an der Tête; das dritte endlich bestand aus den
kleinen Fahrzeugen. Die Marschordnung bildete gleichzeitig die
Schlachtordnung.

Am 20. Juli Morgens war der Himmel in dichte Wolken ge=
hüllt, das Wetter stürmisch, die aus S.O. ziemlich hohe See ließ
Zweifel aufkommen, ob ein Kampf überhaupt möglich sein würde.
Gegen 10 Uhr ließ der heiter gewordene Himmel auf der Höhe von

Lissa die italienische Flotte in zwei etwas verworrenen Gruppen
erblicken. Um 10½ Uhr gab Admiral v. Tegetthoff die Signale
„Klar Schiff zum Gefecht", „Formation Angriffswinkel in drei
Divisionen," „Divisions=Distanz auf Schiffsdistanz schließen", „Schiffe
enggeschlossen bleiben." Die Panzerschiffe erhielten das Signal „den
Feind anrennen, um ihn zum Sinken zu bringen." Mit „voll
Dampf" ging die österreichische Flotte auf die Flanke der feindlichen
Panzerschlachtlinie los. Das Leitschiff der italienischen Schlachtlinie
eröffnete um 10¾ Uhr das Feuer, ein unwirksames Feuer, denn
sämmtliche Geschosse gingen entweder zu kurz oder pfiffen durch die
feindlichen Takelagen. Die Oesterreicher begingen den Fehler, darauf
zu antworten, ohne ihrerseits eine größere Wirkung zu erzielen;
dann aber, indem sie mitten durch den Rauch hindurchsteuerten,
durchbrachen sie die feindliche Linie hinter dem dritten Panzerschiff
von der Tête. Dieser erste Anlauf des Admiral v. Tegetthoff, der
zermalmend werden zu wollen schien, ward ein Schlag ins Wasser,
die österreichischen Schiffe, geblendet durch Pulverdampf und Rauch=
wolken, verfehlten den Stoß und geriethen in die Zwischenräume der
italienischen Flotte, ohne ein einziges Fahrzeug zu beschädigen, und
sie würden den fehlgeschlagenen Angriff vielleicht theuer bezahlt haben,
wenn der Gegner den Moment richtig benutzt hätte. Die hintern
Schiffe der italienischen Schlachtlinie fielen darauf nördlich ab und
bedrohten die Holzschiffe der Oesterreicher. Admiral Tegetthoff, der
die Gefahr bemerkte, ließ ebenfalls nördlich abfallen, um den Fre=
gatten Luft zu machen. Die ganze Wucht der Oesterreicher wandte
sich dann gegen die mittlere Gruppe, den Rè d'Italia,
Palästro, San Martino. Ersterer hatte 4 Panzerschiffe auf dem
Halse, der Palästro deren zwei und San Martino befand sich einen
Augenblick zwischen zwei Feuern. Die Maria Pia, welche, in der
Meinung, daß zwei der österreichischen Panzerschiffe sich den italienischen
Holzfregatten nähern würden, dieselben daran verhindern wollte,
wurde übel zugerichtet. Es war nunmehr ein wüstes Durcheinander
inmitten von Geschützsalven und dicken Rauchwolken; die Oesterreicher
vorwiegend concentrische Breitseiten feuernd, die Italiener Einzel=
schüsse, alle aber mehr oder weniger unwirksam, die der Ersteren
hauptsächlich in Folge ihres schwachen Kalibers, die der Letzteren
aus Ungeübtheit der Geschützkommandeure.

Die österreichischen Holzschiffe liefen, wie sie eben konnten
durch die italienische Schlachtlinie, die feindlichen Schiffe umkreisend,

indem sie ihre Artillerie verwendeten, so oft sich ihnen eine Gelegen=
heit dazu bot.

Das geschickte, wenn auch unvollkommene Manöver des Admiral
Vacca hatte nicht den Erfolg, den es zu verdienen schien; die lang=
same Ausführung der Wendung seiner Schiffe ließ ihn die feindlichen
Holzschiffe nicht erreichen, und, sei es, daß der Rauch den Gesichts=
kreis verdunkelte, um seine Geschosse richtig zu dirigiren, sei es, daß
die Unkenntniß der Kommandanten mit der Leistungsfähigkeit ihrer
Schiffe die Schuld trug, er lief durch die dritte feindliche Ab=
theilung ohne auch nur ein Schiff des Gegners zu treffen. Was
dagegen die Division des Admiral Albini betrifft, so formirte die=
selbe, nachdem das Landungs=Corps und Ausschiffungsmaterial wieder
an Bord genommen war, auf 1500 bis 1800 m. Abstand vom
Kampfplatze die Schlachtlinie mit einem N. W. Kurse, und scheint
ruhiger Zuschauer der Schlacht geblieben zu sein. Einen Augenblick,
als das Melée am heißesten war, hatte der Admiral die Absicht,
sich auf die Nachhut der feindlichen Holz=Division zu werfen; das
momentane Erscheinen zweier österreichischer Panzerschiffe, welchen die
Maria Pia nachsetzte, machte ihn jedoch unschlüssig. Ob die
Signale des Oberbefehlshabers „in den Kampf einzugreifen“ von
ihm nicht gesehen oder verstanden worden sind, soll unerörtert bleiben,
und hierbei nur auf die Geschwader=Befehle Nelsons und Villeneube's
vor der Schlacht von Trafalgar hingewiesen werden. Factum ist, daß
Admiral Albini mit seinen 8 Holzfregatten und 400 Kanonen fern vom
Kampfplatze blieb.

Was den Formidabile betrifft, so findet man ihn, nicht etwa
wie den Varese im Feuer, sondern bei der Division des Admiral
Albini.

Gegen Mittag waren die beiden Holzdivisionen der Oesterreicher
durch die feindliche Flotte gegangen und hatten sich wieder gesammelt.
Admiral Tegetthoff gab seinem Geschwader das Signal „drei Colonnen
zu formiren“, Kurs N. O.“, „die Panzerschiffe auf dem linken Flügel
zum Schutz der Holzfahrzeuge“, denn die Stellung der beiden Gegner
war die umgekehrte: die Oesterreicher befanden sich jetzt zwischen Lissa
und der italienischen Flotte, und schien es, als sammle sich der
Feind zu erneutem Angriffe.

Die Italiener hatten es indeß zuvörderst auf den Leiter der
zweiten feindlichen Division abgesehen; vier Panzerschiffe, unter ihnen

der Affondatore (Flaggschiff des Admiral Persano) umzingelten
und beschossen denselben; der Kaiser beantwortete das Feuer mit
konzentrirten Breitseiten. Es gelang jedoch dem Affondatore,
seinem Gegner zwei 150 pfündige Granaten beizubringen, welche in
der Batterie desselben krepirten, zwei Geschütze demontirten, 22 Mann
tödteten und 83 verwundeten. Darauf versuchte der Rè di Portu=
gallo den Kaiser anzurennen; der Versuch mißlang jedoch in
Folge eines vom Kommandanten des letzteren geschickt ausgeführten
Manövers, welcher schließlich, als er sich von allen Seiten umzingelt
sah, unter lebhaftem Geschützfeuer, wie ein Widder auf den Rè di
Portugallo stürzte, das Heck desselben traf und sich so seinen Weg
bahnte. Bei diesem Stoß zerbrach aber nicht allein das Bugspriet
des Kaisers, sondern der herabfallende Fockmast zertrümmerte
gleichzeitig den Schornstein. Der Rauch aus den Feuerungen
ohne Rauchfang, verbreitete sich über das Deck, so daß es aussah
als ob das Schiff brenne. Die hierdurch auf demselben momentan
hervorgerufene Verwirrung wurde zwar durch die Ruhe des Komman=
danten bald beseitigt, allein, um die Trümmer des herabgefallenen
Mastes, die den Kaiser bedeckten und dessen Schraube sowie seine
Steuerfähigkeit lähmten, wegzuräumen, war er dennoch gezwungen, sich
vom Kampfplatz zurückzuziehen. Diesen Moment benutzte der Affonda=
tore zu wiederholten Malen, den stark beschädigten Gegner anzurennen,
wurde jedoch von demselben ebenso oft durch Abgabe konzentrirter
Breitseiten zurückgewiesen, durch welche dem Angreifer nicht allein
der Schiffskörper, sondern auch der Mechanismus eines der Dreh=
thürme beschädigt wurde, so daß er von der Verfolgung abließ.
Hierauf fuhr der Affondatore durch die Reihe der österreichischen
Holzfregatten, zog sich dann aber bald aus dem Melée zurück
während der Kaiser seinen Weg nach Lissa nahm. Der Rè di Portu=
gallo dampfte inzwischen gegen die österreichischen Panzerschiffe und
wurde durch deren Geschosse sowohl am Vorschiffe als in der Takelage
arg beschädigt. Inzwischen tobte der Geschützkampf unablässig fort,
Breitseite auf Breitseite erschütterte die Luft, die See war bedeckt
vom Pulverdampf der 1182 Kanonen, die hier ihre ehernen Grüße
entsandten; die Schiffe bewegten sich mit voller Maschinenkraft und
wirbelten schwarze Rauchsäulen aus ihren Schornsteinen empor.
Admiral Tegetthoff mit voller Dampfkraft umherjagend, durchfurchte
die Wahlstatt und suchte hier und dort einen Stoß anzubringen;

wo immer er eine graue Schiffsseite¹) wahrnahm, warf er sich auf
dieselbe, um sie in den Grund zu rennen.

Doch konnte dies nicht lange dauern. Die italienische Ueber=
macht hätte doch endlich Herr der Situation werden müssen. Da
trafen das österreichische Flaggschiff Ferdinand Max und das
italienische Panzerschiff Rè d'Italia auf einander. Der Kommandant
des ersteren gewahrte den Gegner gerade vor sich, als dessen Heck
soeben eine volle österreichische Breitseite erhalten hatte. War der
Steuerapparat des Rè d'Italia durch die soeben erhaltenen Geschosse
havarirt und seine Maschine beschädigt worden, wie die Italiener er=
zählen, so daß er momentan nicht lenkbar war? Oder hatte sein
Kommandant, wie die Oesterreicher wollen, Angesichts eines zweiten
Schiffes, das ihm den Weg nach vorn verlegte, nicht die Geistes=
gegenwart dasselbe niederzurennen, oder aber mit Rücksicht auf die
Gefahr, die ihm in der Flanke drohte, sein Schiff möglichst seit=
wärts zu drehen und den Kurs mit dem des herankommenden
Ferdinand Max möglichst parallel zu nehmen und so den Stoß ab=
zuschwächen? Gewiß ist, daß der Rè d'Italia keinen dieser Aus=
wege wählte, sondern stoppte und rückwärts ging; gewiß ist, daß der
Ferdinand Max keinen Augenblick säumte, mit 11½ Knoten Ge=
schwindigkeit seinen Sporn in die B.B. Seite des unbeweglich vor
ihm liegenden Gegners zu bohren. — Der Stoß war so gewaltig,
daß das italienische Schiff eine Bresche von 136,41 ☐Fuß davon
trug, während der Angreifer fast unverletzt blieb. Beim Anprall
neigte sich der Rè d'Italia langsam bis zu einem Winkel von 30—45°
auf die St.B. Seite, doch, nachdem der Ferdinand Max sich von
ihm losgemacht, wieder in seine aufrechte Lage zurückkehrend, holte
derselbe bald nach B.B. über, das Wasser stürzte in die Bresche und
in weniger denn zwei Minuten versank er in die Tiefe. Das Wasser
wirbelte einige Augenblicke auf, das Geschrei der Ertrinkenden er=
füllte die Luft, dann war alles vorbei. 400 Mann fanden dabei
ihren Tod. Jene, welche Geistesgegenwart genug hatten, an St.=B.
ins Wasser zu springen und sich schwimmend erhielten, wurden ge=
rettet; solche dagegen, welche auf der Seite des Lecks sich befanden,
wurden vom Wirbel mit in die Tiefe hinab gezogen. Admiral
von Tegetthoff befahl zwar zu stoppen und die Boote zu Wasser zu
führen, um die Schwimmenden zu retten, allein inzwischen kamen

---

¹) Die italienischen Schiffe waren außenbords grau gestrichen.

zwei italienische Panzerschiffe von beiden Seiten heran, um den An=
griff zu erneuern. Menschlichkeit mußte da der Selbsterhaltung weichen,
und so wurden denn nur eine geringe Anzahl der noch Ueberlebenden
nach längerer Zeit erst vom „Principe Umberto" aufgefunden und
gerettet.

Die momentane Waffenruhe nach dem Sinken des Rè d'Italia
war jedoch bald vorüber und die Schlacht tobte fort, ärger als
zuvor. Da kam ein Brand auf dem Palestro zum vollen Aus=
bruch, und er verließ das Melée mit einem N.W. Kurse. Seine
Genossen, voraussetzend, daß seine Maschine nicht gestoppt werden
könne, umgaben ihn und steuerten denselben Kurs. Um 2¹/₄ Uhr
sah man plötzlich eine Rauchsäule aus dem brennenden Palestro
senkrecht in die Luft steigen; 10 Sekunden später erfolgte ein furcht=
barer Krach, das italienische Panzerschiff war verschwunden.

Damit war die Schlacht beendet. Admiral Tegetthoff ließ
wieder die alte Ordnung formiren, entsandte die dritte Division
in Schlachtlinie nach Lissa, während er den beiden andern das Signal
gab „allgemeine Jagd auf den Feind zu machen" und ließ ebenfalls
N.W. steuern. Die Italiener hatten jedoch etwas Vorsprung gewonnen
und trug Admiral von Tegetthoff auch wohl kein großes Verlangen,
einen so ungleichen Kampf, in dem er vielleicht ganz hätte erliegen
können, zu erneuern. Als daher die feindlichen Schiffe allmälig am
Horizont verschwanden, ließ auch er sein Geschwader sich im Hafen von
San Giorgio sammeln. Lissa war entsetzt, Italiens gewaltige Flotte
gedemüthigt heimgeschickt.

Der Verlust der österreichischen Flotte betrug 33 Todte und
124 Verwundete; die italienische Flotte hatte im Ganzen 740 Mann
verloren; hiervon ertranken circa 400, ferner kamen 230 bei der
Explosion des Palestro um, und 110 wurden sonst getödtet oder ver=
wundet.

Der Zustand, die Beschädigungen der beiderseitigen Flotten waren
jedoch der Art, daß beide in der Lage waren, selbst nach den oben
beschriebenen Katastrophen den Kampf mit aller Energie fortsetzen zu
können. Betrachten wir nun diesen Kampf näher, so ergeben sich die
Lehren von selbst während des ganzen Verlaufes dieses Berichtes.
— In erster Reihe war wohl die Oberleitung der italienischen Flotte
nicht in den richtigen Händen; — ferner die Ausbildung der Be=
satzungen zu wenig vorgeschritten, um eine Landung auf Lissa aus=

zuführen, ohne die feindliche Flotte vorher geschlagen oder vernichtet zu haben.

Zwar kann man nicht behaupten, daß der Angriff auf Lissa an und für sich ein Fehler gewesen sei; denn hätte die Insel durch einen Handstreich genommen werden können, so bot sie einen Stützpunkt für die italienische Flotte. Allein da man schon am ersten Tage den energischen Widerstand des Feindes sah, mußte sich Admiral „Persano" sagen, daß das Schicksal Lissa's an das der österreichischen Flotte gekettet sei und sobald letztere geschlagen, zersprengt oder vernichtet war, er auch Lissa in seiner Gewalt hatte. Auf einen Kampf mit der österreichischen Flotte mußten daher alle seine Vorbereitungen gerichtet sein. Die Beschießung der Hafenbatterien durfte er nur als Mittel benutzen, um die feindliche Flotte zu zwingen sich in ihrer ganzen Stärke zu entwickeln, und zugleich eine Gelegenheit zu bieten, seine Offiziere und Mannschaften mit dem Ernst des Krieges, mit dem Exerzieren im Feuer vertraut zu machen. „Sein Panzer-Geschwader mußte er aber unter allen Umständen intakt erhalten." War eine Diversion gegen die Insel nöthig, so mußte er, wenn erforderlich, einige weniger brauchbare Holzschiffe opfern.

Als ihm aber eine aufgefangene Depesche Gewißheit darüber gab, daß das österreichische Geschwader auf dem Wege nach Lissa sei, da war es unverantwortlich, daß er noch am 20. Juli des Morgens die Operationen gegen die Insel fortsetzte und sogar eine Landung auszuführen befahl. Ja nicht einmal die betreffenden Befehle, was jeder Kommandant beim Erscheinen des Feindes zu thun habe, scheint er erlassen, seine Unterbefehlshaber mit den von ihm getroffenen Schlachtdispositionen für den Fall eines Seekampfes vertraut gemacht zu haben.

Als ihm aber die Meldung von dem Annähern der feindlichen Flotte um 8 Uhr 15 Minuten zuging, war seine Situation noch keineswegs ungünstig. Er hatte noch 9 Panzerschiffe zur Verfügung, die er im Laufe einer Stunde in jeder Formation dem Feinde entgegenführen konnte. Wie er aber zu der Wahl der einfachen „Kiellinie" kam, ist fast unverständlich; mußte ihm doch der dichte Haufen der österreichischen Flotte schon aus weiter Ferne die Gewißheit geben, daß dieselbe geschlossen herandampfte. Mußte er da sich nicht entschließen, wenigstens in enggeschlossener „Frontlinie" oder in gezahnter „Dwarslinie" dem Feinde entgegen zu fahren, sich ohne einen Schuß zu feuern auf ihn stürzen, und erst wenn der Stoß den einzelnen Schiffen mißlang, concentrische Breitseiten aus nächster Nähe, Seite an Seite mit dem Feinde, abzugeben? Hätte er auf solche Weise nicht mit seiner überlegenen Artillerie und Panzerstärke manches feindliche Schiff in seiner Gefechtsfähigkeit erschüttert oder lahm gelegt? Und welche Verheerung würde er nicht, seinen Lauf fortsetzend, bei den eng geschlossenen feindlichen Holzdivisionen angerichtet haben? — Statt dessen läßt er die Kiellinie mit weiten Distanzen formiren. — Selbst noch im letzten Augenblick bietet ihm das Schicksal ein Mittel der Rettung; der von Admiral v. Tegetthoff beabsichtigte Stoß mißlingt; weßhalb befiehlt er nicht noch kurz vor dem Stoß seinen Schiffen „um 90 Grad nach B. B. zu wenden" und durch die feindliche Flotte zu fahren? Wenigstens würde er außer größerer oder geringerer Verheerung, jedenfalls Verwirrung in die Gruppe der feindlichen Holzdivisionen gebracht haben.

Was dann zu geschehen hatte, lag auf der Hand; sehen wir Admiral Tegetthoff an, der sein Panzergeschwader so gut in der Hand hatte, mit ihm sich ins Gefecht stürzte, es daraus zurückzog, sich abermals zum Angriff formirte und nochmals hineinfuhr. Mit einem Wort: „Während die Oesterreicher die Gewalt und Wirkung des Stoßes im Auge hatten, scheinen die Italiener entweder keinen großen Werth darauf gelegt, oder nur lediglich auf ihre überlegene Artilleriewirkung gefußt zu haben.

War dem Admiral Tegetthoff auch sein erster Vorstoß nicht geglückt, so war der Zweck, den er beim Durchbrechen der feindlichen Schlachtlinie im Auge hatte, erreicht, die feindlichen Schiffe zu einem isolirten Handeln genöthigt, das Melée eingeleitet zu haben.

Was nun den Rückzug der Italiener betrifft, so schrieb die United Service Gazette am 4. August 1866, wahrscheinlich nach Angabe eines Augenzeugen, Folgendes darüber: „Wir hätten den Kampf gerne nochmals aufgenommen. Unsere Panzerschiffe, obwohl decimirt, und unser Geschwader von 8 schönen, noch unberührten Fregatten mit einer Armirung von nahezu 400 schweren Kanonen, waren wohl in der Lage, dem Feinde frischen Kampf zu bieten; Admiral Vacca bildete auch eine Schlachtlinie von allen verfügbaren küraffirten Fahrzeugen, und gab Befehl sodann vorzugehen und zum Angriff auf die österreichische Flotte zu schreiten; allein der kommandirende Admiral zog sich mit dem Affondatore auf die Spitze der formirten Linie zurück und gab Ordre, seinen Manövern zu folgen, und successive entfernten wir uns mehr und mehr vom Feinde, der, Linie haltend, unsers Angriffs harrte. Als wir in einer gewissen Entfernung uns befanden, lief ein Theil des österreichischen Geschwaders in den Hafen von Lissa ein; ein anderer Theil nahm Kurs südöstlich hinter die Insel, wir aber stachen in See und verfolgten Nachts die Richtung auf Ancona." Ist das oben Gesagte correct, so bedarf es eines Commentars hierzu wohl weiter nicht.

Vierundvierzigstes Kapitel.

Schlußbemerkungen.

In der Seeschlacht von Lissa kam bekanntlich die jetzt auf Schiffen aller Marinen eingeführte heimtückische Waffe „der Fischtorpedo's" nicht zur Verwendung; wo diese aber vorwiegend in Verbindung mit Seeminen angewendet wurde, im amerikanischen Bürgerkriege und im jüngsten Kriege in Südamerika, da standen sich keine Panzerkolosse in großer Zahl auf hoher See gegenüber. Der praktische Werth dieser Waffe ist daher noch nicht genügend erprobt, doch muß bei künftigen Seeschlachten und Kämpfen auch mit dieser gerechnet werden. Der im Kapitel 40 geschilderte Entwickelungsgang des modernen Seekriegswesens, vereint mit den bis jetzt bezüglich der Panzerung, der Artillerie und Torpedoarmirung der Schlachtschiffe gemachten Erfahrungen dürfte daher augenblicklich zu den folgenden Schlüssen berechtigen:

1) Ungepanzerte (ob hölzerne oder eiserne) Schiffe sind nicht im Stande mit Aussicht auf Erfolg einen Kampf von einiger Dauer den modernen Schiffsgeschützen gegenüber zu unterhalten. Eine entsprechende Anzahl derselben ist für größere Marinen zwar erforderlich: als Kreuzer, zum Schutze des Handels, zur seemännisch-militärischen Ausbildung von Offizieren und Mannschaften ꝛc., nicht aber als Schlachtschiffe verwendbar, eine Ueberzeugung, die in allen Marinen zur Zeit wenigstens, sich allgemein Bahn gebrochen hat.

2) Die Panzerung mindestens der vitalsten Theile der modernen Schlachtschiffe ist nothwendig, da sie auch heute noch im Allgemeinen einen gewissen Schutz gegen die Geschosse der modernen Schiffsartillerie bietet, und für erstere daher unentbehrlich.

3) Sporn und Torpedos sind zwar formidable, nicht zu unterschätzende Waffen für das Seegefecht, jedoch beide nicht im
Stande, die Artillerie als Hauptwaffe zu ersetzen.

Was nun die Seetaktik betrifft, so wurde bei der Einführung
des Dampfes als Motor, die sogenannte „Segeltaktik" über den
Haufen geworfen und führte später das Bestreben, durch geschicktes
Manövriren den Schutz gegen den Sporn zu suchen, zum gänzlichen
Aufgeben der alten Kampfesweise und zur Einführung einer völlig
neuen Seetaktik. Jedoch sind die Ansichten über diese selbst heute
noch sehr getheilt und wird ein definitiver Abschluß wohl sobald kaum
erreicht werden.

Die Aufgabe der Taktik für Panzerschiffe muß gleichfalls die
entgegengesetzte der für Segelschiffe sein. Sie muß Formationen
schaffen, in denen erstere dem Feinde leicht ihren Bug zukehren und
die deshalb in sich möglichst beweglich sein müssen. Ob daher die
alte Kiellinie beizubehalten, ob Keil=, ob Gruppenform, muß die Erfahrung lehren. In England, Frankreich, Oesterreich, Rußland 2c.
und auch bei uns ist man dieser Frage bereits näher getreten, allein
erschöpfend können die bisherigen Erörterungen nicht sein; eine end-
gültige Entscheidung der bezüglichen Fragen wird wohl erst nach
größeren Actionen getroffen werden können. — Nichts desto weniger
sind wir verpflichtet, wie dies bereits am Schluß des Kapitels 4
ausgesprochen worden ist, uns auf das vorzubereiten, was uns bevorsteht, damit wir unsere Schlachtschiffe kennen, sie zu gebrauchen
verstehen, damit wir lernen, womit wir uns gegenwärtig zu beschäftigen, oder was wir als untauglich oder unvortheilhaft außer
Acht zu lassen haben. Andernfalls werden wir durch die Ereignisse
der nächsten Schlacht überrascht.

Es ist hier jedoch nicht der Raum, uns über die Behandlung
aller auf die Seekriegführung bezüglichen Fragen hier des Weiteren
auszulassen, vielmehr behalten wir uns vor, zu einer späteren
Zeit in einer besonderen Abhandlung, die Seetaktik der Neuzeit einer
Erörterung zu unterziehen.

Inhalt.

Erster Theil.

Das Alterthum.

Zweiter Theil.
Das Mittelalter.
(bis 1500 n. Chr.)

Dritter Theil.
Die neuere Zeit.